KB146280

Essential Math
for Data Science

개발자를 위한 필수 수학

| 표지 설명 |

표지 동물은 네줄무늬풀밭쥐(학명: *Rhabdomys pumilio*)입니다. 이 설치류는 아프리카 대륙 남부의 사바나, 사막, 농지, 관목 지대, 심지어 도시와 같은 다양한 서식지에서 발견됩니다. 이름에서 알 수 있듯이, 이 동물의 등에는 뚜렷한 네 개의 어두운 줄무늬가 있습니다. 태어날 때 털이 없는 피부에서도 이 줄무늬 선이 보입니다.

네줄무늬풀밭쥐의 털 색깔은 짙은 갈색에서 회백색까지 다양하며, 옆구리와 배 부분의 털은 더 밝습니다. 일반적으로 꼬리 길이가 몸 길이와 거의 같으며, 몸 길이는 약 18~21센티미터까지 자라며 무게는 30~55g입니다. 네줄무늬풀밭쥐는 낮에 가장 활발하게 활동하며 잡식성으로 씨앗, 식물, 곤충을 먹습니다. 여름철에는 식물과 씨앗을 더 많이 먹는 경향이 있으며, 먹이가 부족한 시기를 견디기 위해 지방을 저장해둡니다.

네줄무늬풀밭쥐는 넓은 범위에서 관찰하기 쉬우며, 독립생활과 집단생활을 오가는 것으로 알려져 있습니다. 번식기에는 과도한 번식 경쟁을 피하기 위해 수컷은 따로 지내는 경향이 있으며, 암컷은 자신의 굴을 지킵니다. 하지만 그 외의 시기에는 무리를 지어 먹이를 찾고, 포식자를 피하고, 체온을 유지하기 위해 함께 모여 지냅니다.

오라일리 표지에 등장하는 많은 동물은 멸종 위기에 처해 있으며, 모두 세상에 중요한 존재입니다.

표지 그림은 『The Museum of Natural History』의 골동품 판화를 바탕으로 캐런 몽고메리Karen Montgomery가 그렸습니다.

개발자를 위한 필수 수학

기초 수학으로 시작하는 데이터 과학 첫걸음

초판 1쇄 발행 2024년 6월 3일
초판 2쇄 발행 2024년 7월 15일

지은이 토머스 닐드 / **옮긴이** 박해선 / **펴낸이** 전태호
펴낸곳 한빛미디어(주) / **주소** 서울시 서대문구 연희로2길 62 한빛미디어(주) IT출판2부
전화 02-325-5544 / **팩스** 02-336-7124
등록 1999년 6월 24일 제25100-2017-000058호 / **ISBN** 979-11-6921-250-2 93000

총괄 송경석 / **책임편집** 박지영 / **기획 · 편집** 정지수
베타리더 김준, 박조은, 이경심, 조우철, 홍상의, 홍준용 / **디자인** 표지 윤혜원 내지 최연희 / **전산편집** 백지선
영업 김형진, 장경환, 조유미 / **마케팅** 박상용, 한종진, 이행은, 김선아, 고광일, 성화정, 김한솔 / **제작** 박성우, 김정우

이 책에 대한 의견이나 오탈자 및 잘못된 내용은 출판사 홈페이지나 아래 이메일로 알려주십시오.
파본은 구매처에서 교환하실 수 있습니다. 책값은 뒤표지에 표시되어 있습니다.
한빛미디어 홈페이지 www.hanbit.co.kr / 이메일 ask@hanbit.co.kr

© HANBIT MEDIA INC. 2024.

Authorized Korean translation of the English edition of **Essential Math for Data Science** ISBN 9781098102937 © 2022 Thomas Nield.

This translation is to be published and sold by permission of O'Reilly Media, Inc., the owner of all rights to publish and sell the same.

이 책의 저작권은 오라일리와 한빛미디어(주)에 있습니다.
저작권법에 의해 보호를 받는 저작물이므로 무단 전재와 무단 복제를 금합니다.

지금 하지 않으면 할 수 없는 일이 있습니다.
책으로 펴내고 싶은 아이디어나 원고를 메일(writer@hanbit.co.kr)로 보내주세요.
한빛미디어(주)는 여러분의 소중한 경험과 지식을 기다리고 있습니다.

Essential Math
for Data Science

개발자를 위한 필수 수학

O'REILLY® 한빛미디어 Hanbit Media, Inc.

지은이 토머스 닐드 Thomas Nield

닐드 컨설팅 그룹Nield Consulting Group의 설립자이자 오라일리 미디어와 서던 캘리포니아 대학교의 강사입니다. 기술 콘텐츠에 익숙하지 않거나 두려움을 느끼는 사람들이 공감할 수 있는 콘텐츠를 만드는 것을 즐깁니다. 정기적으로 데이터 분석, 머신러닝, 수학적 최적화, AI 시스템 안전, 실용적인 인공지능에 관해 강의합니다. 두 권의 책, 『Getting Started with SQL』(오라일리, 2016)과 『Learning RxJava』(팩트, 2020)를 저술했습니다. 또한 비행 시뮬레이션 및 무인 항공기를 위한 범용 핸드헬드 컨트롤을 개발하는 회사인 Yawman Flight의 설립자이자 발명가이기도 합니다.

옮긴이 박해선 haesun.park@tensorflow.blog

기계공학을 전공했지만 졸업 후엔 줄곧 코드를 읽고 쓰는 일을 했습니다. 블로그(*tensorflow.blog*)에 글을 쓰고 머신러닝과 딥러닝에 관한 책을 집필, 번역하면서 소프트웨어와 과학의 경계를 흥미롭게 탐험하고 있습니다.

『챗GPT로 대화하는 기술』(한빛미디어, 2023), 『혼자 공부하는 데이터 분석 with 파이썬』(한빛미디어, 2023), 『혼자 공부하는 머신러닝+딥러닝』(한빛미디어, 2020), 『Do it! 딥러닝 입문』(이지스퍼블리싱, 2019)을 집필했습니다.

『실무로 통하는 ML 문제 해결 with 파이썬』(한빛미디어, 2024), 『머신러닝 교과서: 파이토치편』(길벗, 2023), 『스티븐 울프럼의 챗GPT 강의』(한빛미디어, 2023), 『핸즈온 머신러닝(3판)』(한빛미디어, 2023), 『만들면서 배우는 생성 AI』(한빛미디어, 2023), 『코딩 뇌를 깨우는 파이썬』(한빛미디어, 2023), 『트랜스포머를 활용한 자연어 처리』(한빛미디어, 2022), 『케라스 창시자에게 배우는 딥러닝 2판』(길벗, 2022), 『개발자를 위한 머신러닝&딥러닝』(한빛미디어, 2022), 『XGBoost와 사이킷런을 활용한 그레이디언트 부스팅』(한빛미디어, 2022), 『구글 브레인 팀에게 배우는 딥러닝 with TensorFlow.js』(길벗, 2022), 『파이썬 라이브러리를 활용한 머신러닝(번역개정2판)』(한빛미디어, 2022), 『머신러닝 파워드 애플리케이션』(한빛미디어, 2021), 『머신 러닝 교과서 with 파이썬, 사이킷런, 텐서플로(개정3판)』(길벗, 2021)를 포함하여 여러 권의 책을 우리말로 옮겼습니다.

개발자를 위한
필수 수학

워크북

01 62.6738은 유리수일까요, 무리수일까요? 그 이유는 무엇일까요?

 정답

62.6738은 소수점 이하 자릿수가 한정되어 있으므로 유리수입니다. 따라서 626738/10000과 같이 분수로 표현할 수 있습니다.

02 다음 표현식을 계산하세요: $10^7 10^{-5}$

정답

$10^7 10^{-5} = 10^{7+-5} = 10^2 = 100$

03 다음 표현식을 계산하세요: $81^{\frac{1}{2}}$

정답

$81^{\frac{1}{2}} = \sqrt{81} = 9$

04 다음 표현식을 계산하세요: $25^{\frac{3}{2}}$

정답

$$25^{\frac{3}{2}} = \left(25^{1/2}\right)^3 = 5^3 = 125$$

05 다음 표현식을 계산하세요: $\log_2 8 + \log_2 4$

정답

밑이 같은 로그의 덧셈은 다음과 같이 곱셈으로 바꿀 수 있습니다.

$$\log_2 8 + \log_2 4 = \log_2 (8 \times 4) = \log_2 32 = 5$$

06 다음 표현식을 계산하세요: $\log_{10}(100^{2.5})$

정답

로그의 진수에 대한 제곱은 덧셈으로 바꿀 수 있습니다. 예를 들어 $\log(n^2)$은 $\log(n \times n)$ $= \log(n) + \log(n) = 2\log(n)$과 같이 진수의 거듭제곱은 곱셈 계수로 바뀝니다. 따라서 $\log_{10}(100^{2.5}) = 2.5 \times \log_{10} 100 = 2.5 \times 2 = 5$ 입니다.

07 오일러 수를 미분하면 자기 자신이 됩니다. $f(x)=e^{2x-1}$의 도함수를 구하세요.

 정답

오일러 수를 미분하면 자기 자신이고 $2x-1$을 미분하면 2가 되므로 $f'(x)=2e^{2x-1}$ 입니다. 심파이 코드는 다음과 같습니다.

```
from sympy import *

x = symbols('x')
f = E**(2*x - 1)

dx_f = diff(f)
print(dx_f)    # 2*exp(2*x - 1)
```

08 $\ln(x)$를 미분하면 $\dfrac{1}{x}$이 됩니다. $f(x)=\ln\left(x^2-1\right)$의 도함수를 구하세요.

정답

x^2-1을 미분하면 $2x$이므로 $f'(x)=\dfrac{2x}{x^2-1}$가 됩니다. 심파이 코드는 다음과 같습니다.

```
from sympy import *

x = symbols('x')
f = log(x**2 - 1)

dx_f = diff(f)
print(dx_f)    # 2*x/(x**2 - 1)
```

09 하나도 상환하지 않는다고 가정하고 1,000달러의 대출금에 매월 5%의 이자를 복리로 적용하면 3년 후 갚아야 할 총금액은 얼마일까요?

정답

총금액은 1,161.47달러입니다. 파이썬 코드는 다음과 같습니다.

```
from math import exp

p = 1000    # 원금
r = 0.05    # 이자율
t = 3       # 연도
n = 12      # 연간 복리 적용 횟수

a = p * (1 + (r/n))**(n * t)

print(a) # 1161.4722313334678
```

10 하나도 상환하지 않는다고 가정하고 1,000달러의 대출금에 연속해서 5%의 이자를 복리로 적용하면 3년 후 갚아야 할 총금액은 얼마일까요?

정답

총금액은 1,161.83달러입니다. 파이썬 코드는 다음과 같습니다.

```
from math import exp

p = 1000    # 원금
r = 0.05    # 이자율
t = 3.0     # 연도

a = p * exp(r * t)

print(a) # 1161.834242728283
```

11 $x = 3$에서 $f(x) = 3x^2 + 1$ 함수의 기울기는 얼마인가요?

정답

도함수는 $6x$이므로 $x = 3$일 때의 값은 18입니다. 심파이 코드는 다음과 같습니다.

```
from sympy import *

# 'x'를 심파이에 선언합니다.
x = symbols('x')

# 파이썬으로 함수를 정의합니다.
f = 3*x**2 + 1

# 함수의 도함수를 계산합니다.
dx_f = diff(f)
print(dx_f) # 6*x
print(dx_f.subs(x, 3)) # 18
```

12 다음 두 함수가 있을 때 연쇄 법칙을 사용해 x에 대한 z의 도함수를 구하세요.

$$y = x^3 - 1$$
$$z = \log y + 2$$

정답

y를 x에 대해 미분하면 $3x^2$이 되고, z를 y에 대해 미분하면 $\dfrac{1}{y}$이 됩니다. 따라서 x에 대한 미분을 다음처럼 연쇄 법칙으로 구할 수 있습니다.

$$\frac{dz}{dx} = \frac{dz}{dy}\frac{dy}{dx} = \frac{1}{y}(3x^2) = \frac{3x^2}{y}$$

심파이 코드는 다음과 같습니다.

```
from sympy import *

# 'x y'를 심파이에 선언합니다.
x, y = symbols('x y')

# 파이썬으로 함수를 정의합니다.
_y = x**3 - 1
z = log(y) + 2

# x에 대한 도함수를 계산합니다.
dz_dy = diff(z)
dy_dx = diff(_y)
print(dz_dy * dy_dx)    # 3*x**2/y
```

13 x가 0과 2 사이일 때 $f(x) = 3x^2 + 1$ 함수의 아래 면적은 얼마인가요?

정답

0과 2 범위의 함수 아래 면적은 10입니다. 심파이 코드는 다음과 같습니다.

```python
from sympy import *

# 'x'를 심파이에 선언합니다.
x = symbols('x')

# 파이썬으로 함수를 정의합니다.
f = 3*x**2 + 1

# x = 0과 2 사이에서 함수를 적분합니다.
area = integrate(f, (x, 0, 2))

print(area) # 10
```

01 오늘 비가 올 확률은 30%이며, 주문한 우산이 제시간에 도착할 확률은 40%입니다. 오늘 빗속을 걷고 싶은데 우산 없이는 불가능합니다. 비가 오고 우산이 제시간에 도착할 확률은 얼마나 되나요?

정답

0.3 × 0.4 = 0.12입니다. 2.2.1절 '결합 확률'을 참고하세요.

02 오늘 비가 올 확률은 30%이며, 주문한 우산이 제시간에 도착할 확률은 40%입니다. 비가 오지 않거나 우산이 도착한 경우에만 심부름을 할 수 있습니다. 비가 오지 않거나 우산이 도착하지 않을 확률은 얼마인가요?

정답

$(1 - 0.3) + 0.4 - ((1 - 0.3) × 0.4) = 0.82$입니다. 비가 오지 않을 확률을 계산해야 하므로 1.0에서 해당 확률을 빼야 합니다. 2.2.2절 '합 확률'을 참고하세요.

03 오늘 비가 올 확률은 30%이며, 주문한 우산이 제시간에 도착할 확률은 40%입니다. 하지만 비가 올 경우 우산이 제시간에 도착할 확률은 20%에 불과하다는 사실을 알게 되었습니다. 비가 오고 우산이 제시간에 도착할 확률은 얼마나 되나요?

정답

$P(우산\ AND\ 비) = P(우산|비) × P(비) = 0.2 × 0.3 = 0.06$입니다. 2.2.3절 '조건부 확률과 베이즈 정리'를 참고하세요.

04 오늘 비가 올 확률은 30%이며, 주문한 우산이 제시간에 도착할 확률은 40%입니다. 하지만 비가 올 경우 우산이 제시간에 도착할 확률은 20%에 불과하다는 사실을 알게 되었습니다. 우산이 제시간에 도착했을 때 비가 올 확률은 얼마인가요?

정답

베이즈 정리를 사용하면 $P(\text{비}|\text{우산}) = P(\text{우산}|\text{비}) \times P(\text{비})/P(\text{우산}) = 0.2 \times 0.3/0.4 = 0.15$입니다.

05 라스베이거스발 댈러스행 항공편에 137명의 승객이 예약되어 있습니다. 하지만 일요일 아침 라스베이거스에서 각 승객이 나타나지 않을 확률은 40%입니다. 비행기가 빈 채로 비행하지 않도록 초과 예약할 좌석 수를 파악하려고 합니다. 적어도 50명의 승객이 나타나지 않을 가능성은 얼마인가요?

정답

다음 파이썬 코드에서 50명과 그 이상의 승객이 나타나지 않을 확률을 모두 더하면 0.822입니다.

```
from scipy.stats import binom

n = 137
p = 0.40

p_50_or_more_noshows = 0.0

for x in range(50,138):
    p_50_or_more_noshows += binom.pmf(x, n, p)

print(p_50_or_more_noshows) # 0.822095588147425
```

06 동전을 19번 던졌는데 앞면이 15번, 뒷면이 4번 나왔습니다. 이 동전이 공정할 확률은 얼마일까요? 그 이유는 무엇인가요?

정답

사이파이의 베타 분포를 사용해 0.5까지의 면적을 구한 다음, 1.0에서 이 값을 뺍니다. 결과는 약 0.996이므로 이 동전은 공정하지 않을 가능성이 매우 높습니다.

```
from scipy.stats import beta

heads = 15
tails = 4

p = 1.0 - beta.cdf(0.5, heads, tails)

print(p) # 0.99623108
```

07 6번 문제에서 이 동전의 기준 확률이 0.7~0.8일 확률은 얼마인가요?

정답

베타 분포를 사용해 0.8까지의 면적에서 0.7까지의 면적을 빼면 약 33.6%가 됩니다.

```
from scipy.stats import beta

heads = 15
tails = 4

p = beta.cdf(0.8, heads, tails) - beta.cdf(0.7, heads, tails)
print(p) # 0.33647497661034353
```

01 3D 프린터용 1.75mm 필라멘트 스풀^{filament spool}을 구입했습니다. 필라멘트 직
경이 실제로 1.75mm에 얼마나 가까운지 측정하고 싶습니다. 측경기를 사용해
필라멘트 직경을 5회 측정합니다.

1.78, 1.75, 1.72, 1.74, 1.77

이 측정값 집합의 평균과 표준 편차를 계산하세요.

정답

평균은 1.752이고 표준 편차는 약 0.02135입니다. 파이썬 코드는 다음과 같습니다.

```python
from math import sqrt

sample = [1.78, 1.75, 1.72, 1.74, 1.77]

def mean_sample(values):
    return sum(values) /len(values)

def variance_sample(values):
    mean = mean_sample(values)
    var = sum((v - mean) ** 2 for v in values) / len(values)
    return var

def std_dev_sample(values):
    return sqrt(variance_sample(values))

mean = mean_sample(sample)
std_dev = std_dev_sample(sample)

print("평균: ", mean) # 1.752
print("표준 편차: ", std_dev) # 0.02135415650406264
```

02 골든 리트리버의 몸무게는 평균이 64.43파운드이고 표준 편차가 2.99파운드인 정규 분포를 따른다고 가정해보죠. 어떤 골든 리트리버의 몸무게가 70파운드 이상일 확률은 얼마인가요?

정답

CDF 함수를 사용해 70 이전까지 확률을 계산한 다음, 1에서 빼면 약 3.1%입니다. 파이썬 코드는 다음과 같습니다.

```
from scipy.stats import norm

mean = 64.43
std_dev = 2.99

x = 1 - norm.cdf(70, mean, std_dev)

print(x) # 0.031239839196641972
```

03 한 제조업체의 Z-Phone 스마트폰의 평균 수명이 42개월이고 표준 편차는 8개월입니다. 정규 분포라고 가정할 때, 임의의 Z-Phone을 20개월에서 30개월 동안 사용할 수 있는 확률은 얼마인가요?

정답

CDF를 사용해 30개월에서 20개월 사이의 값을 구하면 약 0.06입니다. 파이썬 코드는 다음과 같습니다.

```
from scipy.stats import norm

mean = 42
std_dev = 8

x = norm.cdf(30, mean, std_dev) - norm.cdf(20, mean, std_dev)

print(x) # 0.06382743803380352
```

04 한 제조업체의 Z-Phone 스마트폰의 평균 수명이 42개월이고 표준 편차는 8
개월입니다. 정규 분포라고 가정할 때, Z-Phone의 전체 사용자 중 90%가 고
장나지 않고 쓸 수 있는 기간은 얼마인가요?

(정답)

Z-Phone의 90%가 고장나지 않는 기간은 거꾸로 Z-Phone의 10%가 수명이 다하는 개
월 수와 같습니다. 역CDF 함수로 계산하면 약 31.7개월이므로 Z-Phone의 사용자 중
90%는 고장 없이 31.7개월을 사용할 수 있습니다. 파이썬 코드는 다음과 같습니다.

```
from scipy.stats import norm

x = norm.ppf(0.1, loc=42, scale=8)
print(x)  # 31.747587475643197
```

05 3D 프린터용 필라멘트의 평균 직경이 광고대로 1.75mm가 아닌 것 같습니다. 측경기를 사용해 필라멘트 34개의 직경을 측정했습니다. 표본 평균은 1.715588이고 샘플 표준 편차는 0.029252입니다.
필라멘트 스풀 전체의 평균에 대한 99% 신뢰 구간은 얼마인가요?

정답

필라멘트 한 롤의 평균 직경에 대한 99% 신뢰 구간은 1.7026~1.7285입니다. 파이썬 코드는 다음과 같습니다.

```python
from math import sqrt
from scipy.stats import norm

def critical_z_value(p, mean=0.0, std=1.0):
    norm_dist = norm(loc=mean, scale=std)
    left_area = (1.0 - p) / 2.0
    right_area = 1.0 - ((1.0 - p) / 2.0)
    return norm_dist.ppf(left_area), norm_dist.ppf(right_area)


def ci_large_sample(p, sample_mean, sample_std, n):
    # 샘플 크기는 30보다 커야 합니다.

    lower, upper = critical_z_value(p)
    lower_ci = lower * (sample_std / sqrt(n))
    upper_ci = upper * (sample_std / sqrt(n))

    return sample_mean + lower_ci, sample_mean + upper_ci


print(ci_large_sample(p=.99, sample_mean=1.715588,
    sample_std=0.029252, n=34))
# (1.7026658973748656, 1.7285101026251342)
```

06 마케팅 부서에서 새로운 광고 캠페인을 시작했습니다. 과거 매출은 하루 평균 10,345달러, 표준 편차 552달러였는데 광고 캠페인이 매출에 영향을 미쳤는지 알고 싶습니다. 광고 캠페인은 45일 동안 실행되었고 이 기간 평균 매출은 11,641달러였습니다.

광고 캠페인이 매출에 영향을 미쳤나요? 그 이유는 무엇인가요? (신뢰할 수 있는 유의성을 얻으려면 양측 검정을 사용하세요)

> **정답**

마케팅 캠페인 기간의 평균 매출에 대한 p 값은 0.01888로 광고가 효과가 있습니다. 파이썬 코드는 다음과 같습니다.

```python
from scipy.stats import norm

mean = 10345
std_dev = 552

p1 = 1.0 - norm.cdf(11641, mean, std_dev)

# 대칭성을 활용합니다.
p2 = p1

# 양측 검정의 P 값
p_value = p1 + p2

print("양측 검정의 P 값", p_value)
if p_value <= .05:
    print("양측 검정 통과")
else:
    print("양측 검정 실패")

# 양측 검정의 P 값 0.01888333596496139
# 양측 검정 통과
```

01 벡터 $\vec{v}=[1, 2]$에 변환이 수행됩니다. 기저 벡터 $\hat{i}$은 $[2, 0]$이고, $\hat{j}$은 $[0, 1.5]$입니다. 벡터 $\vec{v}$는 어디에 도착할까요?

정답

벡터 $\vec{v}$는 $[2, 3]$에 도착합니다. 파이썬 코드는 다음과 같습니다.

```
from numpy import array

v = array([1, 2])

i_hat = array([2, 0])
j_hat = array([0, 1.5])

basis = array([i_hat, j_hat])

# 벡터 v가 w로 바뀝니다.
w = basis.dot(v)

print(w) # [2. 3.]
```

02 벡터 $\vec{v}=[1, 2]$에 변환이 수행됩니다. 기저 벡터 $\hat{i}$은 $[-2, 1]$이고, $\hat{j}$은 $[1, -2]$입니다. 벡터 $\vec{v}$는 어디에 도착할까요?

정답

벡터 $\vec{v}$는 $[0, -3]$에 도착합니다. 파이썬 코드는 다음과 같습니다.

```
from numpy import array

v = array([1, 2])

i_hat = array([-2, 1])
j_hat = array([1, -2])

basis = array([i_hat, j_hat])

# 벡터 v가 w로 바뀝니다.
w = basis.dot(v)

print(w) # [0 -3]
```

03 다음 행렬 곱셈을 계산하세요.

$$\begin{pmatrix} 3 & -2 \\ 1 & 4 \end{pmatrix}\begin{pmatrix} 5 & 2 \\ 3 & -1 \end{pmatrix}$$

정답

행렬 곱셈을 수행한 결과는 다음과 같습니다.

$$\begin{pmatrix} 3 & -2 \\ 1 & 4 \end{pmatrix}\begin{pmatrix} 5 & 2 \\ 3 & -1 \end{pmatrix} = \begin{pmatrix} 3\times5+(-2)\times3 & 3\times2+(-2)\times(-1) \\ 1\times5+4\times3 & 1\times2+4\times(-1) \end{pmatrix} = \begin{pmatrix} 9 & 8 \\ 17 & -2 \end{pmatrix}$$

파이썬 코드는 다음과 같습니다.

```
import numpy as np

a = np.array([[3, -2],[1, 4]])
b = np.array([[5, 2],[3, -1]])
c = a.dot(b)
```

```
print(c)
# [[ 9  8]
#  [17 -2]]
```

---

04 $\hat{i}$ 은 [1, 0]이고 $\hat{j}$ 은 [2, 2]입니다. 이 변환의 행렬식은 얼마인가요?

정답

행렬식은 2.0입니다. 파이썬 코드는 다음과 같습니다.

```
import numpy as np
from numpy.linalg import det

i_hat = np.array([1, 0])
j_hat = np.array([2, 2])

basis = np.array([i_hat,j_hat]).transpose()

determinant = det(basis)

print(determinant) # 2.0
```

05 두 개 이상의 선형 변환이 하나의 선형 변환으로 수행될 수 있나요? 그 이유는 무엇인가요?

가능합니다. 행렬 곱셈을 사용하면 여러 행렬을 하나의 통합 변환을 나타내는 '하나의 행렬'로 합칠 수 있기 때문입니다.

06 다음 행렬의 역행렬을 구하세요.

$$\begin{pmatrix} 3 & 1 & 0 \\ 2 & 4 & 1 \\ 3 & 1 & 8 \end{pmatrix}$$

넘파이 inv() 함수를 사용해 역행렬을 구합니다. 코드는 다음과 같습니다.

```
import numpy as np

A = np.array([
    [3, 1, 0],
    [2, 4, 1],
    [3, 1, 8]
])

A_inverse = np.linalg.inv(A)

print(A_inverse)
# [[ 0.3875 -0.1     0.0125]
#  [-0.1625  0.3    -0.0375]
#  [-0.125   0.      0.125 ]]
```

07 다음 연립 방정식을 푸세요.

$$3x + 1y + 0z = 54$$
$$2x + 4y + 1z = 12$$
$$3x + 1y + 8z = 6$$

정답

$x = 19.8, y = -5.4, z = -6$입니다. 파이썬 코드는 다음과 같습니다.

```python
from numpy import array
from numpy.linalg import inv

A = array([
    [3, 1, 0],
    [2, 4, 1],
    [3, 1, 8]
])

B = array([
    54,
    12,
    6
])

X = inv(A).dot(B)

print(X) # [19.8 -5.4 -6. ]
```

08 다음 행렬은 선형 종속인가요? 그 이유는 무엇인가요?

$$\begin{bmatrix} 2 & 1 \\ 6 & 3 \end{bmatrix}$$

정답

네, 선형 종속입니다. 넘파이에는 부동 소수점의 정확성이 약간 부족하지만 행렬식이 사실상 0입니다.

```
from numpy.linalg import det
from numpy import array

i_hat = array([2, 6])
j_hat = array([1, 3])

basis = array([i_hat, j_hat]).transpose()
print(basis)

determinant = det(basis)

print(determinant) # -3.330669073875464e-16
```

부동 소수점 문제를 피하기 위해 심파이를 사용하면 다음과 같이 0을 얻을 수 있습니다.

```
from sympy import *

basis = Matrix([
    [2, 1],
    [6, 3]
])

determinant = det(basis)

print(determinant) # 0
```

09 다음 행렬의 고유 벡터와 고웃값을 구하고 이를 사용해 원본 행렬을 재구성하세요.

$$\begin{pmatrix} 3 & 1 & 0 \\ 2 & 4 & 1 \\ 3 & 1 & 8 \end{pmatrix}$$

정답

넘파이 eig() 함수를 사용해 고유 벡터와 고웃값을 구합니다. 코드는 다음과 같습니다.

```python
import numpy as np

A = np.array([
    [3, 1, 0],
    [2, 4, 1],
    [3, 1, 8]
])

eigenvals, eigenvecs = np.linalg.eig(A)
print("고웃값\n", eigenvals)
print("고유벡터\n", eigenvecs)
A_reconstruction = eigenvecs @ np.diag(eigenvals) @ np.linalg.inv(eigenvecs)
print("재구성 행렬\n", np.round(A_reconstruction))

# 고웃값
# [8.38761906 2.12592447 4.48645647]
# 고유벡터
# [[-0.04479915 -0.72643433 -0.45454378]
#  [-0.24136078  0.63495848 -0.67565954]
#  [-0.96940085  0.26290852  0.5804086 ]]
# 재구성 행렬
# [[ 3.  1. -0.]
#  [ 2.  4.  1.]
#  [ 3.  1.  8.]]
```

두 변수 x와 y에 대한 데이터는 여기(*https://bit.ly/3C8JzrM*)에서 다운받을 수 있습니다.

01 단순 선형 회귀를 수행해 손실(제곱 합)을 최소화하는 기울기 m과 절편 b 값을 찾으세요.

5장에서 배운 대로 선형 회귀를 수행하는 데는 여러 가지 도구와 방법이 있습니다. 하지만 여기서는 사이킷런을 사용해 해를 구하겠습니다. 계산된 기울기는 1.75919315이고 절편 은 4.69359655입니다.

```python
import pandas as pd
import matplotlib.pyplot as plt
from sklearn.linear_model import LinearRegression

# 데이터를 로드합니다.
df = pd.read_csv('https://bit.ly/3C8JzrM', delimiter=",")

# (마지막 열을 제외한 모든 열을) 입력 변수로 추출합니다.
X = df.values[:, :-1]

# 마지막 열을 출력으로 추출합니다.
Y = df.values[:, -1]

# 모델을 훈련합니다.
fit = LinearRegression().fit(X, Y)

# m = 1.75919315, b = 4.69359655
m = fit.coef_.flatten()
b = fit.intercept_.flatten()
print("m = {0}".format(m))
print("b = {0}".format(b))
```

```
# 그래프를 그립니다.
plt.plot(X, Y, 'o')   # 산점도
plt.plot(X, m*X+b)    # 선 그래프
plt.show()
```

02 이 데이터의 상관 계수와 (95% 신뢰도로) 통계적 유의성을 계산하세요. 이 상
관관계가 유용한가요?

정답

0.92421의 높은 상관관계와 통계적으로 유의미한 범위인 ±1.9844에서 23.8355의 검정
값을 얻었습니다. 이 상관관계는 확실히 유용하고 통계적으로도 유의미합니다. 코드는 다
음과 같습니다.

```
import pandas as pd

# 판다스 데이터프레임으로 데이터를 읽습니다.
df = pd.read_csv('https://bit.ly/3C8JzrM', delimiter=",")

# 변수 사이의 상관관계를 출력합니다.
correlations = df.corr(method='pearson')
print(correlations)

# 출력:
#         x        y
# x  1.00000  0.92421
# y  0.92421  1.00000

# 통계적 유의성을 검정합니다.
from scipy.stats import t
from math import sqrt
```

```
# 표본 크기
n = df.shape[0]
print(n)
lower_cv = t(n - 1).ppf(.025)
upper_cv = t(n - 1).ppf(.975)

# 상관 계수를 추출합니다.
r = correlations["y"]["x"]

# 검정을 수행합니다.
test_value = r / sqrt((1 - r ** 2) / (n - 2))

print("검정값: {}".format(test_value))
print("임계 범위: {}, {}".format(lower_cv, upper_cv))

if test_value < lower_cv or test_value > upper_cv:
    print("상관관계가 입증되어 귀무 가설을 거부합니다.")
else:
    print("상관관계가 입증되지 않아 귀무 가설을 거부하지 못합니다.")

# p 값을 계산합니다.
if test_value > 0:
    p_value = 1.0 - t(n - 1).cdf(test_value)
else:
    p_value = t(n - 1).cdf(test_value)

# 양측 검정이므로 2를 곱합니다.
p_value = p_value * 2
print("p 값: {}".format(p_value))

"""
검정값: 23.835515323677328
임계 범위: -1.9844674544266925, 1.984467454426692
상관관계가 입증되어 귀무 가설을 거부합니다.
p 값: 0.0 (extremely small)
"""
```

03 $x = 50$에 대해서 예측하는 경우, 예측값 y에 대한 95% 예측 구간은 얼마인가요?

정답

$x = 50$에서 예측 구간은 50.79와 134.51 사이입니다. 코드는 다음과 같습니다.

```python
import pandas as pd
from scipy.stats import t
from math import sqrt

# 데이터를 로드합니다.
points = list(pd.read_csv('https://bit.ly/3C8JzrM', delimiter=",") \
    .itertuples())

n = len(points)

# 선형 회귀 파라미터
m = 1.75919315
b = 4.69359655

# x = 50에서 예측 구간을 계산합니다.
x_0 = 50
x_mean = sum(p.x for p in points) / len(points)

t_value = t(n - 2).ppf(.975)

standard_error = sqrt(sum((p.y - (m * p.x + b)) ** 2 for p in points) / \
    (n - 2))

margin_of_error = t_value * standard_error * \
                sqrt(1 + (1 / n) + (n * (x_0 - x_mean) ** 2) / \
                    (n * sum(p.x ** 2 for p in points) - \
        sum(p.x for p in points) ** 2))

predicted_y = m*x_0 + b

print(predicted_y - margin_of_error, predicted_y + margin_of_error)
# 50.792086501055955 134.51442159894404
```

04 회귀 분석을 다시 시작해 훈련/테스트 세트를 분할하세요. 교차 검증과 랜덤 폴드 교차 검증을 사용해보세요. 선형 회귀 모델이 테스트 데이터에서 일관성 있게 잘 작동하나요? 그 이유는 무엇인가요?

정답

데이터를 3등분해 $k = 3$인 k-폴드 교차 검증을 수행하면 테스트 세트에서 어느 정도 잘 작동합니다. 새 데이터셋에서 평균 MSE는 약 0.83이고 평균 표준 편차는 약 0.03입니다.

```python
import pandas as pd
from sklearn.linear_model import LinearRegression
from sklearn.model_selection import KFold, cross_val_score

df = pd.read_csv('https://bit.ly/3C8JzrM', delimiter=",")

# (마지막 열을 제외한 모든 열을) 입력 변수로 추출합니다.
X = df.values[:, :-1]

# 마지막 열을 출력으로 추출합니다.
Y = df.values[:, -1]

# 단순 선형 회귀를 수행합니다.
kfold = KFold(n_splits=3, random_state=7, shuffle=True)
model = LinearRegression()
results = cross_val_score(model, X, Y, cv=kfold)
print(results)
print("MSE: 평균=%.3f (표준 편차-%.3f)" % (results.mean(), results.std()))
"""

[0.86119665 0.78237719 0.85733887]
MSE: 평균=0.834 (표준 편차-0.036)
"""
```

05 5.3.1절에서 설명한 닫힌 형식 방정식을 유도하세요. $\hat{y}$은 선형 회귀로 예측한 값이라 할 때 잔차의 제곱 합^{residual sum of squares}(RSS)은 다음과 같습니다.

$$\hat{y} = mx + b$$

$$RSS = \sum_{i=1}^{n}(y_i - \hat{y}_i)^2 = \sum_{i=1}^{n}(y_i - mx_i - b)^2$$

정답

RSS가 최소가 되는 m과 b를 구해야 합니다. RSS의 최솟값은 도함수가 0이 되는 지점에 있습니다. 먼저 b에 대해 미분해보죠. b에 대해 미분하면 제곱이 곱셈 계수 2가 되고 b의 계수 -1이 곱해져서 다음과 같이 됩니다.

$$\frac{\partial RSS}{\partial b} = -2\sum_{i=1}^{n}(y_i - mx_i - b)$$

이 도함수가 0이 되는 b를 구해봅시다.

$$\sum_{i=1}^{n}(y_i - mx_i - b) = 0$$

$$\sum_{i=1}^{n}y_i - m\sum_{i=1}^{n}x_i - nb = 0$$

b에 대해 정리하면 다음과 같은 식을 얻습니다.

$$b = \frac{1}{n}\sum_{i=1}^{n}y_i - m\frac{1}{n}\sum_{i=1}^{n}x_i$$

다음으로 RSS를 m에 대해 미분해보죠. m의 곱셈 계수 x가 한 번 더 곱해지는 것을 제외하면 이전과 동일합니다.

$$\frac{\partial RSS}{\partial m} = -2\sum_{i=1}^{n}x_i(y_i - mx_i - b)$$

이 식을 0으로 놓고 b를 앞서 구한 식으로 바꿔보겠습니다.

$$\sum_{i=1}^{n} x_i y_i - m \sum_{i=1}^{n} x_i^2 - b \sum_{i=1}^{n} x_i = 0$$

$$\sum_{i=1}^{n} x_i y_i - m \sum_{i=1}^{n} x_i^2 - \sum_{i=1}^{n} x_i \left(\frac{1}{n} \sum_{i=1}^{n} y_i - m \frac{1}{n} \sum_{i=1}^{n} x_i \right) = 0$$

괄호를 풀고 m이 곱해지는 항을 한쪽으로 옮겨 정리하면 다음과 같습니다.

$$m \sum_{i=1}^{n} x_i^2 - m \frac{1}{n} \left(\sum_{i=1}^{n} x_i \right)^2 = \sum_{i=1}^{n} x_i y_i - \frac{1}{n} \sum_{i=1}^{n} x_i \sum_{i=1}^{n} y_i$$

이제 m만 남기고 모두 우변으로 넘긴 다음, 분자와 분모에 n을 곱하면 다음과 같은 식을 얻습니다.

$$m = \frac{\displaystyle\sum_{i=1}^{n} x_i y_i - \frac{1}{n} \sum_{i=1}^{n} x_i \sum_{i=1}^{n} y_i}{\displaystyle\sum_{i=1}^{n} x_i^2 - \frac{1}{n} \left(\sum_{i=1}^{n} x_i \right)^2} = \frac{\displaystyle n \sum_{i=1}^{n} x_i y_i - \sum_{i=1}^{n} x_i \sum_{i=1}^{n} y_i}{\displaystyle n \sum_{i=1}^{n} x_i^2 - \left(\sum_{i=1}^{n} x_i \right)^2}$$

06 5.3.2절에서 설명한 역행렬을 사용한 공식 $\beta = (X^T X)^{-1} X^T y$를 유도하세요. 그리고 단순 선형 회귀일 경우, 이 공식이 5.3.1절의 닫힌 형식 방정식과 같다는 것을 증명하세요. 예측값 $\hat{y}$과 RSS는 다음과 같이 정의됩니다.

$$\hat{y} = X\beta$$
$$RSS = (y - \hat{y})^2 = (y - X\beta)^2 = (y - X\beta)^T (y - X\beta)$$

정답

먼저 RSS 공식의 괄호를 풀어 전개하면 다음과 같습니다.

$$RSS = (y - X\beta)^T (y - X\beta)$$
$$= y^T y - y^T X\beta - \beta^T X^T y + \beta^T X^T X\beta$$
$$= y^T y - 2\beta^T X^T y + \beta^T X^T X\beta$$

데이터의 개수가 n, 변수의 개수가 k개라면 y^T 크기가 $(1, n)$, X의 크기가 (n, k), β의 크기가 $(k, 1)$입니다. 따라서 $y^T X\beta$를 점 곱한 결과는 스칼라 값이 되며 마찬가지로 $\beta^T X^T y$도 마찬가지입니다. 따라서 두 항을 하나로 합쳐 다음과 같이 쓸 수 있습니다.

$$= y^T y - 2\beta^T X^T y + \beta^T X^T X\beta$$

이 식을 사용해 RSS를 β에 대해 미분하면 다음과 같습니다.

$$\frac{\partial RSS}{\partial \beta} = -2X^T y + 2X^T X\beta$$

이 도함수가 0일 때 β를 구해야 하므로 좌변을 0으로 놓고 정리하면 다음과 같습니다.

$$X^T X\beta = X^T y$$

마지막으로 $X^T X$를 우변으로 넘기면 다음과 같은 식을 얻을 수 있습니다. 이 식을 정규 방정식normal equation이라 부릅니다.

$$\beta = (X^T X)^{-1} X^T y$$

데이터 개수가 n인 단순 선형 회귀의 경우 β, X, y는 다음과 같습니다.

$$\beta = \begin{pmatrix} \beta_0 \\ \beta_1 \end{pmatrix} \quad X = \begin{pmatrix} 1 & x_1 \\ \vdots & \vdots \\ 1 & x_n \end{pmatrix} \quad y = \begin{pmatrix} y_1 \\ \vdots \\ y_n \end{pmatrix}$$

먼저 $X^T X$를 계산하면 다음과 같습니다.

$$X^T X = \begin{pmatrix} x_1 & \cdots & x_n \\ 1 & \cdots & 1 \end{pmatrix} \begin{pmatrix} 1 & x_1 \\ \vdots & \vdots \\ 1 & x_n \end{pmatrix} = \begin{pmatrix} \sum_{i=1}^{n} x_i & \sum_{i=1}^{n} x_i^2 \\ n & \sum_{i=1}^{n} x_i \end{pmatrix}$$

행과 열이 2개씩인 2×2 크기의 행렬의 역행렬을 구하는 공식은 다음과 같습니다.

$$A = \begin{pmatrix} a & b \\ c & d \end{pmatrix}$$

$$A^{-1} = \frac{1}{ad-bc}\begin{pmatrix} d & -b \\ -c & a \end{pmatrix}$$

따라서 $(X^TX)^{-1}$을 계산하면 다음과 같습니다.

$$(X^TX)^{-1} = \frac{1}{\left(\sum_{i=1}^{n}x_i\right)^2 - n\sum_{i=1}^{n}x_i^2}\begin{pmatrix} \sum_{i=1}^{n}x_i & -\sum_{i=1}^{n}x_i^2 \\ -n & \sum_{i=1}^{n}x_i \end{pmatrix}$$

다음으로 X^Ty를 계산해보겠습니다.

$$X^Ty = \begin{pmatrix} x_1 & \cdots & x_n \\ 1 & \cdots & 1 \end{pmatrix}\begin{pmatrix} y_1 \\ \vdots \\ y_n \end{pmatrix} = \begin{pmatrix} \sum_{i=1}^{n}x_i y_i \\ \sum_{i=1}^{n}y_i \end{pmatrix}$$

이제 $\beta = (X^TX)^{-1}X^Ty$에 앞서 구한 식을 모두 적용해보죠.

$$\begin{pmatrix} \beta_0 \\ \beta_1 \end{pmatrix} = (X^TX)X^Ty = \frac{1}{\left(\sum_{i=1}^{n}x_i\right)^2 - n\sum_{i=1}^{n}x_i^2}\begin{pmatrix} \sum_{i=1}^{n}x_i & -\sum_{i=1}^{n}x_i^2 \\ -n & \sum_{i=1}^{n}x_i \end{pmatrix}\begin{pmatrix} \sum_{i=1}^{n}x_i y_i \\ \sum_{i=1}^{n}y_i \end{pmatrix}$$

$$= \frac{1}{\left(\sum_{i=1}^{n}x_i\right)^2 - n\sum_{i=1}^{n}x_i^2}\begin{pmatrix} \sum_{i=1}^{n}x_i\sum_{i=1}^{n}x_i y_i - \sum_{i=1}^{n}x_i^2\sum_{i=1}^{n}y_i \\ -n\sum_{i=1}^{n}x_i y_i + \sum_{i=1}^{n}x_i\sum_{i=1}^{n}y_i \end{pmatrix}$$

β_1만 뽑아 정리하면 다음과 같습니다.

$$\beta_1 = \frac{-n\sum\limits_{i=1}^{n}x_iy_i + \sum\limits_{i=1}^{n}x_i\sum\limits_{i=1}^{n}y_i}{\left(\sum\limits_{i=1}^{n}x_i\right)^2 - n\sum\limits_{i=1}^{n}x_i^2} = \frac{n\sum\limits_{i=1}^{n}x_iy_i - \sum\limits_{i=1}^{n}x_i\sum\limits_{i=1}^{n}y_i}{n\sum\limits_{i=1}^{n}x_i^2 - \left(\sum\limits_{i=1}^{n}x_i\right)^2}$$

이 값은 5.3.1절에 나온 계수 m의 공식과 같습니다. 이어서 β_0을 정리해보겠습니다.

$$\beta_0 = \frac{\sum\limits_{i=1}^{n}x_i\sum\limits_{i=1}^{n}x_iy_i - \sum\limits_{i=1}^{n}x_i^2\sum\limits_{i=1}^{n}y_i}{\left(\sum\limits_{i=1}^{n}x_i\right)^2 - n\sum\limits_{i=1}^{n}x_i^2}$$

식을 간소화하기 위해 β_0의 분모에 $\dfrac{1}{n}\left(\sum\limits_{i=1}^{n}x_i\right)^2\sum\limits_{i=1}^{n}y_i$ 를 빼고 더합니다.

$$= \frac{\sum\limits_{i=1}^{n}x_i\sum\limits_{i=1}^{n}x_iy_i - \dfrac{1}{n}\left(\sum\limits_{i=1}^{n}x_i\right)^2\sum\limits_{i=1}^{n}y_i + \dfrac{1}{n}\left(\sum\limits_{i=1}^{n}x_i\right)^2\sum\limits_{i=1}^{n}y_i - \sum\limits_{i=1}^{n}x_i^2\sum\limits_{i=1}^{n}y_i}{\left(\sum\limits_{i=1}^{n}x_i\right)^2 - n\sum\limits_{i=1}^{n}x_i^2}$$

분모의 처음 두 항의 공통 인수를 뽑아 하나로 묶고, 나머지 두 항도 하나로 묶어서 정리하면 다음과 같습니다.

$$= \frac{\dfrac{1}{n}\sum\limits_{i=1}^{n}x_i\left(n\sum\limits_{i=1}^{n}x_iy_i - \sum\limits_{i=1}^{n}x_i\sum\limits_{i=1}^{n}y_i\right) + \dfrac{1}{n}\sum\limits_{i=1}^{n}y_i\left(\left(\sum\limits_{i=1}^{n}x_i\right)^2 - n\sum\limits_{i=1}^{n}x_i^2\right)}{\left(\sum\limits_{i=1}^{n}x_i\right)^2 - n\sum\limits_{i=1}^{n}x_i^2}$$

따라서 이 식은 다음과 같이 간소화되며 이는 5.3.1절에 나온 계수 b의 공식과 같습니다.

$$= -\frac{m}{n}\sum\limits_{i=1}^{n}x_i + \frac{1}{n}\sum\limits_{i=1}^{n}y_i$$

07 5.3.2절에서 설명한 QR 분해를 사용한 공식 $\beta = R^{-1} \cdot Q^T \cdot y$를 유도하세요.

정답

선형 회귀 공식 $X\beta = y$의 좌우 변에 X의 전치 행렬을 곱하면 다음과 같습니다.

$$X^T X \beta = X^T y$$

행렬 X가 Q, R 행렬로 분해할 수 있다면 다음과 같이 쓸 수 있습니다.

$$(QR)^T (QR)\beta = (QR)^T y$$

좌우 변의 $(QR)^T$을 풀면 다음과 같습니다.

$$R^T (Q^T Q)R\beta = R^T Q^T y$$

QR 분해에서 Q는 직교 행렬이므로 $Q^T Q = 1$입니다. 따라서 다음과 같이 정리됩니다.

$$R^T R\beta = R^T Q^T y$$

좌우 변에서 R^T을 소거하면 다음과 같이 정리됩니다.

$$R\beta = Q^T y$$

R은 삼각 행렬로 비교적 역행렬을 구하기 쉬우므로 다음과 같이 베타 계수를 구합니다.

$$\beta = R^{-1} Q^T y$$

08 두 변수 사이의 상관 계수는 공분산에서 각 변수의 표준 편차를 나누어 구할 수 있습니다.

$$r = \frac{Cov(x, y)}{s_x s_y} = \frac{\dfrac{\displaystyle\sum_{i=1}^{n}(x_i - \overline{x})(y_i - \overline{y})}{n-1}}{\sqrt{\dfrac{\displaystyle\sum_{i=1}^{n}(x_i - \overline{x})^2}{n-1}}\sqrt{\dfrac{\displaystyle\sum_{i=1}^{n}(y_i - \overline{y})^2}{n-1}}}$$

$$= \frac{\displaystyle\sum_{i=1}^{n}(x_i - \overline{x})(y_i - \overline{y})}{\sqrt{\displaystyle\sum_{i=1}^{n}(x_i - \overline{x})^2}\sqrt{\displaystyle\sum_{i=1}^{n}(y_i - \overline{y})^2}}$$

이 식으로부터 5.6절에서 소개한 다음 상관 계수 공식을 유도하세요.

$$r = \frac{n\displaystyle\sum_{i=1}^{n}x_i y_i - \displaystyle\sum_{i=1}^{n}x_i \displaystyle\sum_{i=1}^{n}y_i}{\sqrt{n\displaystyle\sum_{i=1}^{n}x_i^2 - \left(\displaystyle\sum_{i=1}^{n}x_i\right)^2}\sqrt{n\displaystyle\sum_{i=1}^{n}y_i^2 - \left(\displaystyle\sum_{i=1}^{n}y_i\right)^2}}$$

정답

식이 복잡하므로 분모와 분자를 나누어 유도합니다. 먼저 분모에 있는 괄호를 풉니다.

$$\sum_{i=1}^{n}(x_i - \overline{x})(y_i - \overline{y}) = \sum_{i=1}^{n}x_i y_i - \overline{x}\sum_{i=1}^{n}y_i - \overline{y}\sum_{i=1}^{n}x_i + \sum_{i=1}^{n}\overline{x}\,\overline{y}$$

여기에서 $\overline{x}\,\overline{y}$는 i의 변수가 아니므로 $\displaystyle\sum_{i=1}^{n}\overline{x}\,\overline{y} = n\overline{x}\,\overline{y}$와 같습니다. 또한 $\overline{x}$와 $\overline{y}$는 평균을 나타내므로 $\overline{x} = \dfrac{1}{n}\displaystyle\sum_{i=1}^{n}x_i$, $\overline{y} = \dfrac{1}{n}\displaystyle\sum_{i=1}^{n}y_i$ 입니다. 이를 위 식에 대입하면 다음과 같이 전개됩니다.

$$= \sum_{i=1}^{n} x_i y_i - \frac{1}{n} \sum_{i=1}^{n} x_i \sum_{i=1}^{n} y_i - \frac{1}{n} \sum_{i=1}^{n} y_i \sum_{i=1}^{n} x_i + n \left(\frac{1}{n} \sum_{i=1}^{n} x_i \right) \left(\frac{1}{n} \sum_{i=1}^{n} y_i \right)$$

세 번째 항과 네 번째 항이 상쇄되므로 남은 항을 정리하면 다음과 같습니다.

$$= \sum_{i=1}^{n} x_i y_i - \frac{1}{n} \sum_{i=1}^{n} x_i \sum_{i=1}^{n} y_i = \frac{1}{n} \left(n \sum_{i=1}^{n} x_i y_i - \sum_{i=1}^{n} x_i \sum_{i=1}^{n} y_i \right)$$

그다음 분모에 있는 두 개의 제곱근 중에서 첫 번째 제곱근 안에 있는 괄호를 풀어보겠습니다.

$$\sqrt{\sum_{i=1}^{n} (x_i - \overline{x})^2} = \sqrt{\sum_{i=1}^{n} x_i^2 - 2\overline{x} \sum_{i=1}^{n} x_i + \sum_{i=1}^{n} \overline{x}^2}$$

여기서도 마찬가지로 $\overline{x} = \frac{1}{n} \sum_{i=1}^{n} x_i$ 를 대입하면 다음과 같이 전개됩니다.

$$= \sqrt{\sum_{i=1}^{n} x_i^2 - \frac{2}{n} \left(\sum_{i=1}^{n} x_i \right)^2 + n \left(\frac{1}{n} \sum_{i=1}^{n} x_i \right)^2}$$

$$= \sqrt{\sum_{i=1}^{n} x_i^2 - \frac{2}{n} \left(\sum_{i=1}^{n} x_i \right)^2 + \frac{1}{n} \left(\sum_{i=1}^{n} x_i \right)^2}$$

$$= \sqrt{\sum_{i=1}^{n} x_i^2 - \frac{1}{n} \left(\sum_{i=1}^{n} x_i \right)^2}$$

분모에 있는 두 번째 제곱근의 괄호도 비슷한 방식으로 전개할 수 있으며 두 제곱근 안에 있는 $\frac{1}{n}$ 을 제곱근 밖으로 빼면 다음과 같이 정리할 수 있습니다.

$$= \frac{1}{n} \sqrt{n \sum_{i=1}^{n} x_i^2 - \left(\sum_{i=1}^{n} x_i \right)^2} \sqrt{n \sum_{i=1}^{n} y_i^2 - \left(\sum_{i=1}^{n} y_i \right)^2}$$

결국 분자와 분모에 있는 $\frac{1}{n}$ 을 소거하면 상관 계수 공식은 다음과 같이 정리됩니다.

$$r = \frac{n \sum_{i=1}^{n} x_i y_i - \sum_{i=1}^{n} x_i \sum_{i=1}^{n} y_i}{\sqrt{n \sum_{i=1}^{n} x_i^2 - \left(\sum_{i=1}^{n} x_i \right)^2} \sqrt{n \sum_{i=1}^{n} y_i^2 - \left(\sum_{i=1}^{n} y_i \right)^2}}$$

다음 링크(*https://bit.ly/3imidqa*)의 데이터셋은 세 개의 입력 변수 RED, GREEN, BLUE와 출력 변수 LIGHT_OR_DARK_FONT_IND를 갖습니다. 이 데이터셋을 사용해 RGB 값으로 지정된 배경색에 밝은 글꼴(0)이 적합한지, 어두운 글꼴(1)이 적합한지 예측합니다.

01 3-폴드 교차 검증과 정확도 지표를 사용해 이 데이터에 대한 로지스틱 회귀 분석을 수행하세요.

정답

사이킷런을 사용하면 매우 높은 정확도를 얻을 수 있습니다. 테스트 폴드에서 평균 99.9% 이상의 정확도를 얻었습니다.

```
import pandas as pd
from sklearn.linear_model import LogisticRegression
from sklearn.metrics import confusion_matrix
from sklearn.model_selection import KFold, cross_val_score

# 데이터를 로드합니다.
df = pd.read_csv("https://bit.ly/3imidqa", delimiter=",")

X = df.values[:, :-1]
Y = df.values[:, -1]

kfold = KFold(n_splits=3, shuffle=True)
model = LogisticRegression(penalty=None)
results = cross_val_score(model, X, Y, cv=kfold)

print("평균 정확도: %.3f (stdev=%.3f)" % (results.mean(),
    results.std()))
```

02 예측 데이터와 실제 데이터를 비교하는 오차 행렬을 생성하세요.

정답

이 오차 행렬에는 진짜 양성과 진짜 음성이 많고, 거짓 양성과 거짓 음성은 매우 적습니다. 다음 코드를 실행해보세요.

```python
import pandas as pd
from sklearn.linear_model import LogisticRegression
from sklearn.metrics import confusion_matrix
from sklearn.model_selection import train_test_split

# 데이터를 로드합니다.
df = pd.read_csv("https://bit.ly/3imidqa", delimiter=",")

# 입력 변수(마지막 열을 제외한 모든 열)를 추출합니다.
X = df.values[:, :-1]

# 출력 변수(마지막 열)를 추출합니다.
Y = df.values[:, -1]

model = LogisticRegression(solver='liblinear')

X_train, X_test, Y_train, Y_test = train_test_split(X, Y, test_size=.33)
model.fit(X_train, Y_train)
prediction = model.predict(X_test)

"""
오차 행렬은 각 카테고리 내에서 정확도를 평가합니다.
[[진짜 음성(TN) 거짓 양성(FP)]
 [거짓 음성(FN) 진짜 양성(TP)]]

대각선은 올바른 예측을 나타내므로 이 값이 높아야 합니다.
"""
matrix = confusion_matrix(y_true=Y_test, y_pred=prediction)
print(matrix)
```

03 다음 링크(https://bit.ly/3FHywrZ)와 같은 RGB 도구를 사용해 몇 가지 배경색을 선택하고, 로지스틱 회귀가 각 배경색에 대해 밝은 글꼴(0) 또는 어두운 글꼴(1)을 합리적으로 선택하는지 확인하세요.

정답

사용자에게 테스트할 색상을 입력받도록 코드를 작성합니다. 검정색(0, 0, 0)과 흰색(255, 255, 255)을 테스트해 각각 어두운 글꼴과 밝은 글꼴이 올바르게 예측되는지 확인해보겠습니다.

```
import pandas as pd
from sklearn.linear_model import LogisticRegression
import numpy as np
from sklearn.model_selection import train_test_split

# 데이터를 로드합니다.
df = pd.read_csv("https://bit.ly/3imidqa", delimiter=",")

# 입력 변수(마지막 열을 제외한 모든 열)를 추출합니다.
X = df.values[:, :-1]

# 출력 변수(마지막 열)를 추출합니다.
Y = df.values[:, -1]

model = LogisticRegression(solver='liblinear')

X_train, X_test, Y_train, Y_test = train_test_split(X, Y, test_size=.33)
model.fit(X_train, Y_train)
prediction = model.predict(X_test)

# 예측을 수행합니다.
while True:
    n = input("색깔을 입력하세요. {red},{green},{blue}: ")
    (r, g, b) = n.split(",")
    x = model.predict(np.array([[int(r), int(g), int(b)]]))
```

```
if model.predict(np.array([[int(r), int(g), int(b)]]))[0] == 0.0:
    print("LIGHT")
else:
    print("DARK")
```

04 앞의 결과를 바탕으로 로지스틱 회귀가 주어진 배경색에 어울리는 글꼴을 효과
적으로 예측하나요?

정답

네, 로지스틱 회귀는 주어진 배경색에 어울리는 글꼴을 매우 효과적으로 예측합니다. 정확
도가 매우 높을 뿐만 아니라 오차 행렬의 왼쪽 상단에서 오른쪽 하단으로 이어지는 대각선
에 놓인 값이 높고 다른 항목의 값은 낮습니다.

01 6장에서 작업한 고용 유지 데이터(*https://tinyurl.com/y6r7qjrp*)에 신경망을 적용하세요. 신경망을 구축한 뒤 이 데이터셋에서 예측하고, 정확도 및 오차 행렬을 사용해 성능을 평가해보세요. 이 문제에 적합한 모델일까요? 아니면 그렇지 않을까요? 그 이유는 무엇일까요?

신경망을 처음부터 구축하는 것도 좋지만, 시간을 절약하기 위해 사이킷런, 파이토치 또는 다른 딥러닝 라이브러리를 사용하는 것도 고려해보세요.

정답

여러 가지 시도를 해볼 수 있습니다. 은닉 층, 활성화 함수, 테스트 데이터셋의 크기를 바꿔 시도해보세요. 필자는 3개의 노드와 ReLU 활성화 함수를 사용하는 은닉 층 하나를 사용했는데, 테스트 데이터셋에서 좋은 예측을 얻지 못했습니다. 오차 행렬과 정확도가 좋지 않았고 다른 설정 변경도 마찬가지로 좋지 않았습니다.

신경망이 실패하는 이유는 ① 데이터를 많이 소모하는 신경망에 비해 테스트 데이터셋이 너무 작고, ② 이러한 유형의 문제에서는 로지스틱 회귀와 같은 더 간단하고 효과적인 모델이 있기 때문일 수 있습니다. 그렇다고 해서 효과가 있는 설정을 찾을 수 없다는 말은 아니지만, 좋은 결과를 얻도록 p 해킹함으로써 적은 양의 훈련 및 테스트 데이터에 과대적합되는 일이 없도록 주의해야 합니다.

다음은 제가 사용한 사이킷런 코드입니다.

```
import pandas as pd

# 데이터를 로드합니다.
from sklearn.metrics import confusion_matrix
from sklearn.model_selection import train_test_split
from sklearn.neural_network import MLPClassifier

df = pd.read_csv('https://tinyurl.com/y6r7qjrp', delimiter=",")

# 입력 변수(마지막 열을 제외한 모든 열)를 추출합니다.
X = df.values[:, :-1]
```

```python
# 출력 변수(마지막 열)를 추출합니다.
Y = df.values[:, -1]

# 훈련 데이터와 테스트 데이터를 분할합니다.
X_train, X_test, Y_train, Y_test = train_test_split(X, Y, test_size=1/3)

nn = MLPClassifier(solver='sgd',
                   hidden_layer_sizes=(3, ),
                   activation='relu',
                   max_iter=100_000,
                   learning_rate_init=.05)

nn.fit(X_train, Y_train)

print("훈련 세트 점수: %f" % nn.score(X_train, Y_train))
print("테스트 세트 점수: %f" % nn.score(X_test, Y_test))

print("오차 행렬:")
matrix = confusion_matrix(y_true=Y_test, y_pred=nn.predict(X_test))
print(matrix)
```

● 옮긴이의 말 ●

"인공지능을 공부하려면 수학을 잘 알아야 할까요?", "머신러닝을 배울 때 수학을 먼저 공부해야 하나요?"와 같은 질문을 참 많이 받습니다. 아이러니하게도 그에 대한 대답은 "네" 또는 "아니요" 모두 가능합니다.

머신러닝을 처음 배울 때 수학이 반드시 필요한 것은 아닙니다. 하지만 공부를 계속하다 보면 자연스럽게 수학의 필요성을 느낄 수 있습니다. 반대로 수학을 조금 이해하고 나서 시작하면 머신러닝 모델의 작동 방식을 이해하는 데 훨씬 더 자유롭습니다. 정답이 있는 것이 아니며 자신에게 맞는 공부 방법을 선택하면 됩니다.

그간 수학을 실용적으로 잘 설명하는 책을 번역하려고 마음먹었지만 좋은 책이 쉽게 눈에 띄지 않았습니다. 다행히 오라일리에서 나온 이 책은 이런 요구 사항을 딱 채워주었습니다. 벡터에서 머신러닝까지 수학이 어떻게 데이터 분석과 머신러닝에 활용되는지 탐험해볼 수 있어 즐거웠습니다. 모쪼록 독자들도 이 책이 마음에 들기를 바랍니다.

좋은 책을 맡겨주신 한빛미디어와 둔탁한 글을 잘 다듬어주신 정지수 님에게 감사드립니다. 베타리뷰에 참여해주신 김준, 박조은, 이경심, 조우철, 홍상의, 홍준용 님께 감사드립니다. 언제나 명랑한 우리 가족 주연이와 진우에게도 고맙고 사랑한다는 말을 전합니다.

이 책의 정오표는 블로그(*https://tensorflow.blog/math4ds*)에 등록해 놓겠습니다. 책을 보기 전에 꼭 확인해주세요. 이 책에 관한 이야기라면 무엇이든 환영합니다. 언제든지 블로그나 이메일로 알려주세요.

2024년 5월
박해선

데이터와 인공지능을 다루는 분야의 개발자라면 반드시 알아야 할 필수 수학 지식을 잘 배울 수 있는 책입니다. 이론 설명과 실습 코드가 매끄럽게 연결되어 있어 원활하게 학습할 수 있습니다. 마지막으로 퀴즈 형식의 워크북을 통해 복습까지 하면, 더 이상 수학이 두렵지 않을 것입니다.

김준, SNOW 소프트웨어 엔지니어

학교에서 수학을 배우면서 그 활용도와 필요성에 대해 명확히 이해하지 못한 채 주입식 교육을 받았습니다. 그러나 현업에 진출해 다양한 데이터를 다루면서 수학이 어떻게 활용되는지 깨닫게 되었습니다. 회귀식의 평가 기법을 배우고, 신경망이 학습하면서 가중치를 조정하는 과정을 비즈니스에 적용하면서 다시 수학을 배우게 되었습니다. 이러한 경험을 통해, 처음엔 지루하고 어려웠던 수학이 실제 비즈니스를 개선하고 다른 사람에게 도움이 될 수 있다는 것을 알게 되었습니다. 이 책은 기초 수학뿐만 아니라 커리어 조언까지 제공하며 딥러닝에 수학이 어떻게 활용되는지 설명합니다. 여전히 어려운 수학이지만 파이썬의 다양한 라이브러리를 활용해 기본기를 탄탄히 다지고 싶은 분들에게 추천합니다.

박조은, 오늘코드

수년간 프로그래밍 교육 현장에서, 프로그래밍 세계에 처음 발을 디딘 교육생들이 수학의 문턱에서 고민하는 모습을 여러 번 목격하곤 했습니다. 『개발자를 위한 필수 수학』은 이러한 문턱을 넘는 데 필요한 가이드입니다. 이 도서는 수학적 사고가 프로그래밍에 얼마나 중요한지를 보여주며, 알고리즘, 데이터 처리, 머신러닝과 같은 핵심 영역에서 필요한 수학적 이해력을 키우는 데 도움을 줍니다. 또한, 다양한 프로그래밍 라이브러리 활용법을 소개하고 비즈니스 적용 사례까지 아우르는 든든한 가이드가 될 것입니다. 경험 많은 개발자에게는 새로운 통찰을 제공하고, 개발자를 준비하는 사람에게는 커리어에 대한 안내와 개발을 위한 수학의 견고한 기초를 마련해줍니다.

이경심, NOLCO(SW융합교육) 대표

AI 시대에서 개발자에게 수학은 이제 피할 수 없는 운명과 같습니다. 하지만 수학은 언제나 정복하기 어려운 산처럼 느껴집니다. 『개발자를 위한 필수 수학』은 개발자에게 꼭 필요한 수학 개념을 파이썬 코드로 설명하며, 수학에 대한 막연한 두려움을 극복하고 실무에 적용할 수 있도록 도와줍니다. 기초 수학부터 미적분, 확률, 통계를 거쳐 머신러닝의 핵심 개념인 선형대수, 회귀, 신경망까지 꼭 필요한 개념을 쉽고 간결하게 설명합니다. 특히, 수식을 파이썬 코드로 구현하는 예제를 통해 수학 지식을 코딩에 바로 활용할 수 있습니다. 학창 시절 이 책으로 수학을 공부했다면 수학과 더욱 친해지지 않았을까 하는 아쉬움마저 듭니다. 수학을 어려워하는 모든 개발자에게 이 책을 추천합니다.

조우철, 포스코이앤씨 AI Researcher

수학 지식의 부족함을 느끼고 관련 도서를 찾던 중에 좋은 기회로 베타리딩을 하게 되었습니다. 기초 개념부터 시작해 차근차근 난도가 높아지는 구성으로 내용을 이해하는 데 큰 어려움이 없었습니다. 한 번에 이해하기 어려운 부분도 두세 번 정독하고 예제 코드를 실행하면 이해할 수 있었습니다. 데이터 과학 분야의 수학 기초를 배우고 싶거나, 어느 영역을 더 배워야 할지 모르는 개발자에게 도움이 되는 도서입니다.

홍상의, 프리랜서 개발자

요즘 인공지능과 머신러닝을 위한 패키지가 매우 잘 나와 있어, 인공지능과 머신러닝의 원리를 잘 모르더라도 패키지를 잘 사용하면 인공지능 및 머신러닝 개발이 충분히 가능합니다. 그러나 더 나은 인공지능 및 머신러닝 서비스를 개발하기 위해서는 그 원리에 대한 이해가 필요합니다. 이러한 원리를 이해하면 더 나은 서비스를 개발할 수 있기 때문입니다. 인공지능 및 머신러닝의 원리는 모두 수학으로 이루어져 있기에 수학 공부는 필수적입니다. 중고등학교 이후에 수학을 공부해본 적이 없는 경우에는 원리를 이해하기가 쉽지 않습니다. 이 책은 이러한 원리를 손쉽게 설명하고, 이를 파이썬 코드로 작성하며 머신러닝과 인공지능에 필요한 수학 지식을 배울 수 있도록 합니다. 인공지능과 머신러닝 개발자 중 원리를 배우고 싶은 분들에게 적극 추천합니다.

홍준용, 한국산업은행 IDT 본부 팀장

현재 데이터 과학 교육 환경의 불협화음 속에서, 이 책은 데이터를 이해하고 활용하는 데 필요한 명확하고 실용적인 예제를 가득 담고 있습니다. 이 책을 통해 기본기를 잘 터득해 데이터 과학의 구성 요소를 정확히 이해하고 데이터 과학을 탐험해보세요.

비키 보이키스^{Vicki Boykis}, 텀블러의 선임 머신러닝 엔지니어

데이터 과학은 선형대수학, 확률론, 미적분을 기반으로 합니다. 토머스 닐드는 데이터 과학에 필요한 수학 기초를 탄탄하게 다지는 데 필요한 앞선 주제와 그 이상까지 전문적으로 안내합니다.

마이크 X 코헨^{Mike X Cohen}, sincXpress

데이터 과학자는 매일 정교한 모델과 알고리즘을 사용합니다. 이 책은 그 이면에 숨어 있는 수학을 잘 설명해 구조를 쉽게 파악하고 구현할 수 있도록 돕습니다.

싯다르트 야다브^{Siddharth Yadav}, 프리랜서 데이터 과학자

이 책을 더 일찍 접할 수 있었다면 좋았을 겁니다! 토머스 닐드는 복잡한 수학 주제를 이해하기 쉽고 흥미롭게 풀어냅니다. 신선한 방식으로 수학과 데이터 과학에 접근하며 기본적인 수학 개념과 머신러닝에 이를 적용하는 방법을 매끄럽게 설명합니다. 이 책은 데이터 과학자를 꿈꾸는 모든 사람이 반드시 읽어야 할 필독서입니다.

타티아나 에디거^{Tatiana Ediger}, 프리랜서 데이터 과학자, 교육 과정 설계자 및 강사

지난 10여 년 동안 일상생활과 업무에 수학과 통계를 적용하는 데 관심이 높아졌습니다. 왜일까요? 「하버드 비즈니스 리뷰Harvard Business Review」에서 데이터 과학자를 '21세기의 가장 매력적인 직업(https://oreil.ly/Gsl06)'으로 언급하기 시작하면서 '데이터 과학'에 대한 관심이 급증했기 때문일까요? 아니면 머신러닝과 인공지능이 우리 삶을 변화시킬 것이라는 기대 때문일까요? 또는 뉴스 헤드라인을 가득 메우는 분석과 여론조사, 연구 결과를 어떻게 검증하는지 모르기 때문일까요? 아니면 가까운 미래에 자동차가 스스로 주행하고 로봇이 일자리를 자동화할 것이라는 약속 때문일까요?

필자는 데이터의 가용성이 증가함에 따라 수학과 통계학이 주류의 관심을 끌고 있으며, 이런 데이터를 이해하기 위해서는 수학, 통계학, 머신러닝이 필요하다고 생각합니다. 네, 우리에게는 과학적 도구, 머신러닝, 여러 자동화 도구가 있고 잘 사용하곤 합니다. 비록 자세히 그 내부를 이해하지는 못하지만 어쨌든 유용하게 사용하는 이런 **블랙박스**나 장치, 소프트웨어를 맹목적으로 신뢰합니다.

컴퓨터가 우리보다 더 똑똑하다고 생각하기 쉽지만(그리고 이러한 생각은 종종 마케팅에 활용되기도 합니다), 현실은 그 반대일지 모릅니다. 이러한 오해는 상당히 위험할 수 있습니다. 알고리즘이나 AI가 범죄 판결을 내리거나 자동차 운전을 하는 데 개발자를 포함한 그 누구도 특정 결정에 도달한 이유를 설명할 수 없다면 어떻게 될까요? 설명 가능성explainability은 통계 컴퓨팅과 AI의 차세대 영역입니다. 이는 블랙박스를 열어 그 아래 숨겨진 수학을 끄집어낼 때에만 가능합니다.

개발자가 어떻게 자신의 알고리즘 작동 방식을 모를 수 있냐고 반문할지 모릅니다. 이에 대해서는 책의 후반부, 머신러닝 기술을 설명하면서 블랙박스 뒤에 숨은 수학을 이해해야 하는 이유를 강조할 때 함께 논의하겠습니다.

일상생활에 인터넷에 연결된 기기가 깊숙이 들어와 있기 때문에 우리의 데이터는 수시로, 그리고 대규모로 수집됩니다. 우리는 더 이상 데스크톱이나 노트북 컴퓨터에서만 인터넷을 사용하는 게 아니라, 스마트폰, 자동차, 가정용 기기에서까지 인터넷을 사용합니다. 이런 현상은 지난 20년 동안 미묘한 변화를 가져왔습니다. 데이터가 운영 도구에서 보다 명확한 목적을 위해 수집하고 분석되는 대상으로 진화되었습니다. 이를테면 스마트워치는 심박수, 호흡, 보행 거리를 포함해 그 외 지표에 대한 데이터를 지속적으로 수집합니다. 그런 다음 해당 데이터를 클라우드에 업로드해 다른 사용자의 데이터와 함께 분석합니다. 또는 우리의 운전 습관은 컴퓨터화된 자동차에 의해 수집되어 제조업체에서 데이터를 수집하고 자율 주행 자동차를 구현하는 데 활용됩니다. 심지어 양치 습관을 추적해 클라우드에 데이터를 저장하는 '스마트 칫솔'도 약국에서 찾을 수 있습니다. 스마트 칫솔의 데이터가 유용하고 필수적인지는 또 다른 논의의 대상입니다.

이 모든 데이터 수집은 우리 삶의 구석구석에 스며들어 있습니다. 그 양은 압도적이며, 개인 정보 보호와 윤리에 관해서는 책 한 권을 쓸 수도 있습니다. 하지만 이러한 **데이터 가용성** 덕분에 새로운 방식으로 수학과 통계를 활용하고, 학계를 넘어 데이터에까지 수학을 적용할 수 있습니다. 이를 통해 사용자 경험에 대해 더 많이 배우고, 제품 설계와 애플리케이션을 개선하며, 비즈니스 전략을 최적화할 수 있습니다. 이 책에 제시된 아이디어를 이해한다면 데이터 저장 인프라가 담고 있는 가치를 실현할 수 있을 것입니다. 데이터와 통계 도구가 세상의 모든 문제를 해결할 수 있는 은총알$^{silver bullet}$은 아니지만, 우리가 사용할 수 있는 '새로운 도구'입니다. 이따금 특정 데이터 프로젝트가 복잡하고 어려운 토끼 굴이라는 것을 자각하고, 다른 작업에 노력을 더 기울이는 것이 낫다는 걸 깨닫는 것도 가치 있는 일입니다.

데이터의 가용성이 증가함에 따라 데이터 과학과 머신러닝은 수요가 많은 직업이 되었습니다. 데이터를 다루는 데 필요한 필수 수학은 확률, 선형대수학, 통계학, 머신러닝과 맞닿아 있습니다. 데이터 과학, 머신러닝 또는 엔지니어링 분야에서 경력을 쌓고 싶다면 이 주제에 대한 이해는 필수입니다. 이 책에서는 여러분이 만나게 될 블랙박스 라이브러리의 내용을 더 잘 이해하는 데 필요한 수학, 미적분, 통계학을 소개합니다.

이 책의 목표는 실제 문제에 적용할 수 있는 다양한 수학, 통계, 머신러닝 영역을 여러분에게 소개하는 것입니다. 처음 네 개 장에서는 실용적인 미적분, 확률, 선형대수학, 통계 등 기초 수학 개념을 다룹니다. 마지막 세 개 장에서는 머신러닝을 소개합니다. 머신러닝을 가르치는 궁극적인 목적은 책에서 배운 내용을 모두 통합하고, 블랙박스에 대한 이해를 넘어 머신러닝과 통계 라이브러리를 사용하는 데 있어 실용적인 인사이트를 보여주기 위함입니다.

예제[1]를 따라 하는 데 필요한 도구는 윈도우/맥/리눅스 컴퓨터 중 하나와 파이썬 3 환경뿐입니다. 주요 파이썬 라이브러리로는 넘파이^{NumPy}, 사이파이^{SciPy}, 심파이^{SymPy}, 사이킷런$^{scikit-learn}$을 사용합니다. 파이썬은 친숙하고 사용하기 쉬운 프로그래밍 언어이며 학습 자료도 방대합니다. 필자는 다음 두 권의 파이썬 책을 추천합니다.

- 조엘 그루스가 집필한 『밑바닥부터 시작하는 데이터 과학(2판)』(인사이트, 2020)의 두 번째 장은 제가 경험한 최고의 파이썬 단기 속성 강좌입니다. 코드를 작성해본 적이 없더라도 가능한 한 짧은 시간 안에 파이썬을 효과적으로 실행할 수 있도록 훌륭히 설명하는 책입니다. 책장에 꽂아두고 수학 지식을 응용하기에도 좋습니다.
- 디파크 사르다$^{Deepak Sarda}$의 『Python for the Busy Java Developer』(Apress, 2017) 책은 정적 타입의 객체 지향 프로그래밍 배경을 가진 소프트웨어 엔지니어라면 꼭 읽어야 합니다. 자바로 프로그래밍을 시작한 사람으로서, 저는 이 책이 파이썬의 기능을 소개하고 이를 자바 개발자와 연관시키는 방식에 깊은 감명을 받았습니다. .NET, C++ 또는 기타 C 계열 언어를 사용해본 적이 있다면 이 책을 통해 파이썬을 효과적으로 배울 수 있습니다.

지금 펼친 이 책을 통해 여러분은 전문가가 되거나 박사 학위 수준의 지식을 얻을 수 있는 것은 아닙니다. 필자는 그리스 기호로 가득 찬 수식을 피하고, 그 자리에 일반적인 언어를 사용하려고 최선을 다했습니다. 하지만 이 책을 통해 여러분이 수학과 통계에 대해 조금 더 편안하게 이야기하고, 이 분야를 성공적으로 탐험하는 데 필요한 지식을 얻기를 바랍니다. 저는 성공으로 가는 가장 넓은 길은 한 가지 주제에 대한 깊고 전문적인 지식이 아니라, 여러 주제를 탐구하고 실용적인 지식을 갖추는 것이라고 믿습니다. 이게 바로 이 책의 목표입니다. 여러분은 위험할 수 있을 정도로, 그리고 한때 알기조차 어려웠던 중요한 질문을 던질 수 있을 만큼 배울 것입니다. 그럼 시작해보겠습니다!

---

1   옮긴이_ 이 책의 코드는 *https://github.com/rickiepark/math4ds*에 있습니다.

이 책은 많은 분이 1년여에 걸쳐 노력한 결과물입니다. 먼저 이 책을 집필하는 동안, 특히 아들 와이엇^{Wyatt}이 첫돌을 맞을 때까지 옆에서 든든한 버팀목이 되어준 아내 킴벌리^{Kimberly}에게 감사의 말을 전합니다. 킴벌리는 훌륭한 아내이자 엄마이며, 제가 지금 하는 모든 일은 아들과 우리 가족의 더 나은 미래를 위해서입니다.

제 한계를 뛰어넘기 위해 노력하도록, 그리고 절대 포기하지 않도록 가르쳐주신 부모님께 감사드립니다. 이 책의 주제를 생각하면 고등학교와 대학교에서 미적분을 진지하게 공부하도록 격려한 부모님께 가장 고맙습니다. 누구든지 책을 쓰려면 자신의 안전지대를 벗어나야 하죠.

2015년에 SQL에 관한 첫 번째 책을 집필한 이래로 계속해서 기회를 열어준 오라일리의 놀라운 편집 팀과 직원들에게 감사의 말을 전합니다. 이 책을 집필하고 출판하는 과정에서 질^{Jill}, 제스^{Jess}와 함께 일할 수 있어서 정말 좋았고, 이 주제가 나왔을 때 제스가 저를 떠올려줘서 정말 감사했습니다.

서던 캘리포니아 대학교(USC)의 항공 안전 및 보안 프로그램 동료들에게도 감사의 인사를 전합니다. 인공지능 안전 시스템의 개념을 개척할 수 있는 기회를 얻게 되어 누구도 가지지 못한 통찰력을 배웠고, 앞으로 우리가 계속 성취해나갈 모든 것이 기대됩니다. 아치^{Arch}, 자네는 계속해서 나를 놀라게 하고 있어. 자네가 은퇴하는 날 세상이 멈춰버릴 것 같아 걱정이야.

마지막으로 제 벤처 기업인 Yawman Flight의 파트너이자 형제인 드와이트 닐드$^{Dwight\ Nield}$와 친구 존 오스트로어$^{Jon\ Ostrower}$에게 감사의 말을 전합니다. 스타트업을 꾸려나가기란 어려운 일이었고, 이들의 도움 덕분에 이 책을 쓸 수 있었습니다. 존은 저를 USC에 합류시켰고, 항공 저널리즘 분야에서 지칠 줄 모르는 그의 업적은 놀랍기 그지없습니다(존을 찾아보세요!). 제가 차고에서 시작한 발명품에 대해 저만큼이나 열정적인 사람들이 있다는 것은 영광이며, 그들이 없었다면 이 발명품을 세상에 내놓을 수 없었습니다.

여기에 언급하지 못하고 놓친 모든 분이 도와준 크고 작은 일에 감사를 전합니다. 필자는 호기심을 갖고 한 질문에 보상을 받는 경우가 많았습니다. 저는 그것을 당연하게 생각하지 않습니다. 테드 라소$^{Ted\ Lasso}$가 말했죠. "먼저 판단하지 말고, 호기심을 가지세요."

토머스 닐드

목차

1장 기초 수학과 미적분

2장 확률

3장 기술 통계와 추론 통계

4장 선형대수학

5장 선형 회귀

6장 로지스틱 회귀와 분류

부록 A 보충 학습

기초 수학과 미적분

첫 번째 장에서는 숫자를 정의하고, 데카르트 좌표계$^{\text{Cartesian coordinate system}}$에서 변수와 함수가 어떻게 작동하는지 살펴봅니다. 그런 다음 지수와 로그를 알아보고 미적분학^{calculus}의 두 가지 기본 연산인 **미분**과 **적분**을 살펴봅니다.

수학의 핵심 응용 분야인 확률, 선형대수학, 통계, 머신러닝을 살펴보기 전에 몇 가지 기초 수학과 미적분 개념을 복습해야 합니다. 어려울까 봐 미리 걱정하지는 마세요! 책을 덮고 비명을 지르며 도망가지 않아도 됩니다. 이 책에서는 학교에서 배웠던 방식과는 다른 방식으로 함수의 미분과 적분을 계산하는 방법을 소개합니다. 우리에게는 연필과 종이가 아닌 파이썬이 있으니까요! 미분과 적분에 익숙하지 않더라도 걱정할 필요가 없습니다.

이 책의 내용을 이해하는 데 도움이 되는 **기초 수학**이라는 범주에 초점을 맞춰 가능한 한 간결하고 실용적으로 주제를 설명하겠습니다.

> ✏ **NOTE** **완전한 수학 강좌가 아닙니다!**
>
> 1장에서 설명하는 내용은 고등학교와 대학교 수학을 총정리하는 종합적인 복습서가 아닙니다. 이런 내용을 찾고 있다면 이반 사보브$^{\text{Ivan Savov}}$가 쓴 『NO BULLSHIT 수학&물리 가이드』(한빛아카데미, 2010)를 추천합니다. 이 책의 앞부분은 고등학교와 대학교 수학에 관한 단기 강좌 중 최고라고 할 수 있습니다. 리처드 엘웨스$^{\text{Richard Elwes}}$ 박사의 『Mathematics 1001』(Firefly Books, 2010) 책도 내용이 훌륭하며 각 설명의 분량도 적당합니다.

1.1 정수론

숫자는 무엇일까요? 너무 철학적으로 들어가지는 않겠습니다. 단편적으로 생각해보면 숫자는 우리가 정의한 구조가 아닐까요? 왜 0부터 9까지의 숫자가 있고 그 이상의 숫자는 없을까요? 왜 우리는 정수 이외에 분수와 소수decimal[1]를 가지고 있을까요? 숫자를 특정 방식으로 설계한 이유와 숫자 자체에 대해 생각하는 수학의 영역을 **정수론**number theory이라고 합니다.

정수론은 수학자들이 다양한 수 체계를 연구했던 고대까지 거슬러 올라가며, 오늘날 우리가 이런 수 체계를 받아들이게 된 이유를 설명하는 이론입니다. 잘 알려진 수 체계 몇 가지를 소개하면 다음과 같습니다.

자연수

자연수natural number란 1, 2, 3, 4, 5 같은 숫자를 뜻합니다. 여기에는 양수만 포함되며, 가장 초기에 알려진 수 체계입니다. 자연수는 고대 원시인들이 기록을 남기기 위해 뼈와 동굴 벽에 긁어서 새겼던 숫자입니다.

범자연수

자연수에 '0'이라는 개념이 받아들여진 체계를 범자연수whole number라고 부릅니다. 바빌로니아 사람들은 9보다 큰 숫자에서 비어 있는 열의 자리를 표시하기 위해 이 아이디어를 개발했습니다. 예를 들어 10, 1,000 또는 1,090 등입니다. 이러한 0은 '해당 열을 차지하는 값이 없음'을 나타냅니다.

정수

정수integer에는 0뿐만 아니라 양수와 음수의 자연수가 포함됩니다. 우리는 정수를 당연하게 여기지만 고대 수학자들은 음수를 깊이 불신했습니다. 하지만 3에서 5를 빼면 −2가 됩니다. 이런 음수는 이익과 손실을 측정하는 재무 분야에서 특히 유용합니다. 서기 628년 인도의 수학자 브라마굽타Brahmagupta가 이차 방정식의 근의 공식을 계산하기 위해 음수가 필요한 이유를 보여주었고, 이에 따라 정수가 받아들여졌습니다.

---

1 옮긴이_ 이 책에서 소수는 1과 자기 자신만을 약수로 가지는 소수(prime number)가 아니라 소수점으로 나타낸 실수를 의미합니다.

유리수

2/3와 같이 분수로 표현할 수 있는 모든 숫자는 유리수$^{rational\ number}$입니다. 여기에는 687/100 = 6.87, 2/1 = 2와 같이 분수로 표현할 수 있기 때문에 유한소수와 정수도 포함됩니다. 유리수는 비율로 나타낼 수 있기 때문에 유비(比)수라고도 부릅니다. 시간, 자원이나 기타 수량을 언제나 이산적인 단위로 측정할 수 없으므로 유리수가 필요합니다. 우유가 항상 1리터 단위로 나오지는 않습니다. 1리터의 일부분으로 측정해야 할 수도 있죠. 만약 12분 동안 1킬로미터의 9/10를 달렸을 때, 억지로 1킬로미터를 달렸다고 측정할 수는 없습니다.

무리수

무리수$^{irrational\ number}$는 분수로 표현할 수 없습니다. 여기에는 유명한 π, $\sqrt{2}$와 같은 특정 숫자의 제곱근, 나중에 배우게 될 오일러 수$^{Euler\ numbers}$ e가 있습니다. 이러한 숫자는 3.14159265358979323846 2...와 같이 소수점 자릿수가 무한대로 늘어날 수 있습니다.

무리수에는 흥미로운 역사가 숨어 있습니다. 그리스의 수학자 피타고라스^{Pythagoras}는 모든 숫자는 유리수라고 믿었습니다. 그는 이 신념을 열렬히 믿었기에 숫자 10에 기도하는 학파를 만들었습니다. 그와 제자들은 "신과 인간을 창조하신 신성한 숫자여, 우리를 축복하소서!"라고 기도했습니다(필자는 '10'이 왜 그렇게 특별한 수인지 잘 모르겠습니다[2]). 하지만 그의 제자 중 한 명인 히파수스^{Hippasus}가 2의 제곱근을 보여줌으로써 모든 숫자가 유리수가 아니라는 것을 증명했다는 전설이 있습니다. 이는 피타고라스의 신념 체계를 매우 혼란스럽게 만들었고 결국 피타고라스 학파 동료들이 히파수스를 바다에 빠뜨려 죽였다고 합니다.

하지만 이제는 모든 숫자가 유리수가 아니라는 것을 모두가 알고 있습니다.

실수

실수$^{real\ number}$에는 유리수뿐만 아니라 무리수도 포함됩니다. 실제로 데이터 과학에서 사용하는 모든 소수를 실수로 취급할 수 있습니다.

복소수와 허수

음수의 제곱근을 구할 때 복소수$^{complex\ number}$와 허수$^{imaginary\ number}$를 만나게 됩니다. 복소수와 허수는 특정 유형의 문제와 관련되지만, 이 책에서는 자세히 다루지 않습니다.

---

2 옮긴이_ 이들은 10을 완벽한 수로 간주했기에 심지어 10명 이상은 모이지 않았다고 합니다.

전부는 아니더라도 대부분의 데이터 과학 작업에서는 범자연수, 자연수, 정수와 실수를 사용합니다. 4장에서 다룰 행렬 분해^{matrix decomposition}와 같은 고급 사용 사례에서는 허수를 접할 수 있습니다.

> **✏️ NOTE 복소수와 허수**
>
> 허수에 대해 배우고 싶다면 유튜브에 있는 훌륭한 동영상을 모아놓은 'Imaginary Numbers are Real (*https://bit.ly/3Qk9OUG*)' 재생 목록을 추천합니다.

1.2 연산 순서

여러분은 수식을 어디부터 계산해야 하는지 결정하는 **연산 순서**에 익숙할 것입니다. 간단히 요약하면 괄호 안의 식을 먼저 계산하고, 그다음 지수를 계산한 다음 곱셈, 나눗셈, 덧셈, 뺄셈 순으로 계산합니다. 이 순서를 따라 왼쪽에서 오른쪽으로 연산이 수행됩니다. 괄호^{parentheses}, 지수^{exponent}, 곱셈^{multiply}, 나눗셈^{divide}, 덧셈^{add}, 뺄셈^{subtract}의 각 영문 표기 앞 글자를 딴 PEMDAS^{Please Excuse My Dear Aunt Sally}로 연산의 순서를 연상해 기억할 수 있습니다.

예를 들어 다음 식을 살펴봅시다.

$$2 \times \frac{(3+2)^2}{5} - 4$$

먼저 괄호 3+2를 계산해 5를 얻습니다.

$$2 \times \frac{(\mathbf{5})^2}{5} - 4$$

그다음 방금 더한 5를 제곱해 지수를 풀면 25입니다.

$$2 \times \frac{\mathbf{25}}{5} - 4$$

다음은 곱셈과 나눗셈입니다. 이제 2와 $\frac{25}{5}$를 곱하면 $\frac{50}{5}$이 됩니다.

$$\frac{50}{5} - 4$$

다음으로 50을 5로 나누면 10이 됩니다.

$$10 - 4$$

마지막으로 덧셈과 뺄셈을 수행합니다. 10 − 4는 6입니다.

$$10 - 4 = 6$$

물론 이 값을 파이썬으로 계산하면 [예제 1−1]처럼 **6.0**이라는 값이 출력됩니다.

예제 1-1 파이썬으로 계산하기

```
my_value = 2 * (3 + 2)**2 / 5 - 4

print(my_value) # 6.0
```

이 내용은 기본적이지만 중요합니다. 코드에서 괄호를 쓰지 않고 올바른 결과를 얻을 수 있더라도, 복잡한 표현식에서는 괄호를 사용해 연산 순서를 제어하는 것이 좋습니다.

[예제 1−2]는 표현식의 분수 부분을 괄호로 묶어 나머지 표현식과 구분했습니다.

예제 1-2 파이썬에서 괄호를 사용해 명확하게 표현하기

```
my_value = 2 * ((3 + 2)**2 / 5) - 4

print(my_value) # 6.0
```

두 예제 모두 기술적으로 맞지만, 연산 순서를 혼동하기 쉬운 사람에게는 후자가 더 명확합니다. 괄호를 사용하면 자기 자신이나 다른 사람이 코드를 변경할 때 작업 순서를 쉽게 파악할 수 있습니다. 또한 코드를 변경할 때, 버그를 방지하는 데에도 도움이 됩니다.

1.3 변수

파이썬이나 다른 프로그래밍 언어로 스크립트를 작성해본 적이 있다면 변수가 무엇인지 알고 있을 것입니다. 수학에서 **변수**variable는 지정되지 않았거나 알 수 없는 숫자를 나타내는 이름 있

는 플레이스홀더^{named placeholder}입니다.

어떤 실수를 나타내는 변수 x가 있을 때 그 변수가 무엇인지 지정하지 않고도 곱할 수 있습니다. [예제 1-3]에서는 사용자로부터 입력받은 변수 x에 3을 곱합니다.

예제 1-3 파이썬의 변수 곱셈

```
x = int(input("숫자를 입력하세요\n"))

product = 3 * x

print(product)
```

특정 변수 유형을 위한 몇 가지 표준적인 변수 이름이 있습니다. 이러한 변수 이름과 개념이 낯설더라도 걱정하지 마세요. 여러분 중에 각도를 나타내는 데 세타^{theta} (θ)를 사용하고 선형 회귀^{linear regression}의 매개변수로 베타^{beta} (β)를 사용한다는 것을 알고 있는 분도 있을 것입니다. 하지만 파이썬에서 그리스 문자를 변수 이름으로 사용하기에는 조금 불편하므로 [예제 1-4]처럼 변수의 이름을 theta와 beta로 지정합니다.[3]

예제 1-4 그리스 문자를 변수 이름으로 활용하기

```
beta = 1.75
theta = 30.0
```

또한 변수 이름에 첨자를 붙여 하나의 변수 이름에 대한 여러 인스턴스^{instance}를 나타낼 수 있습니다. 실제로는 각 변수를 별도의 변수로 취급합니다. [예제 1-5]처럼 x_1, x_2, x_3 변수가 있는 경우 세 개의 개별 변수로 취급합니다.

예제 1-5 파이썬에서 첨자로 구분된 변수

```
x1 = 3  # 또는 x_1 = 3
x2 = 10 # 또는 x_2 = 10
x3 = 44 # 또는 x_3 = 44
```

---

3 옮긴이_ 파이썬은 유니코드(unicode)를 기본으로 지원하므로 변수 이름으로 유니코드를 사용할 수 있습니다. 즉, β = 1.75; θ = 30.0 과 같은 표현식도 가능합니다.

1.4 함수

함수^{function}는 두 개 이상의 변수 간의 관계를 정의합니다. 구체적으로 함수는 **입력 변수**^{input variable}(**도메인 변수**^{domain variable} 또는 **독립 변수**^{independent variable})를 받아 표현식에 연결한 다음, **출력 변수**^{output variable}(**종속 변수**^{dependent variable})를 생성합니다.

간단한 선형 함수를 예로 들어보겠습니다.

$$y = 2x + 1$$

x 값이 주어지면 x를 이용해 y 값을 구합니다. [표 1-1]에 표시된 것처럼 $x = 1$이면 $y = 3$, $x = 2$이면 $y = 5$, $x = 3$이면 $y = 7$ 등입니다.

표 1-1 $y = 2x + 1$의 입력과 출력

x	$2x + 1$	y
0	$2(0)+1$	1
1	$2(1)+1$	3
2	$2(2)+1$	5
3	$2(3)+1$	7

함수는 변수 간의 예측 가능한 관계(**예** 온도(x)와 화재 발생 빈도(y))를 모델링하기 때문에 유용합니다. 5장에서는 선형 함수를 사용해 선형 회귀를 수행합니다.

종속 변수 y에 대한 또 다른 관례는 $f(x)$와 같이 명시적으로 x의 함수라고 쓰는 것입니다. 따라서 함수를 $y = 2x + 1$과 같이 표현하는 대신 다음처럼 쓸 수도 있습니다.

$$f(x) = 2x + 1$$

[예제 1-6]은 파이썬에서 함수를 정의하고 이를 사용하는 방법을 보여줍니다.

예제 1-6 파이썬에서 선형 함수 선언하기

```
def f(x):
    return 2 * x + 1


x_values = [0, 1, 2, 3]
```

```
for x in x_values:
    y = f(x)
    print(y)
```

실수를 다룰 때 함수의 미묘하지만 중요한 특징은 무한한 개수의 x 값과 y 값을 갖는 경우가 많다는 것입니다. 한번 생각해보세요. 함수 $y = 2x + 1$에 얼마나 많은 x 값을 넣을 수 있을까요? 0, 1, 2, 3이 아니라 [표 1–2]처럼 x에 0, 0.5, 1, 1.5, 2, 2.5, 3을 넣으면 어떨까요?

표 1-2 $y = 2x + 1$의 입력과 출력

x	$2x + 1$	y
0.0	2(0)+1	1
0.5	2(.5)+1	2
1.0	2(1)+1	3
1.5	2(1.5)+1	4
2.0	2(2)+1	5
2.5	2(2.5)+1	6
3.0	2(3)+1	7

아니면 x를 1/4씩 증가시키면 어떨까요? 1/10씩은요? 이러한 단계를 무한히 작게 만들 수 있으므로 결과적으로 $y = 2x + 1$은 **연속 함수**continuous function이며, 가능한 모든 x 값에 대한 y 값이 존재합니다. 따라서 [그림 1–1]처럼 이 함수를 선으로 시각화할 수 있습니다.

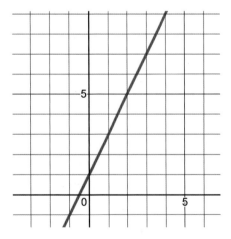

그림 1-1 함수 $y = 2x + 1$의 그래프

각 변수마다 직선이 그어져 있고, 두 직선이 교차되는 2차원 평면을 **데카르트 좌표계**^{Cartesian}

coordinate system, **xy 평면** 또는 **좌표 평면**^{coordinate plane}이라고 합니다. 주어진 x 값을 바탕으로 해당 y 값을 찾아 이 교차점을 선으로 잇습니다. 실수(또는 소수)의 특성으로 인해 x 값은 무한히 많습니다. 따라서 함수 $f(x)$를 그리면 끊김이 없는 연속적인 선이 되죠. 이 선에는 무한한 개수의 점 또는 선의 일부가 있습니다.

파이썬으로 그래프를 그리고 싶다면 플로틀리^{Plotly}부터 맷플롯립^{Matplotlib}까지 다양한 그래프 라이브러리를 사용할 수 있습니다. 이 책에서는 심파이^{SymPy}[4]를 사용해 여러 가지 작업을 합니다. 심파이를 활용한 첫 번째 작업으로 함수의 그래프를 그리겠습니다. 심파이는 맷플롯립을 사용하므로 해당 패키지가 설치되어 있는지 먼저 확인해야 합니다. 그렇지 않으면 콘솔^{console}에 보기 흉한 텍스트 기반 그래프가 출력됩니다. 패키지를 설치하고 난 후 심파이의 `symbols()`[5]를 사용해 변수 x와 함수를 선언한 다음, [예제 1-7]과 [그림 1-2]에서처럼 그래프를 그립니다.

예제 1-7 심파이로 선형 함수 그래프 그리기

```
from sympy import *

x = symbols('x')
f = 2*x + 1
plot(f)
```

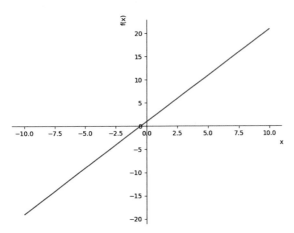

그림 1-2 심파이로 선형 함수 그래프 그리기

4 　옮긴이_ 심파이에 대한 간략한 소개는 부록 A.1절을 참고하세요.

5 　옮긴이_ `symbols()`는 심파이 Symbol 클래스의 객체를 만들어주는 함수입니다. 공백이나 콤마로 구분해 만들려는 여러 객체의 이름을 전달할 수 있으며 객체 이름의 리스트, 튜플을 전달할 수도 있습니다.

[예제 1-8]과 [그림 1-3]은 함수 $f(x) = x^2 + 1$의 그래프를 그리는 예입니다.

예제 1-8 심파이로 2차 함수 그래프 그리기

```python
from sympy import *

x = symbols('x')
f = x**2 + 1
plot(f)
```

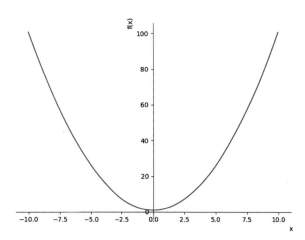

그림 1-3 심파이로 2차 함수 그래프 그리기

[그림 1-3]은 직선이 아니라 부드럽고 대칭적인 포물선 모양입니다. 포물선은 연속적이지만 직선 위에 값이 놓여 있지 않기 때문에 선형이 아닙니다. 이와 같은 곡선 함수는 수학적으로 다루기가 더 까다롭지만, 쉽게 만들 수 있는 몇 가지 방법을 배워보겠습니다.

> **TIP** **곡선 함수**
> 함수가 연속적이지만 선형이나 직선이 아니라 곡선인 경우 이를 **곡선 함수**curvilinear function라고 부릅니다.

함수는 여러 개의 입력 변수를 가질 수 있습니다. 예를 들어 독립 변수 x와 y가 있는 함수를 만들 수 있습니다. 앞선 예처럼 y가 종속 변수가 아니라는 점에 유의하세요.

$$f(x, y) = 2x + 3y$$

두 개의 독립 변수(x와 y)와 하나의 종속 변수($f(x, y)$의 출력)가 있으므로 [예제 1-9], [그림 1-4]와 같이 그래프를 3차원에 그려서 선이 아닌 평면을 만들어야 합니다.

예제 1-9 독립 변수가 두 개인 함수의 그래프 그리기

```python
from sympy import *
from sympy.plotting import plot3d

x, y = symbols('x y')
f = 2*x + 3*y
plot3d(f)
```

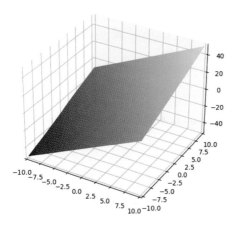

그림 1-4 심파이를 사용해 3차원 그래프 그리기

독립 변수가 아무리 많아도 함수는 일반적으로 하나의 종속 변수만 출력합니다. 여러 종속 변수를 계산할 때는 각 종속 변수에 별도의 함수를 사용합니다.

1.5 합계

이 책에서는 그리스 문자로 가득 찬 방정식을 사용하지 않겠다고 약속했습니다. 하지만 너무나 흔히 사용하고 있어 언급하지 않고 지나가기에는 아쉬운 유용한 방정식을 하나 소개하겠습니

다. 바로 원소들을 더하는 **합계**[summation] 기호 시그마 $\sum$입니다.

예를 들어 숫자 1부터 5까지의 각 숫자에 2를 곱한 다음 이를 모두 더하는 경우, 합계 기호 $\sum$를 사용해 표현하면 다음과 같습니다. [예제 1-10]은 파이썬에서 이를 실행하는 방법입니다.

$$\sum_{i=1}^{5} 2i = (2)1 + (2)2 + (2)3 + (2)4 + (2)5 = 30$$

예제 1-10 합계 수행하기[6]

```
summation = sum(2*i for i in range(1, 6))
print(summation)
```

i는 루프[loop]를 반복할 때 연속적인 인덱스 값을 나타내는 플레이스홀더 변수입니다. 이 값에 2를 곱한 다음 모두 더합니다. 데이터를 반복할 때 인덱스 i 위치에 있는 배열의 원소는 변수 x_i로 지칭해 사용할 수 있습니다.

TIP range() 함수

파이썬의 range() 함수는 마지막 값을 포함하지 않으므로 range(1, 4)를 호출하면 숫자 1, 2, 3을 반복합니다. 4는 상한 경계로 제외됩니다.

또한 데이터셋[dataset]에 있는 레코드[record] 수와 같이 한 배열[7]의 원소 수를 나타낼 때 n을 자주 볼수 있습니다. 다음은 크기가 n인 숫자 배열을 반복하면서 각 숫자에 10을 곱한 다음 모두 더하는 예입니다.

$$\sum_{i=1}^{n} 10x_i$$

[예제 1-11]에서는 파이썬을 사용해 네 개의 숫자 배열에 이 표현식을 실행합니다. 파이썬(그리고 대부분의 프로그래밍 언어)에서 배열의 항목을 참조할 때는 일반적으로 인덱스 0에서부터 시작합니다. 반면 수학에서는 인덱스 1에서부터 시작합니다. 따라서 range() 함수를 호출하면 0부터 시작해 반복합니다.[8]

---

6 옮긴이_ sum() 함수에 사용된 파이썬 표현식은 for 내포를 사용하는 제너레이터 표현식(generator expression)입니다.

7 옮긴이_ 원서에는 collection이라고 쓰여 있지만 파이썬의 컬렉션(collection) 타입과 혼동을 피하고 이해하기 쉽도록 '배열'이라 옮겼습니다. 파이썬에서 컬렉션은 리스트, 튜플, 딕셔너리, 집합과 같은 시퀀스 객체를 의미합니다.

8 옮긴이_ range() 함수의 첫 번째 매개변수가 시작 인덱스를 나타내며 생략할 수 있습니다. 시작 인덱스가 생략되면 기본값인 0부터 시작됩니다.

```
x = [1, 4, 6, 2]
n = len(x)

summation = sum(10*x[i] for i in range(0, n))
print(summation)
```

이게 바로 합계의 핵심입니다. 간단히 요약하면 합계 기호 $\sum$는 '여러 개를 더한다'는 의미이며, 인덱스 i와 최댓값 n을 사용해 합계에 들어가는 반복을 표현합니다. 이 책 전체에서 이런 표현을 만나게 될 것입니다.

심파이의 합계

나중에 심파이에 대해 자세히 알아볼 때 이 글 상자를 다시 한번 읽어보세요. 함수 그래프를 그리는 데 사용한 심파이는 사실 기호 수학$^{symbolic\ math}$ 라이브러리입니다. 이에 대해서는 이 장의 뒷부분에서 살펴볼 예정이지만, 나중을 위해 잠시 설명하면 심파이의 합계 연산은 Sum()[9] 연산자를 사용해 수행합니다. 다음 예제는 1부터 n까지 i를 반복하고 각 i에 2를 곱한 다음 모두 더하는 Sum() 클래스의 객체를 생성하는 코드입니다. 그다음 subs() 메서드를 사용해 n을 5로 지정하면 1부터 5까지 모든 원소 i를 반복하고 더합니다.

```
from sympy import *

i, n = symbols('i n')

# 1부터 n까지 i를 반복하면서 2를 곱하고 더합니다.
summation = Sum(2*i, (i, 1, n))

# n을 5로 지정하면 숫자 1에서 5까지 반복합니다.
up_to_5 = summation.subs(n, 5)
print(up_to_5.doit()) # 30
```

심파이의 합계는 게으른 연산[10]이라서 자동으로 계산하거나 간소화하지 않습니다. 따라서 doit() 함수를 사용해 표현식을 실행해야 합니다.

---

9 옮긴이_ 파이썬의 sum() 함수와 다릅니다. 혼동하지 마세요.

10 옮긴이_ 게으른 연산(lazy evaluation)은 결괏값이 필요할 때까지 실제 계산 수행을 늦추는 기법을 말합니다.

1.6 거듭제곱

거듭제곱exponentiation은 지정된 횟수만큼 숫자를 곱하는 것입니다. 2의 3제곱(위첨자로 3을 사용해 2^3으로 표현합니다)은 2를 세 번 곱하는 것입니다.

$$2^3 = 2 * 2 * 2 = 8$$

밑base은 거듭제곱하려는 변수 또는 값이며, **지수**exponent는 밑을 곱하는 횟수입니다. 2^3의 경우 2가 밑이고 3이 지수입니다.

거듭제곱에는 흥미로운 속성이 있습니다. x^2과 x^3을 곱해보죠. 지수를 단순한 곱셈으로 확장해서 하나의 지수로 통합하면 다음과 같습니다.[11]

$$x^2 x^3 = (x * x) * (x * x * x) = x^{2+3} = x^5$$

밑이 같은 거듭제곱을 곱할 때는 단순히 지수를 더하면 됩니다. 이를 **지수 법칙**이라고 합니다. 지수 법칙이 적용되려면 거듭제곱의 밑이 동일해야 한다는 점을 유념하세요

다음으로 나눗셈에 대해 살펴보겠습니다. x^2을 x^5으로 나누면 어떻게 될까요?

$$\frac{x^2}{x^5}$$

$$\frac{x * x}{x * x * x * x * x}$$

$$\frac{1}{x * x * x}$$

$$\frac{1}{x^3} = x^{-3}$$

여기서 보듯이 x^2을 x^5으로 나눌 때 두 개의 x가 상쇄되어 $\frac{1}{x^3}$이 남습니다. 분자와 분모 모두에 동일한 거듭제곱이 있으면 이를 상쇄할 수 있습니다.

x^{-3}은 무엇일까요? 이것은 지수가 음수인 거듭제곱으로 분모에 있는 거듭제곱을 표현하는 또

---

11 옮긴이_ 책에서는 이따금 문자 x와 곱셈 기호(×)를 혼동하지 않도록 곱셈 기호 대신 별표(*)를 사용합니다. 특별한 의미가 있는 것이 아니니 오해하지 마세요.

다른 방법입니다. 예를 들어 $\frac{1}{x^3}$은 x^{-3}과 같습니다.

$$\frac{1}{x^3} = x^{-3}$$

지수 법칙을 다시 생각해보면, 지수가 음수일 경우에도 이 규칙이 적용된다는 것을 알 수 있습니다. 이를 직관적으로 이해하기 위해 다른 방식으로 앞선 문제에 접근해보겠습니다. x^2과 x^5 두 지수의 나눗셈에서 분모 x^5의 지수 '5'를 음수로 만든 다음, x^2에 곱하는 것으로 표현할 수 있습니다. 음수를 더하는 일은 결국 뺄셈을 하는 것이죠. 따라서 거듭제곱의 지수를 더하는 지수 법칙은 다음과 같이 여전히 유효합니다.

$$\frac{x^2}{x^5} = x^2 \frac{1}{x^5} = x^2 x^{-5} = x^{2+-5} = x^{-3}$$

마지막으로 밑이 어떤 수든 지수가 0이면 결괏값이 1이 되는 이유가 뭘까요?

$$x^0 = 1$$

이를 직관적으로 이해하는 가장 좋은 방법은 어떤 숫자를 그 자체로 나눈 값이 1이라고 생각하는 것입니다. $\frac{x^3}{x^3}$이 1이라는 것은 대수적으로 명백합니다. 하지만 이 표현식은 다음과 같이 x^0이라고도 할 수 있습니다.

$$1 = \frac{x^3}{x^3} = x^3 x^{-3} = x^{3+-3} = x^0$$

$a = b$이고 $b = c$이면 $a = c$라는 등식의 성질에 따라 $x^0 = 1$이라는 것을 알 수 있습니다.

심파이로 표현식 간소화하기

대수 표현식을 간소화하는 것이 번거롭다면 심파이 라이브러리를 사용해보세요. 이전 식을 다음과 같이 간소화할 수 있습니다.

```
from sympy import *

x = symbols('x')
expr = x**2 / x**5
print(expr) # x**(-3)
```

그럼 분수 지수는 무엇일까요? 분수 지수는 제곱근과 같은 근^{root}을 표현하는 다른 방법입니다. 간단히 설명하면 $\sqrt{4}$는 '어떤 숫자를 거듭제곱하면 4가 될까요?'라고 묻는 것입니다. 당연히 이 값은 2입니다. 여기서 $4^{1/2}$은 $\sqrt{4}$와 같습니다.

$$4^{1/2} = \sqrt{4} = 2$$

세제곱근은 제곱근과 비슷하지만 스스로를 세 번 곱해 결괏값이 되는 숫자를 구합니다. 8의 세제곱근은 $\sqrt[3]{8}$이라고 쓰며 '스스로를 세 번 곱하면 8이 되는 숫자는 무엇인가요?'라고 묻는 것입니다. 여기서 세제곱근이 되는 숫자는 $2 * 2 * 2 = 8$이므로 2입니다. 세제곱근 $\sqrt[3]{8}$은 $8^{1/3}$과 같이 분수 지수로 표현할 수 있습니다.

$$8^{1/3} = \sqrt[3]{8} = 2$$

다시 정리해보죠. 8의 세제곱근을 세 번 곱하면 어떻게 될까요? 세제곱근은 사라지고 결괏값은 8이 됩니다. 또는 다음과 같이 세제곱근을 분수 지수 $8^{1/3}$로 표현하고 지수를 모두 더하면 1이 되므로 결과적으로 세제곱근은 사라집니다.

$$\sqrt[3]{8} * \sqrt[3]{8} * \sqrt[3]{8} = 8^{\frac{1}{3}} \times 8^{\frac{1}{3}} \times 8^{\frac{1}{3}} = 8^{\frac{1}{3}+\frac{1}{3}+\frac{1}{3}} = 8^1 = 8$$

거듭제곱에는 한 가지 속성이 더 있습니다. 거듭제곱의 거듭제곱은 지수의 곱셈에 해당합니다. 따라서 $(8^3)^2$은 8^6으로 간소화됩니다.

$$(8^3)^2 = 8^{3\times2} = 8^6$$

이유가 의심스럽다면 위 식을 풀어서 지수 법칙을 적용해보세요.

$$(8^3)^2 = 8^3 8^3 = 8^{3+3} = 8^6$$

마지막으로 $8^{\frac{2}{3}}$과 같이 분자가 1이 아닌 분수 지수는 무엇을 의미할까요? 이는 8의 세제곱근을 구한 다음 이를 제곱하는 것과 같습니다. 다음 식을 참고하세요.

$$8^{\frac{2}{3}} = (8^{\frac{1}{3}})^2 = 2^2 = 4$$

그리고 8^π과 같이 지수에 무리수를 사용할 수 있습니다. 이를 계산하면 약 687.2913입니다. 이 결과가 직관적이지 않다고 생각할 만합니다! 이유를 설명하려면 미적분이 필요하므로 시간

관계상 자세히 살펴보지는 않겠습니다. 하지만 본질적으로 우리는 무리수 지수를 유리수로 근사해 계산합니다. 즉, 소수점 이하 일정 자리까지만 계산하는 컴퓨터가 수행하는 방식과 같습니다.

예를 들어 π는 소수점 이하 자릿수가 무한대입니다. 하지만 11자리에 속하는 3.1415926535만 취해 계산하면 π를 유리수 31415926535 / 10000000000로 근사할 수 있습니다. 이렇게 하면 687.2913이 되며 계산기의 결과와 거의 일치합니다.

$$8^{\pi} \approx 8^{\frac{31415926535}{10000000000}} \approx 687.2913$$

1.7 로그

로그^{logarithm}는 특정 수와 밑이 있을 때 거듭제곱 횟수를 구하는 수학 함수입니다. 처음에는 흥미롭지 않을 수 있지만 실제로 로그는 다양하게 사용됩니다. 지진 측정부터 스테레오 음량 관리까지 로그는 어디에나 존재합니다. 또한 머신러닝과 데이터 과학에도 많이 사용되죠. 실제로 로그는 6장에서 살펴볼 로지스틱 회귀의 핵심입니다.

'2를 몇 번 거듭제곱하면 8이 될까요?'라는 질문으로 시작해보죠. 이를 수학적으로 표현하는 한 가지 방법은 지수에 x를 사용하는 것입니다.

$$2^x = 8$$

우리는 직관적으로 $x = 3$이라는 것을 알고 있습니다. 하지만 이 수학 연산을 좀 더 우아하게 표현할 방법이 필요합니다. 이것이 바로 $log()$ 함수입니다. 로그로 x를 구하는 식을 표현하면 다음과 같습니다.

$$log_2 8 = x$$

로그는 밑이 2일 때 8이 되는 거듭제곱 횟수를 찾습니다. 일반적으로 지수 함수를 로그로 표현하는 공식은 다음과 같습니다.

$$a^x = b$$
$$log_a b = x$$

대수적으로 말하면 이는 x의 값을 구하기 위해 x를 분리하는 방법입니다. [예제 1-12]는 파이썬에서 이 로그를 계산하는 방법을 보여줍니다.

예제 1-12 파이썬에서 로그 함수 사용하기

```
from math import log

# 2를 거듭제곱해 8이 되는 지수는?
x = log(8, 2)

print(x) # 3.0
```

파이썬에서 `log()` 함수에 밑 인수를 제공하지 않으면 일반적으로 기본 밑이 사용됩니다. 지진 측정과 같은 일부 분야에서는 로그의 기본 밑으로 10을 사용합니다. 하지만 데이터 과학에서 로그의 기본 밑은 오일러 수, e를 사용합니다. 파이썬에서는 후자를 사용하며 잠시 후에 e에 대해 설명하겠습니다.

지수와 마찬가지로 로그도 곱셈, 나눗셈, 거듭제곱 등과 관련된 몇 가지 속성을 갖습니다. [표 1-3]에 그 속성을 간단히 요약했습니다. 핵심 아이디어는 로그가 주어진 밑이 특정 숫자가 되는 지수를 찾는다는 것입니다.

로그 속성을 자세히 살펴봐야 하는 경우 [표 1-3]에 나란히 표시된 지수와 로그의 속성을 참고하세요.

표 1-3 지수와 로그의 속성

연산자	지수 속성	로그 속성
곱셈	$x^m \times x^n = x^{m+n}$	$log(a \times b) = log(a) + log(b)$
나눗셈	$\dfrac{x^m}{x^n} = x^{m-n}$	$log(\dfrac{a}{b}) = log(a) - log(b)$
거듭제곱	$(x^m)^n = x^{mn}$	$log(a^n) = n \times log(a)$
0제곱	$x^0 = 1$	$log(1) = 0$
역수	$x^{-1} = \dfrac{1}{x}$	$log(x^{-1}) = log(\dfrac{1}{x}) = -log(x)$

1.8 오일러 수와 자연로그

수학에서 오일러 수라고 부르는 특별한 숫자 e를 자주 볼 수 있습니다. 이것은 파이(π)와 비슷한 특수한 숫자이며 약 2.71828입니다. e를 사용하면 수학적으로 여러 문제를 단순화할 수 있어 이를 많이 사용합니다. 이번 절에서는 지수와 로그 맥락에서 e를 살펴보겠습니다.

1.8.1 오일러 수

필자가 고등학생일 때, 수학 선생님은 여러 지수 문제에서 오일러 수를 사용했습니다. 저는 궁금증을 참지 못하고 "선생님, 오일러 수 e는 뭔가요? 어디서 나온 수인가요?"라고 물었습니다. 선생님은 토끼 개체 수와 다른 자연 현상을 이용해 오일러 수를 알려주었지만, 그 설명에 크게 만족하지 못했던 기억이 납니다. 여기서는 조금 더 만족스러운 설명을 해보겠습니다.

오일러 수가 많이 사용되는 이유

오일러 수가 밑인 지수 함수의 도함수가 자기 자신이라는 점이 오일러 수의 특성입니다. 이는 지수 함수와 로그 함수에 유용한 속성이죠. 이 장의 뒷부분에서 도함수에 대해 배우겠습니다. 밑이 중요하지 않은 많은 애플리케이션에서는 가장 간단한 도함수를 만드는 오일러 수를 선택합니다. 이것이 많은 데이터 과학 함수에서 오일러 수를 기본 밑으로 사용하는 이유입니다.

필자가 오일러 수를 설명하는 방법은 다음과 같습니다. 누군가에게 연 20%의 이자로 100달러를 빌려준다고 가정해봅시다. 일반적으로 이자는 월 복리로 계산되므로 매달 이자는 0.20/12 = 0.01666%가 됩니다. 그렇다면 2년 후 대출 잔액은 얼마가 될까요? 간단하게 설명하기 위해 2년이 끝날 때까지 상환이 필요하지 않아서 하나도 갚지 않았다고 가정하겠습니다.

지금까지 배운 지수 개념을 종합하면 (또는 경제학 교과서를 참고해서) 이자를 계산하는 공식을 만들 수 있습니다. 이 공식은 시작 투자금 P에 대한 잔액 A, 이자율 r, 기간(연도 수) t, 연간 복리 적용 횟수 n으로 구성됩니다. 공식은 다음과 같습니다.

$$A = P \times (1 + \frac{r}{n})^{nt}$$

따라서 매월 복리 이자를 적용하면 다음 계산처럼 대출금이 148.69달러로 늘어납니다.

$$A = P \times (1 + \frac{r}{n})^{nt}$$
$$100 \times (1 + \frac{0.20}{12})^{12 \times 2} = 148.6914618$$

파이썬에서 이 작업을 수행하려면 [예제 1-13] 코드를 사용하세요.

예제 1-13 복리 이자 계산하기

```
from math import exp

p = 100
r = 0.20
t = 2.0
n = 12

a = p * (1 + (r/n))**(n * t)

print(a) # 148.69146179463576
```

하지만 매일 이자를 복리로 계산한다면 어떻게 될까요? n을 365로 변경해서 계산해봅시다.

$$A = P \times (1 + \frac{r}{n})^{nt}$$
$$100 \times (1 + \frac{20}{365})^{365 \times 2} = 149.1661279$$

이럴 수가! 이자를 월 단위가 아닌 매일 복리로 계산하면 2년 후 47.4666센트를 더 벌 수 있습니다. 욕심이 난다면 다음처럼 매시간 복리로 하면 어떨까요? 그러면 더 많은 돈을 벌 수 있을까요? 1년은 8,760시간이므로 n을 8,760으로 설정합시다.

$$A = P \times (1 + \frac{r}{n})^{nt}$$
$$100 \times (1 + \frac{0.20}{8760})^{8760 \times 2} = 149.1817886$$

오, 약 2센트의 이자를 더 벌었네요! 하지만 수익률이 줄어들고 있는 건 아닐까요? 매분 복리를 해보겠습니다! 1년은 525,600분이므로 이 값을 n으로 설정하겠습니다.

$$A = P \times (1+\frac{r}{n})^{nt}$$

$$100 \times (1+\frac{0.20}{525600})^{525600 \times 2} = 149.1824584$$

복리를 더 자주 할수록 점점 더 작은 금액의 이득을 얻고 있습니다. 그렇다면 이 기간을 무한히 작게 만들어 계속 복리를 하면 어떻게 될까요?

이제 오일러 수 e가 등장할 차례입니다. 이 수는 약 2.71828입니다. 다음은 계속, 즉 쉬지 않고 복리를 적용하는 공식입니다.

$$A = P \times e^{rt}$$

예제로 돌아가서, 연속적으로 복리를 적용했을 때 2년 후 대출 잔액을 계산해봅시다.

$$A = P \times e^{rt}$$

$$A = 100 \times e^{0.20 \times 2} = 149.1824698$$

매분 복리를 적용했을 때 잔액이 149.1824584라는 것을 생각하면 이는 그리 놀라운 일이 아닙니다. 연속해서 복리를 적용하면 149.1824698 값에 매우 근접하게 됩니다.

일반적으로 exp() 함수를 사용하는 파이썬, 엑셀과 같은 플랫폼에서는 e를 지수의 밑으로 사용합니다. e는 매우 널리 사용되며 지수와 로그 함수의 기본 밑입니다.

[예제 1-14]는 exp() 함수를 사용해 연속 이자를 계산하는 코드입니다.

예제 1-14 연속 이자 계산하기

```
from math import exp

p = 100  # 원금, 시작 금액
r = 0.20 # 연이율
t = 2.0  # 기간, 연도

a = p * exp(r*t)

print(a) # 149.18246976412703
```

그렇다면 공식에 쓰인 상수 e는 어디서 온 걸까요? 복리 이자 공식과 연속 이자 공식을 비교해 보세요. 구조적으로는 비슷해 보이지만 조금 차이가 있습니다.[12]

$$A = P \times (1 + \frac{r}{n})^{nt}$$
$$A = P \times e^{rt}$$

조금 더 기술적으로 말하자면, e는 n이 점점 커져 무한대에 가까워졌을 때 표현식 $(1 + \frac{1}{n})^n$ 의 결괏값입니다. n에 점차 큰 수를 대입하며 실험해보세요. 점점 더 큰 값을 시도해보면 무언가를 발견할 수 있습니다.

$$(1 + \frac{1}{n})^n$$
$$(1 + \frac{1}{100})^{100} = 2.70481382942$$
$$(1 + \frac{1}{1000})^{1000} = 2.71692393224$$
$$(1 + \frac{1}{10000})^{10000} = 2.71814592682$$
$$(1 + \frac{1}{10000000})^{10000000} = 2.71828169413$$

n이 커질수록 증가율이 감소하고 약 2.71828에 수렴합니다. 이 값이 e입니다. e가 모집단 population 증가를 연구하는 데에만 사용되는 것은 아니며 수학의 많은 영역에서 핵심적인 역할을 합니다. 이 책의 3장과 6장에서 정규 분포와 로지스틱 회귀를 배울 때 오일러 수를 활용하겠습니다.

1.8.2 자연로그

e를 로그의 밑으로 사용할 때 이를 **자연로그**natural logarithm라고 부릅니다. 플랫폼에 따라 자연로 그를 지정하는 데 `log()` 대신 `ln()`을 사용할 수 있습니다. 따라서 e를 거듭제곱해 10이 되는 지수를 찾는다는 의미의 자연로그를 $log_e 10$과 같이 표현하는 대신, 줄여서 $ln(10)$으로 표현합니다.

$$log_e 10 = ln(10)$$

---

12 옮긴이_ 복리 이자 공식에서 $x = \frac{n}{r}$ 이라 놓으면 $A = P \times (1 + \frac{1}{x})^{xrt}$ 으로 쓸 수 있습니다. x를 무한대로 보내면 $A = P \times e^{rt}$ 이 됩니다.

파이썬에서는 log() 함수가 자연로그입니다. 앞서 설명한 것처럼 log() 함수의 기본 밑은 e 죠. 밑을 지정하는 두 번째 매개변수를 별도로 지정하지 않으면 [예제 1-15]처럼 기본값 e를 사용합니다.

예제 1-15 10의 자연로그 계산하기

```
from math import log

# e를 거듭제곱해 10이 되는 지수는?
x = log(10)

print(x) # 2.302585092994046
```

이 책 전반에 걸쳐 e를 사용합니다. 엑셀, 파이썬, 데스모스^{Desmos} 또는 다른 계산 플랫폼을 사용해 지수와 로그를 자유롭게 실험해보세요. 그래프를 그려보면서 이런 함수의 형태에 익숙해지는 것이 좋습니다.

1.9 극한

오일러 수에서 보았듯이, 입력 변수를 계속 증가하거나 감소할 때 출력 변수가 특정한 값에 계속 근접하지만, 그 값에는 도달하지 못하면 몇 가지 흥미로운 아이디어가 떠오릅니다. 이 아이디어를 수학적으로 살펴보죠. [그림 1-5]에 나타난 함수 $f(x) = \frac{1}{x}$ 을 예로 들어보겠습니다.

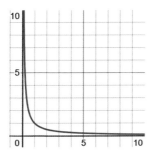

그림 1-5 영원히 0에 가까워지지만 결코 0에 도달하지 않는 함수

이 그래프는 양수의 x 값만 나타냅니다. x가 계속 증가함에 따라 $f(x)$가 0에 가까워집니다. 흥미롭게도 $f(x)$는 실제로 0에 도달하는 것이 아니라 계속 가까워질 뿐입니다.

따라서 이 함수의 운명은 x가 무한대가 됨에 따라 0에 계속 가까워지지만, 결코 0에 도달하지는 못합니다. 영원히 가까워지지만 결코 도달하지 못하는 값을 표현하는 방법이 **극한**[limit]입니다.

$$\lim_{x \to \infty} \frac{1}{x} = 0$$

이를 읽는 방법은 'x가 무한대에 가까워짐에 따라 함수 $\frac{1}{x}$은 0에 가까워집니다(하지만 결코 0에 도달하지 않습니다)'입니다. 특히 미분과 적분을 공부할 때 이런 종류의 '접근하지만 절대 도달하지 않는' 형태를 많이 볼 수 있습니다.

[예제 1-16]처럼 심파이를 사용하면 x가 무한대(∞)에 가까워질 때 $f(x) = \frac{1}{x}$이 어떤 값에 접근하는지 계산할 수 있습니다. 심파이에서 ∞는 oo로 나타냅니다.

예제 1-16 심파이로 극한 계산하기

```
from sympy import *

x = symbols('x')
f = 1 / x
result = limit(f, x, oo)

print(result) # 0
```

앞서 보았듯이 오일러 수 e도 이런 식으로 발견했습니다. 다음 함수에서 n을 무한대로 확장한 결과입니다.

$$\lim_{n \to \infty} (1 + \frac{1}{n})^n = e = 2.71828169413...$$

재미있게도 다음 코드와 같이 심파이에서 극한으로 오일러 수를 계산하면 심파이는 이를 오일러 수로 즉시 인식합니다. 하지만 evalf()를 호출하면 실제 숫자를 표시합니다.

```
from sympy import *
```

```
n = symbols('n')
f = (1 + (1/n))**n
result = limit(f, n, oo)

print(result) # E
print(result.evalf()) # 2.71828182845905
```

심파이의 능력

심파이는 숫자를 사용한 근사 계산이 아닌 정확한 기호 계산을 사용하는 강력하고 환상적인 파이썬용 **컴퓨터 대수학 시스템**^{computer algebra system}(CAS)입니다. 수학 및 미적분 문제를 풀기 위해 연필과 종이를 사용해야 할 때 유용하며, 익숙한 파이썬 코드를 사용할 수 있다는 이점이 있습니다. 2의 제곱근을 1.4142135623730951로 근사해 표현하는 대신, 정확히 $sqrt(2)$를 사용합니다.

그렇다면 수학과 관련된 모든 것에 심파이를 사용하면 좋지 않을까요? 이 책에서는 심파이를 사용합니다. 하지만 사이킷런과 다른 데이터 과학 라이브러리는 일반 숫자를 사용하므로 파이썬에서 일반 숫자로 수학을 계산하는 데 익숙해지는 것이 좋습니다. 컴퓨터는 기호보다는 숫자를 사용하는 것이 훨씬 빠릅니다. 또한 수학 표현식이 너무 커지면 심파이는 어려움을 겪습니다. 하지만 심파이는 여러분만을 위해 사용하고, 고등학생과 대학생 자녀에게는 알려주지 마세요. 수학 숙제를 하는 데 사용할 수 있거든요.

1.10 미분

함수에 대한 이야기로 돌아가 미적분 관점에서 함수를 살펴보겠습니다. 먼저 미분부터 시작해보죠. **미분**^{derivative}은 함수의 기울기를 나타내며 함수의 어느 지점에서의 변화율을 측정하는 데 유용합니다.

미분에 관심을 갖는 이유는 무엇일까요? 미분은 머신러닝과 기타 수학 알고리즘, 특히 경사 하강법^{gradient descent}에 사용됩니다. 기울기가 0이면 출력 변수의 최솟값 또는 최댓값에 도달했음을 의미하죠. 이 개념은 나중에 선형 회귀(5장), 로지스틱 회귀(6장), 신경망(7장)을 배울 때 유용합니다.

간단한 예제부터 시작해보죠. [그림 1-6]에 있는 $f(x) = x^2$ 함수를 살펴봅시다. $x = 2$에서 곡선은 얼마나 '가파른'가요?

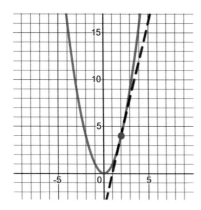

그림 1-6 주어진 위치에서 함수의 가파른 정도 관찰하기

곡선의 어느 지점에서나 '가파른 정도'를 측정해 접선으로 시각화할 수 있습니다. **접선**$^{tangent\ line}$은 주어진 지점에서 커브에 살짝 닿는 직선이라고 생각하면 됩니다. 또한 접선을 통해 주어진 지점에서의 기울기도 계산 가능합니다. 함수에서 x 값과 이 값에 매우 가까운 점을 지나는 직선을 그어 주어진 x 값의 접선을 추정할 수 있습니다.

$x = 2$와 이에 가까운 값인 $x = 2.1$을 함수 $f(x) = x^2$에 전달하면 [그림 1-7]과 같이 $f(2) = 4$와 $f(2.1) = 4.41$을 얻습니다. 이 두 점을 통과하는 직선의 기울기는 4.1입니다.

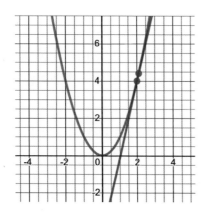

그림 1-7 단순한 방식으로 계산한 기울기

간단한 기울기 공식을 사용하면 두 지점 사이의 기울기 m을 쉽게 계산할 수 있습니다.

$$m = \frac{y_2 - y_1}{x_2 - x_1}$$
$$m = \frac{4.41 - 4.0}{2.1 - 2.0}$$
$$m = 4.1$$

두 점 사이의 x 간격을 $x = 2$와 $x = 2.00001$처럼 더 작게 만들면 $f(2) = 4$와 $f(2.00001) = 4.00004$가 되므로 실제 기울기인 4에 매우 가까워집니다. 따라서 인접한 값과의 간격이 작을수록 주어진 지점에서 곡선의 기울기에 더 가까워집니다. 수학의 많은 중요한 개념과 마찬가지로 무한히 크거나 무한히 작은 값에 가까워질수록 의미 있는 것을 발견하게 됩니다.

[예제 1-17]은 파이썬으로 미분을 계산하는 코드입니다.

예제 1-17 미분 계산하기

```
def derivative_x(f, x, step_size):
    m = (f(x + step_size) - f(x)) / ((x + step_size) - x)
    return m

def my_function(x):
    return x**2

slope_at_2 = derivative_x(my_function, 2, 0.00001)

print(slope_at_2) # 4.000010000000827
```

좋은 소식은 함수의 어느 곳에서나 기울기를 계산하는 더 깔끔한 방법이 있다는 것입니다. 이미 심파이를 사용해 그래프를 그려봤지만 기호 계산의 마법을 이용하면 미분과 같은 작업도 할 수 있습니다.

함수 $f(x) = x^2$의 도함수derivative function[13]를 만들려면 지수를 곱셈 계수로 내리고 원래 지수는 1 감소시킵니다. 즉, $\frac{d}{dx}x^2 = 2x$가 됩니다. 여기서 $\frac{d}{dx}$는 x에 대한 미분을 나타냅니다. 이는 기울기를 구하기 위해 x 값을 대상으로 미분하고 있음을 의미합니다. 따라서 $x = 2$에서 기울기를 구하고 싶고 도함수가 있다면 해당 x 값을 도함수에 입력해 기울기를 구합니다.

---

13 옮긴이_ 도함수는 어떤 입력에 대한 함수의 순간 변화율 또는 그 지점에서 접선의 기울기를 나타내는 함수를 말합니다.

$$f(x) = x^2$$

$$\frac{d}{dx}f(x) = \frac{d}{dx}x^2 = 2x$$

$$\frac{d}{dx}f(2) = 2(2) = 4$$

직접 이 도함수를 계산하기 위해 유용한 규칙을 설명하는 미적분 책은 많습니다. 하지만 심파이는 기호 계산을 사용해 도함수를 구하는 좋은 도구입니다. 더군다나 파이썬 라이브러리인 심파이는 무료 오픈 소스이며 파이썬 문법을 사용할 수 있습니다. [예제 1-18]은 심파이에서 $f(x) = x^2$의 도함수를 계산하는 방법을 보여줍니다.

예제 1-18 심파이에서 도함수 계산하기

```
from sympy import *

# 'x'를 선언합니다.
x = symbols('x')

# 파이썬 표현식을 사용해 함수를 정의합니다.
f = x**2

# 이 함수의 도함수를 계산합니다.
dx_f = diff(f)
print(dx_f) # 2*x
```

심파이에서 **symbols()** 함수로 변수를 선언하면 일반 파이썬 구문을 사용해 함수를 정의할 수 있습니다. 그런 다음 **diff()**[14]를 사용해 도함수를 계산합니다. [예제 1-19]에서는 이 도함수를 일반 파이썬 코드로 표현해 하나의 함수로 선언했습니다.

예제 1-19 파이썬의 미분 계산기

```
def f(x):
    return x**2

def d_f(x):
```

----

14 옮긴이_ diff() 함수의 첫 번째 매개변수는 미분할 함수입니다. 두 번째 매개변수부터 미분할 변수를 나열합니다. 동일한 변수를 반복해 나열하면 고계 도함수를 계산할 수 있습니다. 예를 들어 [예제 1-18]의 함수 f의 이계 도함수는 diff(f, x, x)로 구할 수 있습니다. 또는 diff(f, x, 2)처럼 변수의 반복 횟수를 지정할 수 있습니다. 함수에 변수가 하나일 때는 두 번째 매개변수를 생략할 수 있습니다.

```
    return 2*x

slope_at_2 = d_f(2.0)

print(slope_at_2) # 4.0
```

심파이를 계속 사용하고 싶다면, [예제 1-20]처럼 subs() 함수를 호출해 x 변수를 값 2로 바꿀 수 있습니다.

예제 1-20 심파이의 치환 기능 사용하기

```
# x = 2에서 기울기 계산하기
print(dx_f.subs(x, 2)) # 4
```

1.10.1 편도함수

이 책에서 만나게 될 또 다른 개념은 5장, 6장, 7장에서 사용할 **편도함수**^{partial derivative}입니다. 편도함수는 여러 입력 변수가 있는 함수의 도함수입니다.

이렇게 생각해보세요. 1차원 함수의 기울기가 아니라 여러 변수에 대해 여러 방향의 기울기가 있습니다. 주어진 변수의 도함수에서 다른 변수는 일정하게 유지된다고 가정합니다. [그림 1-8]에 나온 $f(x, y) = 2x^3 + 3y^3$ 의 3차원 그래프를 살펴보죠. 두 변수에 대해 각기 다른 방향의 기울기가 있습니다.

$f(x, y) = 2x^3 + 3y^3$ 함수에서 x와 y 변수는 각각 고유한 도함수 $\frac{d}{dx}$와 $\frac{d}{dy}$를 갖습니다. 이는 다차원 곡면에서 각 변수에 대한 기울기를 나타냅니다. 다차원을 다룰 때는 기술적으로는 이 기울기를 **그레이디언트**^{gradient}라고 부릅니다. x와 y에 대한 도함수는 다음과 같습니다.

$$f(x, y) = 2x^3 + 3y^3$$
$$\frac{d}{dx} 2x^3 + 3y^3 = 6x^2$$
$$\frac{d}{dy} 2x^3 + 3y^3 = 9y^2$$

[예제 1-21]과 [그림 1-8]은 심파이를 사용해 각각 x와 y에 대한 편도함수를 계산하는 방법입니다.

```
from sympy import *
from sympy.plotting import plot3d

# x와 y를 심파이에 선언합니다.
x,y = symbols('x y')

# 파이썬 표현식을 사용해 함수를 정의합니다.
f = 2*x**3 + 3*y**3

# x와 y에 대한 편도함수를 계산합니다.
dx_f = diff(f, x)
dy_f = diff(f, y)

print(dx_f) # 6*x**2
print(dy_f) # 9*y**2

# 함수 그래프 그리기
plot3d(f)
```

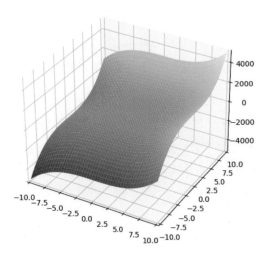

그림 1-8 지수 함수의 3차원 그래프 그리기

따라서 x, y 값이 1, 2인 경우 x에 대한 기울기는 $6(1)^2 = 6$이고 y에 대한 기울기는 $9(2)^2 = 36$ 입니다.

극한을 사용해 도함수 계산하기

도함수를 계산할 때 극한이 어디에 적용되는지 알고 싶나요? 만약 지금까지 배운 내용이 잘 이해된다면 계속 읽어도 좋습니다! 하지만 아직 잘 모르겠다면 나중에 이 글 상자로 돌아와도 괜찮습니다.

심파이를 사용하면 흥미로운 수학 탐구를 할 수 있습니다. 함수 $f(x) = x^2$에서 $x = 2$에 대한 기울기를 근사하기 위해 0.0001을 더해 이웃한 점 $x = 2.0001$까지 직선을 그렸습니다. 극한을 사용해 해당 간격 s를 무한하게 감소시키고 어떤 기울기에 가까워지는지 확인해볼까요?

$$\lim_{s \to 0} \frac{(x+s)^2 - x^2}{(x+s) - x}$$

여기에서는 $x = 2$일 때의 기울기에 관심이 있으므로 이 값을 대입해보죠.[15]

$$\lim_{s \to 0} \frac{(2+s)^2 - 2^2}{(2+s) - 2} = 4$$

스텝^{step} 크기 s가 0에 접근하지만 결코 0에 도달하지는 않습니다(이웃하는 점은 $x = 2$에 닿을 수 없습니다. 그렇지 않으면 직선을 그릴 수 없습니다!). 따라서 [예제 1-22]에 나온 것처럼 극한을 사용해 기울기 4에 수렴하는지 확인할 수 있습니다.

예제 1-22 극한을 사용한 기울기 계산

```
from sympy import *

# 'x'와 스텝 크기 's' 정의
x, s = symbols('x s')

# 함수 정의
f = x**2

# 간격 's'만큼 떨어진 두 점을 기울기 공식에 대입합니다.
slope_f = (f.subs(x, x + s) - f) / ((x+s) - x)

# x에 2를 대입합니다.
slope_2 = slope_f.subs(x, 2)
```

---

15 옮긴이_ $\dfrac{(2+s)^2 - 2^2}{(2+s) - 2} = \dfrac{(4+4s+s^2) - 4}{s} = \dfrac{(4+s)s}{s} = 4 + s$ 와 같이 간소화할 수 있습니다. 따라서 $\lim_{s \to 0}(4 + s) = 4$ 가 됩니다.

```
# 스텝 크기 s가 0에 무한히 가까워질 때 x = 2에서 기울기를 계산합니다.
result = limit(slope_2, s, 0)

print(result) # 4
```

x에 특정 값을 할당하지 않고 그대로 둔 상태에서 스텝 크기 s를 0을 향해 무한히 줄이면 어떻게 될까요? [예제 1-23]을 살펴봅시다.

예제 1-23 극한을 사용해 도함수 계산하기

```
from sympy import *

# 'x'와 스텝 크기 's' 정의
x, s = symbols('x s')

# 함수 정의
f = x**2

# 간격 's'만큼 떨어진 두 점을 기울기 공식에 대입합니다.
slope_f = (f.subs(x, x + s) - f) / ((x+s) - x)

# 스텝 크기 s가 0에 무한히 가까워질 때 도함수를 계산합니다.
result = limit(slope_f, s, 0)

print(result) # 2*x
```

출력된 도함수는 $2x$입니다. 심파이는 스텝 크기가 0에 도달하지 않고 무한대로 0에 가까워지는 것을 알고 있습니다. 이때 $f(x) = x^2$은 이 함수의 도함수인 $2x$에 수렴합니다.[16]

1.10.2 연쇄 법칙

7장에서 신경망을 만들 때 **연쇄 법칙**chain rule이라는 특별한 수학 기법이 필요합니다. 신경망 층을 훈련할 때 각 층의 도함수를 풀어서 연결해야 합니다. 하지만 지금은 간단한 대수학 예제를

---

16 옮긴이_ 극한을 사용해 직접 도함수를 구해보죠. 먼저 $\dfrac{f(x+s)-f(x)}{(x+s)-x} = \dfrac{(x+s)^2 - x^2}{s} = \dfrac{(x^2 + 2xs + s^2) - x^2}{s} = \dfrac{(2x+s)s}{s} = 2x+s$
로 간소화할 수 있습니다. 따라서 $\lim\limits_{s \to 0}(2x+s) = 2x$ 가 됩니다.

통해 연쇄 법칙을 배워보겠습니다. 다음 함수 두 개가 주어졌다고 가정해봅시다.

$$y = x^2 + 1$$
$$z = y^3 - 2$$

첫 번째 함수에서 y는 출력 변수이지만 두 번째 함수에서는 입력 변수이기 때문에 이 두 함수는 연결되어 있습니다. 즉, 첫 번째 함수 y를 두 번째 함수 z에 다음과 같이 대입할 수 있습니다.

$$z = (x^2 + 1)^3 - 2$$

그렇다면 x에 대한 z의 도함수는 무엇일까요? 이미 z를 x로 바꾸어 표현했으므로 [예제 1-24] 처럼 심파이를 사용해 계산해보죠.

예제 1-24 x에 대한 z의 도함수 구하기

```
from sympy import *

x = symbols('x')
z = (x**2 + 1)**3 - 2
dz_dx = diff(z, x)
print(dz_dx) # 6*x*(x**2 + 1)**2
```

따라서 x에 대한 z의 도함수는 $6x(x^2 + 1)^2$ 입니다.

$$\frac{dz}{dx}((x^2 + 1)^3 - 2) = 6x(x^2 + 1)^2$$

하지만 처음부터 다른 접근 방식을 취할 수도 있습니다. y와 z 함수의 도함수를 따로따로 구한 다음, 이를 곱하면 x에 대한 z의 도함수를 구할 수 있습니다. 한번 적용해보죠.

$$\frac{dy}{dx}(x^2 + 1) = 2x$$
$$\frac{dz}{dy}(y^3 - 2) = 3y^2$$
$$\frac{dz}{dx} = (2x)(3y^2) = 6xy^2$$

맞아요. $6xy^2$은 $6x(x^2 + 1)^2$ 과는 결과가 다르네요. 아직 y를 대입하지 않았기 때문입니다. y를 대입하면 전체 $\frac{dz}{dx}$ 도함수가 y가 아닌 x의 함수로 표현됩니다.

$$\frac{dz}{dx} = 6xy^2 = 6x(x^2+1)^2$$

이제 심파이로 계산한 것과 동일한 도함수 $6x(x^2+1)^2$을 얻었습니다!

이것이 연쇄 법칙입니다. (x가 입력 변수인) 함수 y가 (y가 입력 변수인) 다른 함수 z를 구성한다면 두 개의 개별 도함수를 곱해서 x에 대한 z의 도함수를 구할 수 있습니다.

$$\frac{dz}{dx} = \frac{dz}{dy} \times \frac{dy}{dx}$$

[예제 1-25]는 이를 비교하는 심파이 코드입니다. 연쇄 법칙을 사용한 도함수는 변수를 대체한 함수의 도함수와 같습니다.

예제 1-25 연쇄 법칙 적용 유무에 상관없이 $\frac{dz}{dx}$ 도함수의 계산 결과는 같음

```
from sympy import *

x, y = symbols('x y')

# 첫 번째 함수의 도함수
# 충돌을 피하기 위해 _y로 씁니다.
_y = x**2 + 1
dy_dx = diff(_y)

# 두 번째 도함수
z = y**3 - 2
dz_dy = diff(z)

# 연쇄 법칙을 사용한 경우와
# 대체 방식을 사용한 경우 도함수 계산
dz_dx_chain = (dy_dx * dz_dy).subs(y, _y)
dz_dx_no_chain = diff(z.subs(y, _y))

# 두 값이 같다는 것을 보임으로써 연쇄 법칙을 증명합니다.
print(dz_dx_chain) # 6*x*(x**2 + 1)**2
print(dz_dx_no_chain) # 6*x*(x**2 + 1)**2
```

연쇄 법칙은 신경망을 훈련할 때 적절한 가중치와 편향을 갖도록 하는 데 핵심이 되는 부분입니다. 양파처럼 겹겹이 쌓인 노드^{node}의 도함수를 구하는 대신, 각 노드의 도함수를 곱해서 계산하면 훨씬 쉽게 계산할 수 있습니다.

1.11 적분

미분의 반대는 **적분**integral으로 주어진 범위에서 곡선 아래의 면적을 구합니다. 2장과 3장에서는 확률 분포의 아래쪽 면적을 구해봅니다. 적분을 직접 사용하지 않고 이미 적분으로 계산된 누적 분포 함수cumulative distribution function (CDF)를 사용하겠지만, 적분이 곡선 아래 영역을 어떻게 계산하는지 알고 있으면 좋습니다. 부록 A.5절에서는 확률 분포에 이 접근 방식을 사용하는 예를 살펴봅니다.

여기서는 적분을 설명할 때 **리만 합**Riemann sum이라는 직관적인 접근 방식을 사용합니다. 리만 합은 모든 연속 함수에 유연하게 적용할 수 있습니다. 먼저, 직선 아래 범위의 넓이를 구하는 것은 쉽습니다. 예를 들어 $f(x) = 2x$ 함수의 0과 1 사이의 선 아래 면적을 구한다고 생각해보죠. 그래프에서 살펴보면 [그림 1-9]에서 색칠된 부분입니다.

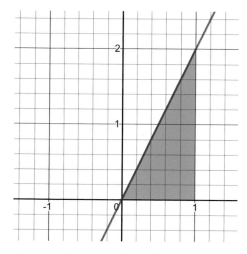

그림 1-9 선형 함수 아래 면적 계산하기

0.0과 1.0 범위에서 직선과 x축 사이의 면적을 계산하려고 합니다. 기초적인 기하학 공식을 기억하고 있다면 삼각형 면적 A는 $A = \frac{1}{2}bh$ 입니다. 여기에서 b는 밑변의 길이이고 h는 높이입니다. $b = 1$과 $h = 2$임을 눈으로 확인할 수 있습니다. 따라서 이 값을 공식에 대입하면 다음처럼 면적 1.0을 얻습니다.

$$A = \frac{1}{2}bh$$
$$A = \frac{1}{2} * 1 * 2$$
$$A = 1$$

그리 어렵지 않군요. 그렇죠? 하지만 면적을 계산하기 어려운 $f(x) = x^2 + 1$ 함수를 생각해보죠. [그림 1-10]에 색칠된 면적은 얼마일까요?

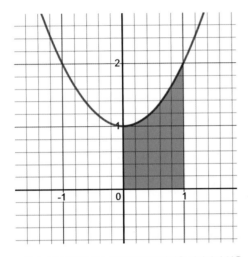

그림 1-10 비선형 함수 아래의 면적 계산은 간단하지 않음

여기서도 0과 1 사이의 x 범위 내에서 곡선과 x축 사이의 면적에 관심이 있습니다. 곡선 때문에 면적을 구할 수 있는 깔끔한 기하학적 공식은 없지만 영리한 해결책이 있습니다.

[그림 1-11]과 같이 곡선 아래에 동일한 길이의 직사각형 5개를 배치하고 각 직사각형의 가운데가 곡선에 닿을 때까지 길이를 늘이면 어떨까요?

직사각형의 면적은 $A = $ 길이×너비이므로 각 직사각형의 넓이를 쉽게 합산할 수 있습니다. 이렇게 하면 곡선 아래 면적의 근사치를 구할 수 있을까요? 직사각형의 너비를 줄여 직사각형 100개를 사용하면 어떨까요? 직사각형의 수를 1,000개, 100,000개까지 늘리면 곡선 아래 영역에 더 가까워지지 않을까요? 네, 맞습니다. 실젯값에 접근하기 위해 무언가를 무한하게 증가시키거나 감소시키는 또 다른 경우입니다.

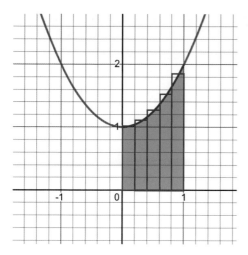

그림 1-11 곡선 아래 직사각형을 배치해 면적 근사하기

파이썬으로 이런 방법을 시도해보죠. 먼저 적분을 근사하는 함수가 필요합니다. 이 함수 이름을 approximate_integral()이라고 하겠습니다. 매개변수 a와 b는 각각 x의 최솟값과 최댓값을 지정합니다. n은 사각형의 개수이고 f는 적분할 함수입니다. [예제 1-26]에서 이 함수를 구현하고 이를 사용해 0.0~1.0 범위에서 다섯 개의 직사각형으로 $f(x) = x^2 + 1$ 함수를 적분합니다.

예제 1-26 파이썬으로 적분 근사하기

```python
def approximate_integral(a, b, n, f):
    delta_x = (b - a) / n
    total_sum = 0

    for i in range(1, n + 1):
        midpoint = 0.5 * (2 * a + delta_x * (2 * i - 1))
        total_sum += f(midpoint)

    return total_sum * delta_x

def my_function(x):
    return x**2 + 1

area = approximate_integral(a=0, b=1, n=5, f=my_function)

print(area) # 1.33
```

계산된 면적은 1.33입니다. 그렇다면 직사각형 1,000개를 사용하면 어떤 결과가 나올까요? [예제 1-27]에서 시도해보겠습니다.

예제 1-27 직사각형 1,000개로 적분 근사하기

```
area = approximate_integral(a=0, b=1, n=1000, f=my_function)

print(area) # 1.333333250000001
```

정밀도가 조금 더 높아지고 소수점 이하 자릿수가 늘어났습니다. 그러면 [예제 1-28]처럼 직사각형 1백만 개를 사용하면 어떨까요?

예제 1-28 직사각형 1백만 개로 적분 근사하기

```
area = approximate_integral(a=0, b=1, n=1_000_000, f=my_function)

print(area) # 1.3333333333332733
```

좋습니다. 증가폭이 줄어들고 '.333'이 계속 반복되는 $1.\overline{333}$에 수렴합니다. 만약 이 값이 유리수라면 $4/3 = 1.\overline{333}$일 것입니다. 직사각형 개수가 늘어남에 따라 점점 더 작은 소수점 위치에서 극한에 다다릅니다.

이제 적분의 목표와 이유에 대해 어느 정도 직관을 얻었으므로 [예제 1-29]에서 유리수를 지원하는 심파이를 사용해 더 정확한 접근 방식을 시도해보겠습니다.

예제 1-29 심파이를 사용해 적분 수행하기

```
from sympy import *

# 심파이에 'x'를 선언합니다.
x = symbols('x')

# 파이썬 표현식을 사용해 함수를 정의합니다.
f = x**2 + 1

# x=0과 1 사이의 면적을 구하기 위해
# x에 대해서 함수의 적분을 계산합니다.
area = integrate(f, (x, 0, 1))

print(area) # 4/3
```

멋지네요! 실제 면적은 4/3 = 1.3̄3̄3̄이며, 앞서 수렴했던 값과 동일합니다. 안타깝게도 일반 파이썬은 (그리고 많은 프로그래밍 언어는) 소수만 지원하지만, 심파이와 같은 컴퓨터 대수학 시스템은 정확한 유리수를 반환합니다. 2장과 3장에서는 적분을 사용해 곡선 아래 영역을 구하며, 사이파이가 이 작업을 대신합니다.

극한을 사용한 적분 계산

궁금증이 많은 분들을 위해 심파이에서 극한을 사용해 적분을 계산하는 방법을 소개하겠습니다. 지금까지 배운 내용으로 충분하다면 이 글 상자를 건너뛰거나 나중에 다시 돌아와도 괜찮습니다. 하지만 내용을 잘 이해하고 있고, 극한을 사용해 적분을 유도하는 방법을 자세히 알아보고 싶다면 계속 읽어보세요!

핵심 아이디어는 곡선 아래에 직사각형을 채워 넣고 정확한 면적에 가까워질 때까지 직사각형을 무한히 작게 만드는 것으로, 앞서 했던 방식과 비슷합니다. 물론 직사각형의 너비는 0이 될 수 없으며 0에 도달하지 않고 계속 0에 가까워져야 합니다. 극한을 사용하는 또 다른 사례입니다.

칸 아카데미$^{Khan\ Academy}$에는 리만 합에 극한을 사용하는 방법을 설명하는 훌륭한 글(*https://oreil.ly/sBmCy*)이 있습니다. 심파이를 사용해 이를 수행하는 방법은 [예제 1-30]과 같습니다.

예제 1-30 극한을 사용해 적분 계산하기

```
from sympy import *

# 심파이에 변수를 선언합니다.
x, i, n = symbols('x i n')

# 함수와 범위를 선언합니다.
f = x**2 + 1
lower, upper = 0, 1

# 상자의 너비와 i 위치에 있는 직사각형의 높이를 계산합니다.
delta_x = ((upper - lower) / n)
x_i = (lower + delta_x * i)
fx_i = f.subs(x, x_i)

# n개의 직사각형을 순환하면서 면적을 더합니다.
n_rectangles = Sum(delta_x * fx_i, (i, 1, n)).doit()
```

```
# 직사각형의 개수 n을 무한대로 늘려 면적을 계산합니다.
area = limit(n_rectangles, n, oo)

print(area) # 4/3
```

여기서 직사각형의 길이 delta_x와 직사각형의 시작 위치 x_i를 결정합니다. i는 직사각형의
인덱스입니다. fx_i는 인덱스 i에 있는 직사각형의 높이입니다. n개의 직사각형을 선언하고
넓이 delta_x * fx_i를 더합니다. 하지만 아직 직사각형의 개수 n을 결정하지 않아 면적값이
없습니다. 대신 n을 무한대로 접근시키면 면적이 수렴하는 값을 확인할 수 있습니다. 그 결과
4/3가 나옵니다!

1.12 마치며

1장에서는 이 책에서 사용할 몇 가지 기초 수학을 살펴봤습니다. 정수론부터 로그, 미적분을
포함해 데이터 과학, 머신러닝, 데이터 분석과 관련된 중요한 수학적 개념 몇 가지를 소개했습
니다. 이러한 개념이 왜 유용한지 궁금할 수 있습니다. 이에 관해서는 다음에 소개하겠습니다.

2장에서 살펴볼 확률에 대해 논의하기 전에 잠시 시간을 내어 이번 장에서 설명한 개념을 다시
한번 더 훑어본 다음, 별책 부록으로 제공하는 워크북의 연습 문제를 풀어보세요. 책을 읽으면
서 언제든지 1장 내용을 다시 살펴보고, 수학적인 아이디어를 적용할 때 필요에 따라 참고해도
좋습니다.

2장

확률

확률이라고 하면 어떤 이미지가 떠오르나요? 제비뽑기나 주사위 두 개에서 같은 숫자가 나올 확률과 같은 도박과 관련된 예를 떠올릴 수 있습니다. 아니면 주식 실적, 선거 결과 또는 비행기가 제시간에 도착할지 여부를 예측하는 것을 상상할 수도 있고요. 세상은 우리가 측정하고 싶어 하는 불확실성으로 가득 차 있습니다.

어쩌면 우리가 관심을 두어야 할 단어는 바로 '불확실성'일지 모릅니다. 그렇다면 이처럼 불확실한 것을 어떻게 측정할 수 있을까요?

확률은 어떤 사건이 일어날 확실성을 측정하는 이론적 연구 분야입니다. 확률은 통계statistics, 가설 검정hypothesis testing, 머신러닝machine learning과 이 책에서 다루는 다른 주제를 위한 기초가 됩니다. 많은 사람이 확률을 당연한 것으로 여기고, 확률을 잘 이해하고 있다고 생각합니다. 하지만 확률은 생각하는 것보다 훨씬 미묘하고 복잡합니다. 확률의 정리와 개념은 수학적으로 잘 정리되어 있지만, 데이터를 도입하고 통계학으로 들어가면 더욱 복잡합니다. 이에 대해서는 3장 통계와 가설 검정에서 다루겠습니다.

이 장에서는 확률이 무엇인지 알아봅니다. 그런 다음 확률의 수학 개념, 베이즈 정리Bayes' Theorem, 이항 분포binomial distribution, 베타 분포beta distribution에 대해 설명합니다.

2.1 확률 이해하기

확률^{probability}은 어떤 사건^{event}이 일어날 것이라고 믿는 정도를 말하며, 종종 백분율로 확률을 표현합니다. 다음은 확률로 답변해야 할 질문입니다.

- 동전을 10번 던져서 앞면이 7번 나올 확률은 얼마인가요?
- 선거에서 승리할 가능성은 얼마인가요?
- 비행기 스케줄이 지연될 확률은 얼마인가요?
- 제품에 결함이 있다고 얼마나 확신하나요?

확률을 표현하는 가장 일반적인 방법은 백분율입니다. 예를 들어 '제가 타야 할 항공편이 연착될 확률은 70%입니다'와 같습니다. 확률을 $P(X)$라고 하며, 여기서 X는 관심 대상인 사건입니다. 확률로 작업할 때는 주로 0.0에서 1.0 사이의 소수로 값을 표시합니다. 따라서 이 경우에는 확률이 0.70이죠.

가능도^{likelihood}는 확률과 비슷하기에 두 단어를 혼동하기 쉽습니다(많은 사전에서도 이를 혼동하곤 합니다). 일상적인 대화에서 '확률'과 '가능도'를 같은 의미로 사용해도 무방하지만, 차이점을 정확히 알고 있어야 합니다. 확률은 아직 일어나지 않은 사건에 대한 예측을 정량화하는 것이고, 가능도는 이미 발생한 사건의 빈도를 측정하는 것입니다. 통계와 머신러닝에서는 확률(미래)을 예측하기 위해 데이터 형태에 대한 가능도(과거)를 사용합니다.

사건이 발생할 확률은 엄밀히 말해 0%에서 100%, 즉 0.0에서 1.0 사이여야 합니다. 사건이 발생하지 않을 확률은 1.0에서 사건이 발생할 확률을 **빼서** 계산합니다.

$$P(X) = 0.70$$
$$P(\text{not } X) = 1 - 0.70 = 0.30$$

확률과 가능도의 또 다른 차이점은 다음과 같습니다. 한 사건에 대해 가능한 모든 상호 배타적인 결과의 확률(여러 개가 아니라 오직 하나의 결과만 나오는 확률)을 모두 더하면 1.0 또는 100%가 되어야 합니다. 하지만 가능도에는 이 규칙이 적용되지 않습니다.

또는 확률을 7:3, 7/3, $2.\overline{333}$과 같은 오즈^{odds} $O(X)$로 나타낼 수 있습니다. 오즈 $O(X)$를 확률 $P(X)$로 바꾸는 공식은 다음과 같습니다.

$$P(X) = \frac{O(X)}{1 + O(X)}$$

따라서 오즈가 7/3이라면 다음과 같이 확률로 바꿀 수 있습니다.

$$P(X) = \frac{O(X)}{1 + O(X)}$$

$$P(X) = \frac{\frac{7}{3}}{1 + \frac{7}{3}}$$

$$P(X) = 0.7$$

반대로 사건이 발생할 확률을 발생하지 않을 확률로 나누면 확률을 오즈로 바꿀 수 있습니다.

$$O(X) = \frac{P(X)}{1 - P(X)}$$

$$O(X) = \frac{0.70}{1 - 0.70}$$

$$O(X) = \frac{7}{3}$$

오즈의 유용함

많은 사람이 확률을 백분율이나 비율로 표현할 때 더 편하게 느끼지만 오즈도 유용한 도구입니다. 오즈가 2.0이라면 어떤 사건이 일어날 확률이 일어나지 않을 확률보다 두 배 더 높다는 뜻입니다. 오즈를 사용하면 $66.\overline{666}\%$와 같은 백분율보다 더 직관적으로 신념을 설명할 수 있습니다. 이러한 이유로 오즈는 특히 도박이나 베팅에서 주관적인 믿음을 정량화하는 데 유용합니다. 6장에서 다룰 로그 오즈를 사용한 로지스틱 회귀뿐만 아니라 베이즈 요인$^{Bayes\ Factor}$을 포함한 베이즈 통계에서도 오즈는 중요한 역할을 합니다.

2.1.1 확률 대 통계

때때로 사람들은 **확률**^{probability}과 **통계**^{statistics}라는 용어를 혼용해 사용합니다. 두 분야를 혼동하는 것은 이해할 수 있지만 두 분야에는 분명한 차이가 있습니다. 확률은 순전히 어떤 사건이 일어날 가능성에 대한 이론적 개념이며 데이터가 필요하지 않습니다. 반면에 통계학은 데이터 없이는 존재할 수 없으며 데이터를 사용해 확률을 발견하고, 데이터를 설명하는 도구를 제공합니다.

주사위를 굴려 4가 나올 결과를 예측한다고 생각해보세요. 순수한 확률적 사고방식으로 문제에 접근하면 단순히 주사위에는 6개의 면이 있다고 말할 수 있습니다. 각 면의 확률이 똑같다고 가정하면 4가 나올 확률은 1/6, 즉 16.666%입니다.

하지만 열성적인 통계학자는 다음과 말할 것입니다. "아니요! 데이터를 얻으려면 주사위를 굴려야 합니다. 주사위를 30번 이상 굴릴 수 있고 더 많이 굴릴수록 더 좋은 결과를 얻을 수 있다면 그렇게 해야 합니다. 그래야만 4가 나올 확률을 결정하기 위한 데이터를 확보할 수 있습니다." 주사위가 공평하다고 가정하면 이 접근 방식이 어리석은 것처럼 보일 수 있지만, 그렇지 않다면 어떨까요? 이런 경우 데이터를 수집하는 것이 4가 나올 확률을 알아낼 수 있는 유일한 방법입니다. 3장에서 가설 검정에 대해 더 자세히 이야기하겠습니다.

2.2 확률 계산

주변 확률marginal probability이라 부르는 사건 $P(X)$의 단일 확률을 다룰 때의 확률 개념은 앞서 설명한 것처럼 매우 간단합니다. 하지만 서로 다른 사건의 확률을 결합하기 시작하면 직관적으로 이해하기 어렵습니다.

2.2.1 결합 확률

공정한 동전과 6면으로 구성된 공정한 주사위가 있다고 가정해봅시다. 동전 앞면과 주사위 눈이 6이 나올 확률을 구하고 싶습니다. 이는 두 개의 사건에 대한 개별 확률이지만, 두 사건이 함께 발생할 확률을 구하려고 합니다. 이를 **결합 확률**joint probability이라고 합니다.

결합 확률을 AND 연산자라고 생각하세요. 즉, '앞면 AND 6'이 나올 확률을 구하고 싶습니다. 두 사건이 함께 발생하기를 원하는데, 이 확률은 어떻게 계산할까요?

동전은 양면이고, 주사위는 여섯 개의 면이 있으므로 앞면이 나올 확률은 1/2이고 6이 나올 확률은 1/6입니다. 두 사건이 모두 발생할 확률은 단순히 두 개를 곱하면 됩니다(여기서는 두 사건이 독립적이라고 가정하는데, 나중에 자세히 설명하겠습니다).

$$P(A \text{ AND } B) = P(A) \times P(B)$$

$$P(\text{앞면}) = \frac{1}{2}$$

$$P(6) = \frac{1}{6}$$

$$P(\text{앞면 AND } 6) = \frac{1}{2} \times \frac{1}{6} = \frac{1}{12} = 0.08\overline{333}$$

쉽네요. 그런데 왜 이렇게 될까요? 가능한 모든 사건의 조합을 생성함으로써 많은 확률 규칙을 발견할 수 있습니다. 이는 순열과 조합으로 알려진 이산 수학 영역에서 유래되었습니다. 동전의 앞면(H)과 뒷면(T)을 주사위 숫자 1부터 6까지와 짝을 지어 가능한 모든 결과를 생성해보죠. 관심 대상인 앞면과 6이 나오는 결과에 별표(*)로 표시했습니다.

H1 H2 H3 H4 H5 *H6* T1 T2 T3 T4 T5 T6

동전을 던지고 주사위를 굴리면 위와 같이 12가지 결과가 나옵니다. 우리의 관심 대상은 앞면과 6이 나오는 'H6'뿐입니다. 따라서 가능한 결과 12가지 중 조건을 만족하는 결과는 하나뿐이므로 앞면과 6이 함께 나올 확률은 1/12입니다.

가능한 모든 조합을 생성하고 관심 있는 조합을 헤아리는 대신, 곱셈을 사용하면 결합 확률을 빠르게 구할 수 있습니다. 이를 **곱셈 정리**^{product rule}라고 합니다.[1]

$$P(A \text{ AND } B) = P(A) \times P(B)$$

$$P(\text{앞면 AND } 6) = \frac{1}{2} \times \frac{1}{6} = \frac{1}{12} = 0.08\overline{333}$$

2.2.2 합 확률

두 개 이상의 사건이 동시에 발생할 확률인 결합 확률에 대해 설명했습니다. 하지만 사건 A 또는 B가 발생할 확률은 어떨까요? 확률로 OR 연산을 수행할 때 이를 **합 확률**^{union probability}이라고 합니다.

동시에 발생할 수 없는 **상호 배타적**^{mutually exclusive}인 사건부터 시작해보죠. 예를 들어 주사위를 한 번 굴리면 4와 6은 동시에 나올 수 없으며 둘 중 하나만 나옵니다. 이러한 경우의 합 확률은

---

1 옮긴이_ 곱셈 규칙 또는 곱셈 법칙이라고도 부릅니다.

단순히 더하는 방식으로 쉽게 구할 수 있습니다. 주사위를 굴려서 4 또는 6이 나올 확률을 구하면 $\frac{2}{6} = \frac{1}{3}$이 됩니다.

$$P(4) = \frac{1}{6}$$

$$P(6) = \frac{1}{6}$$

$$P(4 \text{ OR } 6) = \frac{1}{6} + \frac{1}{6} = \frac{1}{3}$$

하지만 상호 배타적이지 않아 동시에 발생할 수 있는 사건은 어떻게 될까요? 동전 던지기와 주사위 굴리기의 예로 돌아가보겠습니다. 앞면이 나오거나 6이 나올 확률은 얼마일까요? 두 확률을 더하고 싶은 유혹에 빠지기 전에 가능한 모든 결과를 다시 생성하고 관심 있는 결과를 별표로 강조해보겠습니다.

H1 *H2* *H3* *H4* *H5* *H6* T1 T2 T3 T4 T5 *T6*

여기에서 앞면(H)과 6이 관심 대상입니다. 12가지 중 관심 대상은 7가지이므로 올바른 확률은 $0.58\overline{333}$ 입니다.

하지만 앞면과 6이 나올 확률을 더하면 어떻게 될까요? 다음과 같이 잘못된 다른 값 $0.\overline{666}$ 을 얻습니다.

$$P(\text{앞면}) = \frac{1}{2}$$

$$P(6) = \frac{1}{6}$$

$$P(\text{앞면 OR } 6) = \frac{1}{2} + \frac{1}{6} = \frac{4}{6} = 0.\overline{666}$$

왜 결괏값이 다를까요? 동전 던지기와 주사위의 조합을 다시 한번 살펴보고 수상한 점이 있는지 살펴보세요. 확률을 더할 때, H6과 T6에서 6이 나올 확률을 두 번 계산했습니다! 잘 이해되지 않으면 동전의 앞면 또는 주사위 눈이 1부터 5까지 나올 확률을 계산해보세요.

$$P(\text{앞면}) = \frac{1}{2}$$

$$P(1\text{에서 } 5 \text{ 사이}) = \frac{5}{6}$$

$$P(\text{앞면 OR } 1\text{에서 } 5 \text{ 사이}) = \frac{1}{2} + \frac{5}{6} = \frac{8}{6} = 1.\overline{333}$$

133.333%의 확률을 얻었습니다. 하지만 확률은 100% 또는 1.0보다 크지 않아야 하므로 이는 분명히 잘못된 값입니다. 여기서도 중복해서 결과를 헤아렸기 때문에 문제가 생겼습니다.

잘 생각해보면 합 확률에서 이중 계산을 제거하는 논리적 방법은 결합 확률을 빼는 것임을 알 수 있습니다. 이를 **확률의 덧셈 법칙**sum rule of probability이라고 하며 모든 결합 사건joint event이 한 번 만 계산되도록 합니다.

$$P(A \text{ OR } B) = P(A) + P(B) - P(A \text{ AND } B)$$
$$P(A \text{ OR } B) = P(A) + P(B) - P(A) \times P(B)$$

앞면 또는 6이 나올 확률을 계산하는 예제로 돌아가면 다음처럼 합 확률에서 앞면과 6이 나올 결합 확률을 빼야 합니다.

$$P(\text{앞면}) = \frac{1}{2}$$
$$P(6) = \frac{1}{6}$$
$$P(A \text{ OR } B) = P(A) + P(B) - P(A) \times P(B)$$
$$P(\text{앞면 OR } 6) = \frac{1}{2} + \frac{1}{6} - (\frac{1}{2} \times \frac{1}{6}) = 0.58\overline{333}$$

이 공식은 상호 배타적인 사건에도 적용됩니다. 사건이 상호 배타적이어서 A 또는 B 중 하나 의 결과만 가능하고 둘 다 허용되지 않는 경우, 결합 확률 $P(A \text{ AND } B)$는 0이 되므로 공식에 서 제거됩니다. 그러면 앞서 했던 것처럼 단순히 두 사건을 더하면 됩니다.

요약하면, 상호 배타적이지 않은 두 개 이상의 사건 간에 합 확률을 계산할 때는 확률이 이중으 로 계산되지 않도록 결합 확률을 빼야 합니다.

2.2.3 조건부 확률과 베이즈 정리

확률에서 가장 헷갈리는 개념은 **조건부 확률**conditional probability입니다. 사건 B가 발생했을 때 사건 A가 발생할 확률이죠. 일반적으로 $P(A \text{ GIVEN } B)$ 또는 $P(A \mid B)$와 같이 나타냅니다.

한 연구에서 암 환자의 85%가 커피를 마셨다고 주장한다고 가정합시다. 이 주장을 듣고 어떤 생각이 드나요? 이 결과에 놀라 아침마다 즐겨 마시던 커피를 포기해야 할까요? 먼저 이를 조 건부 확률 $P(\text{커피 GIVEN 암})$ 또는 $P(\text{커피}\mid\text{암})$으로 정의해보죠. 이는 암에 걸린 사람이 커피를 마실 확률을 나타냅니다.

미국 내에서 암 진단을 받은 사람의 비율(cancer.gov에 따르면 0.5%)과 커피를 마시는 사람의 비율(statista.com에 따르면 65%)을 비교해보겠습니다.

$$P(커피) = 0.65$$
$$P(암) = 0.005$$
$$P(커피 \,|\, 암) = 0.85$$

흠... 잠시 이 수치를 살펴보고 커피가 정말 문제인지 생각해보세요. 미국 내 인구의 0.5%만이 암에 걸린다는 사실을 주목하세요. 하지만 미국 내 인구의 65%는 꾸준히 커피를 마십니다. 커피가 암 발생에 기여한다면 암 발생률이 0.5%보다 훨씬 높아야 하지 않을까요? 65%에 더 가까워야 하지 않을까요?

이것이 바로 비율을 나타내는 숫자의 교묘한 점입니다. 이처럼 맥락에 상관없이 중요해 보이도록 착각하게 만들 수 있으며 뉴스 클릭을 유도하기 위해 이를 악용할 수 있습니다. 예를 들어 "'암 환자의 85%가 커피를 마신다'... 새로운 연구 결과 발표'와 같은 제목의 기사를 쓸 수 있습니다. 물론 이것은 일반적인 속성(커피를 마신다는 것)을 흔하지 않은 속성(암에 걸렸다는 것)과 연관시킨 엉터리 기사입니다.

사람들이 조건부 확률을 쉽게 혼동하는 이유는 조건의 방향이 중요한데, 두 조건이 동일하다고 혼동하기 때문입니다. '커피를 마시는 사람이 암에 걸릴 확률'은 '암에 걸린 사람이 커피를 마시는 확률'과는 다릅니다. 간단히 말해서 커피를 마시는 사람 중 암에 걸린 사람은 거의 없지만, 많은 암 환자가 커피를 마십니다.

커피가 암에 연관이 있는지 연구하려면 커피를 마시는 사람이 암에 걸릴 확률, 즉 조건부 확률을 살펴봐야 합니다.

$$P(커피 \,|\, 암) = 0.85$$
$$P(암 \,|\, 커피) = ?$$

이 조건을 어떻게 뒤집을 수 있을까요? **베이즈 정리**[Bayes' Theorem]라는 강력한 공식을 사용하면 조건부 확률을 뒤집을 수 있습니다.

$$P(A \,|\, B) = \frac{P(B \,|\, \mathrm{A})P(A)}{P(B)}$$

현재 가지고 있는 정보를 이 공식에 대입하면 커피를 마시는 사람이 암에 걸릴 확률을 계산할 수 있습니다.

$$P(A \mid B) = \frac{P(B \mid A) \times P(A)}{P(B)}$$

$$P(\text{암} \mid \text{커피}) = \frac{P(\text{커피} \mid \text{암}) \times P(\text{암})}{P(\text{커피})}$$

$$P(\text{암} \mid \text{커피}) = \frac{0.85 \times 0.005}{0.65} = 0.0065$$

[예제 2-1]은 파이썬으로 계산하는 방법입니다.

예제 2-1 파이썬에서 베이즈 정리 사용하기

```
p_coffee_drinker = 0.65
p_cancer = 0.005
p_coffee_drinker_given_cancer = 0.85

p_cancer_given_coffee_drinker = p_coffee_drinker_given_cancer *
    p_cancer / p_coffee_drinker

# 0.006538461538461539
print(p_cancer_given_coffee_drinker)
```

따라서 커피를 마시는 사람이 암에 걸릴 확률은 0.65%에 불과합니다. 이 수치는 암에 걸린 사람이 커피를 마실 확률인 85%와는 매우 다릅니다. 이제 조건의 방향이 중요한 이유를 이해할 수 있겠죠? 베이즈 정리는 이처럼 조건을 뒤집어 계산할 수 있으므로 유용합니다. 또한 새로운 정보를 바탕으로 우리의 믿음을 계속 업데이트하기 위해 여러 조건부 확률을 연결할 때도 베이즈 정리를 사용할 수 있습니다.

'커피를 마시는 사람'을 정의하는 기준은 무엇일까요?

여기서 다른 변수를 고려할 수 있습니다. '커피를 마시는 사람'으로 규정하는 기준을 한번 살펴봅시다. 매일 커피를 마시는 사람과 한 달에 한 번 커피를 마시는 사람이 있다면 두 사람을 똑같이 '커피를 마시는 사람'으로 간주해야 할까요? 20년 동안 커피를 마신 사람과 한 달 전에 커피를 마시기 시작한 사람은 어떨까요? 앞선 암 연구에서 '커피를 마시는 사람'의 기준에 도달하려면 얼마나 자주 그리고 얼마나 오래 커피를 마셔야 할까요?

이는 중요하게 고려해야 할 질문이며 데이터가 전체 스토리의 일부만 이야기하는 원인이기도 합니다. 커피를 마시는지 여부를 '예/아니요'로 간단히 표시한 환자 목록을 받는다면 특정한 임 곗값을 정의해야 합니다. 또는 '지난 3년 동안 커피를 마신 횟수'와 같이 조금 더 가중치가 부여 된 지표가 필요합니다. 예제에서는 '커피를 마시는 사람'의 자격을 정의하지 않고 간단하게 설 명했지만, 실제 현장에서는 항상 데이터에서 실마리를 찾는 것이 좋다는 점에 유의하세요. 이 에 대해서는 3장에서 자세히 설명하겠습니다.

베이즈 정리 이면에 있는 직관을 더 깊이 탐구하고 싶다면 부록 A.4절을 참조하세요. 지금은 조건부 확률을 뒤집는 데 도움이 된다는 것만 알면 됩니다. 조건부 확률이 결합 및 합 연산과 어떻게 상호 작용하는지에 대해서는 이어지는 절에서 살펴보겠습니다.

TIP **나이브 베이즈**

베이즈 정리는 나이브 베이즈Naive Bayes라고 부르는 잘 알려진 머신러닝 알고리즘에서 중요한 역할을 합니 다. 자세한 내용이 궁금하다면 조엘 그루스의 저서 『밑바닥부터 시작하는 데이터 과학』(인사이트, 2020)을 살 펴보세요.[2]

2.2.4 결합 및 합 조건부 확률

결합 확률을 다시 살펴보고 조건부 확률과 어떻게 상호 작용하는지 생각해봅시다. 전체 인구 중 암에 걸렸으면서 커피를 마시는 사람의 확률을 구하고 싶습니다. $P(커피)$와 $P(암)$을 곱해 야 할까요? $P(커피)$ 대신 $P(커피|암)$을 사용해야 할까요?

옵션 1:
$P(커피) \times P(암) = 0.65 \times 0.005 = 0.00325$

옵션 2:
$P(커피|암) \times P(암) = 0.85 \times 0.005 = 0.00425$

암에 걸린 사람에게만 이 확률이 적용된다면 $P(커피)$ 대신에 $P(커피|암)$을 사용하는 게 합리 적이지 않을까요? 이 선택이 더 구체적이며 현재 조건에 부합됩니다. 결합 확률에 이미 $P(암)$ 이 포함되어 있으므로 $P(커피|암)$을 사용해야 합니다. 다음은 어떤 사람이 암에 걸렸으면서

---

2 옮긴이_ 『실무로 통하는 ML 문제 해결 with 파이썬』(한빛미디어, 2024) 18장에서 나이브 베이즈를 자세히 설명합니다.

커피를 마실 확률이 0.425%라는 의미입니다.

$$P(\text{커피 AND 암}) = P(\text{커피}|\text{암}) \times P(\text{암}) = 0.85 \times 0.005 = 0.00425$$

이 결합 확률은 다른 방향으로도 적용됩니다. $P(\text{암}|\text{커피})$와 $P(\text{커피})$를 곱하면 커피를 마시는 사람이 암에 걸릴 확률을 구할 수 있습니다. 결과를 보면 알 수 있듯이 동일한 값을 얻습니다.

$$P(\text{암}|\text{커피}) \times P(\text{커피}) = 0.0065 \times 0.65 = 0.00425$$

조건부 확률이 없다면 다음처럼 $P(\text{커피})$와 $P(\text{암})$을 곱하는 것이 최선입니다.

$$P(\text{커피}) \times P(\text{암}) = 0.65 \times 0.005 = 0.00325$$

만약 사건 B가 사건 A에 영향을 미치지 않는다면 조건부 확률 $P(A|B)$는 무엇을 의미할까요? 이는 $P(A|B) = P(A)$이며 사건 B가 발생해도 사건 A의 발생 가능성에 아무런 차이가 없다는 의미입니다. 따라서 두 사건이 종속적인지 여부에 관계없이 결합 확률 공식을 다음과 같이 바꿀 수 있습니다.[3]

$$P(A \ AND \ B) = P(A \mid B) \times P(B)$$

마지막으로 합 확률과 조건부 확률에 대해 이야기하겠습니다. 사건 A 또는 B가 발생할 확률을 계산하고 싶지만, A가 B의 확률에 영향을 미칠 수 있는 경우 덧셈 법칙을 다음과 같이 수정합니다.

$$P(A \ OR \ B) = P(A) + P(B) - P(A|B) \times P(B)$$

이는 상호 배타적인 사건에도 적용됩니다. 사건 A와 B가 동시에 발생할 수 없는 경우 $P(A|B) \times P(B)$는 0이 됩니다.

2.3 이항 분포

2.3절과 2.4절에서는 **이항 분포**^{binomial distribution}와 **베타 분포**^{beta distribution}라는 두 가지 확률 분포를 설명합니다. 이 책의 다른 부분에서 이 분포를 사용하지 않지만, 이 분포는 그 자체로도 유용하

----

3   옮긴이_ 따라서 $P(\text{커피} \mid \text{암}) \times P(\text{암})$의 값이 $P(\text{커피}) \times P(\text{암} \mid \text{커피})$와 같습니다.

며 여러 번의 시도가 주어졌을 때 사건이 어떻게 발생하는지 이해하는 데 기초가 됩니다. 또한 3장에서 많이 사용할 확률 분포를 이해하는 데에도 유용합니다. 그럼 이제 실제로 발생할 수 있는 사례를 살펴보겠습니다.

여러분은 새로운 제트 엔진을 개발 중이고 10번의 테스트를 실행했다고 가정합시다. 그 결과 다음과 같이 8번의 성공과 2번의 실패가 있었습니다.

✓ ✓ ✓ ✓ ✗ ✓ ✗ ✓ ✓

90%의 성공률을 기대했지만 이 데이터를 보면 성공률이 80%이므로 실패입니다. 각 테스트는 시간과 비용이 많이 들기 때문에 설계를 다시 하기로 결정합니다.

하지만 엔지니어 중 한 명이 "더 많은 테스트를 실행해야 확신을 얻을 수 있습니다"라고 말하며 "테스트를 더 많이 해야 한다"고 주장합니다. "테스트를 더 많이 하면 90% 이상의 성공률이 나올 수 있지 않을까요? 동전을 10번 던졌는데 앞면이 8개 나왔다고 해서 동전 던지기의 확률이 80%인 것은 아니니까요."

엔지니어의 주장을 잠시 생각해보니 일리가 있습니다. 공정한 동전 던지기라고 해도 결과가 항상 반반으로 나오는 것은 아닙니다. 특히 10번만 던지는 경우에는 더욱 그렇습니다. 앞면이 5번 나올 가능성이 가장 높지만 3번, 4번, 6번 또는 7번이 나올 수도 있습니다. 극히 드문 경우이긴 하지만 10번 모두 앞면이 나올 수도 있습니다. 그렇다면 기본 확률^{underlying probability}이 90%라고 가정할 때 80% 성공에 대한 가능도는 어떻게 결정할까요?

이와 관련된 도구 중 하나가 **이항 분포**입니다. 이항 분포는 확률이 p일 때 n번의 시도 중 k번이 성공할 가능성을 측정합니다.

그림으로 나타내면 이항 분포는 [그림 2-1]과 같습니다.

이 그림은 10번의 시도 중 k번의 성공 확률을 막대그래프로 보여줍니다. 이 이항 분포는 확률 p가 90%라고 가정합니다. 이는 성공할 가능성이 0.90(또는 90%)이라는 것을 의미합니다. 이 그래프가 맞다면 10번의 시도 중 8번 성공할 확률은 0.1937입니다. 10번의 시도 중 1번 성공할 확률은 0.000000008999로 매우 낮아 그래프에서 막대가 보이지 않습니다.

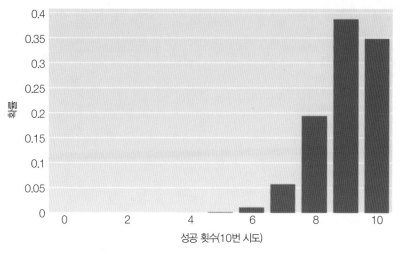

그림 2-1 이항 분포

또는 8회 이하의 성공에 해당하는 막대 크기를 더하는 방식으로 8회 이하의 성공 확률을 계산할 수도 있습니다. 이렇게 하면 8회 이하의 성공 확률은 0.2639입니다.

그렇다면 이항 분포는 어떻게 구현할까요? (부록 A.2절에서 설명하는 것처럼) 비교적 쉽게 밑바닥부터 구현할 수도 있고 사이파이와 같은 라이브러리를 사용할 수도 있습니다. [예제 2-2]는 사이파이의 `binom.pmf()` 함수를 사용해 0에서 10까지의 이항 분포에 대한 11가지 이항 분포 확률을 모두 출력합니다(여기서 pmf는 probability mass function(확률 질량 함수)[4]의 약자입니다).

예제 2-2 사이파이를 사용해 이항 분포 계산하기

```
from scipy.stats import binom

n = 10
p = 0.9

for k in range(n + 1):
    probability = binom.pmf(k, n, p)
    print("{0} - {1}".format(k, probability))
```

---

4   옮긴이_ 확률 질량 함수는 이항 분포를 따르는 확률 변수의 확률을 계산하는 함수입니다. 연속 확률 변수의 분포를 나타내는 함수는 확률 밀도 함수이며 102페이지에서 소개합니다.

```
# 출력:

# 0 - 9.99999999999996e-11
# 1 - 8.999999999999996e-09
# 2 - 3.644999999999996e-07
# 3 - 8.748000000000003e-06
# 4 - 0.0001377809999999999
# 5 - 0.0014880347999999988
# 6 - 0.011160260999999996
# 7 - 0.05739562800000001
# 8 - 0.19371024449999993
# 9 - 0.38742048900000037
# 10 - 0.34867844010000004
```

여기서 n은 시도 횟수, p는 각 시도의 성공 확률, k는 확률을 알고 싶은 성공 횟수입니다. 시도 횟수와 각 시도의 성공 확률을 사용해 각각의 성공 횟수를 반복합니다. 출력에서 확인할 수 있듯이 가장 가능성이 높은 성공 횟수는 9회입니다.

하지만 8회 이하의 성공 확률을 더하면 0.2639가 됩니다. 즉, 기본 성공률이 90%인 경우에도 8회 이하로 성공할 확률이 26.39%라는 뜻입니다. 따라서 엔지니어의 말이 맞을 수도 있습니다. 26.39%의 확률은 아무것도 아닌 것이 아니며 확실히 일어날 수 있는 일입니다.

하지만 여기서는 모델에 하나의 가정을 했습니다. 다음 절에서 이 가정에 대해 논의해봅시다.

> ✏️ **NOTE** **밑바닥부터 이항 분포 만들기**
> 사이파이를 사용하지 않고 이항 분포를 처음부터 만드는 방법은 부록 A.2절을 참조하세요.

2.4 베타 분포

이항 분포를 사용한 엔진 테스트 모델에서 무엇을 가정했을까요? 특정한 파라미터를 참이라고 가정하고 이를 중심으로 전체 모델을 구축했나요? 곰곰이 생각하면서 읽어보세요.

이항 분포에서 문제가 될 수 있는 것은 기본 성공률을 90%로 가정했다는 점입니다. 그렇다고 이 모델이 쓸모없다는 말은 아닙니다. 기본 성공률이 90%라면 10번의 시도에서 8번 이하로 성공할 확률이 26.39%라는 것을 보여드렸을 뿐입니다. 따라서 기본 성공률이 90%일 수 있다는 엔지니어 말이 틀린 것은 아닙니다.

하지만 질문을 뒤집어 생각해봅시다. 90%가 아닌 다른 기본 성공률로 8/10의 성공을 거둔다면 어떨까요? 기본 성공률이 80%인 경우 8/10의 성공을 달성할 수 있을까요? 70%나 30%는 어떨까요? 8/10의 성공을 고정하고 가능한 기본 확률의 확률을 탐색할 수 있을까요?

이 질문에 답하기 위해 무수히 많은 이항 분포를 만드는 대신, 사용할 수 있는 도구가 하나 있습니다. 바로 **베타 분포**입니다. 베타 분포는 **알파**alpha 번의 성공과 **베타**beta 번의 실패가 주어졌을 때 사건이 발생할 수 있는 다양한 기본 확률의 가능성을 보여줍니다.

8번의 성공과 2번의 실패를 고려한 베타 분포는 [그림 2-2]와 같습니다.

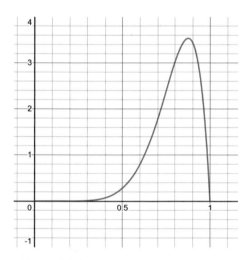

그림 2-2 베타 분포

> **TIP** **데스모스의 베타 분포**
> 인터랙티브한 베타 분포를 보고 싶다면 데스모스에서 제공하는 그래프(*https://oreil.ly/pN4Ep*)를 참고하세요.

x축은 0.0에서 1.0까지(0%에서 100%까지)의 모든 기본 성공률을 나타내고, y축은 8번의 성공과 2번의 실패가 주어졌을 때 해당 확률의 가능도를 나타냅니다. 즉, 베타 분포를 통해 8/10의 성공이 주어졌을 때 기본 확률의 확률을 확인할 수 있습니다. 메타 확률이라고 생각하고 천천히 이 개념을 이해해보세요.

또한 베타 분포는 연속 함수이므로 이항 분포의 깔끔하고 불연속적인 정수와 달리 연속적인 실수 곡선을 형성합니다. y축의 밀돗값은 확률이 아니므로 베타 분포는 수학적으로 조금 더 어렵습니다. 하지만 이 책에서는 곡선 아래의 면적을 사용해 확률을 계산합니다.

베타 분포는 **확률 분포**의 일종으로, 전체 곡선 아래의 면적이 1.0 또는 100%입니다. 따라서 확률을 구하려면 특정한 범위 내의 면적을 계산해야 합니다. 예를 들어 90% 이상의 기본 성공률에서 8/10의 성공이 나올 확률을 평가하기 위해 [그림 2-3]에 음영 처리된 부분에 해당하는 0.9와 1.0 사이의 면적을 구하면 결과는 0.225가 됩니다.

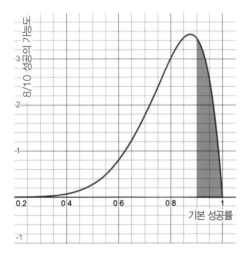

그림 2-3 90%와 100% 사이의 면적은 22.5%입니다.

이항 분포에서와 마찬가지로 사이파이를 사용해 베타 분포를 구현할 수 있습니다. 모든 연속 확률 분포에는 주어진 x 값까지의 면적을 계산하는 **누적 분포 함수**^{cumulative distribution function} (CDF)가 있습니다. [그림 2-4]에 음영 처리된 것처럼 최대 90%(0.0에서 0.90)까지의 면적을 계산하고 싶다고 가정해봅시다.

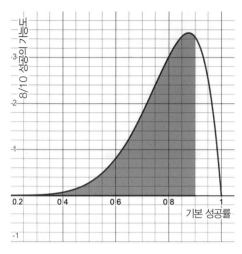

그림 2-4 90%까지(0.0에서 0.9까지)의 면적 계산하기

사이파이에서 `beta.cdf()` 함수를 사용하는 방법은 쉽습니다. [예제 2-3]처럼 x축의 값, 성공 횟수 a, 실패 횟수 b를 입력하면 됩니다.

예제 2-3 사이파이를 사용한 베타 분포

```
from scipy.stats import beta

a = 8
b = 2

p = beta.cdf(0.90, a, b)

# 0.7748409780000002
print(p)
```

위 계산에 따르면 기본 성공 확률이 90% 이하일 가능성이 77.48%입니다.

그렇다면 [그림 2-5]처럼 90% 이상일 확률은 어떻게 계산할까요?

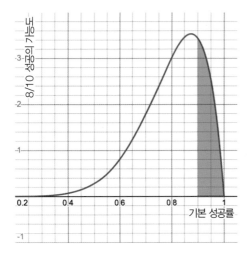

그림 2-5 성공률이 90% 이상일 확률

CDF는 경계의 왼쪽만 계산합니다. 확률 규칙을 생각하면 확률 분포에서 곡선 아래 총면적은 1.0입니다. 한 사건의 반대 확률, 즉 0.9 이하가 아니라 0.9 이상을 계산하고 싶다면 1.0에서 0.9 이하의 확률을 빼면 됩니다. 그 결과, 남은 값은 0.9 이상일 확률입니다. 이 계산을 그래프로 나타내면 [그림 2-6]과 같습니다.

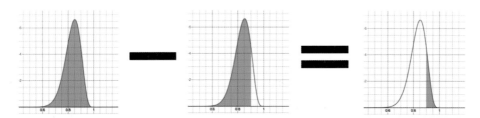

그림 2-6 90% 이상일 성공 확률 계산하기

[예제 2-4]는 파이썬에서 이를 계산하는 과정입니다.

예제 2-4 베타 분포에서 오른쪽 면적 구하기

```
from scipy.stats import beta

a = 8
b = 2
```

```
p = 1.0 - beta.cdf(0.90, a, b)

# 0.22515902199999982
print(p)
```

즉, 엔진 테스트에서 성공이 8/10일 때 기본 성공률이 90% 이상일 확률은 22.5%에 불과합니다. 하지만 90% 미만일 확률은 약 77.5%입니다. 여기서 테스트가 성공할 확률은 유리하지 않지만, 운이 좋으면 더 많은 테스트를 통해 22.5%의 가능성에 도박을 걸 수 있습니다. CFO (최고 재무 관리자)가 추가로 진행하는 26번의 테스트에 대한 자금을 승인해, 최종적으로 30번의 테스트가 성공하고 6번의 테스트가 실패하는 경우의 베타 분포는 [그림 2-7]과 같습니다.

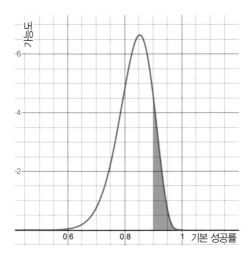

그림 2-7 30번의 성공과 6번의 실패에 대한 베타 분포

분포가 더 좁아져 기본 성공률의 범위가 더 작아졌네요. 안타깝게도 [예제 2-5]의 결과처럼 90%의 성공률을 만족시킬 확률이 22.5%에서 13.16%로 감소했습니다.

예제 2-5 더 많은 시도를 사용한 베타 분포

```
from scipy.stats import beta

a = 30
b = 6
```

```
p = 1.0 - beta.cdf(0.90, a, b)

# 0.13163577484183697
print(p)
```

이 시점에서 13.16%의 확률에 계속 도박을 걸면서 그래프 정점이 오른쪽으로 이동하기를 바라지 않는다면 테스트를 중단하는 것이 좋습니다.

마지막으로, 그래프의 중간 영역은 어떻게 계산할 수 있을까요? [그림 2-8]에 표시된 것처럼 기본 성공률이 80%에서 90% 사이일 확률을 찾으려면 어떻게 해야 할까요?

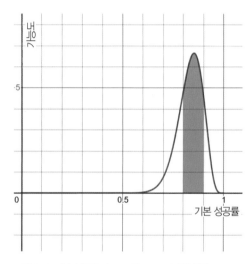

그림 2-8 기본 성공률이 80%와 90% 사이일 확률

이 문제에 어떻게 접근해야 할까요? [그림 2-9]처럼 0.90까지의 면적에서 0.80까지의 면적을 빼면 어떨까요?

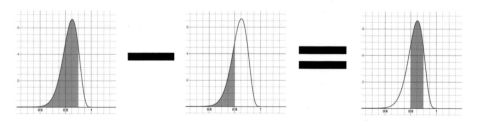

그림 2-9 0.80과 0.90 사이의 면적 계산하기

이렇게 하면 0.80에서 0.90 사이의 영역이 나올까요? 네, 맞습니다. 이 면적은 0.3386 또는 33.86%의 확률입니다. 파이썬에서 이를 계산하는 방법은 [예제 2-6]과 같습니다.

예제 2-6 사이파이를 사용한 베타 분포 중간 영역

```python
from scipy.stats import beta

a = 8
b = 2

p = beta.cdf(0.90, a, b) - beta.cdf(0.80, a, b)

# 0.33863336199999994
print(p)
```

베타 분포는 제한된 표본 집합을 기반으로 사건이 발생할 확률과 발생하지 않을 확률을 측정하는 흥미로운 도구입니다. 이를 통해 확률의 확률을 추론하고, 새로운 데이터를 바탕으로 이를 업데이트할 수 있습니다. 가설 검정에도 사용할 수 있지만 3장에서는 정규 분포와 t 분포에 더 초점을 맞춥니다.

> ✏️ NOTE **밑바닥에서 베타 분포 만들기**
>
> 베타 분포를 밑바닥에서부터 구현하는 방법을 알아보려면 부록 A.3절을 참조하세요.

2.5 마치며

이 장에서는 많은 내용을 다루었습니다. 확률의 기초, 논리 연산자, 베이즈 정리에 대해 논의했을 뿐만 아니라 이항 분포와 베타 분포를 포함한 확률 분포에 대해서도 소개했습니다. 다음 장에서는 더 유명한 분포 중 하나인 정규 분포와 이 분포가 가설 검정과 어떻게 관련되는지 살펴봅니다.

베이즈 확률과 통계에 대해 더 자세히 알고 싶다면 윌 커트의 저서 『흥미로운 베이지안 통계』(에이콘출판사, 2020)를 추천합니다.

3장

기술 통계와 추론 통계

통계학은 데이터를 수집하고 분석해 유용한 결과를 발견하거나 그러한 결과가 발생하는 원인을 예측하는 분야입니다. 통계에서는 데이터를 사용해 사건이 발생할 가능성을 추정하기 때문에 확률이 큰 역할을 하는 경우가 많습니다.

항상 인정받는 것은 아니지만, 통계학은 많은 데이터 기반 혁신의 핵심입니다. 머신러닝은 그 자체로 통계적 도구이며 데이터 속 여러 변수 간의 관계를 연관짓는 가설을 찾습니다. 하지만 통계에는 맹점이 많습니다. 전문 통계학자일지라도요. 우리는 데이터가 말하는 것에 사로잡혀 데이터의 출처가 어디인지 묻는 것을 잊어버리기 쉽습니다. 빅 데이터^{big data}, 데이터 마이닝^{data mining}, 머신러닝^{machine learning}이 통계 알고리즘을 점점 더 자동화함에 따라 이러한 문제는 더욱 중요해졌습니다. 따라서 이러한 자동화 부분을 블랙박스로 취급하지 않기 위해서는 통계와 가설 검정에 대한 탄탄한 기초를 갖추는 것이 중요합니다.

3장에서는 통계와 가설 검정의 기초를 다룹니다. 기술 통계^{descriptive statistics}부터 시작해 데이터를 요약하는 일반적인 방법을 배웁니다. 그다음에는 표본^{sample}을 기반으로 모집단^{population}의 속성을 알아내는 추론 통계^{inferential statistics}를 알아봅니다.

3.1 데이터란 무엇인가요?

우리 모두가 사용하고 당연하게 여기는 **데이터**^{data}를 정의하는 것이 이상하게 느껴질 수도 있습니다. 하지만 꼭 한번 생각해봐야 할 부분입니다. 누군가에게 데이터가 무엇인지 묻는다면 "데이터는... 알다시피 정보잖아요!"라고 대답하고 그 이상은 생각하지 않을 가능성이 높습니다. 이제는 데이터가 모든 것의 전부이자 끝인 것처럼 홍보되는 것 같습니다. 데이터가 진실일 뿐만 아니라 지능의 원천인 것처럼 말이죠! 데이터는 인공지능의 연료이므로 데이터가 많을수록 더 많은 진실을 알 수 있다고 여겨집니다. 그렇기에 데이터는 결코 충분할 수 없습니다. 데이터는 비즈니스 전략을 재정의하고, 인공 일반 지능^{artificial general intelligence}(AGI)을 만드는 데 필요한 비밀을 푸는 실마리입니다. 하지만 여기서는 실용적인 관점에서 데이터가 무엇인지 논의해봅니다. 데이터 그 자체는 중요하지 않습니다. 이 모든 혁신과 솔루션의 원동력은 데이터 분석과 데이터를 생성하는 방법에 달렸습니다.

한 가족의 사진 한 장이 제공되었다고 가정해봅시다. 이 사진 한 장으로 이 가족의 이야기를 파악할 수 있을까요? 사진이 20장이 있다면 어떨까요? 200장 또는 2,000장의 사진이 있다면요? 가족의 이야기를 알기 위해 얼마나 많은 사진이 필요할까요? 집이나 직장 등 다양한 환경에서 찍은 사진이 필요한가요? 또는 혼자, 누군가와 함께 찍은 사진은 어떨까요?

데이터는 사진과 마찬가지로 어떤 이야기의 스냅숏^{snapshot}을 제공합니다. 이것만으로 연속적인 현실과 맥락을 완전히 파악할 수 없으며 이야기를 이끌어가는 무수히 많은 변수도 파악할 수 없습니다. 앞으로 설명하겠지만 데이터는 편향될 수 있습니다. 격차가 있거나 관련 변수가 누락될 수도 있습니다. 이상적으로는 무한한 양의 데이터가 무한한 수의 변수를 포착하고, 가상 세계에 현실을 매우 상세하게 재현해 대체 현실을 만들 수 있으면 좋겠습니다. 하지만 현재로서는 불가능한 일입니다. 전 세계 최고의 슈퍼컴퓨터를 모두 합쳐도 데이터로 온 세상을 담아낼 수는 없습니다.

따라서 실현 가능한 목표를 위해 범위를 좁혀야 합니다. 골프를 치는 아버지의 사진 몇 장만 보면 아버지의 골프 실력을 쉽게 알 수 있습니다. 하지만 사진만으로 아버지의 인생 전체를 해석할 수는 없습니다. 스냅숏에 담을 수 없는 것이 너무 많기 때문이죠. 데이터 기반 프로젝트에서 이러한 실용적인 고민을 고려해야 합니다. 왜냐하면 데이터는 카메라처럼 그 당시 대상을 포착하는 특정 시간의 스냅숏에 불과하기 때문입니다. 관련성 있고 완전한 데이터를 수집하는 데 초점을 맞추기 위해서는 목표에 집중해야 합니다. 목표를 광범위하고 개방적으로 설정하면 가짜 결과와 불완전한 데이터셋으로 인해 문제가 발생할 수 있습니다. 대규모 데이터에서 가치 있는 정보를 추출하는 과정을 일컫는 **데이터 마이닝**data mining을 적용해야 할 적합한 시기와 장소가 있지만, 신중하게 수행해야 합니다. 이 장의 마지막 부분에서 이에 대해 다시 살펴보겠습니다.

목표가 좁게 정의되어 있어도 데이터에 문제가 발생할 수 있습니다. 몇 장의 사진으로 아버지의 골프 실력을 판단하는 문제로 돌아가보겠습니다. 아마도 스윙하는 모습의 사진이 있다면 아버지의 자세가 좋은지 알 수 있을 것입니다. 또는 홀에서 환호하고 주먹을 불끈 쥐는 사진이 있다면 좋은 점수를 얻었을 거라 유추할 수 있습니다. 스코어카드scorecard를 찍은 사진이 있을 수도 있습니다! 하지만 이러한 모든 경우는 조작되거나 맥락에서 벗어난 것일 수 있다는 점에 유의해야 합니다. 다른 사람을 응원하고 있었을 수도 있고 스코어카드가 자신의 것이 아니거나 위조되었을 수도 있습니다. 이런 사진처럼 데이터는 맥락이나 설명을 전달하지 못합니다. 데이터는 진실이 아니라 단서를 제공하기 때문에 이는 매우 중요한 점입니다. 이러한 단서를 통해 진실을 발견할 수도 있고 잘못된 결론에 도달할 수도 있습니다.

그렇기 때문에 데이터의 출처를 궁금해하는 것은 매우 중요한 기술입니다. 데이터가 어떻게 생성되었는지, 누가 생성했는지, 데이터가 포착하지 못하는 것은 무엇인지에 대해 질문하세요. 데이터가 말하는 것에 사로잡혀 데이터의 출처를 묻는 것을 잊어버리기가 너무 쉽습니다. 더 심각한 문제는 데이터를 머신러닝 알고리즘에 밀어 넣으면 컴퓨터가 알아서 처리해줄 것이라고 기대하는 분위기가 만연하다는 것입니다. 하지만 'Garbage in, garbage out(쓰레기가 들어가면 쓰레기가 나온다)'이라는 말이 있습니다. 벤처비트VentureBeat의 기사에[1] 따르면 머신러닝 프로젝트의 13%만이 성공하는 것은 놀라운 일이 아닙니다. 성공적인 머신러닝 프로젝트는 데이터가 생성된 곳의 출처뿐만 아니라 생각과 분석도 데이터에 넣습니다.

지상 진실

보편적으로 말하면 가족사진의 예는 **지상 진실**ground truth[2]의 문제입니다.

인공지능 시스템 안전에 대한 강의를 진행하던 중 자율 주행 자동차를 더 안전하게 만드는 방법에 대한 질문을 받은 적이 있습니다. "자율 주행 자동차가 카메라 센서에서 보행자를 인식하지 못할 때, 이를 알아차리고 멈출 수 있는 방법은 없나요?"라는 질문이었죠. 시스템에는

---

1   *https://oreil.ly/8hFr0*

2   옮긴이_ 모델이 예측해주기를 원하는 답을 의미합니다. 영문 그대로 음차해서 '그라운드 트루스'라 표현하기도 합니다.

지상 진실에 대한 프레임워크나 검증되고 완전한 지식이 없기 때문에 "아니요"라고 대답했습니다. 자동차가 보행자를 인식하지 못하는 경우 보행자를 인식하지 못하는 것을 어떻게 인식해야 하나요? 사람이 이를 인지하고 개입하지 않는다면, 자동차가 의지할 수 있는 지상 진실이 없습니다.

이게 바로 자율 주행 자동차와 택시 서비스의 현주소입니다. 레이더와 같은 일부 센서는 '차량 앞에 무언가가 있는가?'와 같은 좁은 질문에 대해 어느 정도 신뢰할 수 있는 지상 진실을 제공합니다. 하지만 (통제되지 않은 환경에서) 카메라와 라이다^{LIDAR} 센서를 기반으로 물체를 인식하는 것은 천문학적인 수의 픽셀 조합으로 인해 훨씬 더 복잡한 인식 문제입니다. 따라서 지상 진실은 존재하지 않습니다.

여러분도 다음 질문을 유념해야 합니다. 데이터가 검증 가능하고 완전한 지상 진실을 나타내고 있나요? 센서와 출처가 신뢰할 수 있고 정확한가요? 아니면 지상 진실을 알 수 없나요?

3.2 기술 통계와 추론 통계

'통계'라는 단어를 들으면 무엇이 떠오르나요? 평균^{mean}, 중앙값^{median}, 모드^{mode}, 차트, 종 곡선 $_{bell curve}$을 계산하거나 데이터를 설명하기 위한 다른 도구가 생각나나요? 이들은 통계에서 가장 널리 알려진 영역으로 **기술 통계**라 부르며 데이터를 요약하는 데 사용됩니다. 수백만 개의 데이터 레코드를 훑는 것이 더 의미 있을까요, 아니면 데이터를 요약하는 것이 더 의미 있을까요? 이 통계 영역을 먼저 살펴보겠습니다.

추론 통계는 표본을 기반으로 더 큰 모집단에 대한 속성을 발견하는 것입니다. 추론 통계는 기술 통계에 비해 직관적이지 않다는 오해를 받는 경우가 많습니다. 관측하기에 너무 큰 집단(**예** 북미 청소년의 평균 키)을 연구하고 싶을 때 해당 집단의 일부 구성원을 통해 결론을 유추해야 하는 경우가 많습니다. 여러분도 짐작하겠지만 올바른 결과를 얻기가 쉽지 않습니다. 무엇보다도 대표성이 없는 표본으로 모집단을 대표하려 하기 때문이죠. 이러한 문제점에 대해서도 살펴보겠습니다.

3.3 모집단, 표본, 편향

기술 통계와 추론 통계를 자세히 알아보기 전에 몇 가지 개념을 정의하고, 실제 사례와 연관 지어 설명하겠습니다.

모집단은 '북미 지역의 65세 이상 모든 노인', '스코틀랜드의 모든 골든 리트리버' 또는 '현재 로스앨토스Los Altos 고등학교[3]의 2학년생'과 같이 연구하고자 하는 특정 관심 그룹을 말합니다. 모집단 정의에는 경계가 있습니다. 이러한 경계 중 일부는 광범위하며 넓은 지역이나 특정 연령대에 있는 대규모 그룹을 담습니다. 어떤 경계는 로스앨토스 고등학교의 2학년 학생들처럼 매우 구체적이고 소규모입니다. 모집단을 정의하는 방법은 연구하려는 대상에 따라 달라집니다.

표본은 모집단의 하위 집합으로 이상적으로는 무작위하고 편향되지 않은 집합입니다. 표본을 사용해 모집단에 대한 속성을 추론합니다. 항상 모집단 전체를 조사할 수는 없으므로 표본을 연구해야 하는 경우가 많습니다. 물론 모집단의 규모가 작고 수집하기 쉬운 경우에는 모집단을 사용하는 게 더 간단합니다. 하지만 북미의 65세 이상 노인을 모두 조사하는 경우에는 어떨까요? 현실적으로 불가능할 것 같네요.

> **! CAUTION** **모집단은 추상적일 수 있습니다!**
>
> 모집단은 물리적으로 실체가 없는 이론적 개념일 수 있습니다. 이러한 경우 모집단은 추상적인 어떤 대상의 표본과 같습니다. 예를 들어 오후 2시부터 오후 3시 사이에 출발하는 항공편에 관심이 있습니다. 하지만 해당 시간대의 비행기가 얼마나 연착되는지 신뢰할 만한 예측을 만들기 위해 사용할 수 있는 항공편이 부족합니다. 따라서 이 모집단을 오후 2시부터 오후 3시 사이에 이륙하는 이론적으로 가능한 모든 항공편으로 구성된 기본 모집단에서 추출한 표본으로 취급할 수 있습니다.
>
> 이러한 문제 때문에 많은 연구자가 데이터를 생성하기 위해 시뮬레이션에 의존합니다. 시뮬레이션은 유용할 수 있지만 정확도가 높은 경우는 드뭅니다. 시뮬레이션은 제한된 변수만을 포착하고 가정을 포함하기 때문입니다.

표본을 기반으로 모집단에 대한 속성을 추론하려면 결론이 왜곡되지 않도록 가능한 한 무작위하게 표본을 추출해야 합니다. 예를 들어봅시다. 필자가 애리조나 주립대학교Arizona State University에 재학 중인 대학생이라고 가정해보겠습니다. 미국에서 대학생들이 일주일에 TV를 얼마나 시청하는지 평균적인 시간을 알고 싶습니다. 곧바로 기숙사 밖에 나가서 지나가는 학생을 대상으

---

3   옮긴이_ 캘리포니아주 로스앨토스에 있는 공립 고등학교입니다.

로 무작위로 설문 조사를 진행해 몇 시간 안에 데이터 수집을 완료했습니다. 이 진행 방식에 어떤 문제가 있을까요?

이 학생 표본이 편향되었다는 것이 문제입니다. 즉, 특정 그룹을 과도하게 수집해 왜곡된 연구 결과를 얻었습니다. 이 연구에서는 모집단을 '애리조나 주립대학교 대학생'이 아닌 '미국 내 대학생'으로 정의했습니다. 미국 전체의 모든 대학생을 대표하기 위해 특정 대학교의 학생들만을 대상으로 설문 조사를 실시했습니다. 이게 진짜 공정한 건가요?

전국의 모든 대학이 동일한 학생 특성을 가지고 있지는 않습니다. 애리조나 주립대학교 학생들이 다른 대학교의 학생들보다 TV를 훨씬 더 많이 시청한다면 어떨까요? 이 학생들이 전국을 대표한다면 결과가 왜곡되지 않을까요? 애리조나주에 있는 템피Tempe라는 도시는 너무 더워서 밖에 나가기 힘들기 때문에 그럴 수 있습니다. TV 시청은 시간을 때우기 좋죠(필자는 피닉스Phoenix에서 수년 동안 살았기 때문에 잘 알고 있습니다[4]). 온화한 기후에 있는 다른 대학생들은 야외 활동을 더 많이 하고 TV를 덜 시청할 수 있습니다.

이는 한 대학교의 학생 표본만으로 미국 전역의 대학생을 대표하는 것이 왜 나쁜 생각인지 보여주는 한 가지 예일 뿐입니다. 이상적으로는 미국 전역의 여러 대학교에 재학 중인 대학생을 무작위로 선정해 설문 조사해야 합니다. 그래야 더 대표성이 높은 표본을 확보할 수 있습니다.

하지만 편향이 항상 지리적 요인에만 있는 것은 아닙니다. 미국 전역의 학생들을 대상으로 설문 조사를 진행하기 위해 열심히 노력한다고 가정해봅시다. 이를테면 X(구 트위터)와 페이스북에서 여러 대학교가 설문 조사를 공유할 수 있도록 소셜 미디어 캠페인을 시작할 수 있습니다. 여러 학생들이 캠페인을 보고 설문에 참여할 것입니다. 미국 전역의 학생들의 TV 시청 습관에 대한 수백 건의 응답을 받으면 편향 문제를 정복했다고 생각할 겁니다. 앗, 아닌가요?

진행하고 있는 설문 조사를 발견할 정도로 소셜 미디어를 많이 사용하는 학생이 TV를 더 많이 시청할 가능성이 높다면 어떨까요? 소셜 미디어를 많이 사용하는 학생이라면 오락용 TV 시청 시간에 신경 쓰지 않을 것입니다. 아마 핸드폰이나 태블릿의 다른 탭에서 넷플릭스Netflix와 훌루Hulu를 볼 준비가 되어 있을 것입니다! 특정 그룹이 표본에 스스로를 포함시킬 가능성이 높은 이러한 유형의 편향을 **자기 선택 편향**self-selection bias이라고 합니다.

---

4 옮긴이_ 피닉스는 애리조나주의 주도입니다. 애리조나 주립대학교의 가장 큰 캠퍼스가 있는 템피가 피닉스 바로 옆에 있습니다. 사막 기후로 유명하며 여름 한낮의 평균 온도가 40도가 넘습니다.

맙소사... 편향을 극복할 수 없는 걸까요? 곰곰이 생각해보면 데이터 편향은 피할 수 없는 것처럼 느껴집니다. 그리고 실제로 그런 경우가 많습니다. 수많은 **교란 변수**^{confounding variable} 또는 미처 고려하지 않은 요인들이 연구에 영향을 미칠 수 있습니다. 이러한 데이터 편향 문제는 비용이 많이 들고 극복하기 어려우며, 머신러닝은 특히 데이터 편향에 취약합니다.

이 문제를 극복하는 방법은 전체 모집단에서 학생을 완전히 무작위로 선택하는 것이며 학생이 자발적으로 표본에 포함되거나 제외될 수는 없습니다. 이는 편향을 줄이는 가장 효과적인 방법이지만, 예상할 수 있듯이 이를 위해서는 조직화가 잘된 자원이 많이 필요합니다.

여러 종류의 편향 소개

사람은 이상하게도 편견을 가지곤 합니다. 사람은 패턴이 존재하지 않더라도 패턴을 찾기 마련이죠. 패턴을 찾으면 사냥, 채집, 농사를 더 생산적으로 할 수 있기 때문에 초기 인류에게 생존을 위한 필수 요소였을 수도 있습니다.

편향에는 여러 종류가 있지만 모두 결과를 왜곡하는 것은 동일합니다. **확증 편향**^{confirmation bias}은 자신의 신념을 뒷받침하는 데이터만 수집하는 것이며 자신도 모르게 행할 수 있습니다. 예를 들어 정치적으로 동의하는 소셜 미디어 계정만 팔로우해 이의를 제기하기보다는 자신의 신념을 강화하는 것이 이에 해당합니다.

앞서 특정 유형의 피험자가 실험에 자신을 포함시킬 가능성이 더 높은 **자기 선택 편향**에 대해 소개했습니다. 비행기에 탑승한 고객을 대상으로 다른 항공사보다 이번 비행의 항공사를 더 좋아하는지 설문 조사를 시행하고, 이를 통해 모든 항공사의 고객 만족도 순위를 매기는 것은 어리석은 일입니다. 왜 그럴까요? 이러한 고객 중 상당수는 재이용 고객일 가능성이 높으므로 자기 선택 편향이 발생합니다. 고객이 이 항공사를 처음 이용했는지, 아니면 재이용하는 것인지 알 수 없습니다. 후자라면 당연히 다른 항공사보다 해당 항공사를 선호할 것입니다. 처음 이용하는 고객이더라도 자기 선택 편향에 해당할 수 있습니다. 해당 항공사를 직접 선택했고 모든 항공사에서 표본을 추출하지 않았기 때문입니다.

생존 편향^{survival bias}은 살아 있거나 살아남은 피험자만 포착하는 반면, 사망한 피험자는 고려하지 않는 경우입니다. 생존 편향의 예는 다양하고 잘 드러나지 않기에 가장 흥미로운 편향이라고 생각합니다.

생존 편향의 가장 유명한 사례는 제2차 세계 대전 당시, 미국 공군의 폭격기가 독일군의 공격으로 추락해서 어려움을 겪던 때로 거슬러 올라갑니다. 공격에서 살아 돌아온 폭격기를 보강하기 위해 공군은 초기 해결책을 고안했고, 총알 구멍이 난 곳을 보강하면 폭격기의 생존 확률이 높아질 것이라고 추론했습니다. 하지만 수학자 아브라함 왈드Abraham Wald는 이 방법이 크게 잘못되었다고 지적했습니다. 그는 총알 구멍이 없는 곳을 보강하자고 제안했습니다. 그가 미쳤을까요? 아닙니다. 기지로 돌아온 폭격기는 분명히 총알 구멍이 있었지만 치명적인 손상은 없었습니다. 폭격기가 임무를 마치고 무사히 돌아왔기 때문에 이 결과를 마주할 수 있었습니다. 하지만 돌아오지 않은 항공기는 어디를 맞아 추락한 걸까요? '공격에서 살아남아 기지로 돌아온 폭격기가 맞지 않은 부위일 가능성이 높다'는 왈드의 이론은 옳은 것으로 판명되었습니다. 미국 공군은 총알 구멍이 없는 곳을 보강했고, 폭격기와 조종사의 생존 가능성이 높아졌습니다. 이 색다른 관찰 덕분에 전쟁의 흐름이 연합군에게 유리하게 바뀌었습니다.

생존 편향의 흥미로운 다른 사례는 겉으로는 잘 드러나지 않습니다. 많은 경영 컨설팅 회사와 출판사는 성공한 기업이나 개인의 특성을 파악해 미래의 성공을 예측하는 데 활용하려고 합니다. 이러한 연구 작업이 진정한 생존 편향입니다(이에 대한 재미있는 만화가 XKCD[5]에 있습니다). 이렇게 진행된 연구는 실패한 기업이나 개인을 고려하지 않습니다. '성공' 특성은 실패한 기업이나 개인에게도 공통적으로 나타날 수 있습니다. 다만 주목을 받지 못했기 때문에 알지 못할 뿐이죠.

스티브 잡스에 대한 일화가 떠오르네요. 그는 열정적이고 다혈질이라는 평을 많이 들었지만 역사상 가장 가치 있는 기업인 애플을 만들었습니다. 따라서 어떤 사람들은 열정과 다혈질이 성공과 관련이 있다고 믿습니다. 다시 말하지만 이게 바로 생존 편향입니다. 열정적인 리더가 경영하는 회사 중 실패한 회사도 많을 텐데 우리는 애플 같은 예외적인 성공 사례만 바라보고 편견을 가집니다.

마지막 사례로 1987년에 발표된 6층 이하에서 떨어진 고양이가 6층 이상에서 떨어진 고양이보다 더 큰 부상을 입었다는 수의학 연구를 살펴봅시다. 일반적인 과학 이론은 고양이가 5층 정도에서 스스로 몸을 바로잡기 때문에 충격에 대비할 시간이 충분하고 부상을 덜 입는다고 가정합니다. 하지만 「The Straight Dope」 칼럼[6]은 중요한 질문을 던졌습니다. 죽은 고양이들은 어떻게 되었을까요? 사람들은 죽은 고양이를 동물병원에 데려가지 않을 가능성이 높기 때문에 얼마나 많은 고양이가 높은 곳에서 떨어져 죽었는지 알 수 없습니다. 호머 심슨의 말을 빌리자면 "D'oh!"[7]네요.

---

5 https://xkcd.com/1827
6 옮긴이_ 「The Straight Dope」는 세실 애덤스(Cecil Adams)라는 필명으로 「시카고 리더(Chicago Reader)」지에 처음 실린 문답식 칼럼입니다. 2018년에 중단되었으며 https://www.straightdope.com에서 지난 칼럼을 볼 수 있습니다.
7 옮긴이_ 애니메이션 〈심슨 가족〉에 나오는 호머 심슨의 유행어로 자신이 큰 실수를 저질렀다는 것을 깨달을 때 쓰는 감탄사입니다.

모집단, 표본, 편향에 대해 충분히 이야기한 것 같습니다. 이제 수학과 기술 통계에 대해 알아보겠습니다. 수학과 컴퓨터는 데이터에 있는 편향을 인식하지 못한다는 점을 기억하세요. 이를 감지하는 것은 훌륭한 데이터 과학자의 몫입니다! 항상 데이터를 어떻게 얻었는지 질문하고 그 과정에서 데이터에 편향이 있는지 면밀히 조사해야 합니다.

> **⚠ CAUTION 머신러닝의 표본과 편향**
>
> 이러한 표본과 편향의 문제는 머신러닝에도 적용됩니다. 선형 회귀, 로지스틱 회귀, 신경망 모두 데이터 표본을 사용해 예측을 추론합니다. 데이터가 편향되어 있으면 머신러닝 알고리즘도 편향된 결론을 내립니다.
>
> 이에 관한 사례는 많습니다. 형사 사법 분야는 머신러닝을 적용하기에 상당히 불안정한 분야입니다. 소수자 위주의 데이터셋으로 인해 소수자를 차별하는 등 모든 면에서 편향된 모습을 반복적으로 보이기 때문입니다. 2017년 볼보는 사슴, 엘크, 순록을 촬영한 데이터셋으로 훈련된 자율 주행 자동차를 테스트했습니다. 하지만 호주에서 주행한 데이터가 없었기 때문에 자율 주행 자동차가 캥거루를 인식하지 못했고, 캥거루의 점프 동작을 이해하지도 못했습니다! 이 둘 모두 편향된 데이터의 예입니다.

3.4 기술 통계

기술 통계는 대부분의 사람들에게 익숙한 영역입니다. 이번 절에서는 평균, 중앙값, 모드와 같은 기본적인 내용과 분산^{variance}, 표준 편차$^{standard\ deviation}$, 정규 분포$^{normal\ distribution}$에 대해 알아보겠습니다.

3.4.1 평균과 가중 평균

평균은 어떤 값 집합을 평균한 값입니다. 평균을 계산하는 방법은 간단합니다. 값을 모두 더한 다음, 값의 개수로 나누면 됩니다. 평균은 관측된 값 집합의 '무게 중심'이 어디에 있는지 보여주므로 유용합니다.

모집단과 표본의 평균은 모두 동일한 방식으로 계산합니다. 파이썬으로 평균을 계산하는 방법은 [예제 3-1]과 같습니다. 8개 값으로 구성된 표본에서 평균을 계산하는 코드입니다.

```
# 각 사람이 소유한 반려동물 수
sample = [1, 3, 2, 5, 7, 0, 2, 3]

mean = sum(sample) / len(sample)

print(mean) # 2.875
```

여기서 보듯이 여덟 명에게 소유하고 있는 반려동물의 수를 조사했습니다. 표본의 합계는 23
이고 표본의 항목 수는 8이므로 평균은 23/8 = 2.875입니다.

평균의 두 가지 버전인 표본 평균 $\bar{x}$ (엑스 바)와 모집단 평균 μ(뮤)는 다음과 같이 표현합니다.

$$\bar{x} = \frac{x_1 + x_2 + x_3 + ... + x_n}{n} = \sum \frac{x_i}{n}$$

$$\mu = \frac{x_1 + x_2 + x_3 + ... + x_n}{N} = \sum \frac{x_i}{N}$$

합의 기호 $\sum$ (시그마)는 모든 항목을 더한다는 의미입니다. n과 N은 각각 표본과 모집단 크기
를 나타내지만 수학적으로 같은 의미, 즉 항목의 수를 나타냅니다. 표본 평균 $\bar{x}$ 와 모집단 평균
μ도 마찬가지입니다. $\bar{x}$ 와 μ의 계산은 동일하며 계산 대상이 표본인지 모집단인지에 따라 이
름만 다를 뿐입니다.

평균은 익숙한 개념이지만, 평균에 대해 잘 알려지지 않은 사실이 있습니다. 평균은 사실 **가중
평균**weighted mean이라고 하는 가중치가 부여된 평균입니다. 일반적으로 사용하는 평균은 각 값에
동일한 중요도를 부여합니다. 하지만 다음과 같이 각 항목에 가중치를 다르게 부여하는 방식으
로 평균을 구할 수도 있습니다.

$$가중\ 평균 = \frac{(x_1 \cdot w_1) + (x_2 \cdot w_2) + (x_3 \cdot w_3) + ...(x_n \cdot w_n)}{w_1 + w_2 + w_3 + ... + w_n}$$

가중 평균은 일부 값이 다른 값보다 평균에 더 많이 기여하게 만드는 경우에 유용합니다. 보편
적인 예는 학업 시험에 가중치를 다르게 부여해 최종 성적을 매기는 것입니다. 예를 들어 세
번의 시험과 한 번의 기말 시험이 있고, 앞선 세 번의 시험에는 각각 20%의 가중치를 부여하
고 기말 시험에는 40% 가중치를 부여한다고 가정해보죠. 파이썬으로 계산하는 방법은 [예제
3-2]와 같습니다.

예제 3-2 파이썬에서 가중 평균 계산하기[8]

```
# 세 시험의 가중치는 0.20이고 마지막 시험의 가중치는 0.40입니다.
sample = [90, 80, 63, 87]
weights = [0.20, 0.20, 0.20, 0.40]

weighted_mean = sum(s * w for s,w in zip(sample, weights)) / sum(weights)

print(weighted_mean) # 81.4
```

각 시험 점수에 가중치를 곱하고 더합니다. 다음으로 값의 개수로 총합을 나누는 대신 가중치의 합으로 총합을 나눕니다. 가중치에 사용되는 모든 숫자는 결국 비율값이므로 백분율일 필요는 없습니다. [예제 3-3]에서는 앞선 세 시험에 가중치 '1'을 부여했고, 기말 시험에는 가중치가 두 배인 '2'를 부여했습니다. 이 값은 가중치의 합으로 나뉘어 비율이 되므로 81.4라는 동일한 답을 얻습니다.

예제 3-3 파이썬에서 가중 평균 계산하기

```
# 세 시험의 가중치는 0.20이고 마지막 시험의 가중치는 0.40입니다.
sample = [90, 80, 63, 87]
weights = [1.0, 1.0, 1.0, 2.0]

weighted_mean = sum(s * w for s,w in zip(sample, weights)) / sum(weights)

print(weighted_mean) # 81.4
```

3.4.2 중앙값

중앙값은 정렬된 값 집합에서 가장 가운데에 있는 값입니다. 값을 순차적으로 정렬했을 때 중앙값이 가장 가운데 값입니다. 값의 개수가 짝수인 경우 가장 가운데에 있는 두 값의 평균을 구합니다. 예를 들어 다음 값 집합에서 표본을 구해봅시다. 별표(*)로 중앙값을 표시했습니다. 파이썬으로 반려동물 수의 중앙값을 구하는 방법은 [예제 3-4]와 같습니다.

0, 1, 5, *7*, 9, 10, 14

----

8 옮긴이_ 파이썬의 zip() 함수는 입력으로 받은 반복 가능한 객체를 순회하면서 각 객체에서 원소를 하나씩 뽑아 만든 튜플을 반환합니다.

```python
# 각 사람이 소유한 반려동물의 수
sample = [0, 1, 5, 7, 9, 10, 14]

def median(values):
    ordered = sorted(values)
    print(ordered)
    n = len(ordered)
    mid = int(n / 2) - 1 if n % 2 == 0 else int(n/2)

    if n % 2 == 0:
        return (ordered[mid] + ordered[mid+1]) / 2.0
    else:
        return ordered[mid]

print(median(sample)) # 7
```

중앙값은 이상치[outlier] 또는 다른 값에 비해 매우 크거나 작은 값으로 인해 왜곡된 데이터에서 평균을 대신할 수 있는 유용한 대안입니다. 흥미로운 일화를 통해 그 이유를 살펴보겠습니다. 1986년 노스캐롤라이나 대학교(UNC) 채플힐 캠퍼스의 지리학 졸업생의 평균 초임 연봉은 25만 달러였습니다. 반면에 다른 대학의 평균 2만 2천 달러였습니다. 와, UNC에는 훌륭한 지리학 프로그램이 있나 보네요!

실제로 UNC의 지리학 프로그램이 그토록 수익성이 좋았던 이유는 무엇일까요? 그게… 마이클 조던이 UNC의 졸업생 중 한 명이었습니다. 역사상 가장 유명한 NBA 선수인 조던은 실제로 UNC에서 지리학 학위를 받았습니다. 하지만 그는 지리학을 공부한 것이 아니라 농구로 커리어를 시작했습니다. 분명히 조던의 데이터는 엄청난 이상치를 만들어낸 교란 변수였고, 소득 평균을 크게 왜곡시켰습니다.

따라서 소득 관련 데이터처럼 이상치가 많은 경우에는 평균보다 중앙값이 더 적합할 수 있습니다. 중앙값은 이상치에 덜 민감하며 값의 정확한 위치가 아니라 상대적인 순서에 따라 데이터를 엄격하게 반으로 나눕니다. 중앙값이 평균과 크게 차이나면 이상치로 인해 데이터셋이 왜곡되었다는 뜻입니다.

> **중앙값은 분위수입니다**
>
> 기술 통계에는 **분위수**quantile라는 개념이 있습니다. 중앙 이외에 다른 위치를 자르는 것만 제외하면 분위수 개념은 중앙값과 근본적으로 동일합니다. 중앙값은 실제로 50% 분위수입니다. 즉, 정렬된 값의 50% 위치에 있는 값이죠. 이외에도 25%, 50%, 75% 분위수가 있습니다. 데이터를 25% 단위로 잘라내는 분위수를 **사분위수**quartile라고 합니다.

3.4.3 모드

모드는 가장 자주 발생하는 값 집합입니다. 반복되는 데이터에서 가장 자주 발생하는 값을 찾을 때 유용합니다.

두 번 이상 발생하는 값이 없으면 모드가 없는 것입니다. 두 값이 동일한 양의 빈도로 발생하면 이 데이터셋은 **바이모달**bimodal로 간주됩니다. [예제 3-5]에서 반려동물 데이터셋의 모드를 계산해보면 2와 3이 가장 많이(그리고 동일하게) 발생하므로 바이모달임을 알 수 있습니다.

예제 3-5 파이썬에서 모드 계산하기[9]

```python
# 각 사람이 소유한 반려동물의 수
from collections import defaultdict

sample = [1, 3, 2, 5, 7, 0, 2, 3]

def mode(values):
    counts = defaultdict(lambda: 0)

    for s in values:
        counts[s] += 1

    max_count = max(counts.values())
    modes = [v for v in set(values) if counts[v] == max_count]
    return modes

print(mode(sample)) # [2, 3]
```

----

9 옮긴이_ defaultdict는 딕셔너리의 서브 클래스로 첫 번째 매개변수에 존재하지 않는 키에 대한 딕셔너리 초깃값을 지정할 수 있습니다. 이 매개변숫값은 lambda와 같은 호출 가능한 객체여야 하며 기본값은 None입니다.

실전에서 모드는 데이터가 반복적이지 않는 한 많이 사용하지 않습니다. 모드는 정수, 범주 및 기타 이산적인 변수에서 종종 볼 수 있습니다.

3.4.4 분산과 표준 편차

분산과 표준 편차에 대한 이야기를 하면 흥미로워지기 시작합니다. 사람들이 이 두 개념을 혼동하는 한 가지 이유는 표본과 모집단에서 분산과 표준 편차를 계산할 때 약간의 차이가 있기 때문입니다. 이러한 차이점을 가능한 한 명확하게 설명해보겠습니다.

모집단의 분산과 표준 편차

데이터를 설명할 때 평균과 모든 데이터 포인트 간의 차이를 측정하는 경우가 많습니다. 이를 통해 데이터가 얼마나 퍼져 있는지 알 수 있습니다.

예를 들어 회사 직원 7명이 소유한 반려동물의 수를 연구하고 싶습니다(표본이 아닌 모집단으로 정의합니다).

소유하고 있는 모든 반려동물 수의 평균을 구하면 6.571입니다. 각 값에서 이 평균을 빼면 [표 3-1]처럼 평균에서 얼마나 멀리 떨어져 있는지 알 수 있습니다.

표 3-1 회사 직원이 소유한 반려동물의 수

값	평균	차이
0	6.571	−6.571
1	6.571	−5.571
5	6.571	−1.571
7	6.571	0.429
9	6.571	2.429
10	6.571	3.429
14	6.571	7.429

[그림 3-1]에 반려동물 수를 시각화했습니다. 그림 속 기호 ✖는 평균을 나타냅니다.

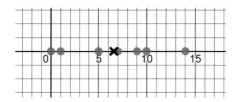

그림 3-1 데이터 분포 시각화

이제 이 정보가 왜 유용한지 생각해보세요. 평균과의 차이를 통해 데이터가 얼마나 퍼져 있는지, 값이 평균에서 얼마나 멀리 떨어져 있는지 알 수 있습니다. 이러한 차이를 하나의 숫자로 축약해 데이터가 얼마나 퍼져 있는지 간단히 설명하는 방법이 있을까요?

차이의 평균을 계산할 수도 있지만 음수와 양수를 더하면 서로 상쇄됩니다. 대신 절댓값을 더할 수 있습니다(음수 부호를 제거하고 모든 값을 양수로 만듭니다). 이보다 더 나은 방식은 차이를 제곱해서 더하는 방법입니다. 음수를 제곱하면 양수가 되므로 음수 부호를 제거할 수 있을 뿐만 아니라 큰 차이를 더 크게 증폭하고, 수학적으로 다루기도 쉽습니다(절댓값의 도함수는 다루기 번거롭습니다). 그런 다음 차이를 제곱한 값의 평균을 구합니다. 이렇게 하면 데이터가 얼마나 퍼져 있는지 측정할 수 있는 **분산**이 됩니다.

다음은 분산을 계산하는 공식입니다.

$$\text{모집단의 분산} = \frac{(x_1 - \text{평균})^2 + (x_2 - \text{평균})^2 + ... + (x_n - \text{평균})^2}{N}$$

모집단에 대한 분산을 더 공식화해서 표현하면 다음과 같습니다.

$$\sigma^2 = \frac{\sum(x_i - \mu)^2}{N}$$

파이썬에서 반려동물 예제의 모집단 분산을 계산하는 과정은 [예제 3-6]에 나와 있습니다.

예제 3-6 파이썬에서 분산 계산하기

```python
# 각 사람이 소유한 반려동물의 수
data = [0, 1, 5, 7, 9, 10, 14]

def variance(values):
    mean = sum(values) / len(values)
```

```
    _variance = sum((v - mean) ** 2 for v in values) / len(values)
    return _variance

print(variance(data))  # 21.387755102040813
```

사무실 직원이 소유한 반려동물 수의 분산은 21.387755입니다. 좋습니다. 하지만 이 수치가 정확히 무엇을 의미할까요? 분산이 클수록 더 많이 퍼져 있다는 결론을 내리는 것이 합리적이지만, 이를 데이터와 어떻게 다시 연관 지을 수 있을까요? 이 수치는 우리가 관측한 어떤 수치보다 큽니다. 차이에 제곱과 덧셈을 수행해 완전히 다른 척도로 만들었기 때문이죠. 그렇다면 이 수치를 어떻게 다시 압축해 이전의 척도로 되돌릴 수 있을까요?

제곱의 반대는 제곱근입니다. 따라서 분산의 제곱근을 구하면 **표준 편차**를 얻을 수 있습니다. 이 값은 분산을 '반려동물 수'에 해당하는 숫자로 환산한 것으로, 조금 더 의미 있는 값입니다.

$$\sigma = \sqrt{\frac{\sum (x_i - \mu)^2}{N}}$$

파이썬에서는 variance() 함수와 sqrt() 함수를 사용해 표준 편차를 구현할 수 있습니다. [예제 3-7]처럼 std_dev() 함수를 만들어보죠.

예제 3-7 파이썬에서 표준 편차 계산하기

```
from math import sqrt

# 각 사람이 소유한 반려동물의 수
data = [0, 1, 5, 7, 9, 10, 14]

def variance(values):
    mean = sum(values) / len(values)
    _variance = sum((v - mean) ** 2 for v in values) / len(values)
    return _variance

def std_dev(values):
    return sqrt(variance(values))

print(std_dev(data))  # 4.624689730353898
```

[예제 3-7]을 실행하면 표준 편차가 약 4.62입니다. 따라서 처음에 시작한 척도로 퍼짐 정도를 표현할 수 있으며 이렇게 하면 분산을 해석하기가 조금 더 쉬워집니다. 표준 편차의 응용 사례

는 5장에서 더 살펴보겠습니다.

TIP 왜 제곱인가요?

분산 σ^2의 지수는 표준 편차를 구하기 위해 제곱근을 구하라는 뜻입니다. 이는 제곱한 값을 다루고 있으니 제곱근을 계산해야 한다는 것을 상기시켜주는 일종의 잔소리죠.

표본의 분산과 표준 편차

이전 절에서 모집단의 분산과 표준 편차에 대해 이야기했습니다. 하지만 표본으로 계산할 때는 두 공식을 조금 수정해야 합니다.

$$s^2 = \frac{\sum (x_i - \overline{x})^2}{n-1}$$
$$s = \sqrt{\frac{\sum (x_i - \overline{x})^2}{n-1}}$$

다른 점을 알아차렸나요? 차이의 제곱 평균을 구할 때 총 항목 수 n이 아니라 $n-1$로 나눕니다. 이렇게 하는 이유는 무엇일까요? 표본의 편향을 줄이고 표본에 기반한 모집단의 분산을 과소평가하지 않기 위해서입니다. 분모에서 하나 작은 값을 사용함으로써 분산을 증가시키고 표본의 불확실성을 더 많이 포착할 수 있습니다.

표본 크기에서 1을 빼는 이유는 무엇인가요[10]

조시 스타머Josh Starmer는 유튜브에서 StatQuest라는 훌륭한 동영상 시리즈를 제공합니다. 여러 동영상 중 분산 계산에서 표본을 다르게 취급하고, 항목 수에서 하나를 빼는 이유를 설명하는 훌륭한 동영상(*https://oreil.ly/6S9DO*)을 참고하세요.

반려동물 데이터가 모집단이 아닌 표본이라면 그에 맞게 조정해야 합니다. [예제 3-8]에서는 이전에 variance()와 std_dev()를 활용한 파이썬 코드를 수정해 매개변수 is_sample을 추가합니다. 이 매개변숫값이 True인 경우 분산의 분모에서 1을 뺍니다.

---

10 옮긴이_ 이를 베셀 보정(Bessel's Correction)이라고 합니다. 표본의 평균을 사용해 계산한 분산은 모집단의 평균을 사용한 분산보다 항상 작기 때문에 $n-1$로 나누어 표본의 분산을 조금 더 크게 계산합니다. 이에 대한 예시와 증명은 위키백과(*https://ko.wikipedia.org/wiki/베셀_보정*)를 참고하세요.

```
from math import sqrt

# 각 사람이 소유한 반려동물의 수
data = [0, 1, 5, 7, 9, 10, 14]

def variance(values, is_sample: bool = False):
    mean = sum(values) / len(values)
    _variance = sum((v - mean) ** 2 for v in values) /
      (len(values) - (1 if is_sample else 0))

    return _variance

def std_dev(values, is_sample: bool = False):
    return sqrt(variance(values, is_sample))

print("분산 = {}".format(variance(data, is_sample=True))) # 24.95238095238095
print("표준 편차 = {}".format(std_dev(data, is_sample=True))) # 4.99523582550223
```

표본이 아닌 모집단으로 다룬 이전 예제에 비해 분산과 표준 편차의 값이 증가했습니다. [예제 3-7]에서 모집단으로 다루었을 때의 표준 편차는 약 4.62였습니다. 하지만 여기서는 표본으로 간주해 분산 공식의 분모에서 1을 빼서 계산한 결과, 약 4.99가 됩니다. 표본은 모집단을 대표하기에 편향되고 불완전할 수 있으므로 이렇게 하는 것이 옳습니다. 따라서 분산을(그리고 표준 편차를) 크게 해 값이 얼마나 퍼져 있는지에 대한 추정치를 높입니다. 분산/표준 편차가 클수록 범위가 넓으므로 신뢰도가 떨어집니다.

평균(표본의 경우 $\bar{x}$와 모집단의 경우 μ)과 마찬가지로 분산과 표준 편차에도 특정 기호를 사용합니다. 표본과 모집단의 표준 편차는 각각 s와 σ로 나타냅니다. 다음은 표본과 모집단의 표준 편차 공식입니다.

$$s = \sqrt{\frac{\sum (x_i - \bar{x})^2}{n-1}}$$

$$\sigma = \sqrt{\frac{\sum (x_i - \mu)^2}{N}}$$

----

11 옮긴이_ 파이썬 3.5 버전부터 변수 이름 뒤에 콜론을 적고 변수 타입에 대한 힌트를 줄 수 있습니다. 타입 힌트에 대한 자세한 내용은 파이썬 온라인 문서나 mypy 사이트(https://mypy-lang.org)를 참고하세요.

분산은 이 두 공식의 제곱이므로 제곱근을 취소합니다. 따라서 표본과 모집단의 분산은 s^2, σ^2 과 같이 씁니다.

$$s^2 = \frac{\sum (x_i - \overline{x})^2}{n-1}$$

$$\sigma^2 = \frac{\sum (x_i - \mu)^2}{N}$$

다시 말하지만, 제곱 기호는 표준 편차를 구하기 위해 제곱근을 구해야 함을 의미합니다.

3.4.5 정규 분포

지난 장에서 확률 분포, 특히 이항 분포와 베타 분포에 대해 살펴봤습니다. 하지만 가장 유명한 분포는 정규 분포입니다. **가우스 분포**Gaussian distribution라고도 알려진 **정규 분포**normal distribution는 평균 근처가 가장 질량이 크고 대칭 형태를 띤 종 모양의 분포입니다. 이 분포의 퍼짐 정도는 표준 편차로 정의됩니다. 양쪽의 **꼬리**tail는 평균에서 멀어질수록 가늘어집니다.

[그림 3-2]는 골든 리트리버 무게의 정규 분포입니다. 대부분의 질량이 평균 64.43파운드(1 파운드 = 약 453그램) 주변에 있습니다.

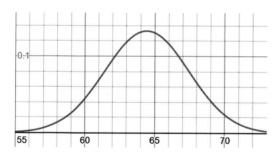

그림 3-2 정규 분포

정규 분포 알아보기

정규 분포는 자연, 공학, 과학 및 기타 다른 분야에서 많이 볼 수 있습니다. 예를 들어 다 큰 골든 리트리버 50마리의 몸무게를 표본 추출해 [그림 3-3]과 같이 직선 위에 나타냈습니다.

골든 리트리버 몸무게

그림 3-3 골든 리트리버 50마리의 몸무게 표본

중앙으로 갈수록 값이 많아지고 왼쪽이나 오른쪽으로 갈수록 값이 줄어듭니다. 이 표본에 따르면 몸무게가 57 또는 71파운드인 골든 리트리버를 볼 가능성은 거의 없어 보입니다. 하지만 몸무게가 64 또는 65파운드인 골든 리트리버는 어떨까요? 네, 확실히 몸무게가 그 정도인 골든 리트리버를 볼 가능성은 높아 보입니다.

이를 시각화해 모집단에서 어떤 골든 리트리버가 표본으로 추출될 가능성이 더 높은지 확인하는 더 좋은 방법이 있을까요? 한 가지 방법은 동일 크기의 범위로 값을 버킷bucket (또는 구간bin) 으로 묶는 **히스토그램**histogram을 만든 다음, 각 범위 안에 속한 값의 개수를 표시하는 막대그래프를 그리는 것입니다. [그림 3-4]는 0.5파운드 범위에 있는 값을 한 구간으로 묶은 히스토그램입니다.

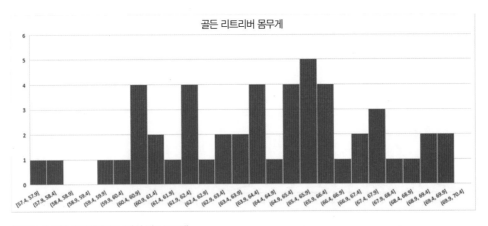

그림 3-4 골든 리트리버 몸무게의 히스토그램

이 히스토그램은 데이터에서 의미 있는 형태를 드러내지 못합니다. 구간이 너무 작기 때문이죠. 각 구간에 충분한 점을 포함시킬 수 있을 만큼 데이터가 매우 많거나 무한하지 않습니다. 따라서 구간을 더 크게 만들어야 합니다. 각 구간의 크기를 3파운드로 만든 히스토그램은 [그림 3-5]와 같습니다.

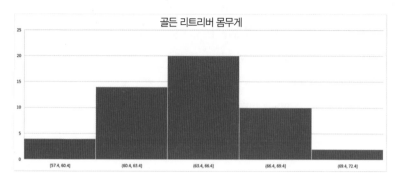

그림 3-5 향상된 히스토그램

이제 뭔가 제대로 된 결과를 얻었습니다! 보다시피 구간 크기를 적절하게 설정하면 데이터에 의미 있는 종 모양을 얻기 시작합니다. 표본이 모집단을 완벽하게 대표할 수는 없기 때문에 완벽한 종 모양은 아니지만, 이는 표본이 정규 분포를 따른다는 증거일 가능성이 높습니다. 적절한 구간 크기로 히스토그램을 만들고 확률 분포처럼 면적이 1.0이 되도록 규모를 조정하면 대략적인 종 모양 곡선을 볼 수 있습니다. [그림 3-6]은 원본 데이터 포인트와 정규 분포를 함께 표시한 그래프입니다.

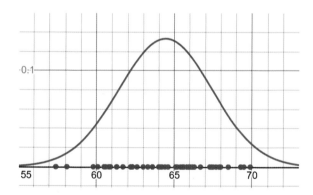

그림 3-6 데이터 포인트에 맞춘 정규 분포

종 모양 곡선을 보면 골든 리트리버의 몸무게가 64.43파운드(평균)일 가능성이 가장 높지만, 55 또는 73파운드일 가능성은 거의 없다고 합리적으로 예상할 수 있습니다. 그보다 더 극단적인 몸무게가 될 가능성은 매우 희박합니다.

정규 분포의 속성

정규 분포에는 유용한 몇 가지 중요한 속성이 있습니다.

- 정규 분포는 대칭입니다. 평균을 중심으로 양쪽이 거울에 반사된 것처럼 동일합니다.
- 대부분의 질량은 평균 부근에 있습니다.
- 퍼짐 정도(좁거나 넓음)가 있으며 표준 편차로 이를 나타냅니다.
- 꼬리는 가능성이 가장 낮은 부분이며 0에 수렴하지만 0이 되지는 않습니다.
- 자연과 일상생활에서 일어나는 많은 현상과 유사합니다. 곧 설명할 중심 극한 정리 덕분에 정규 분포가 아닌 문제에도 일반화할 수 있습니다.

확률 밀도 함수(PDF)

표준 편차는 분포가 얼마나 퍼져 있는지를 정의하기 때문에 정규 분포에서 중요한 역할을 합니다. 실제로 표준 편차는 평균과 함께 사용되는 정규 분포의 파라미터 중 하나입니다. 정규 분포를 생성하는 **확률 밀도 함수**$^{\text{probability density function}}$ (PDF)는 다음과 같습니다.

$$f(x) = \frac{1}{\sigma\sqrt{2\pi}} e^{-\frac{1}{2}(\frac{x-\mu^2}{\sigma})}$$

와우, 엄청난 공식이군요! 1장에서 본 오일러의 수(e)와 아주 복잡한 지수가 있습니다. 이를 파이썬으로 표현하는 방법은 [예제 3-9]와 같습니다.

예제 3-9 파이썬에서 정규 분포 함수 만들기

```python
# 정규 분포는 가능도를 반환합니다.
def normal_pdf(x: float, mean: float, std_dev: float) -> float:
    return (1.0 / (2.0 * math.pi * std_dev ** 2) ** 0.5) *
        math.exp(-1.0 * ((x - mean) ** 2 / (2.0 * std_dev ** 2)))
```

이 공식에서 알아야 할 것이 많습니다. 하지만 중요한 것은 평균과 표준 편차를 위한 매개변수가 있고, 지정한 값의 가능도를 조회하기 위한 매개변수 x가 있다는 점입니다.

2장의 베타 분포와 마찬가지로 정규 분포는 연속적입니다. 즉, 확률을 구하려면 x 값의 범위를 적분해 면적을 구해야 합니다.

이번에는 사이파이를 사용해 계산해보겠습니다.

누적 분포 함수(CDF)

정규 분포에서 세로축은 확률이 아니라 데이터에 대한 가능도를 나타냅니다. 확률을 얻으려면 주어진 범위의 곡선 아래 면적을 구해야 합니다. 몸무게가 62~66파운드인 골든 리트리버의 확률을 알고 싶습니다. [그림 3-7]에 이 범위에 해당하는 영역을 색칠했습니다.

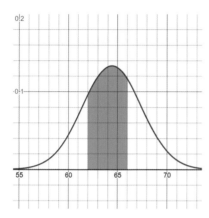

그림 3-7 CDF로 62~66파운드 사이의 확률 측정하기

이미 2장에서 베타 분포로 이 작업을 수행했습니다. 베타 분포와 마찬가지로 정규 분포의 **누적 분포 함수**cumulative distribution function (CDF)가 있습니다. 이 함수를 사용해봅시다.

지난 장에서 배운 것처럼 CDF는 주어진 분포에 대해 주어진 x 값까지의 면적을 계산합니다. [그림 3-8]에 골든 리트리버 몸무게의 정규 분포에 대한 CDF와 PDF를 비교할 수 있도록 함께 표시했습니다.

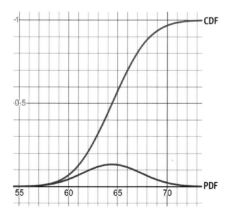

그림 3-8 CDF와 PDF

두 그래프 사이의 관계를 살펴봅시다. S자형 곡선(시그모이드^sigmoid^ 곡선이라고 함)인 CDF는 해당 위치까지 PDF의 면적을 나타냅니다. [그림 3-9]에서 음의 무한대부터 64.43(평균)까지의 면적에 해당하는 CDF 값은 정확히 0.5 또는 50%입니다.

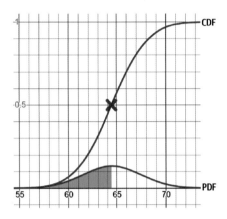

그림 3-9 평균까지의 확률을 측정하는 골든 리트리버 몸무게의 PDF와 CDF

평균까지 면적이 0.5 또는 50%인 이유는 정규 분포의 대칭성 때문입니다. 따라서 이 종 모양 곡선의 다른 쪽의 면적도 50%라고 예상할 수 있습니다.

사이파이를 사용해 64.43까지의 면적을 계산하려면 [예제 3-10]처럼 `norm.cdf()` 함수를 사용합니다.

예제 3-10 파이썬의 정규 분포 CDF

```
from scipy.stats import norm

mean = 64.43
std_dev = 2.99

x = norm.cdf(64.43, mean, std_dev)

print(x) # 0.5
```

2장에서 했던 것처럼 면적을 빼는 방식으로 중간 범위의 면적을 구할 수 있습니다. 몸무게가 62~66파운드 사이인 골든 리트리버를 관측할 확률을 구하려면 [그림 3-10]처럼 66까지의 면적을 계산한 다음, 62까지의 면적을 빼면 됩니다.

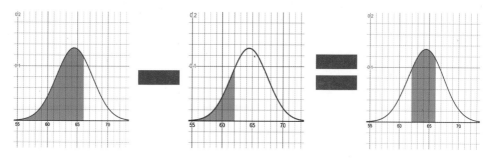

그림 3-10 중간 범위의 확률 계산하기

사이파이로 이 작업을 수행하려면 [예제 3-11]처럼 두 개의 CDF 연산을 빼면 됩니다.

예제 3-11 CDF를 사용해 중간 범위 확률 구하기

```
from scipy.stats import norm

mean = 64.43
std_dev = 2.99
x = norm.cdf(66, mean, std_dev) - norm.cdf(62, mean, std_dev)

print(x) # 0.4920450147062894
```

62~66파운드 사이의 골든 리트리버를 관측할 확률은 0.4920, 약 49.2%입니다.

3.4.6 역CDF

이 장의 뒷부분에서 가설 검정을 수행할 때 CDF의 면적을 구한 다음, 이에 해당하는 x 값을 반환해야 합니다. 이는 CDF를 역방향으로 사용하는 것이므로 [그림 3-11]처럼 두 좌표축을 바꾼 역CDF$^{\text{inverse CDF}}$를 사용합니다.

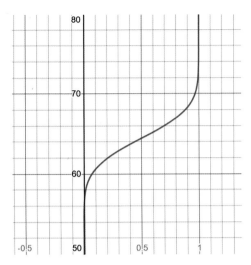

그림 3-11 PPF 또는 분위수 함수인 역CDF

이렇게 하면 확률을 찾아 해당하는 x 값을 반환할 수 있습니다. 사이파이에서는 `norm.ppf()` 함수를 사용합니다. 예를 들어 골든 리트리버의 95%가 속하는 몸무게를 찾고 싶습니다. [예제 3-12]처럼 역CDF를 사용하면 이 작업을 쉽게 수행할 수 있습니다.

예제 3-12 파이썬에서 역CDF(ppf()) 사용하기

```
from scipy.stats import norm

x = norm.ppf(0.95, loc=64.43, scale=2.99)
print(x) # 69.3481123445849
```

골든 리트리버의 95%가 69.348파운드 이하이군요.

역CDF를 사용해 정규 분포를 따르는 난수^random number를 생성할 수도 있습니다. 골든 리트리버의 몸무게 1,000개를 생성하는 시뮬레이션을 만들려면 [예제 3-13]과 같이 0.0에서 1.0 사이의 임의의 값을 생성해 역CDF에 전달한 다음, 몸무게 값을 반환하면 됩니다.

예제 3-13 정규 분포에서 난수 생성하기

```
import random
from scipy.stats import norm
```

```
for i in range(0, 1000):
    random_p = random.uniform(0.0, 1.0)
    random_weight = norm.ppf(random_p, loc=64.43, scale=2.99)
    print(random_weight)
```

물론 넘파이나 다른 라이브러리를 사용해 특정 분포를 따르는 난수를 생성할 수도 있습니다.[12] [예제 3-13]은 역CDF가 유용한 한 가지 사례를 보여주기 위한 예제일 뿐입니다.

> **TIP** 밑바닥부터 CDF와 역CDF 구현하기
>
> 파이썬에서 CDF와 역CDF를 밑바닥부터 구현하는 방법을 배우려면 부록 A.5절을 참조하세요.

3.4.7 z 점수

평균이 0이고 표준 편차가 1이 되도록 정규 분포의 크기를 재조정하는 것이 일반적입니다. 이를 **표준 정규 분포**standard normal distribution라고 합니다. 이렇게 하면 평균과 분산이 다른 경우에도 정규 분포 간의 퍼짐 정도를 쉽게 비교할 수 있습니다.

표준 정규 분포에서 특히 중요한 것은 모든 x 값을 표준 편차, 즉 **z 점수**z score로 표현한다는 점입니다. x 값을 z 점수로 변환하는 공식은 다음과 같습니다.

$$z = \frac{x - \mu}{\sigma}$$

예를 들어보죠. 서로 다른 동네에 있는 주택 두 채가 있습니다. A 동네의 평균 주택 가격은 140,000달러(약 1억 8천만 원)이고 표준 편차는 3,000달러입니다. B 동네의 평균 주택 가격은 800,000달러(약 1억 원)이고 표준 편차는 10,000달러입니다.

$$\mu_A = 140,000$$
$$\mu_B = 800,000$$
$$\sigma_A = 3,000$$
$$\sigma_B = 10,000$$

두 동네에 각각 한 채의 집이 있습니다. A 동네의 집 A의 가치는 150,000달러이고 B 동네의

---

12 옮긴이_ 넘파이를 사용해 평균이 64.43이고 표준 편차가 2.99인 정규 분포에서 1,000개의 난수를 생성하는 방법은 다음과 같습니다.
```
import numpy as np
random_weights = np.random.normal(loc=64.43, scale=2.99, size=1000)
```

집 B의 가치는 815,000달러입니다. 각 동네의 평균 가격에 비해 어느 집이 더 비쌀까요?

$$x_A = 150,000$$
$$x_B = 815,000$$

이 두 값을 표준 편차로 표현하면 각 동네의 평균을 기준으로 비교할 수 있습니다. z 점수 공식을 사용해보죠.

$$z = \frac{x - 평균}{표준\ 편차}$$
$$z_A = \frac{150000 - 140000}{3000} = 3.\overline{333}$$
$$z_B = \frac{815000 - 800000}{10000} = 1.5$$

집 A와 집 B의 z 점수가 각각 $3.\overline{333}$, 1.5이므로 집 A가 집 B보다 각 동네의 평균에 비해 훨씬 더 비쌉니다.

[예제 3-14]는 어떤 평균과 표준 편차를 가진 분포의 x 값을 z 점수로 변환하는 방법과 그 반대로 변환하는 경우입니다.

예제 3-14 z 점수를 x 값으로 또는 그 반대로 변환하기

```python
def z_score(x, mean, std):
    return (x - mean) / std

def z_to_x(z, mean, std):
    return (z * std) + mean

mean = 140000
std_dev = 3000
x = 150000

# z 점수로 바꾸고 다시 x로 되돌리기
z = z_score(x, mean, std_dev)
back_to_x = z_to_x(z, mean, std_dev)

print("z 점수: {}".format(z))  # z 점수: 3.3333333333333335
print("x로 되돌리기: {}".format(back_to_x))  # x로 되돌리기: 150000.0
```

z_score() 함수는 평균과 표준 편차가 주어지면 x 값을 받아 표준 편차 단위로 변환합니다. z_to_x() 함수는 z 점수를 받아 다시 x 값으로 변환합니다. 두 함수를 살펴보면, 하나는 z 점수를, 다른 하나는 x 값을 푸는 대수적 관계입니다. 그런 다음 150,000에 해당하는 x 값을 z 점수 $3.\overline{333}$으로 변환하고 그다음 이 z 점수를 다시 x 값으로 바꿉니다.

변동 계수

퍼짐 정도를 측정하는 데 유용한 도구는 **변동 계수**$^{coefficient\ variation}$입니다. 변동 계수는 두 분포를 비교해 각 분포가 얼마나 퍼져 있는지 정량화합니다. 변동 계수는 표준 편차를 평균으로 나눠 계산합니다. 다음은 변동 계수 공식과 두 동네를 비교하는 예시입니다.

$$cv = \frac{\sigma}{\mu}$$

$$cv_A = \frac{3000}{140000} = 0.0214$$

$$cv_B = \frac{10000}{800000} = 0.0125$$

여기에서 볼 수 있듯이, A 동네는 B 동네보다 집값이 싸지만, B 동네보다 변동 계수가 높으므로 주택 가격의 다양성이 더 큽니다.

3.5 추론 통계

지금까지 살펴본 기술 통계는 일반적으로 이해하기 쉽습니다. 하지만 추론 통계에 들어가면 표본과 모집단 간의 추상적인 관계가 본격적으로 작동합니다. 이러한 추상적인 개념을 배울 때는 서두르지 말고 시간을 갖고 신중하게 흡수해야 합니다. 앞서 언급했듯이, 인간은 편견을 갖고 빠르게 결론을 내버립니다. 훌륭한 데이터 과학자가 되려면 이러한 원초적인 욕구를 억제하고 다른 설명이 존재할 수 있는 가능성을 고려해야 합니다. 전혀 설명할 수 없고 우연하고 무작위적인 발견이라고 증명될 수 있습니다(어쩌면 깨달을 수도 있습니다).

먼저 모든 추론 통계의 기초가 되는 한 정리부터 시작해봅시다.

3.5.1 중심 극한 정리

정규 분포가 유용한 이유 중 하나는 골든 리트리버의 몸무게처럼 자연에서 많이 나타나는 현상이기 때문입니다. 하지만 정규 분포는 자연 개체군 밖에서 더 흥미롭게 나타납니다. 모집단에서 충분히 많은 표본을 추출하면 해당 모집단이 정규 분포를 따르지 않더라도 정규 분포가 드러납니다.

균일하게 무작위한 모집단을 측정한다고 가정해봅시다. 0.0과 1.0 사이의 모든 값은 동등한 가능성을 가지며 어떤 값도 우선권이 없습니다. 하지만 이 모집단에서 많은 표본을 채취하고 각각의 평균을 구한 다음, 히스토그램을 그려보면 흥미로운 일이 일어납니다. [예제 3-15]의 파이썬 코드를 실행하고 [그림 3-12]의 그래프를 살펴보세요.

예제 3-15 파이썬으로 중심 극한 정리 실험하기

```
# 균등 분포에서 뽑은 표본의 평균은 정규 분포가 됩니다.
import random
import plotly.express as px

sample_size = 31
sample_count = 1000

# 중심 극한 정리, 크기가 31인 1000개의 표본
# 0.0과 1.0 사이의 난수
x_values = [(sum([random.uniform(0.0, 1.0) for i in range(sample_size)]) / \
    sample_size) for _ in range(sample_count)]

y_values = [1 for _ in range(sample_count)]

px.histogram(x=x_values, y = y_values, nbins=20).show()
```

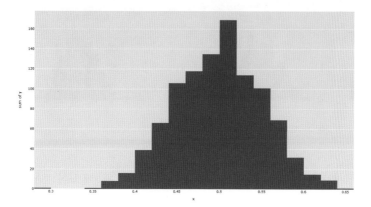

그림 3-12 표본 평균(각 크기는 31)의 그래프

잠깐만요. 균등하게 무작위한 숫자 31개를 추출한 다음 평균을 구했는데, 어떻게 정규 분포를 형성할 수 있나요? 어떤 숫자든지 똑같이 가능성이 있는 것 아닌가요? 분포가 종 모양의 곡선이 아니라 평평해야 하지 않을까요?

이 상황을 정리하자면 이렇습니다. 표본에 있는 하나의 숫자만으로는 정규 분포를 만들 수 없습니다. 모든 숫자가 나올 가능성이 똑같은 평평한 분포가 되죠(**균등 분포**uniform distribution라고 합니다). 하지만 표본의 평균을 내면 정규 분포를 형성합니다.

모집단에서 충분히 많은 표본을 채취해 각각의 평균을 계산하고, 이를 하나의 분포로 그리면 흥미로운 **중심 극한 정리**central limit theorem 현상이 나타납니다.

> **1** 표본 평균의 평균은 모집단 평균과 같습니다.
> **2** 모집단이 정규 분포이면 표본 평균도 정규 분포가 됩니다.
> **3** 모집단이 정규 분포가 아니지만 표본 크기가 30보다 큰 경우 표본 평균은 대략적으로 정규 분포를 따릅니다.
> **4** 표본 평균의 표준 편차는 모집단 표준 편차를 n의 제곱근으로 나눈 값과 같습니다.

$$\sigma_{\bar{x}} = \frac{\sigma}{\sqrt{n}}$$

위 내용이 중요한 이유는 무엇일까요? 이러한 이론을 통해 정규 분포가 아닌 경우에도 표본을 기반으로 모집단에 대한 유용한 정보를 추론할 수 있습니다. 앞선 코드를 수정해 표본 크기를 1 또는 2로 작게 시도하면 정규 분포가 나타나지 않습니다. 하지만 표본 크기가 31에 가까워지면 [그림 3-13]과 같이 정규 분포로 수렴합니다.

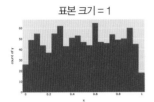 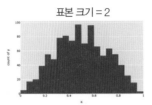 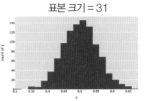

그림 3-13 표본 크기가 클수록 정규 분포에 가까워짐

31은 통계학에 있는 매직 넘버입니다. 표본 평균이나 기타 파라미터를 측정할 때 표본 분포가
모집단 분포에 수렴하는 경우가 많기 때문입니다. 표본의 크기가 31 미만인 경우 정규 분포가
아닌 **t 분포**^t-distribution를 사용해야 합니다. t 분포는 표본 크기가 작을수록 꼬리가 점점 더 두꺼
워집니다. 이에 대해서는 나중에 간략히 설명하겠습니다. 우선 신뢰 구간과 검정을 설명할 때
는 표본의 크기가 31 이상이라고 가정합니다.

> **표본의 크기가 어느 정도면 충분할까요?**
>
> 중심 극한 정리를 만족하고 정규 분포를 만들기 위해 필요한 교과서적인 표본의 크기는 31입
> 니다. 하지만 그렇지 않은 경우도 있습니다. 기본 분포가 멀티모달^multimodal (평균이 하나가 아
> 닌 여러 개의 정점이 있는 분포)이거나 비대칭인 경우에는 더 큰 표본이 필요합니다.
>
> 요약하면, 기본 확률 분포가 불확실한 경우에는 표본을 더 많이 확보하는 것이 좋습니다. 자세
> 한 내용이 궁금하다면 다음 링크(*https://oreil.ly/IZ4Rk*)의 글을 읽어보세요

3.5.2 신뢰 구간

'신뢰 구간'이라는 용어를 들어본 적이 있을 겁니다. 통계를 처음 배우는 사람이나 학생들이 종
종 혼란스러워하는 용어죠. **신뢰 구간**^confidence interval은 표본 평균(또는 다른 파라미터)이 모집
단 평균의 특정 범위에 속한다고 얼마나 확실하게 믿는지를 보여주는 방법입니다.

예를 들면, 표본 평균이 64.408이고 표본 표준 편차가 2.05인 골든 리트리버 31마리의 표본을
기준으로 모집단 평균이 63.686에서 65.1296 사이에 있다고 95% 확신합니다. 이를 어떻게
알 수 있을까요? 이제부터 함께 알아봅시다. 헷갈린다면 이 문단으로 다시 돌아와 달성하려는
목적이 무엇인지 되새겨보세요. 특별히 강조한 이유가 있으니 유념하세요!

먼저 모집단 평균 범위에 대한 확률을 포함할 수 있는 **신뢰 수준**^{level of confidence}(LOC)을 선택합니다. 표본 평균이 앞으로 계산할 모집단 평균 범위에 속한다는 95%의 확신을 갖고 싶다고 가정해보죠. 이것이 LOC입니다. 중심 극한 정리를 활용해 이 모집단 평균의 범위를 추론할 수 있습니다. 먼저, [그림 3-14]에 색칠된 부분처럼 중앙의 95% 확률에 해당하는 표준 정규 분포의 대칭 범위인 **임계 z 값**^{critical z-value}이 필요합니다.

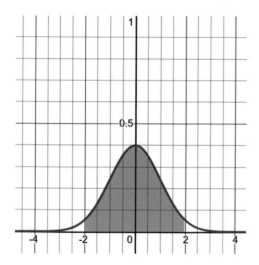

그림 3-14 표준 정규 분포의 중앙에서 대칭인 95% 확률

면적의 0.95를 포함하는 이 대칭 범위를 어떻게 계산할까요? 계산보다는 개념으로 이해하면 더 쉽습니다. 본능적으로 CDF를 사용하고 싶을 수도 있지만 여기에는 몇 가지 고려할 부분이 더 있습니다.

먼저 역CDF를 활용해야 합니다. 논리적으로 중앙에서 대칭 영역의 95%를 얻으려면 나머지 5%의 면적을 가진 꼬리를 잘라내야 합니다. 나머지 5%의 면적을 반으로 나누면 각 꼬리에서 2.5%의 면적이 남습니다. 따라서 [그림 3-15]처럼 0.025와 0.975에 대한 *x* 값을 찾아야 합니다.

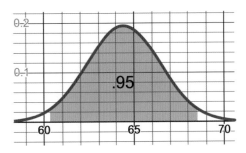

그림 3-15 0.025 및 0.975 면적에 해당하는 x 값

면적 0.025에 대한 x 값과 면적 0.975에 대한 x 값을 찾으면 면적의 95%를 포함하는 중앙 범위를 얻을 수 있습니다. 그런 다음 이 영역을 포함하는 최소 z 값과 최대 z 값을 반환합니다. 여기서는 표준 정규 분포를 사용하므로 양수/음수 부호 외에는 두 값이 동일합니다. [예제 3-16]과 같이 파이썬에서 이를 계산해봅시다.

예제 3-16 임계 z 값 검색

```
from scipy.stats import norm

def critical_z_value(p):
    norm_dist = norm(loc=0.0, scale=1.0)
    left_tail_area = (1.0 - p) / 2.0
    upper_area = 1.0 - ((1.0 - p) / 2.0)
    return norm_dist.ppf(left_tail_area), norm_dist.ppf(upper_area)

print(critical_z_value(p=0.95))
# (-1.959963984540054, 1.959963984540054)
```

±1.95996은 표준 정규 분포의 중심에서 확률의 95%에 해당하는 임계 z 값입니다. 다음으로 중심 극한 정리를 활용해 해당 신뢰 수준에서 모집단 평균을 포함하는 표본 평균의 범위인 허용 오차^{margin of error} (E)를 계산하겠습니다. 31마리의 골든 리트리버 표본의 평균은 64.408이고 표준 편차는 2.05입니다. 허용 오차를 구하는 공식은 다음과 같습니다.

$$E = \pm z_e \frac{s}{\sqrt{n}}$$

$$E = \pm 1.95996 * \frac{2.05}{\sqrt{31}}$$

$$E = \pm 0.72164$$

이 오차 범위를 표본 평균에 적용하면 마침내 신뢰 구간을 얻을 수 있습니다!

$$95\% \text{ 신뢰 구간} = 64.408 \pm 0.72164$$

[예제 3-17]은 파이썬으로 신뢰 구간을 처음부터 끝까지 계산하는 방법입니다.

예제 3-17 파이썬에서 신뢰 구간 계산하기

```python
from math import sqrt
from scipy.stats import norm


def critical_z_value(p):
    norm_dist = norm(loc=0.0, scale=1.0)
    left_tail_area = (1.0 - p) / 2.0
    upper_area = 1.0 - ((1.0 - p) / 2.0)
    return norm_dist.ppf(left_tail_area), norm_dist.ppf(upper_area)


def confidence_interval(p, sample_mean, sample_std, n):
    # 표본 크기는 30보다 커야 합니다.

    lower, upper = critical_z_value(p)
    lower_ci = lower * (sample_std / sqrt(n))
    upper_ci = upper * (sample_std / sqrt(n))

    return sample_mean + lower_ci, sample_mean + upper_ci

print(confidence_interval(p=0.95, sample_mean=64.408, sample_std=2.05, n=31))
# (63.68635915701992, 65.12964084298008)
```

따라서 이를 '표본 평균이 64.408이고 표본 표준 편차가 2.05인 31마리의 골든 리트리버 몸무게 표본을 기반으로 모집단 평균이 63.686에서 65.1296 사이에 있다고 95% 확신합니다'라고 해석합니다. 이것이 신뢰 구간에 대한 설명입니다.

여기서 한 가지 흥미로운 점은 오차 범위 공식에서 n이 커질수록 신뢰 구간이 좁아진다는 것입니다. 표본이 클수록 모집단 평균이 더 좁은 범위 안에 속한다고 확신할 수 있기 때문이죠. 그래서 신뢰 구간이라고 부릅니다.

다만 한 가지 주의할 점은 이 방법이 제대로 작동하려면 표본 크기가 최소 31이어야 합니다. 중심 극한 정리와 관련되는 지점이죠. 더 작은 표본에서 신뢰 구간을 적용하려면 분산이 더 큰 분포(더 많은 불확실성을 반영하는 더 뚱뚱한 꼬리)를 사용해야 합니다. 이것이 바로 3.6절에서 살펴볼 t 분포입니다.

5장에서는 신뢰 구간을 선형 회귀에 사용해봅니다.

3.5.3 p 값 이해하기

통계적 유의성statistical significance이란 무엇일까요? 우리는 이 말을 엄격하지 않게 자주 사용하곤 하지만 수학적으로는 어떤 의미일까요? 기술적으로는 많은 사람이 어려워하는 p 값과 관련됩니다. 하지만 p 값의 개념은 그 발명까지 거슬러 올라가면 이해하기 더 쉽습니다. 다음 예시를 살펴봅시다. 비록 완전한 예시는 아니지만 몇 가지 아이디어를 얻을 수 있습니다.

1925년 수학자 로널드 피셔Ronald Fisher는 한 파티에 참석했습니다. 그의 동료 중 한 명인 뮤리얼 브리스틀Muriel Bristol은 차를 맛보는 것만으로 우유보다 먼저 차를 부었는지 알 수 있다고 주장했습니다. 이 주장에 흥미를 느낀 로널드는 그 자리에서 실험을 시작했습니다.

그는 여덟 잔의 차를 준비해 네 잔에는 우유를 먼저 따르고 나머지 네 잔에는 차를 먼저 따랐습니다. 그런 다음 뮤리얼에게 찻잔을 건네며 우유와 차를 따른 순서를 물었습니다. 놀랍게도 그녀는 모두 정확하게 식별했습니다. 우연히 이런 일이 일어날 확률은 70분의 1, 즉 0.01428571입니다.[13]

이 1.4%의 확률은 가설에 의한 설명이 아니라 우연히 어떤 일이 일어날 확률을 뜻하는 **p 값**p-value입니다. 조합론을 들먹이지 않겠지만, 뮤리얼이 모든 잔을 맞출 확률은 1.4%입니다. 이것이 정확히 뭘 의미하는 걸까요?

유기농 도넛이 체중을 증가시키는지 또는 송전선 근처에 살면 암이 유발되는지를 알아보는 실험을 할 때, 우리는 항상 우연한 운이 작용했을 가능성을 염두에 두어야 합니다. 뮤리얼이 단순히 추측만으로 찻잔을 정확하게 식별할 확률이 1.4%인 것처럼, 우연이 우리에게 슬롯머신의

---

13 옮긴이_ 8개의 잔에서 4개의 잔을 고르는 가짓수는 조합 공식에 따라 $\binom{8}{4} = \frac{8!}{4!(8-4)!} = \frac{8 \times 7 \times 6 \times 5}{4 \times 3 \times 2} = 70$ 입니다.

좋은 패를 안겨줄 가능성은 항상 존재합니다. 이를 통해 관심 대상의 변수가 실험에 영향을 미치지 않았으며 긍정적인 결과는 우연한 운에 불과하다는 **귀무 가설**^{null hypothesis} (H_0)을 세울 수 있습니다. **대립 가설**^{alternative hypothesis} (H_1)은 문제의 변수(**통제 변수**^{control variable}라고 함)가 긍정적인 결과를 야기한다는 가설입니다.

일반적으로 통계적 유의성의 임곗값은 5% 이하의 p 값, 즉 0.05입니다. 0.014는 0.05보다 작기 때문에 뮤리얼이 우연히 맞혔다는 귀무 가설을 기각할 수 있습니다. 그런 다음 뮤리얼이 차 또는 우유를 먼저 따르는지 감지하는 특별한 능력이 있다는 대립 가설을 지지할 수 있습니다.

이 찻잔 감별 예시에서 알려주지 않는 한 가지는 p 값을 계산할 때 해당 사건과 그보다 더 희귀한 사건의 확률을 모두 포착한다는 점입니다. 다음 예제에서 정규 분포를 사용하면서 이 문제를 살펴봅시다.

3.5.4 가설 검정

과거 연구에 따르면 감기의 회복 기간은 평균이 18일이고 표준 편차는 1.5일인 정규 분포를 따릅니다. 즉, [그림 3-16]과 [예제 3-18]에서 볼 수 있듯이 15일에서 21일 사이에 회복될 확률은 약 95%입니다.

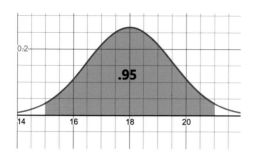

그림 3-16 15일에서 21일 사이에 회복될 확률은 95%입니다.

예제 3-18 15일에서 21일 사이에 회복될 확률 계산하기

```
from scipy.stats import norm

# 감기의 회복 기간은 평균 18일이고 표준 편차는 1.5일입니다.
mean = 18
```

```
std_dev = 1.5

# 15일에서 21일 사이에 회복될 확률은 95%입니다.
x = norm.cdf(21, mean, std_dev) - norm.cdf(15, mean, std_dev)

print(x) # 0.9544997361036416
```

그러면 나머지 5%의 확률로부터 회복에 21일 이상 걸릴 확률은 2.5%, 15일 미만이 걸릴 확률은 2.5%라는 것을 유추할 수 있습니다. 이 정보는 나중에 매우 중요하므로 잘 기억해두세요! 여기서 p 값을 유도할 수 있습니다.

이제 40명으로 구성된 테스트 그룹에 실험용 신약을 투여한 결과, [그림 3-17]과 같이 감기에서 회복하는 데 평균 16일이 걸렸다고 가정합니다.

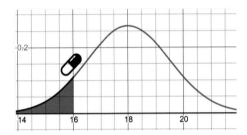

그림 3-17 약물을 복용한 그룹은 회복하는 데 16일이 걸렸습니다.

약물이 영향을 미쳤나요? 잘 생각해보면 우리가 묻는 질문은 다음과 같습니다. 약물이 통계적으로 유의미한 결과를 보여줬나요? 아니면 약물이 효과가 없었고 16일간의 회복은 테스트 그룹에서 일어난 우연의 일치였을까요? 첫 번째 질문으로 대립 가설을 세우고, 두 번째 질문으로 귀무 가설을 세웁니다.

이를 계산할 수 있는 방법에는 단측 검정과 양측 검정이 있습니다. 먼저 단측 검정부터 시작해봅시다.

단측 검정

단측 검정one-tailed test에서는 일반적으로 부등식을 사용해 귀무 가설과 대립 가설을 설정합니다. 모집단의 평균을 중심으로 가설을 세웁니다. 즉, 18보다 크거나 같고(귀무 가설 H_0) 아니면

18보다 작다고(대립 가설 H_1) 다음과 같이 가설을 세웁니다.

$$H_0 = \text{모집단 평균} \geq 18$$
$$H_1 = \text{모집단 평균} < 18$$

귀무 가설을 기각하려면 약물을 복용한 환자 표본의 평균이 우연이 아닐 가능성이 높다는 것을 보여주어야 합니다. 일반적으로 0.05 이하의 p 값은 통계적으로 유의미한 것으로 간주되므로 이를 임곗값으로 사용합니다(그림 3-17). [그림 3-18]과 [예제 3-19]처럼 역CDF를 사용해 파이썬에서 이 값을 계산하면 약 15.53이 왼쪽 꼬리에서 0.05 면적에 해당하는 회복 일수입니다.

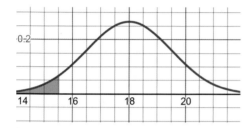

그림 3-18 누적 면적 5%에 해당하는 x 값

예제 3-19 누적 면적 5%에 해당하는 x 값을 계산하는 파이썬 코드

```
from scipy.stats import norm

# 감기의 회복 기간은 평균 18일이고 표준 편차는 1.5일입니다.
mean = 18
std_dev = 1.5

# 누적 면적 5%에 해당하는 x 값은 얼마인가요?
x = norm.ppf(0.05, mean, std_dev)

print(x) # 15.53271955957279
```

따라서 테스트 그룹이 평균 15.53일 이하의 회복 시간을 달성하면 약물의 영향이 통계적으로 유의미한 것으로 간주합니다. 하지만 표본의 평균 회복 시간은 실제로 16일이므로 귀무 가설의 기각 영역에 속하지 않습니다. 따라서 [그림 3-19]에 나타난 것처럼 이 통계적 유의성 테스트는 실패합니다.

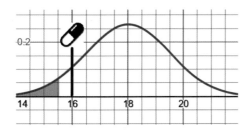

그림 3-19 약물 테스트 결과가 통계적으로 유의미하다는 것을 입증하지 못합니다.

16일까지의 면적이 우리가 구할 p 값이며, [예제 3-20]과 같이 파이썬으로 계산하면 0.0912 입니다.

예제 3-20 단측 검정의 p 값 계산하기

```
from scipy.stats import norm

# 감기의 회복 기간은 평균 18일이고 표준 편차가 1.5일입니다.
mean = 18
std_dev = 1.5

# 16보다 작거나 같을 확률
p_value = norm.cdf(16, mean, std_dev)

print(p_value) # 0.09121121972586788
```

0.0912의 p 값은 통계적 유의성 임곗값인 0.05보다 크므로 약물 테스트를 성공으로 간주하지 않고 귀무 가설을 기각하지 못합니다.

양측 검정

앞서 수행한 검정은 한쪽 꼬리에서만 통계적 유의성을 찾기 때문에 단측 검정이라고 부릅니다. 하지만 종종 **양측 검정**two-tailed test을 사용하는 것이 더 안전하고 더 나은 방법입니다. 먼저 계산부터 해본 뒤에 그 이유를 설명하겠습니다.

양측 검정을 수행하기 위해 귀무 가설과 대립 가설을 '같음'과 '같지 않음' 구조로 구성합니다. 약물 테스트에서 귀무 가설을 평균 회복 시간이 18일이라고 설정합니다. 하지만 대립 가설은 신약 덕분에 평균 회복 시간이 18일이 아니라는 것입니다.

$$H_0 : 모집단\ 평균 = 18$$
$$H_1 : 모집단\ 평균 \neq 18$$

여기에는 중요한 의미가 있습니다. 약물이 감기 회복 시간을 개선하는지 여부가 아니라 어떤 영향을 미쳤는지 테스트하기 위해 대립 가설을 구성합니다. 즉, 감기가 지속되는 시간이 길어졌는지 테스트하는 것도 포함됩니다. 이해가 되나요? 잠깐만요.

당연히 이것은 통계적 유의성 임곗값을 한쪽 꼬리가 아닌 양쪽 꼬리에 나눈다는 것을 의미합니다. 5%의 통계적 유의성을 테스트하는 경우, 이를 분할해 각 꼬리에 2.5%씩 절반을 부여합니다. 약물의 평균 회복 시간이 어느 한 영역에 속하면 검정에 성공하고 귀무 가설을 기각합니다 (그림 3-20).

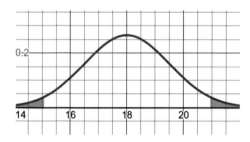

그림 3-20 양측 검정

왼쪽 꼬리와 오른쪽 꼬리에 대한 x 값은 15.06과 20.93입니다. 15.06 미만이거나 20.93을 초과하면 귀무 가설을 기각합니다. 이 두 값은 [그림 3-21]과 [예제 3-21]에 있는 역CDF를 사용해 계산합니다. 오른쪽 꼬리의 임곗값을 얻기 위해 0.95에 한쪽의 유의성 임곗값에 해당하는 0.025를 더하면 0.975가 됩니다.

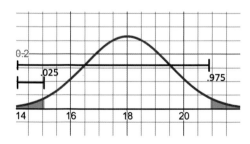

그림 3-21 정규 분포에서 중앙의 95% 면적 계산하기

```
from scipy.stats import norm

# 감기의 회복 기간은 평균 18일이고 표준 편차가 1.5일입니다.
mean = 18
std_dev = 1.5

# 누적 면적 2.5%에 해당하는 x 값은 얼마인가요?
x1 = norm.ppf(0.025, mean, std_dev)

# 누적 면적 97.5%에 해당하는 x 값은 얼마인가요?
x2 = norm.ppf(0.975, mean, std_dev)

print(x1) # 15.060054023189918
print(x2) # 20.93994597681008
```

약물 테스트 그룹의 표본 평균값은 16입니다. 16은 15.06 이상이고 20.9399 미만입니다. 따라서 단측 검정과 마찬가지로 여전히 귀무 가설을 기각하지 못합니다. [그림 3-22]에서 볼 수 있듯이 약물의 영향이 통계적 유의성을 보여주지 못합니다.

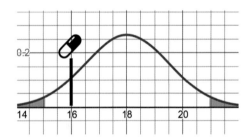

그림 3-22 양측 검정에서 통계적 유의성을 입증하지 못했습니다.

하지만 p 값은 무엇일까요? 이 점이 바로 양측 검정에서 흥미로운 지점입니다. p 값을 계산하려면 16의 왼쪽 면적뿐만 아니라 오른쪽 꼬리의 대칭되는 면적도 고려해야 합니다. 16은 평균보다 2일 낮으므로 평균보다 2일 높은 20 이상의 영역도 계산에 포함합니다(그림 3-23). 즉, 종 모양 곡선의 양쪽에서 한 사건 그리고 그보다 더 희귀한 사건의 확률을 포함하는 것입니다.

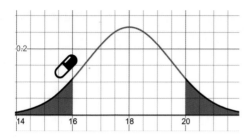

그림 3-23 p 값은 통계적 유의성을 위해 대칭 면적을 추가합니다.

두 면적을 모두 합하면 p 값이 0.1824입니다. 이 값은 0.05보다 훨씬 크므로 p 값의 임곗값인 0.05를 통과하지 못합니다(예제 3-22).

예제 3-22 양측 검정의 p 값 계산하기

```python
from scipy.stats import norm

# 감기의 회복 기간은 평균 18일이고 표준 편차가 1.5일입니다.
mean = 18
std_dev = 1.5

# 16보다 작거나 같을 확률
p1 = norm.cdf(16, mean, std_dev)

# 20보다 크거나 같을 확률
p2 = 1.0 - norm.cdf(20, mean, std_dev)

# 양측 검정의 P 값
p_value = p1 + p2

print(p_value) # 0.18242243945173575
```

그렇다면 왜 양측 검정에서 반대쪽 대칭 면적도 추가할까요? 가장 직관적인 설명은 아닐 수 있지만 먼저 가설을 어떻게 구성했는지 떠올려보세요.

$$H_0 : 모집단\ 평균 = 18$$
$$H_1 : 모집단\ 평균 \neq 18$$

'18과 같음'과 '18과 같지 않음'으로 테스트하는 경우, 양쪽 끝에서 값이 같거나 적은 모든 확률을 포착해야 합니다. 무엇보다도 유의성을 증명해야 하므로 발생 가능성이 같거나 적은 모든 것이 포함됩니다. '보다 크다/보다 작다' 논리만 사용하는 단측 검정에서는 이러한 고려가 없었습니다. 하지만 '같음/같지 않음'을 다룰 때는 관심 영역이 양방향으로 확장됩니다.

그렇다면 양측 검정의 실질적인 의미는 무엇일까요? 귀무 가설을 기각할지 여부에 어떤 영향을 미칠까요? 스스로에게 물어보세요. 어느 쪽이 더 높은 임곗값을 부여할까요? 목표가 무언가(약물을 사용한 감기 회복 시간)를 줄이는 것일지라도, 크든 작든 어떤 영향이 있다고 가설을 재구성하면 유의성 임곗값이 더 높아집니다. 유의성 임곗값이 0.05인 경우 단측 검정에서는 p 값이 0.0912로 수용에 더 가까운 반면, 양측 검정에서는 p 값이 0.182로 약 두 배가 되었습니다.

즉, 양측 검정은 귀무 가설을 기각하기 어렵게 만들고 검정을 통과하기 위해 더 강력한 증거를 요구합니다. 또한 약이 감기를 악화시켜 감기가 더 오래 지속될 수 있다면 어떨까요? 그 확률도 포착하고 그 방향의 변동을 고려해야 합니다. 그렇기 때문에 대부분 양측 검정을 선호합니다. 더 신뢰할 수 있고 가설이 한 방향으로 편향되지 않기 때문이죠.

5장과 6장에서 가설 검정과 p 값을 다시 사용합니다.

---

p 해킹을 조심하세요!

과학 연구 커뮤니티에서는 연구자들이 통계적으로 유의성을 갖는 0.05 이하의 p 값을 고르는 p 해킹[p-hacking] 문제에 대한 인식이 높아지고 있습니다. 빅 데이터, 머신러닝, 데이터 마이닝을 통해 수백, 수천 개의 변수를 탐색해 변수 간에 통계적으로 유의미한 (하지만 우연한) 관계를 찾아내는 것은 어렵지 않습니다.

왜 그렇게 많은 연구자가 해킹을 할까요? 아마도 많은 사람이 자신이 해킹을 하고 있다는 사실을 인지하지 못할 수 있습니다. 올바른 결과가 나올 때까지 잡음 데이터를 제외하고 파라미터를 변경하는 등 모델을 계속 튜닝하는 것은 쉽습니다. 어떤 사람들은 객관적인 결과가 아닌 수익성 있는 결과를 내야 한다는 압박을 학계와 업계로부터 받고 있습니다.

초콜릿 프로스트 슈가 밤이 당뇨병을 유발하는지 연구하기 위해 캘빈 시리얼[Calvin Cereal] 회사[14]에 고용된 경우, 정직한 분석을 제공한다면 다시 고용될 수 있을까요? 관리자가 신제품 출시를 위해 다음 분기 매출이 1,500만 달러가 될 것이라는 예측을 작성해달라고 요청한다면 어떻게

---

14 옮긴이_ 미국 만화 《캘빈과 홉스(Calvin and Hobbes)》의 등장인물 캘빈이 가장 좋아하는 아침 식사인 초콜릿 프로스트 슈가 밤을 사용한 농담입니다.

해야 할까요? 매출을 통제할 수는 없지만 미리 정해진 결과를 산출하는 모델을 요구받죠. 최악의 경우 잘못되었다고 판명될 경우 직접 책임져야 할 수도 있습니다. 불공평하지만 일어날 수 있는 일입니다!

이것이 바로 외교와 같은 소프트 스킬soft skill이 데이터 과학자의 경력에 변화를 가져올 수 있는 이유입니다. 어렵고 불편한 이야기를 효과적으로 청중에게 전달하는 것은 엄청난 능력입니다. 다만 조직의 관리 분위기를 염두에 두고 항상 대안을 제시하세요. p 해킹을 요청받고 역효과가 났을 때 책임을 져야 하는 승산이 없는 상황에 처하게 된다면 반드시 업무 환경을 바꿔야 합니다!

3.6 t 분포: 소규모 표본 처리

이번에는 5장에서 선형 회귀를 설명할 때 필요한 30개 이하의 작은 표본을 다루는 방법을 간략하게 살펴보겠습니다. 신뢰 구간을 계산하거나 가설 검정을 수행할 때 표본의 크기가 30 이하라면 정규 분포 대신 t 분포를 사용합니다. t 분포는 정규 분포와 비슷하지만 더 많은 분산과 불확실성을 반영하기 위해 꼬리가 더 두껍습니다. [그림 3-24]는 정규 분포(점선)와 자유도 1의 t 분포(실선)를 함께 보여주는 그래프입니다.

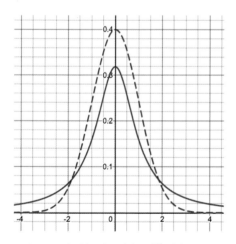

그림 3-24 정규 분포와 꼬리가 두꺼운 *t* 분포

표본 크기가 작을수록 t 분포의 꼬리가 더 두껍습니다. 하지만 흥미롭게도 표본 크기가 31에 가까워지면 t 분포가 정규 분포와 거의 구분할 수 없게 됩니다. 이는 중심 극한 정리의 개념을 잘 반영합니다.

[예제 3-23]은 95% 신뢰도에 대한 **임계 t 값**^{critical t-value}을 찾는 방법을 보여줍니다. 표본 크기가 30 이하일 때 신뢰 구간 및 가설 검정을 위해 이 값을 사용할 수 있습니다. 개념적으로는 임계 z 값과 동일하지만, 더 큰 불확실성을 반영하기 위해 정규 분포 대신 t 분포를 사용합니다. 표본 크기가 작을수록 범위가 커져 더 큰 불확실성을 반영합니다.

예제 3-23 t 분포로 임곗값 범위 구하기

```python
from scipy.stats import t

# 표본 크기가 25일 때
# 95% 신뢰도에 대한 임곗값 범위 구하기

n = 25
lower = t.ppf(0.025, df=n-1)
upper = t.ppf(0.975, df=n-1)

print(lower, upper)
# -2.063898561628021 2.0638985616280205
```

df는 자유도^{degree of freedom} 매개변수이며, 앞서 설명한 대로 표본 크기보다 하나 작아야 합니다.

평균을 넘어서

신뢰 구간과 가설 검정을 사용하면 평균 외에 분산/표준 편차, 비율(**예** 60%의 사람들이 하루에 한 시간씩 걸은 후 더 행복하게 느낀다고 응답함) 등 다른 매개변수를 측정할 수 있습니다. 이 경우 정규 분포 대신 카이제곱^{chi-square} 분포와 같은 다른 분포가 필요합니다. 앞서 언급했듯이 이런 내용은 모두 이 책의 범위를 벗어납니다. 하지만 필요한 경우 이러한 범위까지 확장할 수 있는 강력한 개념을 여기서 배우고 이해했기를 바랍니다.

5장과 6장에서 신뢰 구간과 가설 검정을 사용하겠습니다.

3.7 빅 데이터 고려 사항과 텍사스 명사수 오류

이 장을 마무리하기 전에 마지막으로 한 가지 더 생각해보겠습니다. 앞서 논의했듯이 무작위성은 연구 결과를 검증하는 데 중요한 역할을 하며, 항상 그 가능성을 고려해야 합니다. 안타깝게도 빅 데이터, 머신러닝, 기타 데이터 마이닝 도구로 인해 과학적인 방법이 갑자기 거꾸로 수행되고 있습니다. 이는 불안정한 결과를 초래할 수 있습니다. 게리 스미스[Gary Smith]의 저서 『숫자를 읽는 힘』(지식노마드, 2021)에 나온 예를 들어 그 이유를 설명해보겠습니다.

공정한 덱[deck]에서 카드 네 장을 뽑는다고 가정합니다. 여기에는 네 장의 카드를 뽑고 관찰하는 것 외에는 별다른 규칙이나 목표가 없습니다. 필자가 카드 네 장을 뽑았더니 두 개의 10과 3, 2가 나왔습니다. 그리고 이렇게 말했습니다. "이거 흥미롭네요. 10이 두 장 그리고 3, 2가 나왔군요. 이게 의미가 있나요? 다음에 뽑을 네 장의 카드도 연속된 두 개의 숫자와 한 쌍의 숫자가 나올까요? 여기서 작동하는 기본 모델은 뭘까요?"

필자가 어떻게 했는지 봤나요? 완전히 무작위한 결과에서 패턴을 찾았을 뿐만 아니라 예측 모델을 만들려고 했습니다. 여기서 미묘한 점은 우리는 특정 패턴을 가진 카드 네 장을 얻는 것을 목표로 삼지 않았다는 것입니다. 패턴이 발생한 후에 관찰한 것입니다.

이게 바로 데이터 마이닝이 매일 빠지게 되는 함정입니다. 즉, 무작위한 사건에서 우연히 일치하는 패턴을 찾습니다. 방대한 양의 데이터와 빠른 패턴 검색 알고리즘을 사용하면 실제로는 무작위한 우연에 불과하지만 의미 있어 보이는 것을 쉽게 찾을 수 있습니다.

이것은 벽에 대고 총을 쏘는 것과 비슷합니다. 그런 다음 구멍 주위에 과녁을 그리고, 친구들을 데려와 놀라운 사격 실력을 뽐냅니다. 바보 같죠? 데이터 과학에 종사하는 많은 사람이 매일 이런 행동을 하는데, 이를 **텍사스 명사수 오류**[Texas Sharpshooter Fallacy]라고 합니다. 목표 없이 행동하고, 희귀한 무언가를 우연히 발견한 다음, 발견한 것이 어떻게든 예측 가치를 창출한다고 주장합니다.

큰 수의 법칙[law of truly large numbers][15]에 따르면 희귀한 사건이 발견될 가능성이 높지만 어떤 사건이 발견될지 모른다는 것이 문제입니다. 희귀한 사건을 접할 때 그 원인을 강조하고 심지어 추측하기도 합니다. 특정 사람이 복권에 당첨될 확률은 매우 낮지만, 그럼에도 불구하고 누군가는

---

15 옮긴이_ 큰 수의 법칙(law of truly large numbers)(https://bit.ly/3WPrXij)은 매우 많은 독립된 표본이 있으면 믿기 어려운 결과가 관측될 가능성이 높다는 의미입니다. 많은 표본에서 얻은 결과의 평균이 모집단의 결괏값에 가까워진다는 큰 수의 법칙(law of large numbers)과 혼동하지 마세요.

복권에 당첨됩니다. 당첨자가 결정될 때 왜 우리는 놀라지 않을까요? 누군가 당첨자를 예측하지 않는 한, 무작위한 누군가가 운이 좋았다는 것 외에는 의미 있는 일이 아니기 때문입니다.

이는 5장에서 살펴볼 상관관계^{correlation}에도 적용됩니다. 수천 개의 변수가 포함된 대규모 데이터셋에서 0.05인 p 값으로 통계적으로 유의미한 결과를 쉽게 찾을 수 있을까요? 당연하죠! 수천 개를 찾을 수 있습니다. 심지어 니콜라스 케이지$^{Nicolas Cage}$가 찍은 영화 개수가 수영장에서 발생한 연간 익사자 수와 상관관계가 있다는 증거도 있습니다(*https://oreil.ly/eGxm0*).

따라서 텍사스 명사수 오류를 방지하고 빅 데이터 오류의 희생양이 되지 않으려면 구조화된 가설 검정을 사용하고 해당 목적에 맞는 데이터를 수집하세요. 데이터 마이닝을 활용하는 경우, 새로운 데이터를 확보해 여전히 유효한 결과인지 확인하세요. 마지막으로 항상 우연일 수 있는 가능성을 고려하세요. 상식적으로 설명할 수 없다면 우연일 가능성이 높습니다.

데이터를 수집하기 전에 가설을 세우는 방법을 배웠지만, 데이터 마이닝은 데이터를 수집한 다음 가설을 세웁니다. 아이러니하게도 가설에서 출발하는 것이 더 객관적인 경우가 많습니다. 왜냐하면 가설을 세운 다음 의도적으로 가설을 증명하거나 반증할 데이터를 찾기 때문입니다.

3.8 마치며

이 장에서 많은 것을 배웠네요. 여기까지 온 것을 축하합니다! 아마도 이 책에서 가장 어려운 주제였을 것입니다. 평균에서 정규 분포에 이르는 기술 통계뿐만 아니라 신뢰 구간과 가설 검정도 다뤘습니다.

여러분이 데이터를 조금 다른 시각으로 보길 바랍니다. 데이터는 현실을 완전히 포착한 것이 아니라 어떤 것의 스냅숏입니다. 데이터 자체는 그다지 유용하지 않으며, 데이터에서 의미 있는 통찰을 얻으려면 데이터의 출처에 대한 맥락, 호기심, 분석이 필요합니다. 데이터를 설명하는 방법과 표본을 기반으로 대규모 모집단에 대한 속성을 추론하는 방법을 살펴봤습니다. 마지막으로 데이터 마이닝을 할 때 주의하지 않으면 실수할 수 있는 몇 가지 오류와 새로운 데이터와 상식을 통해 이를 해결하는 방법을 언급했습니다.

이번 장에는 이해해야 할 내용이 많으니 다시 앞으로 돌아가서 복습해도 좋습니다. 데이터 과학과 머신러닝 분야에서 성공적인 커리어를 쌓으려면 가설 검정을 알고 있는 것이 중요합니다.

통계와 가설 검정 개념을 머신러닝과 연결 짓는 데 시간을 할애하는 실무자는 거의 없는데, 참 안타까운 일입니다.

이해 가능성^{understandability}과 설명 가능성^{explainability}은 머신러닝의 차세대 영역이므로 이 책의 나머지 부분을 읽으면서, 그리고 여러분의 커리어를 진행하면서 이러한 아이디어를 계속 학습하고 통합하길 바랍니다.

4장

선형대수학

방향을 조금 바꿔서 확률과 통계에서 벗어나 **선형대수학**^{linear algebra}에 대해 알아봅시다. 때때로 사람들은 선형대수학을 기본 대수학과 혼동해 대수 함수 $y = mx + b$를 사용해 선을 그리는 것과 관련된다고 생각하기도 합니다. 사실 선형대수학은 훨씬 더 추상적이기 때문에 '벡터 대수학' 또는 '행렬 대수학'이라고 불러야 합니다. 선형계^{linear system}가 중요한 역할을 하지만 훨씬 더 형이상학적입니다.

그렇다면 선형대수학이란 정확히 무엇일까요? 선형대수학은 선형계와 관련되지만 벡터^{vector} 공간과 행렬^{matrix}을 통해 이를 표현합니다. 벡터나 행렬이 무엇인지 모르더라도 걱정하지 마세요! 이 장에서 벡터와 행렬을 정의하고 자세히 살펴보겠습니다. 선형대수학은 수학, 통계, 운용 과학^{operations research}, 데이터 과학 및 머신러닝의 여러 응용 분야에 기초를 형성합니다. 이러한 분야에서 데이터를 다룰 때 선형대수학을 사용합니다. 하지만 여러분은 아마 선형대수학이 사용되는지도 몰랐을 것입니다.

머신러닝과 통계 라이브러리를 사용하면 한동안은 선형대수학을 배우지 않아도 됩니다. 하지만 이러한 라이브러리 이면의 작동 방식에 대한 직관을 기르고, 데이터를 더 효율적으로 다루려면 선형대수학의 기본을 이해하는 것이 필수입니다. 선형대수학은 두꺼운 교과서를 가득 채울 수 있는 방대한 주제이므로 한 장의 내용만으로 완전히 통달할 수는 없습니다. 하지만 선형대수학에 익숙해지고 데이터 과학 분야를 효과적으로 탐험할 수 있을 만큼은 충분히 배울 수 있습니다. 5장과 7장을 포함해 이 책의 나머지 장에서도 선형대수학을 적용해볼 기회가 있습니다.

4.1 벡터란 무엇인가요?

간단히 말해 벡터는 공간상에서 특정 방향과 길이를 가진 화살표이며 종종 데이터의 한 조각을 나타냅니다. 벡터는 선형대수학의 핵심 구성 요소로 여기에는 행렬과 선형 변환도 포함됩니다. 벡터의 기본 형태에는 위치에 대한 개념이 없으므로 항상 꼬리가 데카르트 좌표계의 원점 (0, 0)에서 시작한다고 생각하세요.

[그림 4-1]은 수평 방향으로 3스텝, 수직 방향으로 2스텝 이동하는 벡터 $\vec{v}$입니다.

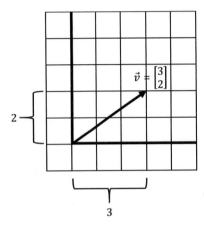

그림 4-1 간단한 벡터

다시 한번 강조하면 벡터의 목적은 데이터를 시각적으로 표현하는 것입니다. 집의 면적이 18,000평방피트이고 가치가 260,000달러인 데이터가 있다고 가정해보죠. 이를 가로 방향으로 18,000스텝, 세로 방향으로 260,000스텝을 이동하는 벡터 [18000, 260000]으로 표현할 수 있습니다.

벡터는 수학적으로 다음과 같이 선언합니다.

$$\vec{v} = \begin{bmatrix} x \\ y \end{bmatrix}$$

$$\vec{v} = \begin{bmatrix} 3 \\ 2 \end{bmatrix}$$

[예제 4-1]처럼 파이썬 리스트와 같은 간단한 컬렉션을 사용해 벡터를 선언합니다.

```
v = [3, 2]
print(v)
```

하지만 벡터로 수학 연산을 수행할 때, 특히 머신러닝과 같은 작업을 할 때는 일반 파이썬보다
더 효율적인 넘파이 라이브러리를 사용하는 것이 좋습니다. 심파이를 사용해 선형대수학 연산
을 수행할 수도 있습니다. 이번 장에서는 소수로 작업하기 불편할 경우 가끔 심파이를 사용합
니다. 하지만 실전에서는 넘파이를 더 많이 사용하므로 주로 넘파이 라이브러리를 사용하겠습
니다.

벡터를 선언하려면 [예제 4-2]처럼 넘파이의 **array()** 함수를 사용한 숫자 컬렉션을 전달합
니다.

예제 4-2 파이썬에서 넘파이로 벡터 선언하기

```
import numpy as np
v = np.array([3, 2])
print(v)
```

> **TIP** **파이썬은 느리지만, 수치 라이브러리는 그렇지 않습니다.**
>
> 파이썬은 자바, C#, C 등과 같은 저수준의 기계어 코드나 바이트코드bytecode로 컴파일되지 않기 때문에 계
> 산 속도가 느린 언어입니다.[1] 즉, 런타임에 동적으로 해석됩니다. 하지만 파이썬의 수치 계산이나 데이터 과학
> 을 위한 라이브러리는 느리지 않습니다. 넘파이 같은 라이브러리는 일반적으로 C나 C++와 같은 저수준 언
> 어로 작성되기 때문에 계산 효율성이 뛰어납니다. 파이썬은 이러한 라이브러리를 현재 당면한 작업에 통합하
> 는 '글루 코드(접착제 코드)glue code' 역할을 합니다.

벡터의 용도는 무수히 많습니다. 물리학에서 벡터는 흔히 방향과 크기magnitude로 간주됩니다.
수학에서는 xy 평면에서의 방향과 스케일scale로, 마치 어떤 움직임과 같은 개념을 표시합니다.
컴퓨터 과학에서는 데이터를 저장하는 숫자 배열입니다. 컴퓨터 과학에서 살펴본 벡터의 맥락
은 데이터 과학 전문가로서 우리가 가장 친숙하게 접하게 될 개념입니다. 하지만 벡터를 난해
한 숫자 그리드grid로 생각하지 않도록 시각적인 측면을 잊지 말아야 합니다. 시각적 이해 없이

---

1 옮긴이_ 실행 시 기계어로 컴파일하는 JIT 컴파일 방식의 pypy(*https://www.pypy.org*)는 파이썬 실행 속도를 크게 높여줍니다. 또한 파
   이썬 3.13 버전에 JIT 컴파일 기능이 추가될 예정입니다.

는 선형 종속 및 행렬식과 같은 기본적인 선형대수학 개념을 이해할 수 없습니다.

벡터의 몇 가지 예를 살펴봅시다. [그림 4-2]를 보면 이러한 벡터 중 일부가 x 및 y축에서 음의 방향을 갖습니다. 음수 방향의 벡터는 나중에 벡터를 결합할 때 더하지 않고 빼야 합니다.

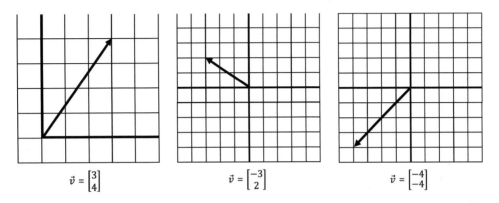

그림 4-2 여러 가지 벡터 예시

벡터가 유용한 이유는 무엇인가요?

많은 사람이 벡터(그리고 일반적으로 선형대수학)를 어려워하는 이유는 벡터가 왜 유용한지 이해하지 못하기 때문입니다. 벡터는 매우 추상적인 개념이지만 체감할 수 있는 애플리케이션이 많습니다. 벡터와 선형 변환을 이해하면 컴퓨터 그래픽을 더 쉽게 수행할 수 있습니다(환상적인 시각화 라이브러리인 매님^{Manim}(https://oreil.ly/Os5WK)은 벡터로 애니메이션과 변환을 정의합니다). 통계 및 머신러닝 작업을 할 때 데이터를 수치 벡터로 변환해 작업하는 경우가 많습니다. 엑셀이나 파이썬의 PuLP(https://coin-or.github.io/pulp)는 선형 계획법^{linear} ^{programming}을 사용해 제약 조건을 충족하는 해를 최대화하기 위해 벡터를 사용합니다. 비디오 게임이나 비행 시뮬레이션에서도 그래픽뿐만 아니라 물리학을 모델링하기 위해 벡터와 선형대수학을 사용합니다. 벡터를 이해하기 어려운 이유는 애플리케이션이 불분명하기 때문이 아니라, 오히려 애플리케이션이 너무 다양해서 일반화하기 어렵기 때문입니다.

벡터는 2차원 이상을 가질 수 있습니다. 다음은 x, y, z축을 따라 3차원 벡터를 선언합니다.

$$\vec{v} = \begin{bmatrix} x \\ y \\ z \end{bmatrix} = \begin{bmatrix} 4 \\ 1 \\ 2 \end{bmatrix}$$

이 벡터를 생성하기 위해 x 방향으로 4스텝, y 방향으로 1스텝, z 방향으로 2스텝을 이동합니다. [그림 4-3]에 이 벡터를 시각화했습니다. 2차원 그리드에 표시된 벡터가 아니라 x, y, z 세 축이 있는 3차원 공간에 표시된 벡터입니다.[2]

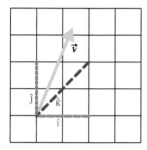

그림 4-3 3차원 벡터

당연히 [예제 4-3]처럼 세 개의 숫자를 사용해 이 3차원 벡터를 파이썬으로 표현할 수 있습니다.

예제 4-3 파이썬에서 넘파이로 3차원 벡터 선언하기

```
import numpy as np
v = np.array([4, 1, 2])
print(v)
```

다른 많은 수학 모델과 마찬가지로 3차원 이상을 시각화하기란 어렵습니다. 이 책에서는 시각화에 많은 에너지를 소비하지 않겠습니다. 하지만 수치적으로는 여전히 간단합니다. [예제 4-4]는 파이썬에서 다음 5차원 벡터를 선언하는 방법을 보여줍니다.

$$\vec{v} = \begin{bmatrix} 6 \\ 1 \\ 5 \\ 8 \\ 3 \end{bmatrix}$$

---

2 옮긴이_ z축은 지면에 수직이라고 생각하세요. $\hat{i}$, $\hat{j}$, $\hat{k}$은 4.2.1절에 있는 기저 벡터를 나타냅니다.

```
import numpy as np
v = np.array([6, 1, 5, 8, 3])
print(v)
```

4.1.1 덧셈과 결합

벡터는 그 자체로는 그다지 흥미롭지 않습니다. 공간상의 이동처럼 방향과 크기를 표현하죠. 하지만 벡터를 결합하면 흥미로워지기 시작합니다. 이를 **벡터 덧셈**^{vector addition}이라고 부릅니다. 벡터 덧셈을 통해 두 벡터의 이동을 하나의 벡터로 효과적으로 결합합니다.

[그림 4-4]처럼 두 개의 벡터 $\vec{v}$와 $\vec{w}$가 있다고 가정합니다. 이 두 벡터를 어떻게 더할까요?

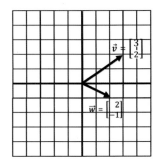

그림 4-4 두 벡터 더하기

벡터를 더하는 것이 왜 유용한지 잠시 후에 살펴보겠습니다. 두 벡터의 방향과 크기를 결합하면 어떤 모습일까요? 수치적으로는 간단합니다. 다음과 같이 각각의 x 값과 y 값을 더해 새 벡터를 만들면 됩니다. 파이썬에서는 [예제 4-5]와 같이 계산합니다.

$$\vec{v} = \begin{bmatrix} 3 \\ 2 \end{bmatrix}$$

$$\vec{w} = \begin{bmatrix} 2 \\ -1 \end{bmatrix}$$

$$\vec{v} + \vec{w} = \begin{bmatrix} 3+2 \\ 2+-1 \end{bmatrix} = \begin{bmatrix} 5 \\ 1 \end{bmatrix}$$

```
from numpy import array

v = array([3,2])
w = array([2,-1])

# 벡터 더하기
v_plus_w = v + w

# 더해진 벡터 출력하기
print(v_plus_w) # [5 1]
```

하지만 시각적으로는 무엇을 의미할까요? 이 두 벡터를 시각적으로 더하려면 두 벡터를 차례로 연결하고 마지막 벡터의 끝으로 이동하면 됩니다(그림 4-5). 끝나는 지점이 두 벡터를 합한 결과인 새로운 벡터입니다.

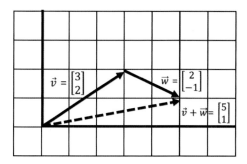

그림 4-5 두 벡터를 더해 새 벡터 만들기

[그림 4-5]에서 볼 수 있듯이, 마지막 벡터 $\vec{w}$의 끝으로 이동하면 새로운 벡터 [5, 1]이 생깁니다. 이 새로운 벡터는 $\vec{v}$와 $\vec{w}$를 더한 결과입니다. 실제로는 단순히 데이터를 더한 것입니다. 한 지역의 주택 가격과 주택 면적을 합산하는 경우, 이런 식으로 여러 벡터를 하나의 벡터에 더합니다.

덧셈 기호 전에 $\vec{v}$를 놓는지 $\vec{w}$를 놓는지는 중요하지 않습니다. 즉, **교환 법칙**^{commutative property}이 성립하며 연산 순서는 중요하지 않습니다. [그림 4-6]처럼 $\vec{v}$ 전에 먼저 $\vec{w}$를 따라 이동해도 동일한 결과 벡터 [5, 1]이 구해집니다.

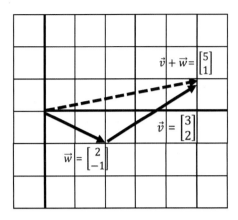

그림 4-6 벡터의 덧셈은 교환 법칙이 성립합니다.

4.1.2 스케일링

스케일링scaling은 벡터의 길이를 늘이거나 줄이는 것입니다. 벡터에 **스칼라**scalar라고 하는 하나의 값을 곱하거나 스케일링해서 벡터를 늘이거나 줄입니다. [그림 4-7]은 벡터 $\vec{v}$에 2를 곱해 길이를 두 배로 늘렸습니다.

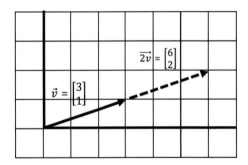

그림 4-7 벡터 스케일링

수학적으로는 벡터의 각 원소에 다음과 같이 스칼라 값을 곱하면 됩니다.

$$\vec{v} = \begin{bmatrix} 3 \\ 1 \end{bmatrix}$$

$$2\vec{v} = 2\begin{bmatrix} 3 \\ 1 \end{bmatrix} = \begin{bmatrix} 3 \times 2 \\ 1 \times 2 \end{bmatrix} = \begin{bmatrix} 6 \\ 2 \end{bmatrix}$$

[예제 4-6]에서처럼 파이썬에서도 단순히 벡터에 스칼라를 곱합니다.

예제 4-6 파이썬에서 넘파이로 숫자 크기 조정하기

```
from numpy import array

v = array([3,1])

# 벡터 스케일링
scaled_v = 2.0 * v

# 스케일링된 벡터 출력
print(scaled_v) # [6. 2.]
```

[그림 4-8]에서는 $\vec{v}$ 에 0.5를 곱해 길이가 절반으로 줄어들었습니다.

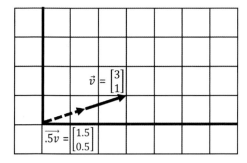

그림 4-8 벡터를 절반으로 축소하기

 데이터 조작은 벡터 조작입니다

모든 데이터 연산은 벡터의 관점에서 생각할 수 있습니다. 심지어 단순한 평균도 그렇습니다.

스케일링을 예로 들어보겠습니다. 한 동네 전체의 평균 주택 가격과 평균 면적을 구한다고 가정해보겠습니다. 각각의 주택 가격과 면적을 결합하기 위해 모든 벡터를 더하면 총가격과 총면적을 담은 하나의 벡터가 만들어집니다. 그런 다음 이 벡터를 주택 수 N으로 나눠 스케일을 줄입니다. 실제로는 $1/N$을 곱하는 셈입니다. 이제 평균 주택 가격과 평균 면적이 들어 있는 벡터가 만들어졌습니다.

여기서 주목해야 할 중요한 세부 사항은 벡터의 크기를 조정해도 벡터의 방향은 변하지 않고 크기만 변한다는 점입니다. 하지만 이 규칙에는 한 가지 예외가 있습니다. 벡터에 음수를 곱하면 [그림 4-9]에 표시된 것처럼 벡터의 방향이 뒤집힙니다.

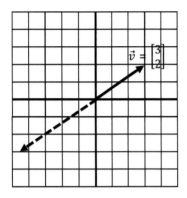

그림 4-9 음수 스칼라는 벡터 방향을 반전시킵니다.

하지만 음수로 스케일을 조정해도 여전히 같은 선상에 존재하므로 실제로 방향이 바뀌지는 않습니다. 이는 선형 종속이라는 핵심 개념으로 이어집니다.

4.1.3 스팬과 선형 종속

두 벡터를 더하고 크기를 조정하는 이 두 가지 연산을 통해 간단하지만 강력한 아이디어를 얻을 수 있습니다. 이 두 가지 연산을 사용하면 두 벡터를 결합하고 크기를 조정해 원하는 결과 벡터를 만들 수 있습니다. [그림 4-10]은 두 벡터 $\vec{v}$와 $\vec{w}$를 사용해 스케일링과 결합의 여섯 가지 예를 보여줍니다. 다른 두 방향으로 고정된 $\vec{v}$와 $\vec{w}$의 스케일을 변경하고 더하면 새로운 벡터 $\overrightarrow{v+w}$를 얼마든지 만들 수 있습니다.

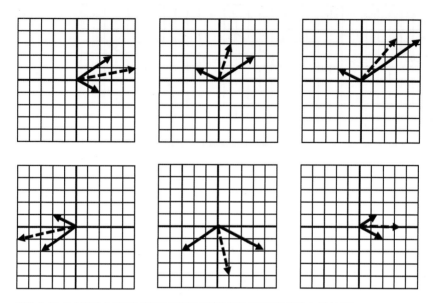

그림 4-10 두 벡터의 스케일을 바꾸고 더하면 새로운 어떤 벡터라도 만들 수 있습니다.

여기에서도 음수 스칼라로 뒤집힌 것만 빼고는 $\vec{v}$와 $\vec{w}$의 방향이 고정되어 있지만, 스케일링을 사용해 $\overrightarrow{v+w}$로 어떤 벡터도 만들 수 있습니다.

가능한 벡터의 전체 공간을 **스팬**^{span}이라고 합니다. 대부분의 경우 스팬은 두 벡터를 스케일링하고 더해 벡터를 무한하게 만들 수 있습니다. 서로 방향이 다른 벡터 두 개가 있을 때, 두 벡터는 **선형 독립**^{linearly independent}이며 스팬이 무한합니다.

하지만 만들 수 있는 벡터가 제한되는 경우는 언제일까요? 잠시 생각해보고 계속 읽어보세요.

두 벡터가 같은 방향으로 존재하거나 같은 선상에 존재하면 어떻게 될까요? 이러한 벡터를 조합해도 같은 선 위에 고정되므로 스팬이 제한됩니다. 스케일을 어떻게 조정하든 만들어진 벡터도 같은 선 위에 놓입니다. 따라서 [그림 4-11]에 나타난 것처럼 **선형 종속**^{linearly dependent}이 됩니다.

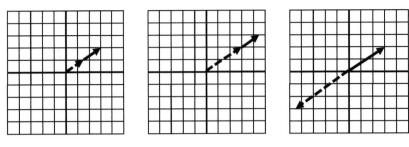

그림 4-11 선형 종속 벡터

여기서 스팬은 두 벡터와 같은 선상에 고정됩니다. 두 벡터가 동일한 기본 선 위에 있기 때문에 스케일링을 통해 여러 가지 새로운 벡터를 만들 수 없습니다.

3차원 이상에서 선형 종속인 벡터들은 더 적은 수의 차원으로 된 평면에 갇힙니다. 다음은 [그림 4-12]에 표시된 것처럼 3차원 벡터가 있음에도 2차원 평면에 고정되는 예입니다.

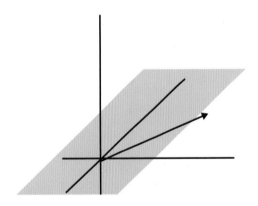

그림 4-12 3차원 공간에서 선형 종속이 생기면 스팬이 평평한 평면으로 제한됩니다.

나중에 선형 종속을 확인하는 행렬식^{determinant}이라는 간단한 도구를 배우겠지만, 두 벡터가 선형 종속인지 독립인지 신경 써야 하는 이유는 뭘까요? 선형 종속이면 많은 문제가 풀기 어렵거나 풀 수 없기 때문입니다. 예를 들어 이 장의 뒷부분에서 연립 방정식에 대해 배울 때 선형 종속이 있는 방정식 집합은 변수가 사라져 문제를 풀 수 없습니다. 하지만 선형 독립이면 두 개 이상의 벡터에서 필요한 어떤 벡터도 만들어내는 유연성 덕분에 해를 쉽게 구할 수 있습니다.

4.2 선형 변환

방향이 고정된 두 개의 벡터를 더하고 스케일을 조정해 다른 결합 벡터를 얻는 이 개념은 매우 중요합니다. 선형 종속의 경우를 제외하면 결합된 이 벡터는 원하는 방향과 길이를 가질 수 있습니다. 따라서 함수와 같은 방식으로 한 벡터를 다른 벡터로 변환하는 선형 변환^{linear} ^{transformation}을 떠올려볼 수 있습니다.

4.2.1 기저 벡터

두 개의 간단한 벡터 $\hat{i}$ (i햇^{hat})과 $\hat{j}$ (j햇)이 있다고 가정해보겠습니다. 다른 벡터의 변환을 설명하는 데 사용되는 이런 벡터를 **기저 벡터**$^{basis\ vector}$라고 합니다. 일반적으로 [그림 4-13]에 나타난 것처럼 길이가 1이고 서로 수직이며 양의 방향을 가리킵니다.

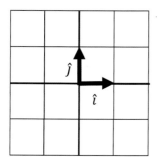

그림 4-13 기저 벡터

기저 벡터는 모든 벡터를 만들거나 변환하기 위한 구성 요소라고 생각하세요. 앞의 기저 벡터는 2 × 2 행렬로 표현되며, 첫 번째 열이 $\hat{i}$이고 두 번째 열이 $\hat{j}$입니다.

$$\hat{i} = \begin{bmatrix} 1 \\ 0 \end{bmatrix}$$

$$\hat{j} = \begin{bmatrix} 0 \\ 1 \end{bmatrix}$$

$$기저\ 벡터\ = \begin{bmatrix} 1 & 0 \\ 0 & 1 \end{bmatrix}$$

행렬^{matrix}은 $\hat{i}$, $\hat{j}$과 같은 벡터의 모음입니다. 여러 개의 행과 열을 가질 수 있으며 데이터를 묶는 편리한 방법입니다. $\hat{i}$과 $\hat{j}$을 스케일링하고 더하면 어떤 벡터도 만들 수 있습니다. [그림 4-14]에서처럼 길이가 1인 벡터 $\vec{v}$를 만들어보죠.

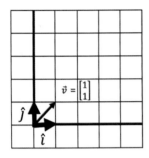

그림 4-14 기저 벡터로 새로운 벡터 만들기

벡터 $\vec{v}$가 [3, 2] 위치에 도달하길 원합니다. $\hat{i}$을 3배, $\hat{j}$을 2배로 늘이면 $\vec{v}$는 어떻게 될까요? 먼저 다음과 같이 개별적으로 벡터의 스케일을 조정합니다.

$$3\hat{i} = 3\begin{bmatrix} 1 \\ 0 \end{bmatrix} = \begin{bmatrix} 3 \\ 0 \end{bmatrix}$$

$$2\hat{j} = 2\begin{bmatrix} 0 \\ 1 \end{bmatrix} = \begin{bmatrix} 0 \\ 2 \end{bmatrix}$$

이 두 방향으로 늘이면 $\vec{v}$는 어떻게 될까요? $\hat{i}$과 $\hat{j}$을 따라 늘어날 것입니다. 이를 **선형 변환**^{linear transformation}이라고 합니다. 기저 벡터의 움직임을 이용해 벡터를 늘이고, 줄이고, 비틀고, 회전합니다. [그림 4-15]에서처럼 $\hat{i}$과 $\hat{j}$의 스케일링 변화가 벡터 $\vec{v}$의 공간을 늘립니다.

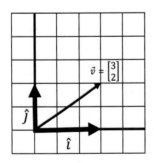

그림 4-15 선형 변환

하지만 $\vec{v}$가 어디에 도착할까요? 여기서는 벡터가 [3, 2]에 도달했습니다. 벡터 $\vec{v}$는 $\hat{i}$과 $\hat{j}$의 덧셈으로 구성된다는 것을 기억하세요. 따라서 단순히 늘어난 $\hat{i}$과 $\hat{j}$을 더하면 벡터 $\vec{v}$의 종착지를 알 수 있습니다.

$$\vec{v}_{new} = \begin{bmatrix} 3 \\ 0 \end{bmatrix} + \begin{bmatrix} 0 \\ 2 \end{bmatrix} = \begin{bmatrix} 3 \\ 2 \end{bmatrix}$$

일반적으로 선형 변환을 사용하면 [그림 4-16]에 표시된 것처럼 네 가지 동작을 수행할 수 있습니다.

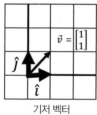

기저 벡터

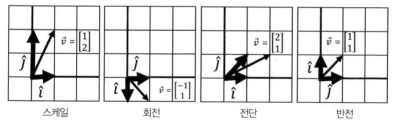

스케일   회전   전단   반전

그림 4-16 선형 변환으로 네 가지 동작을 구현할 수 있습니다.

이 네 가지 선형 변환은 선형대수학의 핵심입니다. 벡터의 크기를 조정하면 벡터가 늘어나거나 줄어듭니다. 회전은 벡터 공간을 돌리고, 반전inversion은 벡터 공간을 뒤집어 $\hat{i}$과 $\hat{j}$의 위치를 바꿉니다. 전단은 그림으로 이해하는 게 쉽습니다. 전단은 특정 방향의 직선과의 거리에 비례하여 각 포인트를 이동시킵니다.

비선형 변환을 사용하면 직선이 아닌 휘거나 구불구불한 변환을 만들기 때문에 사용할 수 없다는 점에 유의해야 합니다. 이것이 바로 비선형대수학nonlinear algebra이 아닌 선형대수학linear algebra이라고 부르는 이유입니다!

4.2.2 행렬 벡터 곱셈

이제 선형대수학의 다음 단계로 넘어가보죠. 변환 후에 $\hat{i}$과 $\hat{j}$이 도착하는 곳을 추적하는 개념은 중요합니다. 벡터를 생성할 뿐만 아니라 기존 벡터를 변환할 수 있기 때문입니다. 진정한 선형대수학의 깨달음을 얻고 싶다면 벡터를 만드는 것과 벡터를 변환하는 것이 왜 실제로는 같은지 곰곰이 생각해보세요. 기저 벡터가 변환 전후의 출발점이라 생각하면 상대적인 것일 뿐입니다.[3]

행렬에 담긴 기저 벡터 $\hat{i}$과 $\hat{j}$이 있을 때 벡터 $\vec{v}$를 변환하는 공식은 다음과 같습니다.

$$\begin{bmatrix} x_{new} \\ y_{new} \end{bmatrix} = \begin{bmatrix} a & b \\ c & d \end{bmatrix} \begin{bmatrix} x \\ y \end{bmatrix}$$

$$\begin{bmatrix} x_{new} \\ y_{new} \end{bmatrix} = \begin{bmatrix} ax + by \\ cx + dy \end{bmatrix}$$

$\hat{i}$은 첫 번째 열 $[a, c]$이고 $\hat{j}$은 두 번째 열 $[b, d]$입니다. 이 두 기저 벡터를 하나의 행렬에 넣었습니다. 행렬은 2차원 이상의 숫자 격자로 표현된 벡터의 집합입니다. 기저 벡터를 적용해 다른 벡터를 이렇게 변환하는 것을 **행렬 벡터 곱셈**^{matrix vector multiplication}이라고 부릅니다. 처음에는 인위적으로 보일 수 있지만 이 공식은 앞서 두 벡터를 더하고 변환을 적용해 벡터 $\vec{v}$를 만든 것처럼 $\hat{i}$과 $\hat{j}$의 스케일을 조정하고 더하는 연산의 지름길입니다.

따라서 사실상 행렬은 기저 벡터로 표현되는 하나의 변환입니다.

파이썬에서 넘파이를 사용해 이 변환을 수행하려면 기저 벡터를 행렬로 선언한 다음 dot() 연산을 사용해 벡터 $\vec{v}$에 적용합니다(예제 4-7). dot() 연산은 방금 설명한 대로 행렬과 벡터 사이의 스케일링과 덧셈을 수행합니다. 이를 **점 곱**^{dot product}이라고 하며 이 장에서 자세히 살펴봅니다.

예제 4-7 넘파이의 행렬 벡터 곱셈

```
from numpy import array

# i-hat과 j-hat으로 구성된 기저 행렬을 만듭니다.
basis = array(
```

---

3 옮긴이_ 다음 문단에 나오는 수식에서 벡터 $[x, y]$가 $[1, 1]$이면 벡터 변환과 이전 절의 벡터 생성이 동일하다는 의미입니다.

```
    [[3, 0],
     [0, 2]]
  )

# 벡터 v를 정의합니다.
v = array([1,1])

# 점 곱으로 v에 변환을 적용해 새로운 벡터를 만듭니다.
new_v = basis.dot(v)

print(new_v) # [3 2]
```

기저 벡터의 관점에서 생각하면 기저 벡터를 각각 만든 다음 하나의 행렬로 구성하는 것이 좋습니다. 주의할 점은 이렇게 하려면 행과 열을 바꿔야 합니다(이를 **전치**^{transpose}라고 합니다). 왜냐하면 넘파이의 **array()** 함수는 기대와 반대로 각 벡터를 열이 아닌 행으로 채우기 때문입니다. [예제 4-8]에 넘파이의 전치 연산의 예시가 있습니다.

예제 4-8 기저 벡터를 분리해 변환 수행하기

```
from numpy import array

# i-hat과 j-hat을 선언합니다.
i_hat = array([2, 0])
j_hat = array([0, 3])

# i-hat과 j-hat을 사용해 기저 행렬을 만들고
# 열과 행을 바꿔야 합니다.
basis = array([i_hat, j_hat]).transpose()

# 벡터 v를 선언합니다.
v = array([1,1])

# 점 곱으로 v에 변환을 적용해 새로운 벡터를 만듭니다.
new_v = basis.dot(v)

print(new_v) # [2 3]
```

다른 예를 살펴보죠. 벡터 $\vec{v}$는 [2, 1]이고 $\hat{i}$과 $\hat{j}$ 각각 [1, 0] 및 [0, 1]입니다. 그다음 $\hat{i}$과 $\hat{j}$을 [2, 0]과 [0, 3]으로 변환합니다. 벡터 $\vec{v}$는 어떻게 될까요? 공식을 사용해 직접 계산하면 다음과 같습니다.

$$\begin{bmatrix} x_{new} \\ y_{new} \end{bmatrix} = \begin{bmatrix} a & b \\ c & d \end{bmatrix} \begin{bmatrix} x \\ y \end{bmatrix} = \begin{bmatrix} ax + by \\ cx + dy \end{bmatrix}$$

$$\begin{bmatrix} x_{new} \\ y_{new} \end{bmatrix} = \begin{bmatrix} 2 & 0 \\ 0 & 3 \end{bmatrix} \begin{bmatrix} 2 \\ 1 \end{bmatrix} = \begin{bmatrix} (2)(2) + (0)(1) \\ (0)(2) + (3)(1) \end{bmatrix} = \begin{bmatrix} 4 \\ 3 \end{bmatrix}$$

[예제 4-9]는 파이썬에서 이 계산을 수행합니다.

예제 4-9 넘파이를 사용해 벡터 변환하기

```python
from numpy import array

# i-hat과 j-hat을 선언합니다.
i_hat = array([2, 0])
j_hat = array([0, 3])

# i-hat과 j-hat을 사용해 기저 행렬을 만들고
# 열과 행을 바꿔야 합니다.
basis = array([i_hat, j_hat]).transpose()

# 벡터 v를 선언합니다.
v = array([2,1])

# 점 곱으로 v에 변환을 적용해 새로운 벡터를 만듭니다.
new_v = basis.dot(v)

print(new_v) # [4 3]
```

벡터 $\vec{v}$ 는 이제 [4, 3]에 도착합니다. [그림 4-17]은 이 변환이 어떻게 동작했는지 보여줍니다.

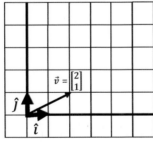
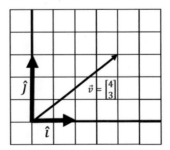

그림 4-17 확대 선형 변환

다음은 한 단계 더 복잡한 예입니다. 벡터 $\vec{v}$의 값은 [2, 1]입니다. 처음에 $\hat{i}$과 $\hat{j}$은 [1, 0]과 [0, 1]이지만 이를 변환해 [2, 3]과 [2, -1]로 만듭니다. 그럼 $\vec{v}$는 어떤 값이 될까요? [그림 4-18]과 [예제 4-10]을 살펴보세요.

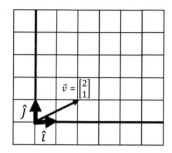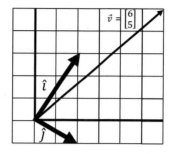

그림 4-18 공간의 회전, 전단, 뒤집기를 수행하는 선형 변환

예제 4-10 더 복잡한 변환

```
from numpy import array

# i-hat과 j-hat을 선언합니다.
i_hat = array([2, 3])
j_hat = array([2, -1])

# i-hat과 j-hat을 사용해 기저 행렬을 만들고
# 열과 행을 바꿔야 합니다.
basis = array([i_hat, j_hat]).transpose()

# 벡터 v를 선언합니다.
v = array([2,1])

# 점 곱으로 v에 변환을 적용해 새로운 벡터를 만듭니다.
new_v = basis.dot(v)

print(new_v) # [6 5]
```

이 코드에서 많은 일이 수행됩니다. $\hat{i}$과 $\hat{j}$을 늘릴 뿐만 아니라 $\vec{v}$를 길쭉하게 만듭니다. 실제로 공간을 기울이고(전단), 회전하고, 뒤집었습니다. $\hat{i}$과 $\hat{j}$의 순서가 시계 방향으로 바뀌어 공간이 뒤집혔습니다. 나중에 이 장에서 행렬식을 사용해 이를 감지하는 방법을 배워봅니다.

> ### 3차원 이상의 기저 벡터
>
> 3차원 이상의 벡터 변환을 어떻게 생각해야 하는지 궁금할 것입니다. 기저 벡터의 개념은 아주 매끄럽게 확장됩니다. 3차원 벡터 공간이 있다면 기저 벡터 $\hat{i}, \hat{j}, \hat{k}$이 있습니다. 이런 식으로 새로운 차원에 대해 알파벳 문자를 계속 추가하면 됩니다(그림 4-19).
>
>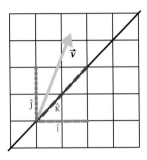
>
> **그림 4-19** 3차원 기저 벡터
>
> 또 한 가지 지적할 만한 점은 일부 선형 변환은 벡터 공간을 더 적은 차원 또는 더 많은 차원으로 이동시킬 수 있습니다. 이것이 바로 (행과 열의 수가 같지 않은) 비정방 행렬^{non-square matrix}이 하는 일입니다. 시간 관계상 여기서 자세히 설명하지 않지만, 이 개념을 애니메이션으로 멋지게 설명하는 다음 링크(*https://oreil.ly/TsoSJ*)를 참고하길 바랍니다.

4.3 행렬 곱셈

벡터와 행렬을 곱하는 방법을 배웠습니다. 그럼 두 행렬을 곱하면 정확히 어떤 결과를 얻을까요? 행렬 곱셈은 벡터 공간에 여러 개의 변환을 적용하는 것입니다. 각 변환은 하나의 함수와 같습니다. 가장 안쪽을 먼저 적용한 다음, 바깥쪽 방향으로 계속 변환을 적용합니다.

$[x, y]$ 값을 가진 벡터 $\vec{v}$에 회전과 전단을 적용하는 방법은 다음과 같습니다.

$$\begin{bmatrix} 1 & 1 \\ 0 & 1 \end{bmatrix}\begin{bmatrix} 0 & -1 \\ 1 & 0 \end{bmatrix}\begin{bmatrix} x \\ y \end{bmatrix}$$

이 공식에서 첫 번째 변환을 두 번째 변환에 적용함으로써 이 두 변환을 통합할 수 있습니다. 첫 번째 행렬의 각 행을 두 번째 행렬의 각 열에 '위-아래, 위-아래' 패턴으로 곱하고 더하면 됩니다.[4]

$$\begin{bmatrix} a & b \\ c & d \end{bmatrix}\begin{bmatrix} e & f \\ g & h \end{bmatrix} = \begin{bmatrix} ae+bg & af+bh \\ ce+dg & cf+dh \end{bmatrix}$$

따라서 실제로 이 두 가지 개별 변환(회전과 전단)을 단일 변환으로 통합할 수 있습니다.

$$\begin{bmatrix} 1 & 1 \\ 0 & 1 \end{bmatrix}\begin{bmatrix} 0 & -1 \\ 1 & 0 \end{bmatrix}\begin{bmatrix} x \\ y \end{bmatrix} = \begin{bmatrix} (1)(0)+(1)(1) & (-1)(1)+(1)(0) \\ (0)(0)+(1)(1) & (0)(-1)+(1)(0) \end{bmatrix}\begin{bmatrix} x \\ y \end{bmatrix} = \begin{bmatrix} 1 & -1 \\ 1 & 0 \end{bmatrix}\begin{bmatrix} x \\ y \end{bmatrix}$$

파이썬에서 넘파이를 사용해 이 작업을 실행하려면 `matmul()` 또는 `@` 연산자를 사용해 두 행렬을 곱하면 됩니다(예제 4-11). 그런 다음 이 통합된 변환을 벡터 [1, 2]에 적용합니다.

예제 **4-11** 두 변환 결합

```
from numpy import array

# 변환 1
i_hat1 = array([0, 1])
j_hat1 = array([-1, 0])
transform1 = array([i_hat1, j_hat1]).transpose()

# 변환 2
i_hat2 = array([1, 0])
j_hat2 = array([1, 1])
transform2 = array([i_hat2, j_hat2]).transpose()

# 변환 통합
combined = transform2 @ transform1

# 테스트
print("COMBINED MATRIX:\n {}".format(combined))

v = array([1, 2])
print(combined.dot(v))  # [-1 1]
```

---

4 옮긴이_ 비정방 행렬을 곱하는 경우 첫 번째 행렬의 열 크기와 두 번째 행렬의 행 크기가 같아야 합니다. 예를 들어 크기가 (2, 3)인 행렬 (즉, 2개의 행과 3개의 열을 가진 행렬)과 크기가 (3, 4)인 행렬을 곱하면 크기가 (2, 4)인 행렬이 만들어집니다.

TIP dot() vs. matmul() 또는 @

일반적으로 행렬을 곱할 때는 넘파이의 dot() 연산자보다는 matmul()이나 약식 기호인 @를 선호합니다. dot()은 일반적으로 고차원 행렬에서 원소를 브로드캐스팅broadcasting하는 데 편리한 기능을 제공합니다.[5] 이런 구현에 대해 자세히 알아보고 싶다면 스택 오버플로Stack Overflow의 다음 링크(*https://oreil.ly/ YX83Q*)를 참고하세요.

각 변환을 벡터 $\vec{v}$에 개별적으로 적용해도 여전히 결과는 동일합니다. 마지막 줄을 다음 세 줄로 바꿔 각각의 변환을 적용해도 여전히 벡터 [-1, 1]을 얻습니다.

```
rotated = transform1.dot(v)
sheared = transform2.dot(rotated)
print(sheared) # [-1, 1]
```

각 변환을 적용하는 순서가 중요하다는 점에 유의하세요! transform1을 transform2에 적용하면 [예제 4-12]의 계산 결과처럼 [-2, 3]이라는 다른 결과를 얻게 됩니다. 즉, 행렬 곱셈은 교환 법칙이 성립하지 않으므로 순서를 바꾸면 같은 결과를 기대할 수 없습니다.

예제 4-12 변환을 반대로 적용하기

```
from numpy import array

# 변환 1
i_hat1 = array([0, 1])
j_hat1 = array([-1, 0])
transform1 = array([i_hat1, j_hat1]).transpose()

# 변환 2
i_hat2 = array([1, 0])
j_hat2 = array([1, 1])
transform2 = array([i_hat2, j_hat2]).transpose()

# 변환 통합, 전단을 먼저 적용하고 그다음 회전을 적용합니다.
combined = transform1 @ transform2
```

---

5 옮긴이_ 2차원 이하일 경우 matmul()과 dot()의 결과는 같습니다. 3차원 이상일 경우 matmul()은 마지막 두 차원으로 구성된 행렬이 쌓인 것으로 간주합니다. 따라서 마지막에서 두 번째 앞에 있는 모든 차원의 크기가 같아야 합니다. 예를 들어 크기가 (2, 3, 4, 5)인 4차원 행렬과 크기가 (2, 3, 5, 6)인 행렬을 행렬 곱셈하면 크기가 (2, 3, 4, 6)인 행렬이 만들어집니다. 하지만 dot()은 첫 번째 행렬의 마지막 차원과 두 번째 행렬의 마지막에서 두 번째 차원에 대해서 (각 원소를 곱해서 더하는) 점 곱을 수행하므로 (2, 3, 4, 2, 3, 6) 크기의 행렬이 만들어집니다.

```
# 테스트
print("통합 행렬:\n {}".format(combined))

v = array([1, 2])
print(combined.dot(v)) # [-2 3]
```

각 변환을 함수로 생각하면 중첩된 함수 호출처럼 가장 안쪽에서 가장 바깥쪽으로 적용해야 합니다.

> **실전에서 사용되는 선형 변환**
>
> 이런 모든 선형 변환과 행렬이 데이터 과학이나 머신러닝에 어떤 관련이 있는지 궁금할 것입니다. 정답은 전부입니다! 데이터 준비부터 선형 회귀, 로지스틱 회귀, 신경망을 사용한 수치 연산에 이르기까지 선형 변환은 수학적 데이터 조작의 핵심입니다.
>
> 하지만 실전에서는 벡터 공간상의 데이터와 선형 변환을 기하학적으로 시각화하는 데 시간을 들이는 경우는 거의 없습니다. 너무 많은 차원을 다루기 때문에 이를 효율적으로 처리할 방법이 없습니다. 하지만 이러한 인위적으로 보이는 수치 연산이 무엇을 하는지 이해하기 위해 기하학적 해석을 알아 두는 것이 좋습니다. 그렇지 않으면 맥락 없이 수치 연산 패턴만 암기하게 됩니다. 또한 행렬식과 같은 새로운 선형대수학 개념을 명확하게 이해하는 데에도 도움이 됩니다.

4.4 행렬식

선형 변환을 수행할 때, 때때로 공간을 '확장' 또는 '축소'하게 되는데, 어느 정도로 이 공간을 변화하는지 대략적으로 알아 두면 유용합니다. [그림 4-20]의 벡터로 형성된 사각형 면적을 생각해보죠. $\hat{i}$과 $\hat{j}$을 스케일링하면 어떤 일이 일어날까요?

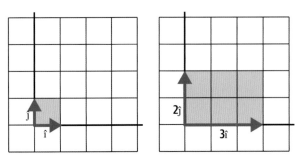

그림 4-20 행렬식은 선형 변환이 영역을 어떻게 확장하는지 측정합니다.

이 변환은 면적을 6.0배 증가시킵니다. 이 비율을 **행렬식**^{determinant}이라고 합니다. 행렬식은 두 벡터로 형성된 영역이 선형 변환에 따라 크기가 얼마나 변화하는지 설명합니다. 이는 변환에 대한 유용한 정보입니다.

[예제 4-13]은 파이썬에서 행렬식을 계산하는 방법입니다.

예제 4-13 행렬식 계산하기

```
from numpy.linalg import det
from numpy import array

i_hat = array([3, 0])
j_hat = array([0, 2])

basis = array([i_hat, j_hat]).transpose()

determinant = det(basis)

print(determinant) # 6.0
```

단순한 전단이나 회전은 면적이 변하지 않으므로 행렬식에 영향을 주지 않아야 합니다. [그림 4-21]과 [예제 4-14]는 단순한 전단을 보여주며, 행렬식은 1.0으로 유지되어 변경되지 않음을 나타냅니다.

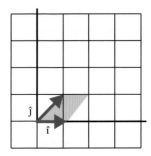

그림 4-21 단순한 전단은 행렬식을 변경하지 않습니다.

예제 4-14 전단의 행렬식

```python
from numpy.linalg import det
from numpy import array

i_hat = array([1, 0])
j_hat = array([1, 1])

basis = array([i_hat, j_hat]).transpose()

determinant = det(basis)

print(determinant) # 1.0
```

하지만 스케일링은 샘플링된 영역을 늘리거나 줄이므로 행렬식을 늘리거나 줄일 수 있습니다. 방향이 뒤집히면($\hat{i}$과 $\hat{j}$을 시계 방향으로 위치를 교환하면) 행렬식은 음수가 됩니다. [그림 4-22]와 [예제 4-15]는 스케일링뿐만 아니라 벡터 공간의 방향도 뒤집는 변환에 대한 행렬식입니다.

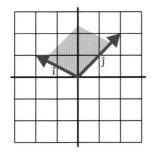

그림 4-22 뒤집힌 공간의 행렬식은 음수입니다.

```
from numpy.linalg import det
from numpy import array

i_hat = array([-2, 1])
j_hat = array([1, 2])

basis = array([i_hat, j_hat]).transpose()

determinant = det(basis)

print(determinant) # -5.000000000000001
```

이 행렬식은 음수이므로 방향이 뒤집힌 것을 금방 알 수 있습니다. 하지만 행렬식이 알려주는 가장 중요한 정보는 변환이 선형 종속인지 여부입니다. 행렬식이 0이면 모든 공간이 더 작은 차원으로 줄어들었다는 뜻입니다.

[그림 4-23]은 2차원 공간이 1차원으로 압축되거나 3차원 공간이 2차원으로 압축되는 두 가지 선형 종속 변환을 보여줍니다. 두 경우의 면적과 부피는 모두 0입니다.

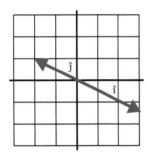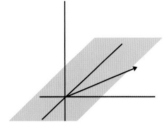

그림 4-23 2차원과 3차원의 선형 종속

[예제 4-16]은 2차원 공간을 하나의 1차원 직선으로 줄이는 코드입니다.

예제 4-16 0인 행렬식

```
from numpy.linalg import det
from numpy import array
```

```
i_hat = array([3, -1.5])
j_hat = array([-2, 1])

basis = array([i_hat, j_hat]).transpose()

determinant = det(basis)

print(determinant) # 0.0
```

따라서 0 행렬식을 테스트하는 것은 변환에 선형 종속이 있는지 확인하는 데 매우 유용합니다. 이 문제가 발생하면 해결하기 어렵거나 해결할 수 없는 문제일 가능성이 높습니다.

4.5 특수 행렬

꼭 다루어야 할 중요한 행렬 몇 가지를 소개합니다.

4.5.1 정방 행렬

정방 행렬square matrix은 행과 열의 수가 같은 행렬입니다.

$$\begin{bmatrix} 4 & 2 & 7 \\ 5 & 1 & 9 \\ 4 & 0 & 1 \end{bmatrix}$$

주로 선형 변환을 표현하는 데 사용되며 고윳값 분해eigen decomposition와 같은 많은 연산에 필수적인 행렬입니다.

4.5.2 항등 행렬

항등 행렬identity matrix[6]은 대각선의 값이 1이고 다른 값은 0인 정방 행렬입니다.

---

6 옮긴이_ 또는 단위 행렬이라고도 부릅니다.

$$\begin{bmatrix} 1 & 0 & 0 \\ 0 & 1 & 0 \\ 0 & 0 & 1 \end{bmatrix}$$

항등 행렬의 장점은 무엇일까요? 항등 행렬을 만들 수 있다면 변환을 취소하고 원래 기저 벡터를 찾았다는 뜻입니다. 이는 4.6절에서 설명하는 연립 방정식을 푸는 데 큰 역할을 합니다.

4.5.3 역행렬

역행렬inverse matrix은 다른 행렬의 변환을 취소하는 행렬입니다. 다음과 같은 행렬 A가 있다고 가정해봅시다.

$$A = \begin{bmatrix} 4 & 2 & 4 \\ 5 & 3 & 7 \\ 9 & 3 & 6 \end{bmatrix}$$

행렬 A의 역행렬을 A^{-1}이라 씁니다. 4.6절에서 심파이 또는 넘파이를 사용해 역행렬을 계산하는 방법을 배웁니다. 행렬 A의 역행렬은 다음과 같습니다.

$$A^{-1} = \begin{bmatrix} -\dfrac{1}{2} & 0 & \dfrac{1}{3} \\ 5.5 & -2 & -\dfrac{4}{3} \\ -2 & 1 & \dfrac{1}{3} \end{bmatrix}$$

A^{-1}과 A를 행렬 곱셈하면 항등 행렬이 됩니다. 연립 방정식을 소개하는 4.6절에서 넘파이와 심파이를 사용해 이를 실제로 계산해보겠습니다.

$$\begin{bmatrix} -\dfrac{1}{2} & 0 & \dfrac{1}{3} \\ 5.5 & -2 & -\dfrac{4}{3} \\ -2 & 1 & \dfrac{1}{3} \end{bmatrix} \begin{bmatrix} 4 & 2 & 4 \\ 5 & 3 & 7 \\ 9 & 3 & 6 \end{bmatrix} = \begin{bmatrix} 1 & 0 & 0 \\ 0 & 1 & 0 \\ 0 & 0 & 1 \end{bmatrix}$$

4.5.4 대각 행렬

항등 행렬과 비슷하게 대각선에는 0이 아닌 값이 있고 나머지 값은 0인 행렬을 **대각 행렬**^{diagonal} matrix이라고 합니다. 대각 행렬은 벡터 공간에 적용되는 간단한 스칼라 값을 나타내기 때문에 특정 계산에 필요합니다. 일부 선형대수학 연산에서 볼 수 있습니다.

$$\begin{bmatrix} 4 & 0 & 0 \\ 0 & 2 & 0 \\ 0 & 0 & 5 \end{bmatrix}$$

4.5.5 삼각 행렬

대각선 행렬과 비슷한 **삼각 행렬**^{triangular matrix}이 있습니다. 대각선과 대각선 위쪽 또는 아래쪽 원소에는 값이 있고 나머지 원소는 0인 행렬입니다.

$$\begin{bmatrix} 4 & 2 & 9 \\ 0 & 1 & 6 \\ 0 & 0 & 5 \end{bmatrix}$$

삼각 행렬은 일반적으로 연립 방정식으로 풀기 쉽기 때문에 많은 수치 분석 작업에서 선호됩니다. 또한 LU 분해^{LU Decomposition}($https://ko.wikipedia.org/wiki/LU\_분해$)와 같은 특정 분해 작업에서도 볼 수 있습니다.

4.5.6 희소 행렬

가끔 0이 대부분이고 0이 아닌 원소가 매우 적은 행렬을 만날 때가 있습니다. 이를 **희소 행렬** ^{sparse matrix}이라고 합니다. 순수한 수학적 관점에서는 그다지 흥미로운 행렬이 아닙니다. 하지만 컴퓨팅 관점에서 보면 효율성을 높일 수 있는 기회입니다. 행렬의 원소가 대부분 0인 경우 희소 행렬을 만들면 0을 저장하는 데 공간을 낭비하지 않고 대신 0이 아닌 원소만 기록할 수 있습니다.

$$\begin{bmatrix} 0 & 0 & 0 \\ 0 & 0 & 2 \\ 0 & 0 & 0 \\ 0 & 0 & 0 \end{bmatrix}$$

매우 큰 희소 행렬의 경우에는 희소 함수를 사용해 이런 행렬을 만듭니다.

4.6 연립 방정식과 역행렬

선형대수학의 기본적인 사용 사례는 연립 방정식을 푸는 것입니다. 역행렬을 배우기에도 좋은
예입니다. 다음과 같은 방정식이 주어졌을 때 x, y, z의 해를 구해야 한다고 가정해봅시다.

$$4x + 2y + 4z = 44$$
$$5x + 3y + 7z = 56$$
$$9x + 3y + 6z = 72$$

세 개의 변수를 분리하기 위해 다양한 대수 연산을 직접 실험해볼 수 있습니다. 하지만 컴퓨터
로 이 문제를 풀려면 다음과 같이 행렬로 표현해야 합니다. 계수는 행렬 A로, 방정식의 오른쪽
에 있는 값은 행렬 B로, 미지의 변수는 행렬 X로 추출합니다.[7]

$$A = \begin{bmatrix} 4 & 2 & 4 \\ 5 & 3 & 7 \\ 9 & 3 & 6 \end{bmatrix}$$

$$B = \begin{bmatrix} 44 \\ 56 \\ 72 \end{bmatrix}$$

$$X = \begin{bmatrix} x \\ y \\ z \end{bmatrix}$$

선형 연립 방정식의 함수는 $AX = B$입니다. 행렬 X를 행렬 A로 변환해 행렬 B를 만들어야 합
니다.

$$AX = B$$
$$\begin{bmatrix} 4 & 2 & 4 \\ 5 & 3 & 7 \\ 9 & 3 & 6 \end{bmatrix} \times \begin{bmatrix} x \\ y \\ z \end{bmatrix} = \begin{bmatrix} 44 \\ 56 \\ 72 \end{bmatrix}$$

---

7 옮긴이_ 종종 벡터를 열이 1개인 행렬로 표현합니다.

A의 변환을 취소해야 X를 고립시키고 x, y, z의 값을 구할 수 있습니다. A의 변환을 취소하는 방법은 다음과 같이 A의 역행렬 A^{-1}을 구해서 행렬 곱셈으로 A에 적용하는 것입니다. 이를 대수적으로 다음과 같이 표현합니다.

$$AX = B$$
$$A^{-1}AX = A^{-1}B$$
$$X = A^{-1}B$$

행렬 A의 역행렬을 계산하기 위해 컴퓨터를 사용하겠습니다. 직접 가우스 소거법^{Gaussian} ^{elimination}을 사용해 해를 구할 수 있지만, 이 책에서는 다루지 않습니다. 다음은 행렬 A의 역행렬입니다.

$$A^{-1} = \begin{bmatrix} -\dfrac{1}{2} & 0 & \dfrac{1}{3} \\ 5.5 & -2 & -\dfrac{4}{3} \\ -2 & 1 & \dfrac{1}{3} \end{bmatrix}$$

A^{-1}을 A에 행렬 곱셈하면 대각선이 1이고 나머지는 모두 0인 항등 행렬이 만들어집니다. 항등 행렬은 1을 곱하는 것과 같은 선형대수학 연산입니다. 따라서 본질적으로 아무런 영향을 미치지 않으며 x, y, z의 값을 효과적으로 분리할 수 있습니다.

$$A^{-1} = \begin{bmatrix} -\dfrac{1}{2} & 0 & \dfrac{1}{3} \\ 5.5 & -2 & -\dfrac{4}{3} \\ -2 & 1 & \dfrac{1}{3} \end{bmatrix}$$

$$A = \begin{bmatrix} 4 & 2 & 4 \\ 5 & 3 & 7 \\ 9 & 3 & 6 \end{bmatrix}$$

$$A^{-1}A = \begin{bmatrix} 1 & 0 & 0 \\ 0 & 1 & 0 \\ 0 & 0 & 1 \end{bmatrix}$$

파이썬에서 항등 행렬을 실제로 만들려면 넘파이 대신 심파이를 사용하는 것이 좋습니다. 넘파이의 부동 소수점은 행렬을 명확하게 표현하지 못하지만, [예제 4-17]처럼 심파이를 사용해 기호 표현으로 수행하면 출력이 깔끔합니다. 심파이에서 행렬 곱셈을 수행하려면 @ 대신 별표 (*)를 사용한다는 점에 유의하세요.

예제 4-17 심파이를 사용해 역행렬과 항등 행렬 만들기

```
from sympy import *

# 4x + 2y + 4z = 44
# 5x + 3y + 7z = 56
# 9x + 3y + 6z = 72

A = Matrix([
    [4, 2, 4],
    [5, 3, 7],
    [9, 3, 6]
])

# A와 그 역행렬의 점 곱은 항등 행렬을 만듭니다.
inverse = A.inv()
identity = inverse * A

# Matrix([[-1/2, 0, 1/3], [11/2, -2, -4/3], [-2, 1, 1/3]])
print("역행렬: {}".format(inverse))

# Matrix([[1, 0, 0], [0, 1, 0], [0, 0, 1]])
print("항등 행렬: {}".format(identity))
```

실제로는 부동 소수점의 정밀도가 부족해도 해답에 큰 영향을 미치지 않으므로 넘파이를 사용해 x를 풀어도 괜찮습니다. [예제 4-18]은 넘파이를 사용해 해를 구하는 방법입니다.

예제 4-18 넘파이를 사용해 연립 방정식 풀기

```
from numpy import array
from numpy.linalg import inv

# 4x + 2y + 4z = 44
# 5x + 3y + 7z = 56
# 9x + 3y + 6z = 72

A = array([
    [4, 2, 4],
```

```
        [5, 3, 7],
        [9, 3, 6]
    ])

    B = array([
        44,
        56,
        72
    ])

    X = inv(A).dot(B)

    print(X) # [ 2. 34. -8.]
```

따라서 $x = 2$, $y = 34$, $z = -8$입니다. [예제 4-19]는 넘파이 대신 심파이로 해를 구하는 전체
코드입니다.

예제 4-19 심파이를 사용해 연립 방정식 풀기

```
from sympy import *

# 4x + 2y + 4z = 44
# 5x + 3y + 7z = 56
# 9x + 3y + 6z = 72

A = Matrix([
    [4, 2, 4],
    [5, 3, 7],
    [9, 3, 6]
])

B = Matrix([
    44,
    56,
    72
])

X = A.inv() * B

print(X) # Matrix([[2], [34], [-8]])
```

다음은 수식으로 해를 구하는 과정입니다.

$$A^{-1}B = X$$

$$\begin{bmatrix} -\dfrac{1}{2} & 0 & \dfrac{1}{3} \\ 5.5 & -2 & -\dfrac{4}{3} \\ -2 & 1 & \dfrac{1}{3} \end{bmatrix} \begin{bmatrix} 44 \\ 56 \\ 72 \end{bmatrix} = \begin{bmatrix} x \\ y \\ z \end{bmatrix}$$

$$\begin{bmatrix} 2 \\ 34 \\ -8 \end{bmatrix} = \begin{bmatrix} x \\ y \\ z \end{bmatrix}$$

이제 여러분은 역행렬을 이해하고, 연립 방정식을 푸는 데 역행렬을 사용하는 방법을 배웠습니다.

TIP 선형 계획법에 사용되는 연립 방정식

이처럼 연립 방정식을 푸는 방법은 부등식이 제약 조건을 정의하고, 목적 함수를 최소화/최대화하는 선형 계획법에도 사용됩니다. patrickJMT는 선형 계획법에 대한 좋은 동영상을 많이 제공합니다(*https://bit.ly/3aVyrD6*). 부록 A.9절에서도 간략하게 소개합니다.

실제로 역행렬을 손으로 계산할 필요는 거의 없으며 컴퓨터가 대신 계산할 수 있습니다. 하지만 직접 계산할 필요가 있거나 계산하는 방법이 궁금하다면 가우스 소거법에 대해 더 배우고 싶을 수 있습니다. 가우스 소거법을 시연하는 patrickJMT의 동영상(*https://oreil.ly/RfXAv*)을 참고하세요.

4.7 고유 벡터와 고윳값

행렬 분해matrix decomposition는 인수 분해(예 10을 2×5로 인수 분해할 수 있음)와 마찬가지로 행렬을 기본 구성 요소로 분해하는 것입니다.

행렬 분해는 선형 회귀뿐만 아니라 역행렬 찾기, 행렬식 계산과 같은 작업에 유용합니다. 행렬을 분해하는 방법은 작업에 따라 여러 가지가 있습니다. 5장에서는 행렬 분해 기법 중 하나인 QR 분해를 사용해 선형 회귀를 수행합니다.

하지만 이번 장에서는 머신러닝과 주성분 분석$^{principal\ component\ analysis}$에 자주 사용되는 고윳값 분해$^{eigen\ decomposition}$라는 일반적인 방법에 초점을 맞춥니다. 이 수준에서는 고윳값 분해가 사용되는 애플리케이션을 자세히 살펴보기 어렵습니다.[8] 현재로서는 다양한 머신러닝 작업에서 행렬을 다루기 쉬운 구성 요소로 분할하는 데 고윳값 분해가 사용된다는 것만 기억하세요. 또한 정방 행렬에서만 작동한다는 점에 유의하세요.

고윳값 분해에는 [그림 4-24]처럼 람다 λ로 표시되는 고윳값^{eigenvalue}과 v로 표시되는 고유 벡터^{eigenvector} 두 개의 구성 요소가 있습니다.

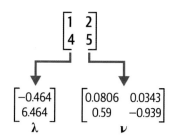

그림 4-24 고유 벡터와 고윳값

정방 행렬 A가 있다면 다음과 같은 고윳값 방정식을 갖습니다.

$$Av = \lambda v$$

원본 행렬 A는 고유 벡터 v와 고윳값 λ로 구성됩니다. 원본 행렬의 각 차원마다 고유 벡터와 고윳값이 하나씩 존재합니다. 모든 행렬이 고유 벡터와 고윳값으로 분해될 수 있는 것은 아닙니다. 때로는 복소수(허수)가 나오기도 합니다.

[예제 4-20]은 넘파이로 행렬 A의 고유 벡터와 고윳값을 계산하는 방법입니다.

예제 4-20 넘파이에서 고윳값 분해 수행하기

```
from numpy import array, diag
from numpy.linalg import eig, inv
```

---

8 옮긴이_ 고윳값 분해를 주성분 분석에 사용하는 방법은 『핸즈온 머신러닝(3판)』(한빛미디어, 2023)의 8장이나 『머신 러닝 교과서: 파이토치 편』(길벗, 2023)의 5장을 참고하세요.

```
A = array([
    [1, 2],
    [4, 5]
])

eigenvals, eigenvecs = eig(A)

print("고윳값")
print(eigenvals)
print("\n고유 벡터")
print(eigenvecs)

"""
고윳값
[-0.46410162  6.46410162]

고유 벡터
[[-0.80689822 -0.34372377]
 [ 0.59069049 -0.9390708 ]]
"""
```

그렇다면 고유 벡터와 고윳값으로 행렬 A를 어떻게 재구성할까요? 다음 공식을 떠올려보세요.

$$Av = \lambda v$$

A를 재구성하려면 공식을 약간 수정해야 합니다.

$$A = Q\Lambda Q^{-1}$$

이 새로운 공식에서 Q는 고유 벡터입니다. Λ는 대각 행렬로 표현된 고윳값이고, Q^{-1}은 Q의 역행렬입니다. 대각 행렬로 표현되었다는 것은 벡터가 0의 행렬에 더해져 항등 행렬과 유사한 형태로 대각선 원소에만 값이 들어 있다는 의미입니다.

[예제 4-21]은 파이썬에서 구현한 완전한 코드로, 행렬을 분해한 다음 재구성하는 것부터 시작합니다.

예제 4-21 넘파이에서 행렬 분해 및 재구성하기

```
from numpy import array, diag
from numpy.linalg import eig, inv
```

```python
A = array([
    [1, 2],
    [4, 5]
])

eigenvals, eigenvecs = eig(A)

print("고윳값")
print(eigenvals)
print("\n고유 벡터")
print(eigenvecs)

print("\n재구성 행렬 ")
Q = eigenvecs
R = inv(Q)

L = diag(eigenvals)
B = Q @ L @ R

print(B)

"""
고윳값
[-0.46410162  6.46410162]

고유 벡터
[[-0.80689822 -0.34372377]
 [ 0.59069049 -0.9390708 ]]

재구성 행렬
[[1. 2.]
 [4. 5.]]
"""
```

여기서 보듯이 재구성한 행렬과 원본 행렬은 같습니다.

4.8 마치며

선형대수학은 매우 추상적이며 깊이 생각해볼 수 있는 신비와 아이디어로 가득합니다. 전체가 하나의 큰 토끼 굴 같다고 생각할 수도 있습니다. 어쩌면 그 말이 맞을지도 모르죠! 하지만 데이터 과학 분야에서 오랫동안 성공적인 경력을 쌓고 싶다면 계속해서 호기심을 갖는 것이 좋습니다. 통계학은 통계 컴퓨팅, 머신러닝, 기타 응용 데이터 과학 분야의 기초입니다. 궁극적으로는 컴퓨터 과학 전반의 기초입니다. 한동안은 몰라도 괜찮지만 어느 순간 이해의 한계에 부딪히게 될 것입니다.

이러한 개념이 이론적이라 느껴지고 실제 문제에 어떻게 적용해야 하는지 궁금할 수 있습니다. 걱정하지 마세요. 이 책에서 몇 가지 실제 애플리케이션을 소개합니다. 하지만 이론과 기하학적 해석은 데이터를 다루는 직관력을 갖추는 데 중요하며, 선형 변환을 시각적으로 이해하면 나중에 맞닥뜨릴 고급 개념을 받아들일 수 있습니다.

선형 계획법에 대해 더 자세히 알고 싶다면 3Blue1Brown의 유튜브 동영상 '선형대수학의 본질(*https://oreil.ly/FSCNz*)'을 참고하세요. 이 설명보다 더 좋은 설명은 없습니다. patrickJMT가 설명하는 선형대수학 동영상(*https://oreil.ly/Hx9GP*)도 도움이 됩니다.

넘파이에 조금 더 익숙해지고 싶다면 웨스 맥키니의 저서 『파이썬 라이브러리를 활용한 데이터 분석(3판)』(한빛미디어, 2023)을 읽어보기 바랍니다. 이 책은 선형대수학에 크게 초점을 맞추지는 않지만 넘파이, 판다스^{Pandas}, 파이썬으로 데이터셋을 다루는 방법에 대한 실용적인 지침을 제공합니다.

## 5장

선형 회귀

데이터 분석에서 가장 실용적인 기법 중 하나는 관측된 데이터 포인트를 통과하는 직선을 그려서 두 개 이상의 변수 간의 관계를 보여주는 것입니다. **회귀**^{regression}는 관측 데이터에서 어떤 함수를 훈련한 다음 새로운 데이터에 대한 예측을 만드는 방법입니다.[1] **선형 회귀**^{linear regression}는 관측 데이터에 맞는 직선을 훈련합니다.[2] 이를 통해 변수 간의 선형 관계를 보여주고 새로운 데이터에 대한 예측을 만듭니다.

선형 회귀에 대한 설명을 읽는 것보다 그림을 보면 더 이해하기 쉽습니다. [그림 5-1]은 선형 회귀의 예시입니다.

---

1   옮긴이_ 머신러닝의 지도 학습(supervised learning)은 크게 회귀와 분류로 나뉩니다. 회귀는 임의의 실숫값을 예측하고 분류는 일련의 범주 중 하나를 예측하는 작업입니다. 지도 학습 알고리즘 중에는 어떤 함수의 형태를 훈련하지 않는 방법도 있습니다.
2   옮긴이_ 입력 변수가 하나일 경우 선형 회귀는 직선의 방정식을 훈련합니다. 입력 변수가 두 개면 평면의 방정식을 훈련하고 세 개 이상이면 초평면(hyperplane)의 방정식을 훈련합니다.

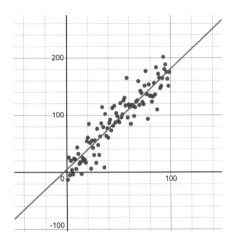

그림 5-1 관측 데이터에 직선을 맞추는 선형 회귀의 예시

선형 회귀는 데이터 과학과 통계학의 핵심입니다. 이전 장에서 배운 개념을 적용하는 것뿐 아니라 로지스틱 회귀(6장)와 신경망(7장)의 토대가 됩니다. 비교적 간단한 이 기법은 200년 이상 사용되어 왔으며 현재는 머신러닝의 한 형태가 되었습니다.

머신러닝 실무자는 데이터를 훈련 세트와 테스트 세트로 분할하는 것부터 시작해서 모델 검증에 여러 가지 접근 방식을 택합니다. 통계학자는 통계적 유의성을 위해 예측 구간$^{prediction\ interval}$ 및 상관관계^{correlation}와 같은 지표를 자주 사용합니다. 이 장에서는 두 개념을 모두 살펴봅니다. 이를 통해 점점 벌어지는 두 분야의 간극을 좁히고 여러분이 두 가지 능력을 모두 갖출 수 있도록 돕겠습니다.

 잠깐, 회귀가 머신러닝인가요?

머신러닝에는 여러 가지 기술이 있지만 현재 가장 많이 사용되는 기술은 지도 학습입니다. 회귀는 지도 학습에서 중요한 역할을 하기 때문에 선형 회귀가 머신러닝의 하나로 불립니다. 통계학자는 회귀 모델을 **통계적 학습**$^{statistical\ learning}$이라 부르지만 데이터 과학이나 머신러닝 전문가는 회귀 모델을 **머신러닝(기계 학습)**$^{machine\ learning}$이라고 부릅니다.

지도 학습에는 회귀 작업이 많은 반면, 비지도 학습은 군집^{clustering}과 이상치 탐지$^{anomaly\ detection}$에 더 초점을 둡니다. 강화 학습$^{reinforcement\ learning}$에서는 합성 데이터를 빠르게 생성하는 시뮬레이션과 지도 학습을 결합하는 경우가 많습니다.

6장의 로지스틱 회귀와 7장의 신경망에서 지도 학습의 두 가지 형태를 배워봅니다.

5.1 기본 선형 회귀

강아지의 나이와 동물병원 방문 횟수 사이의 관계를 연구해봅시다. 10마리의 강아지에 대한 가상의 데이터가 있습니다. (실제 데이터든 아니든) 간단한 데이터셋으로 복잡한 기법을 이해할 수 있으면 복잡한 데이터 없이도 알고리즘의 강점과 한계를 파악할 수 있습니다. 이 데이터셋을 [그림 5-2]의 그래프에 나타냈습니다.

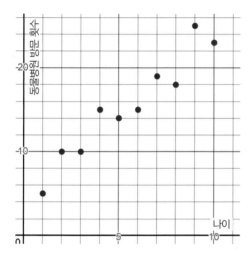

그림 5-2 10마리의 강아지 데이터를 나이와 동물병원 방문 횟수를 기준으로 나타내기

이 그래프를 보면 선형 상관관계가 분명하게 나타납니다. 즉, 변수 중 하나가 증가/감소하면 다른 변수도 대략 이에 비례해 증가/감소합니다. 이런 상관관계를 표시하기 위해 점들을 통과하는 직선을 [그림 5-3]처럼 그릴 수 있습니다.

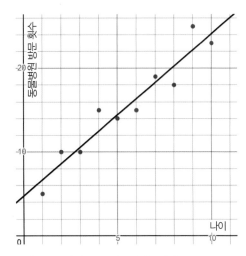

그림 5-3 데이터를 통과하는 직선 그리기

이 장의 뒷부분에서 이 직선을 계산하는 방법을 알아보고, 직선의 품질을 계산하는 방법도 살펴봅니다. 지금은 선형 회귀를 수행해 얻는 이점에 초점을 맞춥니다. 선형 회귀를 사용하면 이전에 본 적 없는 데이터를 예측할 수 있습니다. 데이터셋에 8.5살인 강아지가 없지만, 이 직선을 보고 동물병원을 평생 21번 방문하리라 추정할 수 있습니다. [그림 5-4]에 나타난 것처럼 x = 8.5인 지점을 확인해보면 y = 21.218입니다. 또한 선형 회귀를 통해 상관관계가 있는지 변수를 분석하고, 이런 변수 간에 인과 관계가 있다는 가설도 세울 수 있습니다.

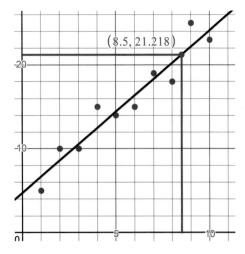

그림 5-4 선형 회귀를 사용해 예측하기: 8.5살 강아지의 동물병원 방문 횟수는 약 21.2번

그럼 선형 회귀의 단점은 무엇일까요? 모든 결과가 정확히 이 직선 위에 있지는 않을 것입니다. 실제 데이터는 잡음이 많고 완벽하지 않으며 직선과 일치하지 않습니다. 어쩌면 이 직선과 비슷한 경향을 따르지 않을 수도 있습니다. 직선 위나 아래에 데이터 포인트가 놓이고 직선과 오차가 있기도 하죠. 선형 회귀의 신뢰도를 설명하는 p 값, 통계적 유의성 및 예측 구간에 대해 이야기할 때 수학적으로 이 문제를 다뤄보겠습니다. 또 한 가지 주의할 점은 선형 회귀로 가지고 있는 데이터셋의 범위를 벗어나서 예측을 수행하면 안 됩니다. 즉, $x < 0$ 및 $x > 10$에 해당하는 데이터는 없으므로 이 범위에서 예측하면 안 됩니다.

! CAUTION 샘플링 편향sampling bias을 잊지 마세요!

편향을 감지하기 위해 데이터와 샘플링 방법에 의문을 가져야 합니다. 한 동물병원에서 수집한 데이터인가요? 무작위한 동물병원 여러 곳에서 구한 데이터인가요? 동물병원에 방문한 강아지만 조사한 데이터를 사용해 자기 선택 편향이 있지는 않은가요? 같은 지역의 강아지만 샘플링했다면 데이터에 왜곡이 있지는 않나요? 이를테면 더운 사막 기후에 사는 강아지들은 일사병이나 뱀에 물려 동물병원에 더 많이 갈 수 있으므로 동물병원 방문 횟수가 부풀려질 수 있습니다.

3장에서 언급했듯이 데이터를 진리의 오라클oracle처럼 여기는 것이 유행이 되고 있습니다. 하지만 데이터는 모집단에서 추출한 표본일 뿐입니다. 이 표본이 얼마나 모집단을 잘 대표하는지에 대한 안목을 기르는 연습이 필요합니다. 데이터의 내용뿐만 아니라 데이터의 출처에 대해서도 (최소한) 관심을 가져야 합니다.

사이킷런을 사용한 선형 회귀

이 장에서 선형 회귀와 관련해 배울 것이 많지만, 우선 지금까지 배운 내용을 실행하는 코드를 작성해보겠습니다.

선형 회귀를 수행하는 도구는 엑셀부터 파이썬, R까지 다양합니다. 하지만 이 책에서는 사이킷런[3]부터 시작해서 파이썬의 여러 패키지를 사용합니다. 이 장의 뒷부분에서 선형 회귀를 밑바닥부터 구축하는 방법을 살펴보면서 경사 하강법과 최소 제곱법 같은 중요한 개념을 이해해봅니다.

[예제 5–1]은 사이킷런을 사용해 10마리의 강아지 데이터에서 검증validation을 고려하지 않는 기

---

3 https://scikit-learn.org

본 선형 회귀를 수행합니다. 먼저 판다스[4]로 데이터(*https://oreil.ly/xCvwR*)를 로드해 넘파이 배열로 변환합니다.[5] 그다음 사이킷런으로 선형 회귀를 수행하고 맷플롯립을 사용해 그래프를 그립니다.

예제 5-1 사이킷런을 사용해 선형 회귀 수행하기

```python
import pandas as pd
import matplotlib.pyplot as plt
from sklearn.linear_model import LinearRegression

# 데이터를 로드합니다.
df = pd.read_csv('https://bit.ly/3goOAnt', delimiter=",")

# 입력 변수를 추출합니다(마지막 열은 제외).
X = df.values[:, :-1]

# 출력값(마지막 열)을 추출합니다.
Y = df.values[:, -1]

# 이 데이터로 선형 회귀를 훈련합니다.
fit = LinearRegression().fit(X, Y)

# m = 1.7867224, b = -16.51923513
m = fit.coef_.flatten()[6]
b = fit.intercept_.flatten()
print("m = {0}".format(m))
print("b = {0}".format(b))

# 그래프를 그립니다.
plt.plot(X, Y, 'o') # 산점도
plt.plot(X, m*X+b) # 직선
plt.show()
```

먼저 깃허브[GitHub]에서 CSV 데이터(*https://bit.ly/3cIH97A*)를 가져옵니다. 그다음 판다스의 열을 X와 Y 데이터셋으로 분리합니다. 이렇게 만든 입력 데이터 X와 출력 데이터 Y로

---

4 *https://pandas.pydata.org*
5 옮긴이_ 책에서는 @property 데코레이터(decorator)가 적용된 values() 메서드를 사용해 판다스 데이터프레임을 넘파이 배열로 변환합니다. 판다스 공식 문서는 to_numpy() 메서드를 사용해 넘파이 배열로 반환할 것을 권장합니다. 최신 사이킷런에서는 넘파이 배열로 변환하지 않고 판다스 데이터프레임과 시리즈를 사용해 모델을 훈련할 수 있습니다. 이에 대한 예제 코드는 깃허브 노트북을 참고하세요.
6 옮긴이_ flatten()은 다차원 배열을 1차원으로 변환하는 메서드입니다.

LinearRegression 모델의 fit() 메서드를 호출합니다.[7] 훈련된 모델에서 학습된 선형 함수의 계수 m과 b를 얻을 수 있습니다.

이 계수를 사용해 그래프를 그리면 [그림 5-5]와 같이 데이터를 통과하는 직선을 확인할 수 있습니다.

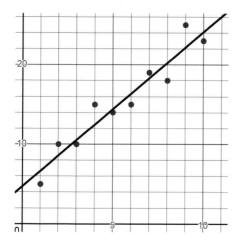

그림 5-5 사이킷런으로 훈련한 회귀 직선

그런데 데이터에 가장 잘 맞는 직선을 어떻게 결정할까요? 다음 절에서 알아보겠습니다.

5.2 잔차와 제곱 오차

사이킷런과 같은 머신러닝 패키지는 어떻게 데이터에 맞는 직선을 찾을까요? 이는 머신러닝 훈련의 기본이 되는 두 가지 질문으로 요약할 수 있습니다.

- 최적을 정의하는 기준은 무엇인가요?
- 최적에 도달하려면 어떻게 해야 할까요?

---

7 옮긴이_ model = LinearRegression().fit(X, Y) 코드는 LinearRegression 클래스의 객체를 만든 후 fit() 메서드를 바로 호출합니다. fit() 메서드는 모델을 훈련한 후 모델 객체 자신을 반환하기 때문에 이런 메서드 체이닝(method chaining) 기법이 가능합니다. 이 코드는 다음과 같이 나눠 쓸 수 있습니다.
```
model = LinearRegression()
model.fit(X, Y)
```

첫 번째 질문에는 이미 잘 정의된 답이 있습니다. **잔차**^{residual}를 제곱한 합을 최소화하는 것입니다. 이를 자세히 살펴보죠. 데이터를 통과하는 선을 그렸을 때 잔차는 [그림 5-6]에 나타낸 것처럼 직선과 데이터 포인트 사이의 차이입니다.

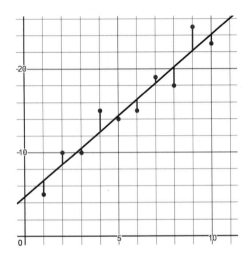

그림 5-6 잔차는 직선과 포인트 사이의 차이입니다.

직선 위에 있는 포인트의 잔차는 양수이고 직선 아래에 있는 포인트의 잔차는 음수입니다. 즉, (직선으로 구한) 예측한 y 값과 (데이터에 있는) 실제 y 값 사이의 차이를 뺀 값입니다. 잔차가 데이터를 예측하는 데 직선이 얼마나 틀렸는지를 나타내기 때문에 잔차를 **오차**^{error}라고도 부릅니다.

[예제 5-2]에서 10개의 포인트와 직선 $y = 1.93939x + 4.73333$ 사이의 차이를 계산합니다. [예제 5-3]은 각 포인트에 대해 계산한 잔차입니다.

예제 5-2 주어진 라인 및 데이터에 대한 잔차 계산하기

```
import pandas as pd

# 데이터 로드하기
points = pd.read_csv('https://bit.ly/3goOAnt', delimiter=",").itertuples()

# 직선 방정식의 계수
m = 1.93939
b = 4.73333
```

```
# 잔차를 계산합니다.
for p in points:
    y_actual = p.y
    y_predict = m*p.x + b
    residual = y_actual - y_predict
    print(residual)
```

예제 5-3 각 포인트의 잔차

```
-1.67272
1.3878900000000005
-0.5515000000000008
2.5091099999999997
-0.4302799999999998
-1.3696699999999993f
0.6909400000000012
-2.2484499999999983
2.812160000000002
-1.1272299999999973
```

10개의 데이터 포인트를 통과하는 최적의 직선을 찾을 때 이런 잔차를 최소화하면 직선과 포인트 사이의 간격을 최소화할 수 있습니다. 하지만 총 잔차의 값은 어떻게 계산할까요? 가장 좋은 방법은 각 잔차의 **제곱 합**^{sum of square}을 구하는 것입니다. 즉, 각 잔차에 자기 자신을 곱한 다음 모두 더합니다. 각 실제 y 값에서 직선으로 구한 예측 y 값을 뺀 다음, 그 차이를 제곱하고 모두 더하면 됩니다.

왜 절댓값을 사용하지 않나요?

잔차를 더하기 전에 왜 제곱을 하는지 궁금할 수 있습니다. 제곱하지 않고 그냥 더하면 되지 않나요? 하지만 그렇게 하면 음수와 양수가 서로 상쇄됩니다. 절댓값으로 음수를 모두 양수로 바꾸면 어떨까요? 그럴듯하게 들리지만 절댓값은 수학적으로 불편합니다. 구체적으로 설명하자면 절댓값은 나중에 경사 하강법에 필요한 미분과 잘 맞지 않습니다.[8] 따라서 잔차 제곱을 사용해 전체 손실을 계산합니다.

---

8   옮긴이_ 절댓값 그래프는 V 형태이며 원점에서 미분이 정의되지 않습니다.

시각적으로 표현하면 [그림 5-7]과 같습니다. 각 잔차 위에 정사각형을 덧씌웁니다. 이 사각형의 변은 잔차의 길이입니다. 나중에 최적의 m과 b를 구하기 위해 정사각형의 면적을 모두 더한 합을 최소화하는 방법을 배웁니다.

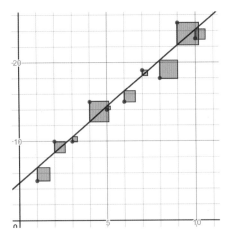

그림 5-7 제곱 합의 시각화: 한 변의 길이가 잔차인 정사각형의 면적을 모두 더합니다.

이전 코드를 [예제 5-4]처럼 수정해 제곱 합을 구합니다.

예제 5-4 직선과 데이터 포인터에 대한 잔차의 제곱 합 계산하기

```
import pandas as pd

# 데이터 로드하기
points = pd.read_csv("https://bit.ly/2KF29Bd").itertuples()

# 직선 방정식의 계수
m = 1.93939
b = 4.73333

sum_of_squares = 0.0

# 제곱 합을 계산합니다.
for p in points:
    y_actual = p.y
    y_predict = m*p.x + b
    residual_squared = (y_predict - y_actual)**2
```

```
    sum_of_squares += residual_squared

print("제곱 합= {}".format(sum_of_squares))
# 제곱 합 = 28.096969704500005
```

다음 질문으로 넘어가보죠. 사이킷런과 같은 라이브러리를 사용하지 않고 제곱 합의 최솟값을 만드는 m과 b를 어떻게 찾을 수 있을까요? 다음 절에서 살펴보겠습니다.

5.3 최적의 직선 찾기

이제 데이터 포인트에 대한 직선의 품질을 측정하는 방법인 제곱 합을 알았습니다. 이 수치가 낮을수록 더 잘 맞는 직선입니다. 그럼 최소 제곱 합을 만드는 m과 b 값은 어떻게 찾을까요?

주어진 문제를 푸는 값을 찾는 데 사용할 수 있는 몇 가지 검색 알고리즘이 있습니다. 한 가지 방법은 무차별 대입brute-force 방식을 사용해 m과 b 값을 무작위로 수백만 개 생성한 후, 최소 제곱 합을 만들 수 있습니다. 하지만 이 방법은 적절한 근삿값을 찾는 데 아주 많은 시간이 걸리기 때문에 실용적이지 않습니다. 조금 더 친절한 방법이 필요합니다. 이번 절에서는 다섯 가지 기법인 닫힌 형식 방정식, 역행렬, 행렬 분해, 경사 하강법, 확률적 경사 하강법을 소개합니다. 부록 A.7절에서 소개하는 언덕 오르기hill climbing와 같은 다른 검색 알고리즘도 있지만 여기서는 일반적인 방식에 초점을 맞춥니다.

최적의 회귀 직선을 찾는 과정이 머신러닝의 훈련에 해당합니다

이것이 바로 머신러닝 알고리즘 '훈련'의 핵심입니다. 데이터와 목적 함수objective function(제곱 합)를 제공하면 해당 목적을 충족하기 위한 적합한 계수 m과 b를 찾습니다. 따라서 머신러닝 모델 훈련은 실제로는 손실 함수loss function[9]를 최소화하는 것입니다.

---

9   옮긴이_ 머신러닝 분야에서는 종종 손실 함수, 비용 함수(cost function), 목적 함수를 같은 의미로 사용합니다. 엄격히 구분하면 손실 함수는 훈련 데이터 하나에 대한 오차를 계산하고, 비용 함수는 훈련 데이터 전체에 대한 오차를 계산합니다. 목적 함수는 더 넓은 의미로 종종 사용되며 최적화하려는 모든 대상을 의미합니다.

5.3.1 닫힌 형식 방정식

정확한 계산으로 선형 회귀를 풀 수 있는 (**닫힌 형식 방정식**^{closed form equation}이라 부르는) 공식이 있는지 궁금할지 모릅니다. 정답은 '예'입니다. 하지만 입력 변수가 하나인 **단순 선형 회귀**^{simple} ^{linear regression}의 경우에만 이 공식을 활용할 수 있습니다. 입력 변수가 여러 개이고 대량의 데이터를 다루는 많은 머신러닝 문제에서는 이 방식이 통하지 않습니다. 선형대수학의 기법을 활용할 수도 있는데 이에 대해서는 곧 설명하겠습니다. 또한 확률적 경사 하강법과 같은 알고리즘에 대해서도 살펴볼 예정이니 조금만 기다려주세요.

입력 변수와 출력 변수가 하나뿐인 단순 선형 회귀에서 m과 b를 계산하는 닫힌 형식 방정식은 다음과 같습니다. [예제 5-5]에서 파이썬을 사용해 이 계산을 수행합니다.

$$m = \frac{n\sum xy - \sum x \sum y}{n\sum x^2 - (\sum x)^2}$$

$$b = \frac{\sum y}{n} - m\frac{\sum x}{n}$$

예제 5-5 단순 선형 회귀에서 m과 b 계산하기

```python
import pandas as pd

# 데이터를 로드합니다.
points = list(pd.read_csv('https://bit.ly/2KF29Bd', delimiter=",").itertuples())

n = len(points)

m = (n*sum(p.x*p.y for p in points) - sum(p.x for p in points) *
    sum(p.y for p in points)) / (n*sum(p.x**2 for p in points) -
    sum(p.x for p in points)**2)

b = (sum(p.y for p in points) / n) - m * sum(p.x for p in points) / n

print(m, b)
# 1.9393939393939394 4.7333333333333325
```

m과 b를 계산하는 이 방정식은 미적분으로 유도할 수 있습니다.[10] 지금은 데이터 포인트의 개

---

10 옮긴이_ 이 공식의 유도 과정은 워크북의 '5장 연습 문제'를 참고하세요.

수 n을 곱하고 x 값과 y 값을 반복하며 공식을 계산합니다.

닫힌 형식 방정식은 대규모 데이터로 확장하기 어렵기 때문에 이후에는 더 많은 양의 데이터를 다룰 수 있는 최신 기법을 소개합니다.

> **TIP** **계산 복잡도**
>
> 닫힌 형식 방정식을 대규모 데이터셋으로 확장하기 어려운 이유는 **계산 복잡도**computational complexity라는 컴퓨터 과학 이론 때문입니다. 이 이론은 입력의 크기가 커짐에 따라 알고리즘의 수행 시간을 측정합니다. 이 주제에 대해 참고하면 좋은 훌륭한 유튜브 동영상은 다음과 같습니다.[11]
>
> - P vs. NP 그리고 계산 복잡도: *https://oreil.ly/TzQBl*
> - 빅 O 표기법이 무엇인가요?: *https://oreil.ly/EjcSR*

5.3.2 역행렬 기법

계수 m과 b를 각각 β_1과 β_0로 이름을 바꿔 표현하기도 합니다. 전문적인 자료에서 이 표현을 자주 볼 수 있으므로 익숙해지는 것이 좋습니다.

4장 전체를 선형대수학에 할애했지만 수학과 데이터 과학을 처음 접하는 경우 선형대수학을 사용하는 일이 어려울 수 있습니다. 그래서 이 책에 나오는 대부분의 예제에서는 평범한 파이썬 코드나 사이킷런을 사용합니다. 하지만 선형대수학이 얼마나 유용한지를 설명할 때는 선형대수학을 사용하겠습니다. 이 절이 어렵게 느껴진다면 다음 절로 넘어갔다가 나중에 다시 돌아와도 괜찮습니다.

4장에서 다룬 전치 행렬과 역행렬을 사용해 선형 회귀 문제를 풀 수 있습니다. 다음 식은 입력 변수 행렬 X와 출력 변수 벡터 y가 주어졌을 때 계수 벡터 β를 계산합니다. 미적분과 선형대수학으로 이를 증명하는 대신, 그냥 공식을 적겠습니다.[12]

$$\beta = (X^T \cdot X)^{-1} \cdot X^T \cdot y$$

X 행렬에 대해 전치와 역행렬 연산이 수행되고 행렬 곱셈으로 결합됩니다. [예제 5-6]은 넘파이로 이 연산을 수행하여 계수 m과 b를 구합니다.

---

11 옮긴이_ 닫힌 형식 방정식의 계산 복잡도는 다항 복잡도이며 입력 크기의 거듭제곱에 비례하여 계산 시간이 빠르게 증가합니다. 계산 복잡도에 대한 자세한 내용은 『코딩 뇌를 깨우는 파이썬』(한빛미디어, 2023)의 11장을 참고하세요.

12 옮긴이_ 이 공식의 유도 과정은 워크북의 '5장 연습 문제'를 참고하세요.

```python
import pandas as pd
from numpy.linalg import inv
import numpy as np

# 데이터를 로드합니다.
df = pd.read_csv('https://bit.ly/3goOAnt', delimiter=",")

# 입력 변수를 추출합니다(마지막 열은 제외).
X = df.values[:, :-1].flatten()

# 절편(intercept)을 위해 '1'로 채워진 열을 추가합니다.
X_1 = np.vstack([X, np.ones(len(X))]).T

# 출력값(마지막 열)을 추출합니다.
Y = df.values[:, -1]

# 기울기와 절편 계수를 계산합니다.
b = inv(X_1.transpose() @ X_1) @ (X_1.transpose() @ Y)
print(b) # [1.93939394, 4.73333333]

# y 값을 예측합니다.
y_predict = X_1.dot(b)
```

직관적이지는 않지만 X에 1로 채워진 열을 추가해야 합니다. 이는 절편 β_0와 곱해지는 가상의 입력값입니다. 이렇게 하는 이유는 입력과 계수의 곱을 하나의 행렬 곱셈으로 표현하기 위해서입니다.

5.3.3 행렬 분해 기법

데이터에 차원이 많으면 컴퓨터에 과부하가 걸려 불안정한 결과를 생성할 수 있습니다. 4장 선형대수학에서 배웠던 행렬 분해를 사용하기 좋은 경우입니다. 이전처럼 절편 β_0를 위해 행렬 X에 1로 채워진 열을 추가합니다. 그다음 두 개의 Q와 R로 분해합니다.

$$X = Q \cdot R$$

여기서 복잡한 미적분은 언급하지 않겠지만 Q와 R을 사용해 베타 계수의 값을 구하는 식은 다

음과 같습니다.[13]

$$\beta = R^{-1} \cdot Q^T \cdot y$$

[예제 5-7]은 앞의 QR 분해 공식을 사용해 넘파이로 선형 회귀를 수행하는 코드입니다.

예제 5-7 QR 분해를 사용해 선형 회귀 수행하기

```python
import pandas as pd
from numpy.linalg import qr, inv
import numpy as np

# 데이터를 로드합니다.
df = pd.read_csv('https://bit.ly/3goOAnt', delimiter=",")

# 입력 변수를 추출합니다(마지막 열은 제외).
X = df.values[:, :-1].flatten()

# 절편(intercept)을 위해 '1'로 채워진 열을 추가합니다.
X_1 = np.vstack([X, np.ones(len(X))]).transpose()

# 출력값(마지막 열)을 추출합니다.
Y = df.values[:, -1]

# QR 분해를 사용해 기울기와 절편 계수를 계산합니다.
Q, R = qr(X_1)
b = inv(R).dot(Q.transpose()).dot(Y)

print(b) # [1.93939394, 4.73333333]
```

많은 데이터 과학 라이브러리에서 선형 회귀를 위해 QR 분해를 사용합니다. 대량의 데이터를 더 쉽게 다룰 수 있고 안정적이기 때문입니다. 여기서 안정적이란 무슨 뜻일까요? **수치적 안정성**(https://oreil.ly/A4BWJ)이란 알고리즘이 근삿값에서 오류를 증폭시키지 않고 최소화하는 정도를 말합니다. 컴퓨터는 일정 소수점까지만 다룰 수 있으므로 근삿값을 구해야 합니다. 따라서 알고리즘이 근삿값에서 오차를 악화시키지 않는 것이 중요합니다.

> **TIP** **너무 복잡한가요?**
>
> 선형대수학을 사용한 선형 회귀 예제가 어렵게 느껴지더라도 걱정하지 마세요! 이건 선형대수학의 실제 사용 사례를 소개하는 것뿐입니다. 앞으로는 여러분이 사용할 수 있는 다른 기법에 초점을 맞추겠습니다.

---

13 옮긴이_ 이 공식의 유도 과정은 워크북의 '5장 연습 문제'를 참고하세요.

5.3.4 경사 하강법

경사 하강법gradient descent은 미분과 반복을 사용해 목적 함수에 대한 파라미터 집합을 최소화/최대화하는 최적화 기법입니다. 경사 하강법을 알아보기 위해 간단한 사고 실험을 한 다음, 간단한 예제에 적용해보겠습니다.

경사 하강법에 대한 사고 실험

깜깜한 밤, 산 꼭대기에 있는데 손전등 하나만 가지고 있다고 상상해보세요. 여러분은 산 아래 가장 낮은 지점으로 가고 싶습니다. 한 발자국을 내딛기 전에 손전등을 비춰 주변의 경사를 볼 수 있습니다. 경사가 눈에 띄게 아래로 내려가는 방향으로 발걸음을 옮깁니다. 경사가 크면 발걸음을 크게 내딛고, 경사가 작으면 발걸음을 작게 내딛습니다. 궁극적으로 경사가 평평한 낮은 지점, 즉 경사가 0인 곳에 도달합니다. 꽤 괜찮게 들리죠? 손전등을 이용해 경사가 아래로 내려가는 방향으로 이동하는 이런 방법을 경사 하강법이라고 합니다.

머신러닝에서는 다양한 파라미터로 구성된 전체 제곱 합의 손실을 하나의 산악 지형으로 생각할 수 있습니다. 손실을 최소화하기 위해 이 손실 지형을 탐색합니다. 이 문제를 해결하기 위해 경사 하강법에는 한 가지 매력적인 특징이 있습니다. 편도함수가 모든 파라미터(이 경우 m 과 b, 또는 β_1과 β_0)의 경사를 보여주는 손전등의 역할을 하는 것이죠. 경사가 아래로 내려가는 방향으로 m과 b를 이동시킵니다. 경사가 클수록 더 많이 이동하고 경사가 작을수록 더 조금씩 이동합니다. 경사 크기에 비례해 보폭의 크기를 간단히 계산할 수 있습니다. 이 비율을 **학습률**learning rate이라고 합니다. 학습률이 클수록 정확도를 희생하더라도 더 빠르게 수행됩니다. 하지만 학습률이 작을수록 학습하는 데 시간이 오래 걸리고 더 많은 반복이 필요합니다.

학습률을 결정하는 것은 경사면을 내려갈 때 개미, 인간 또는 거인 중 하나를 선택하는 것과 같습니다. 학습률이 작은 개미는 발걸음이 작아 바닥에 도달하는 데 정말 오랜 시간이 걸리지만, 정확하게 내려갈 수 있습니다. 학습률이 빠른 거인은 최소한의 발걸음으로 개미가 아무리 걸어도 도달할 수 없는 지점까지 도달할 수 있습니다. 학습률이 보통인 인간은 최솟값에 도달할 때 속도와 정확성 사이에서 적절한 균형을 유지하므로 가장 균형 잡힌 보폭 크기를 갖습니다.

천 리 길도 한 걸음부터

$f(x) = (x-3)^2 + 4$ 함수가 최소가 되는 x 값을 찾아봅시다. 수학적으로 해결할 수도 있지만

경사 하강법을 사용해 해결해보겠습니다.

다음 그림은 앞으로 하려는 작업을 시각적으로 보여줍니다. [그림 5-8]에서 볼 수 있듯이 기울기가 0인 최솟값을 향해 x 값이 이동합니다.

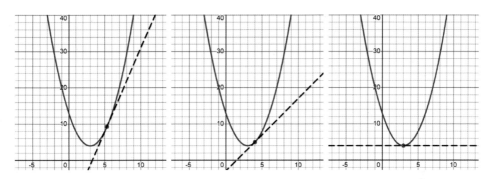

그림 5-8 기울기가 0에 가까워지는 지역 최솟값local minimum을 향해 이동하기

[예제 5-8]에서 함수 f(x)와 x에 대한 이 함수의 도함수 dx_f(x)를 정의합니다. 1장에서 심파이를 사용해 도함수를 계산하는 방법을 다룬 것을 기억하세요. 도함수를 구한 후 경사 하강법을 수행합니다.

예제 5-8 경사 하강법을 사용해 포물선 함수의 최솟값 찾기

```python
import random

def f(x):
    return (x - 3) ** 2 + 4

def dx_f(x):
    return 2*(x - 3)

# 학습률
L = 0.001

# 경사 하강법을 수행할 반복 횟수
iterations = 100_000

# 무작위한 x에서 시작합니다.
x = random.randint(-15,15)
```

```
for i in range(iterations):

    # 경사를 구합니다.
    d_x = dx_f(x)

    # (learning rate) * (slope)를 빼서 x를 업데이트합니다.
    x -= L * d_x

print(x, f(x)) # 2.999999999999889 4.0
```

함수를 그래프로 그려보면(그림 5-8), 함수의 최저점이 $x = 3$에서 명확하게 나타납니다. [예제 5-8]의 결괏값은 이 지점에 매우 가깝습니다. 매 반복마다 학습률을 사용해 기울깃값의 일부를 x 값에서 뺍니다. 기울기가 클수록 스텝이 커지고 기울기가 작을수록 스텝이 작아집니다. 충분한 반복이 끝나면 x는 기울기가 0이 되는 함수의 가장 낮은 지점(또는 그에 충분히 가까운 지점)에 도달하게 됩니다.

경사 하강법과 선형 회귀

그럼 이제 경사 하강법을 선형 회귀에 어떻게 사용해야 할까요? 사실 변수가 x가 아니라 m과 b(또는 β_1과 β_0)라는 점만 제외하면 동일합니다. 선형 회귀에서는 훈련 데이터로 제공되는 x 값과 y 값은 이미 알고 있기 때문입니다. 즉, 선형 회귀가 풀어야 하는 변수는 파라미터 m과 b입니다. 이를 통해 x 값을 받아 새로운 y 값을 예측하는 최적의 직선을 찾을 수 있습니다.

m과 b의 기울기는 어떻게 계산할까요? 이를 위해서는 각 변수에 대한 편도함수가 필요합니다. 어떤 함수의 도함수를 구할까요? 제곱 합 손실을 최소화해야 한다는 것을 기억하세요. 따라서 m과 b에 대한 제곱 합 함수의 도함수를 구해야 합니다.

[예제 5-9]처럼 m과 b에 대한 편도함수를 구현합니다. 심파이로 편도함수를 구하는 방법은 잠시 후 알아봅니다. 그런 다음 경사 하강법을 수행해 m과 b를 찾습니다. 학습률 0.001로 100,000회 반복하면 충분합니다. 학습률을 작게 설정할수록 속도가 느려지고 더 많은 반복이 필요하다는 점에 유의하세요. 하지만 너무 높게 설정하면 실행 속도는 빠르지만 근삿값의 정확도가 떨어집니다. 누군가가 머신러닝 알고리즘을 '학습' 또는 '훈련'한다라고 말할 때, 실제로는 다음과 같이 어떤 함수의 계수를 찾는 것입니다.

```python
import pandas as pd

# CSV에서 데이터를 로드합니다.
points = list(pd.read_csv("https://bit.ly/2KF29Bd").itertuples())

# 계수를 초기화합니다.
m = 0.0
b = 0.0

# 학습률
L = .001

# 반복 횟수
iterations = 100_000

n = float(len(points))  # X에 있는 원소 개수

# 경사 하강법 수행
for i in range(iterations):

    # m에 대한 그레이디언트
    D_m = sum(2 * p.x * ((m * p.x + b) - p.y) for p in points)

    # b에 대한 그레이디언트
    D_b = sum(2 * ((m * p.x + b) - p.y) for p in points)

    # m과 b를 업데이트합니다.
    m -= L * D_m
    b -= L * D_b

print("y = {0}x + {1}".format(m, b))
# y = 1.9393939393939548x + 4.733333333333227
```

나쁘지 않네요! 이 근삿값은 닫힌 형식 방정식으로 구한 해에 가깝습니다. 하지만 어떤 문제가 있을까요? 제곱 합을 최소화해 최선의 직선을 찾았다고 해서 이 선형 회귀 모델이 좋은 모델이라는 의미는 아닙니다. 제곱 합을 최소화하면 예측을 잘하는 좋은 모델이 될 수 있을까요? 꼭 그렇지는 않습니다. 이제 선형 회귀 모델을 훈련하는 방법을 알아봤으니 한 걸음 물러나 큰 그림을 다시 살펴보죠. 그리고 이 선형 회귀 모델이 만드는 예측이 적절한지 판단해보겠습니다. 하지만 그 전에 심파이를 사용해 최적의 직선을 찾는 방법을 살펴봅시다.

심파이를 사용한 선형 회귀 경사 하강법

[예제 5-10]은 심파이를 사용해 m과 b에 대한 제곱 합 함수의 편도함수를 생성하는 코드입니다.

예제 5-10 m과 b의 편도함수 계산하기

```
from sympy import *

m, b, i, n = symbols('m b i n')
x, y = symbols('x y', cls=Function)

sum_of_squares = Sum((m*x(i) + b - y(i)) ** 2, (i, 0, n))

d_m = diff(sum_of_squares, m)
d_b = diff(sum_of_squares, b)
print(d_m)
print(d_b)

# 출력
# Sum(2*(b + m*x(i) - y(i))*x(i), (i, 0, n))
# Sum(2*b + 2*m*x(i) - 2*y(i), (i, 0, n))
```

m과 b에 대한 도함수가 각각 출력됩니다. Sum() 함수는 항목(이 경우는 모든 데이터 포인트)을 반복하고 더합니다. x와 y는 인덱스 i에서 주어진 포인트의 값을 조회하는 함수로 표현됩니다.

수식으로 나타내면 $e(x)$를 제곱 합 손실 함수라 할 때, m과 b의 편도함수는 다음과 같습니다.

$$e(x) = \sum_{i=0}^{n} ((mx_i + b) - y_i)^2$$

$$\frac{d}{dm}e(x) = \sum_{i=0}^{n} 2(b + mx_i - y_i)x_i$$

$$\frac{d}{db}e(x) = \sum_{i=0}^{n} (2b + 2mx_i - 2y_i)$$

주어진 데이터셋에서 경사 하강법을 사용해 선형 회귀를 실행하려면 [예제 5-11]처럼 몇 가지 추가 단계를 수행해야 합니다. d_m과 d_b 도함수를 구하기 위해 모든 데이터 포인트를 반복하고 n, x(i), y(i) 값을 대체해야 합니다. 그러면 경사 하강법을 사용해 최적의 값을 찾아야 하

는 m과 b 변수만 남습니다.[14]

예제 5-11 심파이를 사용해 선형 회귀 풀기

```python
import pandas as pd
from sympy import *

# CSV에서 데이터를 로드합니다.
points = list(pd.read_csv("https://bit.ly/2KF29Bd").itertuples())

m, b, i, n = symbols('m b i n')
x, y = symbols('x y', cls=Function)

sum_of_squares = Sum((m*x(i) + b - y(i)) ** 2, (i, 0, n))

d_m = diff(sum_of_squares, m) \
    .subs(n, len(points) - 1).doit() \
    .replace(x, lambda i: points[i].x) \
    .replace(y, lambda i: points[i].y)

d_b = diff(sum_of_squares, b) \
    .subs(n, len(points) - 1).doit() \
    .replace(x, lambda i: points[i].x) \
    .replace(y, lambda i: points[i].y)

# 계산 속도를 높이기 위해 lambdify로 컴파일합니다.
d_m = lambdify([m, b], d_m)
d_b = lambdify([m, b], d_b)

# 모델 계수를 초기화합니다.
m = 0.0
b = 0.0

# 학습률
L = .001

# 반복 횟수
iterations = 100_000

# 경사 하강법을 수행합니다.
```

---

14 옮긴이_ 손실 함수의 도함수를 유도하고 순수한 파이썬으로 경사 하강법 알고리즘을 구현하는 예제는 『Do It! 딥러닝 입문』(이지스퍼블리싱, 2019)을 참고하세요.

```
for i in range(iterations):

    # m과 b를 업데이트합니다.
    m -= d_m(m,b) * L
    b -= d_b(m,b) * L

print("y = {0}x + {1}".format(m, b))
# y = 1.939393939393954x + 4.733333333333231
```

[예제 5-11]에서 볼 수 있듯이, 두 편도함수에 대해 `lambdify()`를 호출해 심파이 표현식을 최적화된 파이썬 함수로 변환하는 것이 좋습니다. 이렇게 하면 경사 하강법을 수행할 때 훨씬 더 빠르게 계산됩니다. 넘파이나 사이파이 또는 심파이가 찾은 다른 수치 라이브러리를 사용해 파이썬 함수를 구현하기 때문입니다. 그런 다음 경사 하강법을 수행합니다.

마지막으로 단순 선형 회귀의 손실 함수를 그래프로 그려보죠. [예제 5-12]는 x, y, n 값을 손실 함수에 넣고 입력 변수 m과 b에 대한 그래프를 그리는 심파이 코드입니다. 경사 하강법 알고리즘은 [그림 5-9]에 나타난 손실 함수 지형에서 가장 낮은 지점을 찾습니다.

예제 5-12 선형 회귀의 손실 함수 그리기

```
from sympy import *
from sympy.plotting import plot3d
import pandas as pd

points = list(pd.read_csv("https://bit.ly/2KF29Bd").itertuples())
m, b, i, n = symbols('m b i n')
x, y = symbols('x y', cls=Function)

sum_of_squares = Sum((m*x(i) + b - y(i)) ** 2, (i, 0, n)) \
    .subs(n, len(points) - 1).doit() \
    .replace(x, lambda i: points[i].x) \
    .replace(y, lambda i: points[i].y)

plot3d(sum_of_squares)
```

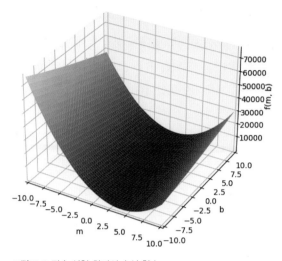

그림 5-9 단순 선형 회귀의 손실 함수

5.4 과대적합 및 분산

제곱 합의 값이 0이 되도록 손실을 최소화하려면 어떻게 해야 할까요? 선형 회귀 외에 다른 방법이 있을까요? 한 가지 방법은 단순히 모든 포인트를 지나는 곡선을 찾는 것입니다. [그림 5-10]처럼 포인트 사이를 연결하고 이를 사용해 예측하는 것은 어떨까요? 이렇게 하면 손실이 0이 됩니다!

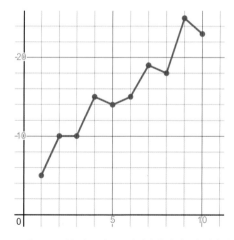

그림 5-10 단순히 포인트를 연결하여 회귀를 수행하면 손실은 0이 됩니다.

그러면 왜 이 방법 대신 번거롭게 선형 회귀를 사용했을까요? 이 문제의 진짜 목표는 훈련 데이터에 대한 제곱 합을 최소화하는 것이 아니라, 새로운 데이터에 대해 정확한 예측을 하는 것입니다. 이런 포인트 연결 모델은 심하게 **과대적합**^{overfitting}되었습니다. 즉, 훈련 데이터에만 너무 정확하게 맞아서 새로운 데이터에 대해 제대로 예측하지 못합니다. 단순한 포인트 연결 모델은 다른 데이터에서 멀리 떨어져 있는 이상치에 민감하므로 예측의 **분산**이 높습니다. 이 예제에 있는 포인트들은 비교적 직선에 가깝게 위치하지만 넓게 퍼져 있고 이상치가 많은 다른 데이터셋에서는 이 문제가 훨씬 더 심각해집니다. 과대적합은 예측의 분산을 증가시키기 때문에 엉뚱한 예측 결과가 생깁니다.

> **TIP** 과대적합은 단순 암기입니다
>
> 누군가 회귀 모델이 데이터를 일반화하지 않고 '암기'했다고 말한다면 과대적합에 대해 이야기하는 것입니다. 짐작했겠지만 데이터를 외우기보다는 효과적인 일반화를 찾아야 합니다. 그렇지 않으면 회귀 분석은 단순히 값을 조회하는 데이터베이스에 지나지 않습니다.

이게 바로 머신러닝 모델에 편향을 추가하는 이유입니다. 선형 회귀는 매우 편향이 큰 모델입니다. 이는 3장에서 자세히 설명한 데이터에 있는 편향과는 다릅니다. 모델의 편향은 데이터의 내용을 정확히 맞추는 대신, 특정 방법(⑩ 직선 유지)에 우선순위를 두는 것을 의미합니다. 편향된 모델은 훈련 데이터의 손실을 최소화하는 대신, 약간의 여지를 남겨 새로운 데이터에서 손실을 최소화해 더 나은 예측을 만들길 기대합니다. 모델에 편향을 추가하는 것은 과대적합을 **과소적합**^{underfitting}으로 상쇄하거나 훈련 데이터에 덜 맞추는 것입니다.

결국 이것은 두 가지 상반된 목표이기 때문에 적절한 균형이 필요합니다. 따라서 머신러닝에서는 기본적으로 이렇게 말합니다. "데이터에 회귀 모델을 훈련하고 싶지만 너무 꼭 맞게 만들고 싶지는 않습니다. 훈련 데이터와 새로운 데이터에 대한 예측을 위해 약간의 여유가 필요합니다."

> ✏ **NOTE** 릿지 회귀와 라쏘 회귀
>
> 선형 회귀의 인기 있는 두 가지 변형은 릿지 회귀^{ridge regression}와 라쏘 회귀^{lasso regression}입니다. 릿지 회귀는 선형 회귀에 페널티^{penalty}의 형태로 편향을 추가해 데이터에 덜 잘 맞도록 만듭니다. 라쏘 회귀는 잡음이 많은 변수를 구분해내므로 관련성이 없는 변수를 자동으로 제거하고자 할 때 유용합니다.

하지만 일부 데이터에 선형 회귀를 적용하고 이를 통해 몇 가지 예측을 하고 나서 모든 것이 정상이라고 생각할 수는 없습니다. 선형 회귀는 단순하지만 입력 변수가 많으면 쉽게 과대적합될 수 있습니다. 따라서 과대적합과 과소적합을 모두 확인하고 둘 사이에 있는 최적의 지점을 찾아야 합니다. 만약 이런 지점이 전혀 없다면 모델을 포기해야 합니다.

5.5 확률적 경사 하강법

머신러닝 작업에서 앞에서와 같은 방식으로 경사 하강법을 수행하지는 않을 것입니다. 즉, 한번에 모든 훈련 데이터를 사용해 훈련하지 않습니다(이를 **배치 경사 하강법**batch gradient descent이라 부릅니다). 실제로는 각 반복마다 데이터셋에 있는 표본 하나만 사용해 훈련하는 **확률적 경사 하강법**stochastic gradient descent을 수행할 가능성이 더 많습니다. **미니배치 경사 하강법**mini-batch gradient descent은 각 반복마다 데이터셋에 있는 여러 개의 표본(**예** 10개 또는 100개 데이터 포인트)을 사용합니다.

각 반복에서 데이터의 일부만 사용하는 이유는 무엇일까요? 머신러닝 실무자들이 꼽는 몇 가지 이점은 다음과 같습니다. 첫째, 각 반복이 전체 훈련 데이터셋을 처리할 필요 없이 일부만 처리하기 때문에 계산량이 크게 줄어듭니다. 둘째, 과대적합을 줄입니다. 각 반복에서 훈련 알고리즘을 데이터의 일부에만 노출하면 손실 지형이 계속 바뀌므로 최솟값에 안주하지 않습니다. 손실을 과도하게 최소화하는 것이 과대적합의 원인이므로 약간의 무작위성을 도입해 과소적합을 조금 주입하는 것입니다(하지만 너무 많지는 않아야 합니다).

물론 근삿값이 부정확해지므로 주의해야 합니다. 이를 위해 훈련/테스트 데이터 분할과 선형 회귀의 신뢰성을 평가하기 위한 다른 측정 지표에 대해 이야기해봅니다.

[예제 5-13]은 파이썬에서 확률적 경사 하강법을 수행하는 방법입니다. 표본 크기를 1 이상으로 변경하면 미니배치 경사 하강법을 수행합니다.

예제 5-13 선형 회귀를 위한 확률적 경사 하강법 수행하기

```
import pandas as pd
import numpy as np
```

```python
# 데이터를 로드합니다.
data = pd.read_csv('https://bit.ly/2KF29Bd', header=0)

X = data.iloc[:, 0].values
Y = data.iloc[:, 1].values

n = data.shape[0]  # 행

# 계수를 초기화합니다.
m = 0.0
b = 0.0

sample_size = 1  # 표본 크기
L = .0001  # 학습률
epochs = 1_000_000  # 경사 하강법을 수행할 반복 횟수

# 확률적 경사 하강법을 수행합니다.
for i in range(epochs):
    idx = np.random.choice(n, sample_size, replace=False)
    x_sample = X[idx]
    y_sample = Y[idx]

    # 예측한 Y 값
    Y_pred = m * x_sample + b

    # m에 대한 그레이디언트
    D_m = (-2 / sample_size) * sum(x_sample * (y_sample - Y_pred))

    # b에 대한 그레이디언트
    D_b = (-2 / sample_size) * sum(y_sample - Y_pred)
    m = m - L * D_m  # m 업데이트
    b = b - L * D_b  # b 업데이트

    # 진행 과정 출력
    if i % 10000 == 0:
        print(i, m, b)

print("y = {0}x + {1}".format(m, b))
```

이를 실행하면 $y = 1.9382830354181135x + 4.753408787648379$ 같은 선형 함수가 나옵니다. 물론 여러분의 실행 결과는 다를 수 있습니다. 확률적 경사 하강법은 특정 최솟값으로 수렴하지 않고 더 넓은 범위 내에서 끝나기 때문입니다.

!CAUTION **무작위성은 나쁜가요?**

코드를 실행할 때마다 다른 답이 나오는 무작위성이 불편한가요? 머신러닝, 최적화, 확률 알고리즘의 세계에 오신 것을 환영합니다! 근삿값을 계산하는 많은 알고리즘은 무작위성을 기반으로 합니다. 어떤 알고리즘은 매우 유용하지만 엉성하고 성능이 좋지 않은 알고리즘도 있습니다.

많은 사람이 머신러닝과 인공지능을 객관적이고 정확한 답을 제공하는 도구로 생각하지만 이는 사실과 거리가 멉니다. 머신러닝은 어느 정도 불확실성이 있는 근삿값을 생성하며, 제품 환경에서는 정답이 없는 경우가 많습니다. 머신러닝이 어떻게 작동하는지 이해하지 못하면 잘못 사용될 수 있습니다. 비결정론적이고 근사적인 특징을 인정해야 합니다.

무작위성은 강력한 도구를 만들 수 있지만 남용될 수도 있습니다. 시드seed 값과 무작위성을 사용해 좋은 결과를 얻기 위해 p 해킹을 하지 않도록 주의하고, 데이터와 모델을 분석하는 데 노력을 기울이세요.

5.6 상관 계수

[그림 5-11]에 있는 산점도scatterplot와 선형 회귀 직선을 함께 살펴보세요. 이 데이터에 선형 회귀가 잘 맞지 않는 이유는 뭘까요?

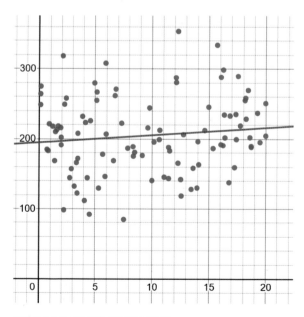

그림 5-11 분산이 높은 데이터의 산점도

여기서 문제는 데이터의 분산이 크다는 것입니다. 데이터가 매우 널리 퍼져 있으면 예측의 정확도와 유용성이 떨어질 정도로 분산이 증가해 잔차가 커집니다. 물론 선형 회귀와 같이 편향이 많은 모델을 도입해 쉽게 복잡해지지 않고 분산에 대응할 수 있습니다. 하지만 데이터가 너무 퍼져 있어 과소적합으로 인해 예측 성능이 낮아질 수 있습니다. 따라서 예측이 얼마나 빗나갔는지를 수치로 측정해야 합니다.

그렇다면 이러한 잔차를 총체적으로 어떻게 측정할까요? 또한 데이터의 분산이 얼마나 나쁜지 어떻게 알 수 있을까요? **피어슨 상관 계수**^{Pearson correlation coefficient}라고도 부르는 **상관 계수**^{correlation coefficient}가 있습니다. 상관 계수는 두 변수 사이의 관계 강도를 −1에서 1 사이의 값으로 측정합니다. 상관 계수가 0에 가까울수록 상관관계가 없음을 나타냅니다. 상관 계수가 1에 가까울수록 강한 양의 상관관계를 나타내며 이는 한 변수가 증가하면 다른 변수도 비례적으로 증가한다는 의미입니다. 상관 계수가 −1에 가까우면 강한 음의 상관관계를 나타내며 이는 한 변수가 증가하면 다른 변수도 비례적으로 감소함을 의미합니다.

상관 계수는 종종 r로 표시합니다. [그림 5-11]에 있는 넓게 퍼진 데이터의 상관 계수는 0.1201입니다. 1보다 0에 훨씬 가깝기 때문에 데이터의 상관관계가 거의 없다고 추론합니다.

[그림 5-12]는 상관 계수를 보여주는 네 개의 다른 산점도입니다. 데이터 포인트들이 직선의 형태에 가까울수록 상관관계가 강합니다. 포인트가 널리 퍼질수록 상관관계는 약해집니다.

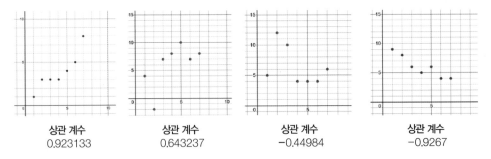

그림 5-12 4개의 산점도에 대한 상관 계수

상관 계수는 두 변수 사이에 가능한 관계가 있는지 확인하는 데 유용합니다. 강한 양의 상관관계나 강한 음의 상관관계가 있는 경우 선형 회귀가 잘 맞습니다. 변수 사이에 상관관계가 없다면 모델에 잡음이 추가되고 정확도가 떨어집니다.

파이썬으로 상관 계수를 계산하려면 어떻게 해야 할까요? 앞서 사용한 간단한 10개의 포인트로 이루어진 데이터셋(*https://bit.ly/2KF29Bd*)을 사용합니다. 모든 변수 쌍의 상관관계를 분석하는 빠르고 쉬운 방법은 판다스의 corr() 함수를 사용하는 것입니다. 이 함수를 사용하면 데이터셋의 모든 변수(이 예제의 경우 *x*와 *y*) 쌍 간의 상관 계수를 쉽게 확인할 수 있습니다. 이를 **상관 행렬**^{correlation matrix}이라고 합니다. [예제 5-14]를 살펴보죠.

예제 5-14 판다스를 사용해 모든 변수 쌍 간의 상관 계수 확인하기

```
import pandas as pd

# 데이터를 판다스 데이터프레임으로 로드하기
df = pd.read_csv('https://bit.ly/2KF29Bd', delimiter=",")

# 변수 간의 상관 계수 출력하기
correlations = df.corr()
print(correlations)

# 출력:
#          x         y
# x  1.000000  0.957586
# y  0.957586  1.000000
```

출력 결과에서 보듯이 *x*와 *y* 사이의 상관 계수 0.957586은 두 변수 간에 강한 양의 상관관계가 있음을 나타냅니다. 행렬에서 *x* 또는 *y*가 자기 자신과의 상관관계를 나타내는 1.0은 무시할 수 있습니다. *x* 또는 *y*는 자기 자신과 정확히 일치하기 때문에 1.0으로 상관관계가 완벽합니다. 두 개 이상의 변수가 있는 경우 짝을 지어 비교할 변수가 더 많기 때문에 상관 행렬이 더 커집니다.

분산이 많은 데이터셋을 사용하면 상관 계수가 감소합니다. 이는 상관관계가 약해졌음을 의미합니다.

상관 계수 계산하기

상관 계수가 어떻게 계산되는지 수학적으로 궁금한 분을 위해 공식을 소개하면 다음과 같습니다.

$$r = \frac{n\sum xy - (\sum x)(\sum y)}{\sqrt{n\sum x^2 - (\sum x)^2}\sqrt{n\sum y^2 - (\sum y)^2}}$$

파이썬으로 구현할 때 한 줄의 for 루프로 합 계산을 처리하면 편리합니다. [예제 5-15]는 파이썬으로 상관 계수를 직접 계산하는 방법입니다.

예제 5-15 파이썬에서 처음부터 상관 계수 계산하기

```python
import pandas as pd
from math import sqrt

# CSV에서 데이터 읽기
points = list(pd.read_csv("https://bit.ly/2KF29Bd").itertuples())
n = len(points)

numerator = n * sum(p.x * p.y for p in points) - \
            sum(p.x for p in points) * sum(p.y for p in points)

denominator = sqrt(n*sum(p.x**2 for p in points) - sum(p.x for p in points)**2) \
            * sqrt(n*sum(p.y**2 for p in points) - sum(p.y for p in points)**2)

corr = numerator / denominator

print(corr)

# 출력:
# 0.9575860952087218
```

5.7 통계적 유의성

선형 회귀에서 고려해야 할 또 다른 측면은 데이터에 있는 상관관계가 우연인지 살펴봐야 합니다. 3장에서 가설 검정과 p 값에 대해 공부했습니다. 여기서는 이 아이디어를 확장해 선형 회귀에 적용해봅니다.

statsmodel 라이브러리

이 책에서 소개하지는 않지만 통계 분석에 관심이 있다면 statsmodel(*https://oreil.ly/8oEHo*)을 살펴보세요.

사이킷런이나 다른 머신러닝 라이브러리는 통계적 유의성 및 신뢰 구간을 위한 도구를 제공하지 않습니다. 이에 대한 이유는 다른 글 상자에서 설명하겠습니다. 이러한 기법을 적용하려면 직접 코딩해야 합니다. 하지만 statsmodel 라이브러리를 기억해두면 나중에 유용하게 사용할 수 있을 것입니다.

데이터에서 무작위적인 우연으로 인해 선형 관계가 나타날 수 있는지 근본적인 질문부터 해보죠. 이 두 변수 간의 상관관계가 우연이 아니라 유의미하다고 95% 확신하려면 어떻게 해야 할까요? 이 질문이 3장의 가설 검정처럼 들리지 않나요? 네, 맞습니다! 단순히 상관 계수를 표현하는 것뿐만 아니라 상관 계수가 우연에 의한 것이 아니라는 확신을 정량화해야 합니다.

3장에서 살펴본 약물 테스트 예제처럼 평균을 추정하는 대신, 표본을 기반으로 모집단의 상관 계수를 추정합니다. 모집단 상관 계수는 그리스 기호 ρ (로^{rho})로 표시하고 표본 상관 계수는 r로 씁니다. 3장에서와 마찬가지로 귀무 가설 H_0과 대립 가설 H_1이 있습니다.

$H_0 : \rho = 0$ (관계가 없음)

$H_1 : \rho \neq 0$ (관계가 있음)

귀무 가설 H_0은 두 변수 사이에 관계가 없다는 것으로, 기술적으로 말하면 상관 계수가 0이라는 뜻입니다. 대립 가설 H_1은 두 변수 간에 관계가 있다는 것으로, 양의 상관관계 또는 음의 상관관계가 있을 수 있습니다. 따라서 대립 가설을 $\rho \neq 0$로 정의해 양의 상관관계와 음의 상관관계를 모두 가능하게 표현합니다.

[그림 5-13]에 표시된 포인트 10개의 데이터셋을 다시 살펴봅시다. 이 데이터 포인트를 우연히 발견할 확률은 얼마나 될까요? 그리고 이 데이터 포인트들이 우연히 선형 관계처럼 보일 수 있을까요?

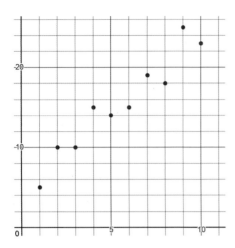

그림 5-13 선형 상관관계가 있는 것처럼 보이는 이 데이터가 우연히 나타날 확률은 얼마나 될까요?

[예제 5-14]에서 이 데이터셋의 상관 계수를 계산한 결과는 0.957586입니다. 이는 강력한 양의 상관관계입니다. 하지만 이것이 우연에 의한 것인지 평가해야 합니다. 이 두 변수 간에 관계가 있는지 알아보기 위해 양측 검정을 사용해 95% 신뢰도로 가설 검정을 수행해보겠습니다.

3장에서 더 많은 분산과 불확실성을 포착하기 위해 꼬리가 두꺼운 t 분포에 대해 이야기했습니다. 선형 회귀를 통해 가설 검증을 할 때는 정규 분포가 아닌 t 분포를 사용합니다. 먼저 [그림 5-14]처럼 95% 임곗값 범위의 t 분포를 그렸습니다. 표본에 10개의 데이터가 있으므로 자유도는 10 − 1 = 9입니다.

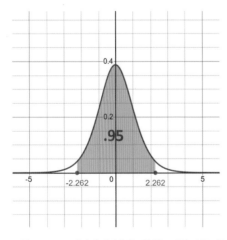

그림 5-14 10개의 데이터에서 1을 뺀 9의 자유도를 가진 t 분포

임곗값은 대략 ±2.262이며, [예제 5-16]처럼 파이썬으로 계산합니다. 이는 t 분포의 중심 영역의 95%를 차지합니다.

예제 5-16 t 분포에서 임곗값 계산하기

```python
from scipy.stats import t

n = 10
lower_cv = t(n-1).ppf(.025)
upper_cv = t(n-1).ppf(.975)

print(lower_cv, upper_cv)
# -2.262157162740992 2.26215716274009915
```

테스트 값이 이 범위(−2.262, 2.262)를 벗어나면 귀무 가설을 거부할 수 있습니다. 검정값 t 를 계산하려면 다음 공식을 사용합니다. 여기서도 r은 상관 계수이고 n은 표본 크기입니다.

$$t = \frac{r}{\sqrt{\dfrac{1-r^2}{n-2}}}$$

$$t = \frac{0.957586}{\sqrt{\dfrac{1-0.957586^2}{10-2}}} = 9.39956$$

[예제 5-17]은 전체 테스트를 파이썬으로 작성한 코드입니다. 테스트 값이 95% 신뢰도의 임계 범위를 벗어나면 상관관계가 우연이 아닙니다.

예제 5-17 선형으로 보이는 데이터에 대한 유의성 테스트

```python
from scipy.stats import t
from math import sqrt

# 표본 크기
n = 10

lower_cv = t(n-1).ppf(.025)
upper_cv = t(n-1).ppf(.975)

# 데이터(https://bit.ly/2KF29Bd)에서 계산한 결정 계수
r = 0.957586
```

```
# 검정 수행
test_value = r / sqrt((1-r**2) / (n-2))

print("검정값: {}".format(test_value))
print("임계 범위: {}, {}".format(lower_cv, upper_cv))

if test_value < lower_cv or test_value > upper_cv:
    print("상관관계가 입증되어 귀무 가설을 거부합니다.")
else:
    print("상관관계가 입증되지 않아 귀무 가설을 거부하지 못합니다.")

# p 값 계산
if test_value > 0:
    p_value = 1.0 - t(n-1).cdf(test_value)
else:
    p_value = t(n-1).cdf(test_value)

# 양측 검정이므로 2를 곱합니다.
p_value = p_value * 2
print("P-VALUE: {}".format(p_value))
```

여기서 테스트 값은 약 9.39956으로, (−2.262, 2.262) 범위를 확실히 벗어나므로 귀무 가설을 거부하고 상관관계가 있다고 말할 수 있습니다. 그 이유는 p 값 0.000005976은 확실히 유의미하기 때문입니다. 임곗값인 0.05보다 훨씬 낮기 때문에 우연이 아니라 상관관계가 있다고 봅니다. 데이터 포인트가 직선과 매우 닮았기 때문에 p 값이 작은 것은 당연합니다. 이 포인트들이 우연히 직선 근처에 이렇게 가깝게 배열되었을 가능성은 거의 없습니다.

[그림 5-15]는 몇 가지 다른 데이터셋의 상관 계수와 p 값입니다. 각 데이터를 분석해보세요. 어떤 것이 예측에 가장 유용한가요? 다른 데이터셋의 문제점은 무엇인가요?

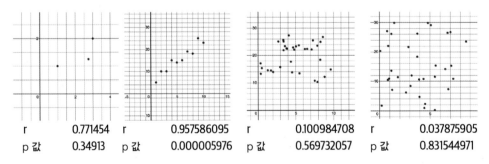

| r | 0.771454 | r | 0.957586095 | r | 0.100984708 | r | 0.037875905 |
| p 값 | 0.34913 | p 값 | 0.000005976 | p 값 | 0.569732057 | p 값 | 0.831544971 |

그림 5-15 다양한 데이터셋의 상관 계수와 p 값

[그림 5-15]의 데이터셋을 하나씩 살펴봅시다. 왼쪽부터 첫 번째 그림은 양의 상관관계가 높지만 데이터 포인트가 세 개에 불과합니다. 데이터가 부족하기 때문에 p 값이 0.34913으로 크게 높아지고 데이터가 우연히 발생했을 가능성을 증가시킵니다. 데이터 포인트가 세 개만 있으면 선형적인 패턴을 볼 가능성이 높지만, 단순히 두 포인트 사이를 직선으로 연결하는 것과 크게 다르지 않습니다. 여기서 중요한 규칙을 생각할 수 있습니다. 데이터가 많을수록, 특히 데이터가 직선 주위로 몰리는 경우 p 값이 감소합니다.

두 번째 그림은 방금 다룬 예시와 같습니다. 데이터 포인트가 10개에 불과하지만 선형 패턴을 매우 멋지게 형성합니다. 강한 양의 상관관계가 있을 뿐만 아니라 p 값도 매우 낮습니다. p 값이 이렇게 낮으면 사회학적 또는 자연적인 것이 아니라 공학적으로 엄격하게 통제된 프로세스를 측정하고 있다고 확신할 수 있습니다.

[그림 5-15]의 오른쪽 두 그림에서는 선형 관계를 찾지 못했습니다. 상관 계수가 0에 가까워 상관관계가 없음을 나타냅니다. p 값을 보면 '우연'이 중요한 역할을 했음을 나타냅니다.

규칙은 다음과 같습니다. 직선을 닮은 데이터가 많을수록 상관관계가 높고 p 값이 작아집니다. 데이터가 많이 흩어져 있거나 희박할수록 p 값이 증가해 상관관계가 무작위적인 우연에 의해 발생했음을 나타냅니다.

5.8 결정 계수

이번에는 통계와 머신러닝의 회귀 문제에서 많이 볼 수 있는 중요한 지표를 배워봅니다. **결정 계수**coefficient of determination r^2은 한 변수의 변동이 다른 변수의 변동으로 얼마나 설명 가능한지를 측정합니다. 또한 상관 계수 r의 제곱이기도 합니다. r이 완벽한 상관관계(−1 또는 1)에 가까워지면 r^2은 1에 가까워집니다. 본질적으로 r^2은 두 변수의 상호 작용 정도를 보여줍니다.

[그림 5-13]의 데이터를 계속 사용해보죠. [예제 5-18]에서 데이터프레임으로 상관 계수를 계산하는 코드를 가져와 이를 간단히 제곱하면 결정 계수를 얻을 수 있습니다.

예제 5-18 판다스에서 결정 계수 계산하기

```
import pandas as pd
```

```
# 판다스 데이터프레임으로 데이터 로드하기
df = pd.read_csv('https://bit.ly/2KF29Bd', delimiter=",")

# 두 변수 사이의 결정 계수 출력하기
coeff_determination = df.corr(method='pearson') ** 2
print(coeff_determination)

# 출력:
#           x         y
# x  1.000000  0.916971
# y  0.916971  1.000000
```

결정 계수 0.916971은 x의 변동 중 91.6971%가 y에 의해 설명된다는 뜻입니다(그 반대의 경우도 마찬가지입니다). 나머지 8.3029%는 포착되지 않은 다른 변수로 인한 잡음으로 해석합니다. 0.916971은 x와 y가 서로의 변동을 설명한다는 것을 보여주는 꽤 좋은 결정 계수입니다. 하지만 나머지 0.083029에 해당하는 다른 변수가 있을 수 있습니다. 상관관계는 인과 관계^{causation}와 같지 않으므로 겉으로 보이는 관계에 기여하는 다른 변수가 있을 수 있다는 점을 기억하세요.

> **⚠ CAUTION 상관관계는 인과 관계가 아닙니다!**
>
> 상관관계를 측정하고 이에 관련된 측정 지표를 구축하는 데 중점을 두지만, 상관관계는 인과 관계가 아니라는 점을 기억하세요. 이 말을 한 번쯤 들어봤겠지만 통계학자가 이렇게 말하는 이유를 자세히 설명해보겠습니다.
>
> x와 y 사이에 상관관계가 있다고 해서 x가 y를 유발한다는 의미는 아닙니다. 실제로는 y가 x를 유발할 수도 있습니다. 또는 x와 y를 유발하는 포착되지 않은 세 번째 변수 z가 있을 수도 있습니다. x와 y가 서로 전혀 원인이 되지 않고, 상관관계가 단지 우연일 수도 있으므로 통계적 유의성을 측정하는 것이 중요합니다.
>
> 이제 더 중요한 질문이 생겼습니다. 컴퓨터가 상관관계와 인과 관계를 구분할 수 있을까요? 대답은 '아니요' 입니다. 컴퓨터에는 상관관계의 개념은 있지만 인과 관계의 개념은 없습니다. 소비한 물의 갤런과 수도 요금을 보여주는 데이터셋을 사이킷런으로 분석한다고 가정해봅시다. 컴퓨터나 사이킷런을 포함한 어떤 프로그램도 물 사용량이 많으면 요금이 높아지는지, 요금이 증가하면 물 사용량이 많아지는지 알지 못합니다. 인공지능 시스템은 후자의 결론을 내릴 수 있지만 이는 말이 되지 않습니다. 그렇기 때문에 많은 머신러닝 프로젝트에 상식을 주입하기 위해 사람이 참여해야 합니다.
>
> 컴퓨터 비전에서도 이런 일이 발생합니다. 컴퓨터 비전은 종종 숫자 픽셀에 머신러닝을 수행해 범주를 예측합니다. 컴퓨터 비전 시스템에 소의 사진을 사용해 소를 인식하도록 훈련하면 소가 아닌 들판과 쉽게 상관관계가 만들어집니다. 따라서 빈 들판의 사진을 보여주면 풀을 소로 분류할 수 있습니다. 이 역시 컴퓨터는 인과

관계에 대한 개념이 없기 때문에 (소의 형태가 '소'라는 레이블로 이어져야 하지만) 관심 대상이 아닌 상관관계에 빠져들게 됩니다.

5.9 추정 표준 오차

선형 회귀의 전체 오차를 측정하는 한 가지 방법은 제곱 오차 합$^{\text{sum of squared error}}$$(SSE)$입니다. 앞서 각 잔차를 제곱하고 합산하는 방법을 배웠습니다. 만약 $\hat{y}$이 직선으로 예측한 값이고 y가 데이터의 각 실젯값을 나타내는 경우, SSE는 다음과 같이 계산합니다.

$$SSE = \sum (y - \hat{y})^2$$

하지만 제곱한 값은 이해하기 어렵기 때문에 제곱근을 사용해 원래 단위로 다시 조정할 수 있습니다. 또한 이 값을 평균하면 **추정 표준 오차**$^{\text{standard error of the estimate}}$$(S_e)$가 됩니다. n이 데이터 포인트 개수라 할 때 파이썬에서 추정 표준 오차 S_e를 계산하는 방법은 [예제 5-19]와 같습니다.

$$S_e = \sqrt{\frac{\sum (y - \hat{y})^2}{n - 2}}$$

예제 5-19 추정 표준 오차 계산하기

```python
import pandas as pd
from math import sqrt

# 데이터를 로드합니다.
points = list(pd.read_csv('https://bit.ly/2KF29Bd', delimiter=",").itertuples())

n = len(points)

# 모델 파라미터를 초기화합니다.
m = 1.939
b = 4.733

# 추정 표준 오차를 계산합니다.
S_e = sqrt((sum((p.y - (m*p.x + b))**2 for p in points))/(n-2))

print(S_e)
# 1.87406793500129
```

3장에서 분산을 계산할 때처럼 $n-1$을 사용하지 않고, 이번에는 왜 $n-2$를 사용할까요? 수학적 증명에 너무 깊이 들어가지 않겠지만, 단순 선형 회귀에는 변수가 하나가 아니라 두 개이기 때문에 자유도에서 불확실성을 하나 더 증가시켜야 하기 때문입니다.

추정 표준 오차가 3장에서 배운 표준 편차와 놀랍도록 유사합니다. 이는 우연이 아닙니다. 이 값은 선형 회귀에 대한 표준 편차이기 때문입니다.

5.10 예측 구간

앞서 언급했듯이 선형 회귀의 데이터는 모집단의 한 표본입니다. 따라서 회귀 분석은 표본만큼만 정확합니다. 또한 선형 회귀에는 이를 따르는 정규 분포가 있습니다. 따라서 예측된 각 Y 값은 평균과 마찬가지로 표본 통계가 됩니다. 실제로 평균은 직선을 따라 이동합니다.

2장에서 통계를 설명할 때 분산과 표준 편차에 대해 이야기한 것을 기억하나요? 이 개념은 여기에도 적용됩니다. 선형 회귀를 사용하면 데이터가 선형적인 방식으로 정규 분포를 따르기를 바랍니다. 회귀 직선은 종 곡선의 변화하는 '평균' 역할을 합니다. [그림 5-16]처럼 직선 주위에 퍼진 데이터는 분산과 표준 편차를 반영합니다.

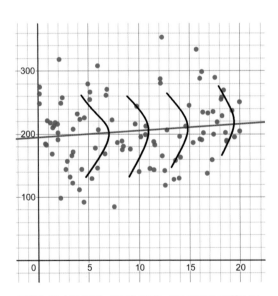

그림 5-16 선형 회귀는 직선을 따르는 정규 분포를 가정합니다.

선형 회귀 직선을 따르는 정규 분포가 있는 경우, 하나의 변수뿐만 아니라 분포를 조정하는 두 번째 변수도 있습니다. 각각의 y 예측 주위에 신뢰 구간이 있으며 이를 **예측 구간**^{prediction interval}이라고 합니다.

반려동물의 나이와 동물병원 방문 횟수를 예측하는 예시를 다시 살펴봅시다. 8.5살인 강아지에 대해 95% 신뢰도로 동물병원 방문 횟수에 대한 예측 구간을 알고 싶습니다. 이 예측 구간은 [그림 5-17]에 나와 있습니다. 8.5살인 강아지의 동물병원 방문 횟수는 16.462번에서 25.966번 사이라고 95% 확신할 수 있습니다.

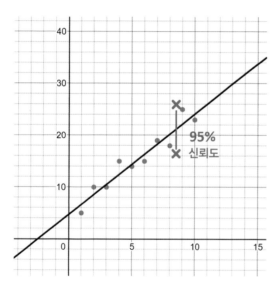

그림 5-17 8.5살 강아지에 대한 95% 신뢰도의 예측 구간

이 예측 구간은 어떻게 계산할까요? 오차 범위를 구하고 예측된 y 값을 중심으로 오차 범위를 더하거나 빼야 합니다. 이는 추정 표준 오차뿐만 아니라 t 분포의 임곗값을 포함하는 매우 복잡한 방정식으로 다음과 같습니다.

$$E = t_{0.025} * S_e * \sqrt{1 + \frac{1}{n} + \frac{n(x_0 - \bar{x})^2}{n(\sum x^2) - (\sum x)^2}}$$

관심 대상인 x 값은 x_0으로 표시하며 이 경우 8.5입니다. 파이썬에서 계산하는 과정은 [예제 5-20]에 나와 있습니다.

```python
import pandas as pd
from scipy.stats import t
from math import sqrt

# 데이터를 로드합니다.
points = list(pd.read_csv('https://bit.ly/2KF29Bd', delimiter=",").itertuples())

n = len(points)

# 모델 파라미터를 초기화합니다.
m = 1.939
b = 4.733

# x = 8.5에 대한 예측 구간을 계산합니다.
x_0 = 8.5
x_mean = sum(p.x for p in points) / len(points)

t_value = t(n - 2).ppf(.975)

standard_error = sqrt(sum((p.y - (m * p.x + b)) ** 2 for p in points) / (n - 2))

margin_of_error = t_value * standard_error * \
                sqrt(1 + (1 / n) + (n * (x_0 - x_mean) ** 2) / \
                    (n * sum(p.x ** 2 for p in points) - \
                        sum(p.x for p in points) ** 2))

predicted_y = m*x_0 + b

# 예측 구간을 계산합니다.
print(predicted_y - margin_of_error, predicted_y + margin_of_error)
# 16.462516875955465 25.966483124044537
```

이런! 계산해야 할 게 많군요. 안타깝게도 사이파이나 대표적인 다른 데이터 과학 라이브러리에서는 이 기능을 제공하지 않습니다. 하지만 통계 분석에 관심이 있다면 이 값은 매우 유용한 정보입니다. 선형 회귀를 기반으로 예측(⑩ 8.5살인 강아지는 동물병원을 21.2145번 방문할 것)을 할 수 있을 뿐만 아니라, 8.5살인 강아지가 동물병원을 16.46~25.96번 방문할 확률이 95%라는 훨씬 덜 절대적인 예측을 할 수도 있습니다. 멋지지 않나요? 단일값이 아닌 범위를 사용해 불확실성을 설명하기 때문에 훨씬 더 안전한 주장입니다.

> ### 파라미터에 대한 신뢰 구간
>
> 선형 회귀 직선 자체는 표본 통계이며, 추론하려는 전체 모집단에 대한 선형 회귀 직선이 존재한다고 가정합니다. 즉, m과 b와 같은 파라미터는 고유한 분포를 가지며, 모집단의 기울기와 y 절편을 반영하기 위해 m과 b에 대한 신뢰 구간을 개별적으로 모델링할 수 있습니다. 이 내용은 이 책의 범위를 벗어나지만, 이러한 유형의 분석이 가능하다는 것은 언급할 가치가 있습니다. 이 계산을 처음부터 수행하는 데 필요한 자료를 찾을 수도 있지만, 엑셀의 회귀 도구나 파이썬 라이브러리를 사용하는 편이 더 쉽습니다.

5.11 훈련/테스트 분할

안타깝게도 실무자가 항상 상관 계수, 통계적 유의성과 결정 계수를 사용해 분석하는 것은 아닙니다. 때때로 다루어야 할 데이터가 너무 많기 때문에 시간이나 자원이 부족합니다. 예를 들어 128 × 128픽셀의 이미지에는 최소 16,384개의 변수가 있습니다. 이러한 각 픽셀 변수에 대한 통계 분석을 수행할 시간이 있을까요? 아마 없을 겁니다. 안타깝게도 많은 데이터 과학자가 이러한 통계 지표를 전혀 배우지 않게 만드는 이유이기도 합니다.

잘 알려지지 않은 한 온라인 포럼에서 통계적 회귀 방법은 수술용 메스이고, 머신러닝은 전기톱이라는 게시물을 읽은 적이 있습니다. 방대한 양의 데이터와 변수로 작업할 때, 메스로 모든 것을 처리할 수는 없습니다. 이럴 땐 전기톱을 사용해야 하죠. 설명력과 정확성은 떨어지지만 적어도 많은 데이터에 대해 더 광범위한 예측을 하도록 확장할 수 있습니다. 하지만 샘플링 편향이나 과대적합과 같은 통계적 우려는 사라지지 않습니다. 이때 빠른 검증을 위해 사용할 수 있는 몇 가지 방법이 있습니다.

✏️ NOTE **사이킷런에는 왜 신뢰 구간과 p 값이 없나요?**

이 두 가지 기법은 고차원 데이터에 대해서 아직 해결되지 않은 문제이기 때문에 사이킷런은 신뢰 구간과 p 값을 지원하지 않습니다. 이로 인해 통계학자와 머신러닝 실무자 간의 격차가 커지고 있습니다. 사이킷런의 메인테이너maintainer 중 한 명인 가엘 바로쿠오Gael Varoquaux는 다음과 같이 말했습니다. "일반적으로 올바른 p 값을 계산하려면 데이터에 대한 가정(다중 공선성multicollinearity[15] 없음, 차원에 비해 충분한 데이터)이 필요하지만, 머신러닝에 사용되는 데이터는 이를 충족시키지 못합니다. (중략) 의학 연구의 보호막이므로 p 값은 올바르게 확인되어야 합니다. 하지만 이를 구현하려면 문제가 발생합니다. (중략) (매우 적은 변수가 있는) 매우 제한된 환경에서만 p 값을 계산할 수 있습니다."

이에 더 자세히 알고 싶다면 깃허브에서 진행 중인 흥미로운 토론을 참고하세요.

- *https://github.com/scikit-learn/scikit-learn/issues/6773*
- *https://github.com/scikit-learn/scikit-learn/issues/16802*

앞서 언급했듯이 statsmodel(*https://oreil.ly/8oEHo*)은 통계 분석에 유용한 도구를 제공하는 라이브러리입니다. 하지만 앞서 언급한 이유로 인해 고차원 모델에는 확장되지 않을 가능성이 높습니다.

머신러닝 실무자가 과대적합을 완화하기 위해 사용하는 기본 방법은 **훈련/테스트 분할**입니다. 일반적으로 데이터의 1/3은 테스트용으로, 나머지 2/3는 훈련용으로 사용합니다(비율을 다르게 할 수도 있습니다). 훈련 데이터셋은 선형 회귀 모델을 훈련하는 데 사용되며, 테스트 데이터셋은 이전에 본 적이 없는 데이터에 대한 선형 회귀 모델의 성능을 측정하는 데 사용됩니다. 이 기법은 일반적으로 로지스틱 회귀 및 신경망을 포함한 모든 지도 학습에 사용됩니다. [그림 5-18]은 데이터를 2/3의 훈련용 데이터와 1/3의 테스트용 데이터로 분할하는 방법을 시각화한 것입니다.

⚠️ CAUTION **작은 데이터셋을 사용할 때**

나중에 배우겠지만, 훈련/테스트 데이터셋을 2/3와 1/3로 분할하는 것 외에도 다른 방법이 있습니다. 데이터셋이 작은 경우에는 교차 검증cross validation과 함께 9/10 및 1/10을 사용하거나, 심지어 LOOCVleave-one-out cross-validation를 사용할 수도 있습니다. 자세한 내용은 214페이지에 있는 글 상자 '훈련/테스트 분할은 반드시 1/30이어야 하나요?'를 참조하세요.

---

15 옮긴이_ 다중 공선성은 입력 변수 사이에 선형 의존성이 있는 현상을 말합니다.

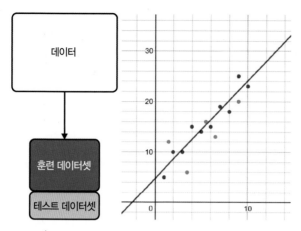

그림 5-18 훈련/테스트 데이터셋으로 분할: 최소 제곱법으로 훈련 데이터셋(파란색)을 사용해 회귀 모델을 훈련하고, 테스트 데이터셋(빨간색)을 사용해 이전에 본 적 없는 데이터에서 예측이 얼마나 정확한지 확인합니다.

[예제 5-21]은 사이킷런으로 훈련/테스트 분할을 수행하는 코드입니다. 데이터의 1/3은 테스트용으로 할당하고 나머지 2/3는 학습용으로 사용합니다.

> **TIP** **훈련은 회귀 직선 맞추기입니다**
>
> 회귀 직선을 '맞추기fitting'는 '훈련training'과 동의어입니다. 후자는 머신러닝 실무자가 많이 사용합니다.[16]

예제 5-21 선형 회귀에서 훈련/테스트 분할 수행하기

```python
import pandas as pd
from sklearn.linear_model import LinearRegression
from sklearn.model_selection import train_test_split

# 데이터를 로드합니다.
df = pd.read_csv('https://bit.ly/3cIH97A', delimiter=",")

# (마지막 열을 제외한 모든 열을) 입력 변수로 추출합니다.
X = df.values[:, :-1]

# 마지막 열을 출력으로 추출합니다.
Y = df.values[:, -1]
```

---

16 옮긴이_ 번역서에서는 주로 '훈련'이란 단어를 사용합니다.

```
# 훈련 데이터와 테스트 데이터를 분할합니다.
# 데이터의 1/3을 테스트용으로 사용합니다.
X_train, X_test, Y_train, Y_test = train_test_split(X, Y, test_size=1/3)

model = LinearRegression()
model.fit(X_train, Y_train)
result = model.score(X_test, Y_test)
print("r^2: %.3f" % result)
```

train_test_split()은 데이터셋(X 및 Y열)을 받아 섞은 다음, 테스트 데이터셋 크기에 따라 훈련 및 테스트 데이터셋을 나누어 반환합니다. LinearRegression의 fit() 메서드로 훈련 데이터셋 X_train과 Y_train을 사용해 훈련합니다. 그런 다음 score() 메서드로 테스트 데이터셋 X_test와 Y_test를 사용해 r^2을 계산합니다. 이를 통해 이전에 본 적 없는 데이터에서 회귀 모델의 성능을 가늠할 수 있습니다. 테스트 데이터셋에서 r^2 값이 높을수록 더 좋습니다. 이 값이 높을수록 회귀 모델이 이전에 본 적 없는 데이터에 대해 잘 수행된다는 것을 나타냅니다.

r^2을 사용해 테스트하기

훈련된 선형 회귀 모델이 있기 때문에 여기서는 r^2이 약간 다르게 계산됩니다. 훈련 데이터로 만든 회귀 직선을 테스트 데이터와 비교합니다. 목표는 여전히 동일합니다. 1.0에 가까울수록 훈련 데이터와 상관관계가 강하며, 0.0에 가까울수록 테스트 데이터셋의 성능이 좋지 않습니다. 계산 방법은 다음과 같습니다. 여기에서 y_i는 실제 y 값입니다. $\hat{y_i}$은 예측된 y 값입니다. $\overline{y}$는 모든 데이터 포인트의 평균 y 값입니다.

$$r^2 = 1 - \frac{\sum (y_i - \widehat{y_i})^2}{\sum (y_i - \overline{y})^2}$$

[그림 5-19]는 다양한 r^2의 값을 보여줍니다.

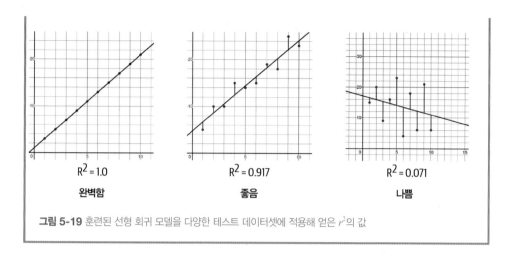

그림 5-19 훈련된 선형 회귀 모델을 다양한 테스트 데이터셋에 적용해 얻은 r^2의 값

또는 1/3씩 테스트 데이터셋을 번갈아 사용할 수도 있습니다. 이를 **교차 검증**이라고 하며 표준적인 검증 기법입니다. [그림 5-20]은 데이터의 1/3이 번갈아 가며 테스트 데이터셋이 되는 과정입니다.

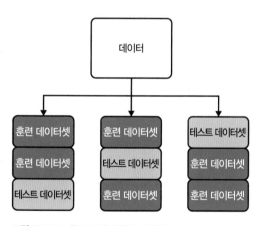

그림 5-20 3-폴드 교차 검증의 시각화

[예제 5-22]는 3-폴드 교차 검증[17]을 수행한 다음, 측정 지표(이 경우 평균 제곱 오차[MSE])와 표준 편차를 평균 내어 테스트가 얼마나 일관되게 수행되었는지를 보여주는 코드입니다.

----

17 옮긴이_ 교차 검증에서 각 분할을 폴드(fold)라고 부릅니다. 전체 데이터셋을 1/3씩 나누면 3개의 폴드가 만들어지며 이를 3-폴드 교차 검증이라 합니다.

```python
import pandas as pd
from sklearn.linear_model import LinearRegression
from sklearn.model_selection import KFold, cross_val_score

df = pd.read_csv('https://bit.ly/3cIH97A', delimiter=",")

# (마지막 열을 제외한 모든 열을) 입력 변수로 추출합니다.
X = df.values[:, :-1]

# 마지막 열을 출력으로 추출합니다.
Y = df.values[:, -1]

# 단순 선형 회귀를 수행합니다.
kfold = KFold(n_splits=3, random_state=7, shuffle=True)
model = LinearRegression()
results = cross_val_score(model, X, Y, cv=kfold)
print(results)
print("MSE: 평균=%.3f (표준 편차-%.3f)" % (results.mean(), results.std()))
```

훈련/테스트 분할은 반드시 1/3이어야 하나요?

교차 검증에서 3—폴드를 사용할 필요는 없습니다. **k—폴드 교차 검증**k-fold cross validation을 사용해 어떤 비율로도 분할할 수 있습니다. 일반적으로 테스트 데이터의 비율로 1/3, 1/5 또는 1/10 을 사용하지만 1/3을 가장 많이 사용합니다.

일반적으로는 문제에 대해 충분히 큰 표본을 포함하는 테스트 데이터셋을 생성하도록 k를 선택합니다. 또한 이전에 본 적 없는 데이터에 대한 성능을 공정하게 추정할 수 있도록 테스트 데이터셋을 충분히 섞어야 합니다. 중간 규모의 데이터셋은 k로 3, 5 또는 10을 사용합니다. 각각의 데이터 포인트 하나를 테스트 데이터셋으로 사용하는 **LOOCV**는 전체 데이터셋이 작을 때 유용합니다.

모델의 분산이 우려되는 경우, 간단한 훈련/테스트 분할 또는 교차 검증 대신 **랜덤 폴드 교차 검증**random-fold cross validation을 사용합니다. 이는 데이터를 여러 번 반복해 섞어 훈련/테스트 분할을 진행하고 테스트 결과를 집계하는 방법입니다. [예제 5-23]에서는 데이터의 1/3을 테스트 용으로, 나머지 2/3를 훈련용으로 무작위하게 샘플링하는 작업을 10회 반복합니다. 그런 다음

이 10개의 테스트 결과와 표준 편차를 평균 내어 테스트 데이터셋에서 얼마나 일관되게 수행되는지 확인합니다.

여기서 발생하는 문제는 무엇일까요? 회귀 모델을 여러 번 훈련하기 때문에 계산 비용이 많이 듭니다.

예제 5-23 선형 회귀에 랜덤 폴드 교차 검증 사용하기

```python
import pandas as pd
from sklearn.linear_model import LinearRegression
from sklearn.model_selection import cross_val_score, ShuffleSplit

df = pd.read_csv('https://bit.ly/38XwbeB', delimiter=",")

# (마지막 열을 제외한 모든 열을) 입력 변수로 추출합니다.
X = df.values[:, :-1]

# 마지막 열을 출력으로 추출합니다.
Y = df.values[:, -1]

# 단순 선형 회귀를 수행합니다.
kfold = ShuffleSplit(n_splits=10, test_size=.33, random_state=7)
model = LinearRegression()
results = cross_val_score(model, X, Y, cv=kfold)

print(results)
print("평균=%.3f (표준 편차-%.3f)" % (results.mean(), results.std()))
```

따라서 시간이 촉박하거나 데이터가 너무 방대해 통계적으로 분석할 수 없는 경우, 훈련/테스트 분할은 이전에 본 적 없는 데이터에서 선형 회귀가 얼마나 잘 수행되는지 측정할 수 있는 방법입니다.

> **! CAUTION 훈련/테스트 분할은 보장되지 않습니다**
>
> 훈련 데이터와 테스트 데이터를 분리하는 머신러닝의 모범 사례를 적용한다고 해서 모델이 잘 작동하는 것은 아니라는 점을 기억하세요. 손쉽게 모델을 과도하게 튜닝하고 p 해킹을 통해 좋은 테스트 결과를 얻을 수 있지만, 실제 환경에서는 잘 작동하지 않을 수 있습니다. 그렇기 때문에 특히 서로 다른 모델이나 설정을 비교하는 경우에는 별도의 검증 세트$^{validation\ set}$를 활용해야 합니다. 검증 세트에서 더 나은 성능을 얻기 위해 훈련 데이터로 모델을 반복해 조정하면 테스트 데이터의 정보가 모델에 유출되지 않습니다. 그런 후 테스트 데이

터를 마지막으로 사용하여 p 해킹으로 인해 모델이 검증 세트에 과도하게 튜닝되었는지 확인할 수 있습니다. 그렇다 하더라도 (훈련, 테스트, 검증 세트를 포함해) 전체 데이터셋이 처음부터 편향되었을 수 있습니다. 이는 분할을 통해 완화할 수 없습니다. 앤드류 응[Andrew Ng]은 DeepLearning.AI 및 스탠퍼드 HAI와의 Q&A(https://oreil.ly/x23SJ)에서 머신러닝의 큰 문제점으로 이를 논의했습니다. 여기서 그는 머신러닝이 방사선과 의사를 대체하지 못하는 이유를 예로 들어 설명했습니다.

5.12 다중 선형 회귀

이 장에서는 하나의 입력 변수와 하나의 출력 변수에 대한 선형 회귀를 수행하는 데 주로 초점을 맞췄습니다. 하지만 여기서 배운 개념은 대부분 다변수[multivariable] 선형 회귀에도 적용할 수 있습니다. r^2, 표준 오차 및 신뢰 구간과 같은 지표를 사용할 수 있지만 변수가 많을수록 더 어려워집니다. [예제 5-24]는 두 개의 입력 변수와 하나의 출력 변수가 있는 선형 회귀의 예입니다.

예제 5-24 두 개의 입력 변수가 있는 선형 회귀 분석

```
import pandas as pd
from sklearn.linear_model import LinearRegression

# 데이터를 로드합니다.
df = pd.read_csv('https://bit.ly/2X1HWH7', delimiter=",")

# (마지막 열을 제외한 모든 열을) 입력 변수로 추출합니다.
X = df.values[:, :-1]

# 마지막 열을 출력으로 추출합니다.
Y = df.values[:, -1]

# 모델을 훈련합니다.
fit = LinearRegression().fit(X, Y)

# 파라미터를 출력합니다.
print("계수= {0}".format(fit.coef_))
print("절편 = {0}".format(fit.intercept_))
print("z = {0} + {1}x + {2}y".format(fit.intercept_, fit.coef_[0], fit.coef_[1]))
```

모델이 변수로 넘쳐나 설명력을 잃기 시작하면 불안정해집니다. 이때부터 머신러닝 관행에 따라 모델을 블랙박스로 취급하기 시작합니다. 통계적 우려는 사라지지 않으며, 변수를 추가할수록 데이터는 점점 더 희소해진다는 사실을 기억하세요. 하지만 한발 물러서서 상관 행렬로 각 변수 간의 관계를 분석하고 어떻게 상호 작용하는지 이해한다면 생산적인 머신러닝 모델을 만드는 데 도움이 될 것입니다.

5.13 마치며

이 장에서는 많은 내용을 소개했습니다. 선형 회귀에 대한 기본적인 이해와 검증을 위해 훈련/테스트 분할을 사용하는 것 이상을 다뤘습니다. 메스(통계)와 전기톱(머신러닝) 중 어느 것이 주어진 문제에 가장 적합한지 판단할 수 있도록 두 가지 방법을 모두 제시했습니다. 선형 회귀에만 사용할 수 있는 많은 지표와 분석 방법이 있으며, 선형 회귀가 신뢰할 만한 예측을 만드는지 이해하기 위해 그중 몇 가지 방법을 소개했습니다. 대략적인 근삿값으로 회귀를 수행하거나 통계 도구를 사용해 데이터를 세심하게 분석하고 조합할 수 있습니다. 어떤 접근 방식을 사용할지는 상황에 따라 다릅니다. 파이썬에서 사용할 수 있는 통계 도구에 대해 자세히 알고 싶다면 statsmodel 라이브러리(*https://oreil.ly/8oEHo*)를 참고하세요.

로지스틱 회귀를 다루는 6장에서 r^2과 통계적 유의성에 대해 다시 살펴봅니다. 이번 장을 통해 데이터를 의미 있게 분석하는 방법을 배우고, 이런 투자가 성공적인 프로젝트에서 차이를 만들 수 있다는 확신을 얻었기를 바랍니다.

## 6장

로지스틱 회귀와 분류

이 장에서는 하나 이상의 독립 변수가 주어졌을 때 결과의 확률을 예측하는 **로지스틱 회귀**[logistic regression]를 다룹니다. 로지스틱 회귀는 선형 회귀처럼 실수를 예측하는 것이 아니라 범주를 예측하는 **분류 알고리즘**입니다.[1]

모든 변수를 무한한 실숫값을 나타낼 수 있는 연속형[continuous]으로 표현할 수 있는 것은 아닙니다. 변수를 이산형[discrete]이나 정수 또는 불리언(1/0, 참/거짓)으로 표현하는 것이 더 나은 경우가 있습니다. 로지스틱 회귀는 이산형(이진수 1 또는 0) 또는 범주형(정수)인 출력 변수를 위해 훈련됩니다. 이 모델은 확률 형태의 연속형 값을 출력하지만 임곗값을 사용해 이산형 값으로 변환할 수 있습니다.

로지스틱 회귀는 구현하기 쉽고 이상치와 기타 데이터 문제에 상당히 탄력적입니다. 로지스틱 회귀를 사용하면 많은 머신러닝 문제를 잘 해결할 수 있으며, 다른 유형의 지도 학습보다 실용성과 성능이 뛰어납니다.

5장에서 선형 회귀를 다뤘을 때와 마찬가지로, 통계와 머신러닝 영역의 도구와 분석을 사용해 두 분야의 경계를 넘나들려고 합니다. 로지스틱 회귀는 확률에서 선형 회귀에 이르기까지 이 책에서 배운 많은 개념을 통합합니다.

---

1 옮긴이_ 이따금 로지스틱 회귀를 선형 회귀의 한 종류로 언급하는 경우가 있습니다. 이 때문에 로지스틱 회귀를 회귀 알고리즘으로 오해할 수 있습니다. 로지스틱 회귀는 선형 회귀와 유사하게 선형 방정식을 기반으로 하지만, 회귀가 아니라 분류 알고리즘입니다. 회귀와 분류는 예측 결과가 실수인지 범주인지를 기준으로 구분되기 때문입니다. 번역서에는 모호한 표현 대신 명확하게 로지스틱 회귀를 분류 알고리즘으로 씁니다.

6.1 로지스틱 회귀 이해하기

이번에는 산업 재해가 발생해 화학 물질에 노출된 이들의 영향을 파악해봅니다. 서로 다른 시간 동안 화학 물질에 노출된 11명의 환자가 있습니다(이 데이터는 가상의 데이터입니다). 일부는 증상을 보였고(값 1), 일부는 증상을 보이지 않았습니다(값 0). [그림 6-1]에서 x축은 노출 시간이고 y축은 증상이 나타났는지 여부(1 또는 0)입니다.

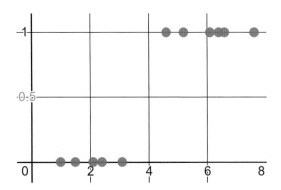

그림 6-1 화학 물질 노출 시간 x에 대해 환자에게 증상이 나타났는지(1) 또는 나타나지 않았는지(0) 표시한 그래프

환자가 증상을 보이기 시작하는 시점은 언제부터인가요? 화학 물질에 노출된 지 4시간이 지나면 증상이 나타나지 않는 환자(0)에서 증상이 나타나는 환자(1)로 전환됩니다. [그림 6-2]에 동일한 데이터를 예측 곡선과 함께 나타냈습니다.

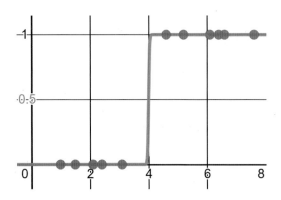

그림 6-2 화학 물질에 노출된 지 4시간이 지나면 환자에게 증상이 명확하게 나타납니다.

이 표본을 간단히 분석하면 화학 물질에 4시간 미만으로 노출된 환자가 증상을 보일 확률은 거의 0%이지만, 4시간 이상 노출된 환자에게 증상이 발현될 확률은 100%입니다. 약 4시간 근방에서 두 그룹의 증상 발현 여부가 급격하게 바뀝니다.

물론 현실에서 이렇게 명확하게 구분되는 것은 거의 없습니다. [그림 6-3]과 같이 중간 범위에서 증상을 보이는 환자와 증상을 보이지 않는 환자가 섞여 있는 데이터를 수집했다고 가정해봅시다.

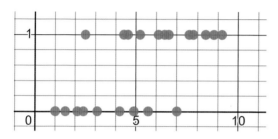

그림 6-3 중간 범위에 증상이 있는 환자(1)와 증상이 없는 환자(0)가 혼합된 그래프

이 그래프는 노출 시간마다 환자가 증상을 보일 확률이 점차 증가한다고 해석할 수 있습니다. 이를 **로지스틱 함수**logistic function 또는 출력 변수가 0과 1 사이로 압축된 S자형 곡선으로 시각화하면 [그림 6-4]와 같습니다.

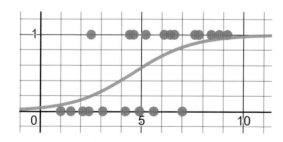

그림 6-4 로지스틱 함수를 데이터에 맞추기

중간에 데이터가 겹치기 때문에 환자가 증상을 보이는 시점에 뚜렷한 경계선이 없고 0% 확률에서 100% 확률(0과 1 사이)로 점진적으로 전환됩니다. 이 예는 로지스틱 회귀가 독립 변수(노출 시간)에 대해 어떤 범주(증상을 보이는 환자)에 속할 확률을 어떻게 만드는지 보여줍니다.

로지스틱 회귀를 사용해 주어진 입력 변수에 대한 확률을 예측할 뿐만 아니라 임곗값을 추가해 해당 범주에 속하는지 여부를 예측할 수도 있습니다. 예를 들어 새로운 환자가 화학 물질에 6시간 동안 노출되었다면 [그림 6-5]처럼 증상을 보일 확률을 71.1%로 예측합니다. 증상을 보일 확률 50%를 임곗값으로 설정하면 이 환자를 증상을 가진 환자로 간단히 분류할 수 있습니다.

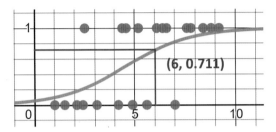

그림 6-5 화학 물질에 6시간 동안 노출된 환자는 증상이 나타날 가능성이 71.1%이며, 이는 임곗값인 50%보다 높으므로 증상이 나타날 것으로 예측합니다.

6.2 로지스틱 회귀 수행하기

그렇다면 로지스틱 회귀는 어떻게 수행할까요? 먼저 로지스틱 함수를 살펴보고 그 이면에 있는 수학을 살펴보겠습니다.

6.2.1 로지스틱 함수

로지스틱 함수는 주어진 입력 변수에 대해 0과 1 사이의 출력 변수를 생성하는 S자형 곡선(**시그모이드 곡선**^{sigmoid curve}이라고도 함)입니다. 출력 변수가 0과 1 사이이므로 확률을 표현할 때도 사용합니다.

다음은 하나의 입력 변수 x에 대한 확률 y를 출력하는 로지스틱 함수입니다.

$$y = \frac{1.0}{1.0 + e^{-(\beta_0 + \beta_1 x)}}$$

이 공식은 1장에서 소개한 오일러 수 e를 사용합니다. x 변수는 독립 변수(입력 변수)입니다. β_0과 β_1은 풀어야 할 계수입니다.

β_0과 β_1은 선형 함수와 닮은꼴로 지수에 들어가 있습니다. $y = mx + b$나 $y = \beta_0 + \beta_1 x$를 연상할 수 있습니다. 이것은 우연이 아닙니다. 이 장의 뒷부분에서 설명하겠지만 로지스틱 회귀는 실제로 선형 회귀와 밀접한 관계가 있습니다. β_0은 절편입니다(단순 선형 회귀의 b에 해당합니다). β_1은 x에 대한 기울기입니다(단순 선형 회귀의 m에 해당합니다). 지수에 있는 이 선형 함수를 **로그 오즈**^{log-odds} 함수라고 부릅니다. 전체 로지스틱 함수는 x 값에 따라 바뀌는 확률을 출력하기 위한 S자형 곡선을 만듭니다.

파이썬에서 로지스틱 함수를 구현하려면, [예제 6-1]처럼 math 패키지의 exp() 함수로 e를 표현합니다.

예제 6-1 파이썬으로 만든 하나의 독립 변수에 대한 로지스틱 함수

```
import math

def predict_probability(x, b0, b1):
    p = 1.0 / (1.0 + math.exp(-(b0 + b1 * x)))
    return p
```

b0 = −2.823, b1 = 0.62라고 가정하고 그래프를 그려서 어떤 모습인지 살펴보죠. [예제 6-2] 는 심파이를 사용하며 출력된 그래프는 [그림 6-6]에 나와 있습니다.

예제 6-2 심파이를 사용해 로지스틱 함수 그리기

```
from sympy import *
b0, b1, x = symbols('b0 b1 x')

p = 1.0 / (1.0 + exp(-(b0 + b1 * x)))

p = p.subs(b0,-2.823)
p = p.subs(b1, 0.620)
print(p)

plot(p)
```

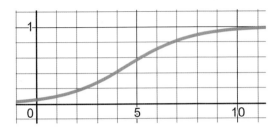

그림 6-6 로지스틱 함수

일부 책에서는 로지스틱 함수를 다음과 같이 정의합니다.

$$p = \frac{e^{\beta_0 + \beta_1 x}}{1 + e^{\beta_0 + \beta_1 x}}$$

대수적으로 다르게 표현되었을 뿐 동일한 함수이므로 당황하지 마세요.[2] 선형 회귀와 마찬가지로 로지스틱 회귀를 둘 이상의 입력 변수(x_1, x_2, ... x_n)로 확장할 수 있습니다. 공식에 더 많은 β_x 계수를 추가하면 됩니다.

$$p = \frac{1}{1 + e^{-(\beta_0 + \beta_1 x_1 + \beta_2 x_2 + ... \beta_n x_n)}}$$

6.2.2 로지스틱 회귀 훈련하기

주어진 훈련 데이터셋에서 어떻게 로지스틱 회귀 모델을 훈련할까요? 먼저 데이터에는 10진수, 정수, 이진 변수가 혼합될 수 있지만 출력 변수는 이진(0 또는 1)이어야 합니다. 실제로 예측을 수행할 때 출력 변수는 확률과 비슷하게 0과 1 사이의 값을 가집니다.

입력과 출력 데이터에서 로지스틱 함수에 맞는 β_0과 β_1 계수를 찾아야 합니다. 5장에서는 최소 제곱법을 사용했습니다. 하지만 여기서는 이 방법이 적용되지 않습니다. 대신 주어진 로지스틱 함수가 관측된 데이터를 출력할 가능성을 최대화하는 **최대 가능도 추정**^{maximum likelihood} ^{estimation}(MLE)을 사용합니다.

최대 가능도 추정을 계산하기 위해서 선형 회귀와 같은 닫힌 형식의 방정식은 실제로 존재하지 않습니다. 경사 하강법을 사용하거나 계산을 대신하는 라이브러리를 사용할 수 있습니다. 여기서는 이 두 가지 접근 방식을 살펴봅니다. 먼저 사이킷런 라이브러리부터 살펴볼까요.

---

2 옮긴이_ 분모와 분자에 $e^{\beta_0 + \beta_1 x}$ 를 나누면 이전 식과 동일해집니다.

사이킷런 사용하기

사이킷런 모델은 표준화된 함수와 API를 제공하기 때문에 많은 경우 코드를 복사/붙여넣기하면 모델 간에 재사용할 수 있습니다. [예제 6-3]은 환자 데이터에 로지스틱 회귀를 수행하는 코드입니다. 5장의 선형 회귀 코드와 비교하면 데이터를 가져오고, 분할하고, 훈련하는 코드가 거의 동일합니다. 가장 큰 차이점은 LinearRegression() 대신 LogisticRegression()을 사용한다는 것입니다.

예제 6-3 사이킷런으로 로지스틱 회귀 사용하기

```python
import pandas as pd
from sklearn.linear_model import LogisticRegression

# 데이터를 로드합니다.
df = pd.read_csv('https://bit.ly/33ebs2R', delimiter=",")

# (마지막 열을 제외한 모든 열을) 입력 변수로 추출합니다.
X = df.values[:, :-1]

# 마지막 열을 출력으로 추출합니다.
Y = df.values[:, -1]

# 페널티 없이 로지스틱 회귀를 수행합니다.
model = LogisticRegression(penalty=None)
model.fit(X, Y)

# beta1 파라미터를 출력합니다.
print(model.coef_.flatten()) # 0.69267212

# beta0 파라미터를 출력합니다.
print(model.intercept_.flatten()) # -3.17576395
```

예측 만들기

LogisticRegression()을 포함해 사이킷런의 다른 모델 객체에서도 predict()와 predict_prob() 함수를 사용해 예측을 만들 수 있습니다. predict() 함수는 특정 클래스[3] (**예** 참 또는 거짓)를 예측하고 predict_prob() 함수는 각 클래스에 대한 확률을 출력합니다.

---

3 옮긴이_ 분류 문제에서 클래스는 출력 가능한 범주의 하나를 의미합니다. 파이썬의 클래스와 혼동하지 마세요.

사이킷런에서 이 모델을 훈련해 $\beta_0 = -3.17576395$, $\beta_1 = 0.69267212$를 얻었습니다. 이를 그래프로 그리면 [그림 6-7]처럼 꽤 괜찮아 보입니다.

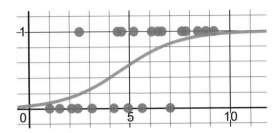

그림 6-7 로지스틱 회귀 그래프 그리기

여기서 주목해야 할 몇 가지가 있습니다. LogisticRegression() 모델을 만들 때 penalty 매개변수를 None으로 지정했습니다. 이 매개변수에 l1 또는 l2와 같은 규제^{regularization}를 지정할 수 있습니다. 이 내용은 이 책의 범위를 벗어나므로 다음에 나오는 '사이킷런의 매개변수 알아보기' 노트에 여러분이 참고하면 좋을 자료를 담았습니다.

마지막으로 원소가 하나이지만 다차원 행렬로 출력되기 때문에 계수와 절편에 flatten() 메서드를 적용했습니다. 평탄화^{flattening}란 수치 행렬을 더 작은 차원으로 축소하는 것입니다. 특히 원소 개수보다 차원이 더 많은 경우에 필요합니다. 예를 들어 여기서는 flatten()을 사용해 숫자 하나를 감싼 2차원 행렬을 1차원 행렬로 만들어 β_0과 β_1을 출력합니다.

> ✏️ **NOTE** **사이킷런의 매개변수 알아보기**
>
> 사이킷런은 회귀 및 분류 모델에서 여러 옵션을 제공합니다. 안타깝게도 이 책은 머신러닝에만 초점을 맞춘 책이 아니기 때문에 이를 모두 다루기는 어렵습니다.
>
> 하지만 사이킷런은 훌륭한 온라인 문서를 제공합니다. 로지스틱 회귀에 대해 자세히 알고 싶다면 다음 페이지(*https://oreil.ly/eL8hZ*)를 참고하세요.
>
> 규제, l1 및 l2 페널티와 같은 용어가 생소하다면 이러한 주제를 다룬 훌륭한 오라일리 책인 오렐리앙 제롱의 저서 『핸즈온 머신러닝(3판)』(한빛미디어, 2023)을 참고하세요.[4]

---

4 옮긴이_ 사이킷런에 대해 자세히 설명하는 또 다른 책은 『파이썬 라이브러리를 활용한 머신러닝(번역개정2판)』(한빛미디어, 2022)입니다.

최대 가능도와 경사 하강법 사용하기

이 책은 라이브러리가 대신 해줄 수 있더라도 밑바닥부터 구현하는 방법에 대한 통찰력을 제공하는 것이 목표입니다. 로지스틱 회귀를 직접 구현하는 방법에는 여러 가지가 있지만 일반적으로 최대 가능도 추정(MLE)을 사용합니다. 최대 가능도 추정은 주어진 로지스틱 함수가 관측된 데이터를 출력할 가능성을 최대화합니다. 제곱 합과는 다르지만 경사 하강법 또는 확률적 경사 하강법을 적용해 해결할 수 있습니다.

여기서는 수학 용어와 선형대수학 사용을 최소화하겠습니다. 기본적인 아이디어는 로지스틱 함수를 데이터 포인트에 가장 가깝게 만드는 β_0과 β_1을 찾는 것입니다. 즉, 이런 데이터를 생성했을 가능성이 가장 높은 함수를 찾습니다. 2장에서 확률에 대해 공부할 때 여러 사건의 확률(또는 가능도)을 결합하기 위해 곱했던 것을 기억하나요? 이 경우에는 주어진 로지스틱 회귀 함수에 대해 이런 모든 데이터 포인트가 나타날 가능도를 계산합니다.

결합 확률 개념을 적용하면 각 환자는 [그림 6-8]의 훈련된 로지스틱 함수를 따라 증상이 나타날 어떤 확률을 가집니다.

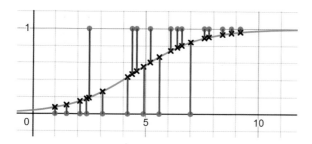

그림 6-8 모든 입력값은 로지스틱 함수에 상응하는 확률을 갖습니다.

각 포인트의 위쪽 또는 아래쪽으로 로지스틱 함수와 차이를 가능도로 추출합니다. 포인트가 로지스틱 회귀 곡선 아래에 있는 경우 0일 확률을 최대화해야 하므로 결과 확률을 1.0에서 뺍니다.[5]

계수 $\beta_0 = -3.17576395$이고 $\beta_1 = 0.69267212$일 때 [예제 6-4]는 파이썬에서 이 데이터에 대한 결합 확률을 계산합니다.

---

[5] 옮긴이_ 0과 1을 출력해야 하는 이진 분류(binary classification)의 경우 모델은 데이터 포인트가 1일 확률을 출력합니다. 0일 확률은 1에서 모델의 출력을 빼서 구합니다.

```python
import math
import pandas as pd

patient_data = pd.read_csv('https://bit.ly/33ebs2R', delimiter=",").itertuples()

b0 = -3.17576395
b1 = 0.69267212

def logistic_function(x):
    p = 1.0 / (1.0 + math.exp(-(b0 + b1 * x)))
    return p

# 결합 확률을 계산합니다.
joint_likelihood = 1.0

for p in patient_data:
    if p.y == 1.0:
        joint_likelihood *= logistic_function(p.x)
    elif p.y == 0.0:
        joint_likelihood *= (1.0 - logistic_function(p.x))

print(joint_likelihood) # 4.7911180221699105e-05
```

다음은 if 표현식을 압축하기 위해 사용할 수 있는 수학 기법입니다. 1장에서 다룬 것처럼, 어떤 숫자를 0으로 거듭제곱하면 항상 1이 됩니다. 이 공식을 살펴보고 지수에서 참(1) 및 거짓(0)을 처리하는 방식을 주목하세요.

$$\text{결합 확률} = \prod_{i=1}^{n} \left(\frac{1.0}{1.0+e^{-(\beta_0+\beta_1 x_i)}}\right)^{y_i} \times \left(1-\frac{1.0}{1.0+e^{-(\beta_0+\beta_1 x_i)}}\right)^{1.0-y_i}$$

파이썬에 이를 적용하면 for 루프 내부의 모든 코드가 [예제 6-5]처럼 압축됩니다.

예제 6-5 if 표현식 없이 결합 확률 계산하기

```python
for p in patient_data:
    joint_likelihood *= logistic_function(p.x) ** p.y * \
                        (1.0 - logistic_function(p.x)) ** (1.0 - p.y)
```

이 식이 정확히 무엇을 하나요? 이 표현식에는 두 개의 계산이 있습니다. 하나는 y = 0일 때, 다른 하나는 y = 1일 때 사용되죠. 어떤 숫자를 0으로 거듭제곱하면 1이 됩니다. 따라서 y가 1 또는 0인지에 따라 한쪽의 조건이 1로 평가되어 곱셈에 아무런 영향을 미치지 않습니다. if 표현식을 완전히 수학적으로 표현했습니다. if 표현식은 미분할 수 없으므로 이 방식이 유용합니다.

컴퓨터는 작은 소수점 여러 개를 곱할 때 문제가 발생하곤 합니다. 이를 부동 소수점 언더플로 underflow라고 하죠. 즉, 곱셈으로 인해 소수점이 점점 작아지면서 소수점 이하 자릿수를 추적하는 데 컴퓨터가 한계에 부딪히게 됩니다. 이 문제를 해결할 수 있는 영리한 수학 도구가 있습니다. 곱하는 각 소수에 log()를 취해 곱셈 대신 덧셈을 하면 됩니다. 이는 1장에서 다룬 로그의 덧셈 속성 덕분입니다. 이렇게 하면 수치적으로 더 안정적이며 exp() 함수로 덧셈 결과를 곱셈 결과로 변환할 수 있습니다.

곱셈 대신 로그 덧셈을 사용하도록 코드를 수정해봅시다(예제 6-6). log() 함수의 밑은 기본값이 e입니다. 기술적으로는 모든 밑이 가능하지만 e^x의 미분은 자기 자신이라 계산적으로 더 효율적이기 때문에 기본값 e를 사용하는 것이 좋습니다.

예제 6-6 로그 덧셈 사용

```
# 결합 확률을 계산합니다.
joint_likelihood = 0.0

for p in patient_data:
    joint_likelihood += math.log(logistic_function(p.x) ** p.y * \
                                (1.0 - logistic_function(p.x)) ** (1.0 - p.y))

joint_likelihood = math.exp(joint_likelihood)
```

앞의 파이썬 코드를 수학 공식으로 나타내면 다음과 같습니다.

$$\text{결합 확률} = \sum_{i=1}^{n} log((\frac{1.0}{1.0 + e^{-(\beta_0 + \beta_1 x_i)}})^{y_i} \times (1.0 - \frac{1.0}{1.0 + e^{-(\beta_0 + \beta_1 x_i)}})^{1.0 - y_i})$$

이 식에서 β_0과 β_1에 대한 편도함수를 계산해볼까요? 아마도 너무 복잡해서 시도하고 싶지 않을 것입니다. 이 식을 심파이로 표현하는 것만으로도 엄청납니다. [예제 6-7]을 참고하세요.

```python
from sympy import *

b, m, i, n = symbols('b m i n')
x, y = symbols('x y', cls=Function)
joint_likelihood = Sum(log((1.0 / (1.0 + exp(-(b + m * x(i))))) ** y(i) * \
        (1.0 - (1.0 / (1.0 + exp(-(b + m * x(i)))))) ** (1 - y(i))), (i, 0, n))
```

자, 이제 심파이를 사용해 β_0과 β_1에 대한 편도함수를 구해보죠. 그런 다음 [예제 6-8]처럼 `lambdify()` 함수를 적용해 경사 하강법에 사용합니다.

예제 **6-8** 로지스틱 회귀에 경사 하강법 사용하기

```python
from sympy import *
import pandas as pd

points = list(pd.read_csv("https://tinyurl.com/y2cocoo7").itertuples())

b1, b0, i, n = symbols('b1 b0 i n')
x, y = symbols('x y', cls=Function)
joint_likelihood = Sum(log((1.0 / (1.0 + exp(-(b0 + b1 * x(i))))) ** y(i) \
        * (1.0 - (1.0 / (1.0 + exp(-(b0 + b1 * x(i)))))) ** (1 - y(i))), (i, 0, n))

# b1에 대한 편도함수
d_b1 = diff(joint_likelihood, b1) \
            .subs(n, len(points) - 1).doit() \
            .replace(x, lambda i: points[i].x) \
        .replace(y, lambda i: points[i].y)

# b0에 대한 편도함수
d_b0 = diff(joint_likelihood, b0) \
            .subs(n, len(points) - 1).doit() \
            .replace(x, lambda i: points[i].x) \
        .replace(y, lambda i: points[i].y)

# 빠른 계산을 위해 lambdify() 함수로 변환합니다.
d_b1 = lambdify([b1, b0], d_b1)
d_b0 = lambdify([b1, b0], d_b0)

# 경사 하강법을 수행합니다.
b1 = 0.01
```

```
b0 = 0.01
L = .01

for j in range(10_000):
    b1 += d_b1(b1, b0) * L
    b0 += d_b0(b1, b0) * L

print(b1, b0)
# 0.6926693075370812 -3.175751550409821
```

β_0와 β_1에 대한 편도함수를 계산한 후 데이터 포인트의 개수 n과 x, y 값을 대입합니다. 그런 다음 효율성을 위해 lambdify()를 사용해 편도함수를 파이썬 함수로 변환합니다(이 함수는 이면에서 넘파이를 사용합니다). 그 후 5장에서 했던 것처럼 경사 하강법을 수행하지만, 최소화가 아닌 최대화를 시도하기 때문에 최소 제곱법에서처럼 β_0와 β_1을 빼는 것이 아니라 더합니다.

[예제 6-8]에서 볼 수 있듯이 $\beta_0 = -3.17575$, $\beta_1 = 0.692667$을 얻습니다. 이는 앞서 사이킷런으로 얻은 값과 매우 유사합니다.

5장에서 배운 것처럼 확률적 경사 하강법을 사용해 각 반복에서 하나 또는 몇 개의 데이터 포인트만 샘플링할 수도 있습니다. 이렇게 하면 계산 속도와 성능을 향상하고 과대적합을 방지할 수 있습니다.

6.3 다변수 로지스틱 회귀

이번에는 여러 입력 변수에 대해 로지스틱 회귀를 사용하는 예제를 살펴봅니다. [표 6-1]은 고용 유지 데이터로 구성된 가상의 데이터셋에서 추출한 몇 개의 표본입니다(전체 데이터셋은 *https://bit.ly/3aqsOMO*에 있습니다).

표 6-1 고용 유지 데이터

SEX	AGE	PROMOTIONS	YEARS_EMPLOYED	DID_QUIT
1	32	3	7	0
1	34	2	5	0
1	29	2	5	1
0	42	4	10	0
1	43	4	10	0

데이터셋에는 54개의 표본이 있고, 이 데이터셋을 사용해 다른 직원의 퇴사 여부를 예측하는 데 로지스틱 회귀를 활용한다고 가정합니다(이 중 어느 것도 좋은 아이디어는 아니지만, 그 이유는 나중에 자세히 설명하겠습니다). 다음 공식에 표시된 것처럼 둘 이상의 입력 변수를 사용할 수 있습니다.

$$y = \frac{1}{1 + e^{-(\beta_0 + \beta_1 x_1 + \beta_2 x_2 + ... \beta_n x_n)}}$$

sex, age, promotions, years_employed에 대해 β 계수를 각각 만듭니다. 출력 변수 did_quit은 0 또는 1입니다. 이를 바탕으로 로지스틱 회귀의 예측 결과를 이끌어냅니다. 여러 차원을 다루고 있기 때문에 로지스틱 곡선이 만드는 초평면을 시각화하기 어려우므로 이 예제에서는 시각화를 피하겠습니다.

조금 재미있게 만들어보죠. 사이킷런을 사용하지만 직원을 테스트할 수 있는 대화형 셸^{shell}을 만들어봅시다. [예제 6-9]의 코드를 실행하면 로지스틱 회귀가 수행되고, 새로운 직원을 입력하면 퇴사 여부를 예측할 수 있습니다. 잘못될 만한 게 있나요? 아무것도 없을 겁니다. 사람들의 개인적 속성을 바탕으로 예측하고 그에 따라 의사 결정을 내릴 뿐입니다. 괜찮을 거라고 확신합니다(그렇지 않다면 제가 너무 비꼬는 것 같네요).

예제 6-9 직원 데이터에 대한 다변수 로지스틱 회귀 분석 수행

```python
import pandas as pd
from sklearn.linear_model import LogisticRegression

employee_data = pd.read_csv("https://tinyurl.com/y6r7qjrp")

# 독립 변수 열을 추출합니다.
inputs = employee_data.iloc[:, :-1]

# 종속 변수인 'did_quit' 열을 추출합니다.
output = employee_data.iloc[:, -1]

# 로지스틱 회귀 모델을 만듭니다.
fit = LogisticRegression(penalty=None).fit(inputs, output)

# 모델 파라미터를 출력합니다.
print("계수: {0}".format(fit.coef_.flatten()))
print("절편: {0}".format(fit.intercept_.flatten()))
```

```
# 새로운 직원 데이터로 테스트합니다.
def predict_employee_will_stay(sex, age, promotions, years_employed):
    prediction = fit.predict([[sex, age, promotions, years_employed]])
    probabilities = fit.predict_proba([[sex, age, promotions, years_employed]])
    if prediction == [[1]]:
        return "퇴사: {0}".format(probabilities)
    else:
        return "재직: {0}".format(probabilities)

# 예측하기
while True:
    n = input("직원이 떠날지 남을지 예측하기 " +
        "{sex},{age},{promotions},{years employed}: ")
    if n == "":
        break
    (sex, age, promotions, years_employed) = n.split(",")
    print(predict_employee_will_stay(int(sex), int(age), int(promotions),
        int(years_employed)))
```

[그림 6-9]는 직원의 퇴사 여부에 대한 예측 결과입니다. 이 직원의 성별은 1, 나이는 34세, 승진 횟수는 1회, 입사한 지는 5년입니다. 예측 결과는 '퇴사'입니다.

```
계수: [ 0.03213405  0.03682453 -2.50410028  0.9742266 ]
절편: [-2.73485302]
직원이 떠날지 남을지 예측하기{sex},{age},{promotions},{years employed}: 1,34,1,5
퇴사: [[0.28570264 0.71429736]]
직원이 떠날지 남을지 예측하기{sex},{age},{promotions},{years employed}: [          ]
```

그림 6-9 승진 1회, 근속 5년의 34세 직원이 그만둘지 예측하기

predict_proba() 메서드는 두 개의 값을 출력하는데, 첫 번째 값은 0(거짓) 확률이고 두 번째 값은 1(참) 확률입니다.

sex, age, promotions, years_employed에 대한 계수가 순서대로 표시됩니다. 계수의 가중치를 보면 sex와 age가 예측에 거의 영향을 미치지 않습니다(두 가중치가 모두 0에 가깝습니다). 하지만 promotions와 years_employed는 -2.504와 0.97로 꽤 가중치가 큽니다. 이렇게 작은 데이터셋에는 비밀이 있습니다. 직원이 대략 2년마다 승진을 하지 않으면 그만두도록 조작했습니다. 로지스틱 회귀 모델이 이런 패턴을 포착했으며 다른 직원에게도 적용할 수 있습니다. 하지만 훈련 데이터 범위를 벗어나면 예측이 빗나갈 가능성이 높습니다. 예를 들어 3년

동안 승진하지 않은 70세 직원을 입력하면 해당 연령대의 데이터가 없기 때문에 이 모델이 어떤 결과를 낼지 예상하기 어렵습니다.

물론 현실이 항상 이렇게 단순하지는 않습니다. 8년 동안 한 회사에 근무했지만 한 번도 승진하지 못한 직원이 자신의 역할에 만족하며 계속 회사를 다닐 수도 있습니다. 이 경우 나이와 같은 변수가 중요한 역할을 하고 가중치도 높을 수 있습니다. 당연히 포착되지 않은 다른 변수에 대해 걱정할 수 있습니다. 자세한 내용은 다음 노트를 참조하세요.

> **⚠ CAUTION 사람을 분류할 때 주의하세요!**
>
> 사람에 대한 데이터를 수집하고, 이를 사용해 마구잡이로 예측하는 것은 스스로 발등을 찍는 가장 빠르고 확실한 방법입니다. 데이터 프라이버시data privacy 문제가 발생할 수 있을 뿐만 아니라 모델이 차별적이라고 밝혀질 경우 법적 및 홍보 문제가 발생할 수 있습니다. 머신러닝 훈련을 통해 인종, 성별과 같은 입력 변수에 가중치가 부여될 수 있습니다. 그 결과, 인구 통계학적 특성에 따라 채용이 거부되거나 대출이 거절되는 등 바람직하지 않은 결과가 초래될 수 있습니다. 더 극단적인 사례로는 감시 시스템에 잘못 신고되거나 범죄자 가석방이 거부되는 경우가 있습니다. 출퇴근 시간과 같이 겉으로 보기에 무해해 보이는 변수도 차별적인 변수와 상관관계가 있는 것으로 밝혀졌습니다.
>
> 이 글을 쓰는 시점에도 여러 기사에서 머신러닝 차별을 문제점으로 지적합니다.
>
> - Katyanna Quach, 'Teen turned away from roller rink after AI wrongly identifies her as banned troublemaker'(https://oreil.ly/boUcW), 더 레지스터, 2021년 7월 16일.[6]
> - Kashmir Hill, 'Wrongfully Accused by an Algorithm'(https://oreil.ly/dOJyI), 뉴욕 타임스, 2020년 6월 24일.[7]
>
> 데이터 개인 정보 보호법이 계속 진화하고 있으므로 개인 데이터를 다룰 때는 신중하게 주의를 기울이며 다뤄야 합니다. 자동화된 결정으로 인해 어떤 피해가 발생할 수 있는지 생각해야 합니다. 때로는 문제를 그대로 두고 계속 수동으로 처리하는 것이 더 나을 수도 있습니다.

마지막으로 이 고용 유지 예제에서 사용한 데이터의 출처가 어디인지 생각해보세요. 네, 이 데이터셋은 제가 만들었지만 실전에서는 항상 데이터가 어떤 프로세스를 거쳐 생성되었는지 질문해야 합니다. 이 표본은 어느 기간에 수집된 것일까요? 퇴사한 직원을 찾기 위해 얼마나 더

---

6 옮긴이_ 이 기사는 얼굴 인식 시스템이 한 흑인 청소년을 이전에 싸움을 벌인 사람으로 잘못 인식해 롤러스케이트장에 들어가지 못하게 막았다는 내용을 담고 있습니다.
7 옮긴이_ 이 기사는 얼굴 인식 알고리즘의 오류와 경찰의 부주의로 무고한 흑인이 체포되었다는 내용을 담고 있습니다.

거슬러 올라간 걸까요? 남아 있는 직원은 어떻게 구성된 걸까요? 현재 시점에 재직 중인 직원인가요? 그들이 곧 그만두지 않을 것이라는 것을 어떻게 알 수 있나요? 데이터 과학자는 데이터만 분석하고 데이터의 출처와 어떤 가정이 깔려 있는지 질문하지 않는 함정에 쉽게 빠질 수 있습니다.

이러한 질문에 대한 답을 얻는 가장 좋은 방법은 예측이 어떤 용도로 사용되는지 이해하는 것입니다. 이직을 막기 위해 승진 시기를 결정하기 위한 것인가요? 특정 속성을 가진 사람들을 승진시키는 편향이 생길 수 있나요? 이러한 승진 데이터가 새로운 훈련 데이터가 되면 편향이 다시 반복될 수 있나요?

이러한 질문은 모두 중요한 질문이지만 프로젝트에 원치 않는 영역이 추가되는 불편한 질문일 수도 있습니다. 이런 조사가 팀이나 프로젝트 리더에게 환영받지 못한다면 호기심이 필요한 다른 역할을 맡는 것을 고려해보세요.

6.4 로그 오즈 이해하기

이제 로지스틱 회귀가 수학적으로 어떻게 구성되는지 이야기할 차례입니다. 다소 복잡할 수 있으니 천천히 읽어보세요. 이해가 잘 되지 않는다면 나중에 언제든지 이 절을 다시 살펴봐도 좋습니다.

1900년대부터 수학자들은 선형 함수를 취해 출력이 0과 1 사이가 되도록 스케일을 조정해 확률을 예측하는 데 관심을 가졌습니다. 로짓 함수$^{logit\ function}$라고도 불리는 로그 오즈는 이러한 목적을 위해 로지스틱 회귀에 적합합니다.

앞서 지수에 포함된 $\beta_0 + \beta_1 x$가 선형 함수라고 했던 것을 기억하나요? 로지스틱 함수를 다시 살펴보죠.

$$p = \frac{1.0}{1.0 + e^{-(\beta_0 + \beta_1 x)}}$$

e의 지수인 이 선형 함수를 **로그 오즈**$^{log\text{-}odds}$ 함수라고 합니다. 관심 있는 사건에 대한 오즈에 로그를 취한 것입니다. 이 함수를 본 여러분은 "잠깐만요. $log()$나 확률이 보이지 않아요. 선형 함수만 있는데요!"라고 말할 수 있습니다. 잠시만 기다려주세요. 뒤에 가려져 있는 수학을 보여

드리겠습니다.

예를 들어 앞에서 구한 $\beta_0 = -3.17576395$, $\beta_1 = 0.69267212$인 로지스틱 회귀를 사용해보겠습니다. 6시간 후($x = 6$)에 증상이 나타날 확률은 얼마일까요? 우리는 이미 방법을 알고 있죠. 모델 파라미터와 x 값을 로지스틱 함수에 넣어 계산하면 됩니다.

$$p = \frac{1.0}{1.0 + e^{-(-3.17576395 + 0.69267212(6))}} = 0.727161542928554$$

이 값을 식에 넣으면 0.72716의 확률이 출력됩니다. 이를 오즈의 관점에서 살펴봅시다. 2장 확률에서 오즈를 계산하는 방법을 배웠습니다.

$$\text{오즈} = \frac{p}{1 - p}$$
$$\text{오즈} = \frac{0.72716}{1 - 0.72716} = 2.66517246407876$$

즉, 6시간이 지나면 증상이 나타나지 않는 환자보다 증상이 나타날 확률이 2.66517배 더 높습니다.

확률 함수를 자연로그(밑이 e인 로그)로 감싼 것을 **로짓 함수**^{logit function}라고 부릅니다. 오즈에 로그를 취하기 때문에 이 공식의 출력을 **로그 오즈**라고도 부릅니다.

$$\text{로짓} = log(\frac{p}{1 - p})$$
$$\text{로짓} = log(\frac{0.72716}{1 - 0.72716}) = 0.98026877$$

6시간일 경우 로그 오즈는 0.9802687입니다. 이 숫자는 무엇을 의미하며 왜 중요할까요? 로그 오즈를 사용하면 다른 확률과 비교하기가 더 쉽습니다. 0보다 큰 값은 사건이 발생할 확률이 높은 것으로 간주하고, 0보다 작은 값은 사건이 발생하지 않을 확률이 높은 것으로 간주합니다. 로그 오즈 −1.05는 0에서부터 선형적인 거리가 1.05와 같습니다. 하지만 일반 오즈로 환산하면 각각 0.3499와 2.857로 해석하기가 어렵습니다. 이게 바로 로그 오즈의 편리함입니다.

✏️ **NOTE** **로그와 오즈**

로그와 오즈는 흥미로운 관계를 갖습니다. 오즈가 0.0에서 1.0 사이일 때는 사건이 일어나지 않을 가능성이 우세하지만, 1.0보다 크면 사건이 일어날 가능성이 우세하고 이 값은 양수 무한대로 확장됩니다. 이처럼 대칭적이지 않은 특징은 불편합니다. 하지만 로그는 오즈를 완전히 선형적으로 만듭니다. 로그 오즈 0.0은 공정한 오즈를 의미합니다. 로그 오즈 −1.05는 0에서부터 떨어진 거리가 1.05와 선형적으로 같으므로 오즈를 훨씬 쉽게 비교할 수 있습니다.

더 알아보고 싶다면 로그와와 오즈의 관계를 설명하는 조시 스타머의 훌륭한 동영상(*https://oreil.ly/V0H8w*)을 참고하세요.

로지스틱 회귀 공식에 있는 선형 함수 $\beta_0 + \beta_1 x$를 로그 오즈 함수라고 말했던 것을 기억하나요? 이를 확인해보죠.

$$로그\ 오즈 = \beta_0 + \beta_1 x$$
$$로그\ 오즈 = -3.17576395 + 0.69267212(6)$$
$$로그\ 오즈 = 0.98026877$$

이전에 계산한 값과 동일한 0.98026877입니다. 즉, $x = 6$에서 로지스틱 회귀의 오즈를 구한 다음 $log()$를 취한 값입니다. 그렇다면 이 둘의 연관성은 무엇일까요? 이 모든 것을 하나로 나타내면 어떻게 될까요? 로지스틱 회귀의 확률 p와 입력 변수 x가 주어지면 다음과 같습니다.

$$log\left(\frac{p}{1-p}\right) = \beta_0 + \beta_1 x$$

[그림 6-10]에 로지스틱 회귀와 로그 오즈 그래프를 함께 그렸습니다.

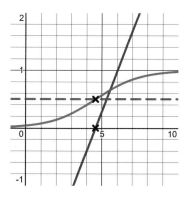

그림 6-10 로그 오즈 그래프는 확률을 출력하는 로지스틱 함수로 변환됩니다.

모든 로지스틱 회귀는 실제로 선형 함수에 의해 뒷받침되며, 이 선형 함수는 로그 오즈 함수입니다. [그림 6-10]에서 직선인 로그 오즈가 0.0이면 로지스틱 함수의 확률은 0.5가 됩니다. 즉, 오즈가 1.0으로 사건이 일어날 확률과 그렇지 않을 확률이 같은 경우 로지스틱 회귀 확률은 0.5이고 로그 오즈는 0입니다.

오즈 관점에서 로지스틱 회귀를 살펴볼 때 얻을 수 있는 또 다른 이점은 하나의 x 값과 다른 x 값 간의 효과를 비교할 수 있습니다. 화학 물질에 노출된 후 6시간과 8시간 사이에 오즈가 얼마나 변하는지 파악하고 싶습니다. 6시간과 8시간의 오즈를 구한 다음, 두 오즈를 서로 비교해 **오즈 비**$^{odds\ ratio}$를 구합니다. 이를 일반 오즈와 혼동해서는 안 됩니다. 오즈도 비율이긴 하지만 오즈 비와 동일하지 않습니다.

먼저 각각 6시간과 8시간 동안의 증상 발현 확률을 구합니다.

$$p = \frac{1.0}{1.0 + e^{-(\beta_0 + \beta_1 x)}}$$

$$p_6 = \frac{1.0}{1.0 + e^{-(-3.17576395 + 0.69267212(6))}} = 0.727161542928554$$

$$p_8 = \frac{1.0}{1.0 + e^{-(-3.17576395 + 0.69267212(8))}} = 0.914167258137741$$

이제 이를 오즈 o_x로 변환합니다.

$$o = \frac{p}{1-p}$$

$$o_6 = \frac{0.727161542928554}{1 - 0.727161542928554} = 2.66517246407876$$

$$o_8 = \frac{0.914167258137741}{1 - 0.914167258137741} = 10.6505657200694$$

마지막으로 두 가지 확률의 비율을 만들기 위해 8시간 동안의 확률을 분자로, 6시간 동안의 확률을 분모로 놓습니다. 결과적으로 비율은 약 3.996입니다. 이는 2시간이 더 노출되면 증상이 나타날 확률이 4배 가까이 증가한다는 것을 의미합니다.

$$오즈\ 비 = \frac{10.6505657200694}{2.66517246407876} = 3.99620132040906$$

오즈 비의 값 3.996은 2시간에서 4시간, 4시간에서 6시간, 8시간에서 10시간 등 모든 2시간 범위에 걸쳐 유지되는 것을 확인할 수 있습니다. 즉, 2시간 간격에 대해서는 오즈 비가 일정하게 유지됩니다. 간격이 달라지면 오즈 비도 달라집니다.

6.5 R^2

5장에서 선형 회귀를 설명할 때, 꽤 많은 통계 지표를 다뤘습니다. 이번 로지스틱 회귀에 대해서도 동일한 과정을 밟아보겠습니다. 과대적합과 분산을 포함해 선형 회귀에서처럼 동일한 여러 문제를 신경 써야 합니다. 사실 선형 회귀에서 몇 가지 지표를 빌려와서 로지스틱 회귀에 적용할 수 있습니다. 먼저 R^2(결정 계수)에 대해 알아봅시다.

선형 회귀와 마찬가지로 로지스틱 회귀에도 R^2이 있습니다. 5장을 떠올리면 R^2은 주어진 독립변수가 종속 변수를 얼마나 잘 설명하는지 나타냅니다. 이를 화학 물질 노출 문제에 적용하면, 화학 물질 노출 시간이 증상 발현을 얼마나 잘 설명하는지 측정하는 것입니다.

로지스틱 회귀에서 R^2을 계산하는 가장 좋은 방법에 대한 합의는 아직 없습니다. 하지만 유명한 맥패든McFadden의 의사pseudo R^2이 선형 회귀의 R^2과 매우 유사합니다. R^2의 공식은 다음과 같으며, 다음 예제에서 이 기법을 사용합니다.

$$R^2 = \frac{(\text{훈련 전 로그 가능도}) - (\text{훈련 후 로그 가능도})}{(\text{훈련 전 로그 가능도})}$$

'훈련 전 로그 가능도'와 '훈련 후 로그 가능도'를 계산하는 방법을 배우면 R^2을 계산할 수 있습니다.

선형 회귀에서처럼 잔차를 사용할 수는 없지만, [그림 6-11]과 같이 출력값을 로지스틱 곡선에 다시 투영하면 0.0에서 1.0 사이의 가능도를 얻을 수 있습니다.

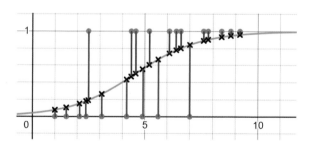

그림 6-11 출력값을 로지스틱 곡선에 다시 투영하기

그런 다음 각 가능도에 로그를 취해 더합니다. 이것이 '훈련 후 로그 가능도'가 됩니다(예제 6-10). 최대 가능도를 계산할 때와 마찬가지로 '거짓' 가능도로 바꾸려면 1.0에서 빼면 됩니다.

```
from math import log, exp
import pandas as pd

patient_data = pd.read_csv('https://bit.ly/33ebs2R', delimiter=",").itertuples()

b0 = -3.17576395
b1 = 0.69267212

def logistic_function(x):
    p = 1.0 / (1.0 + exp(-(b0 + b1 * x)))
    return p

# 로그 가능도 더하기
log_likelihood_fit = 0.0

for p in patient_data:
    if p.y == 1.0:
        log_likelihood_fit += log(logistic_function(p.x))
    elif p.y == 0.0:
        log_likelihood_fit += log(1.0 - logistic_function(p.x))

print(log_likelihood_fit) # -9.946161673231583
```

약간의 영리한 이진 곱셈과 파이썬의 내포 구문을 사용하면 for 루프와 if 표현식을 한 줄로 통합한 log_likelihood_fit을 얻을 수 있습니다. 최대 가능도 공식에서 했던 것과 유사하게, 참과 거짓의 경우에 대해서 이진 뺄셈을 사용하면 수학적으로 둘 중 하나를 제거할 수 있습니다. 여기서는 참 또는 거짓에 0을 곱해 둘 중 하나만 적용합니다(예제 6-11).

예제 **6-11** 로그 가능성 로직을 한 줄로 통합하기

```
log_likelihood_fit = sum(log(logistic_function(p.x)) * p.y +
                         log(1.0 - logistic_function(p.x)) * (1.0 - p.y)
                         for p in patient_data)
```

훈련 후 로그 가능도를 수식으로 표현하면 다음과 같습니다. $f(x_i)$는 입력 변수 x_i에 대한 로지스틱 함수입니다.

$$\text{훈련 후 로그 가능도} = \sum_{i=1}^{n} (log(f(x_i)) \times y_i) + (log(1.0 - f(x_i)) \times (1 - y_i))$$

[예제 6-10]과 [예제 6-11]에서 계산한 대로, 훈련 후 로그 가능도는 −9.9461입니다. R^2을 계산하려면 하나의 데이터가 더 필요합니다. 바로 훈련 전 로그 가능도입니다. 이는 입력 변수를 사용하지 않고 단순히 참(즉, y = 1)인 표본의 수를 모든 표본의 개수로 나눈 값을 사용합니다. $\sum y_i$로 모든 y 값을 합산하면 증상을 가진 환자 수를 계산할 수 있습니다. 0이 아닌 1만 합계에 포함되기 때문입니다. 공식은 다음과 같습니다.

$$\text{훈련 전 로그 가능도} = \log\left(\frac{\sum y_i}{n}\right) \times y_i + \log\left(1 - \frac{\sum y_i}{n}\right) \times (1 - y_i)$$

[예제 6-12]는 이 공식을 파이썬 코드에 적용한 것입니다.

예제 6-12 환자의 로그 가능도

```
import pandas as pd
from math import log, exp

patient_data = list(pd.read_csv('https://bit.ly/33ebs2R', delimiter=",") \
    .itertuples())

likelihood = sum(p.y for p in patient_data) / len(patient_data)

log_likelihood = 0.0

for p in patient_data:
    if p.y == 1.0:
        log_likelihood += log(likelihood)
    elif p.y == 0.0:
        log_likelihood += log(1.0 - likelihood)

print(log_likelihood) # -14.341070198709906
```

이 로직을 통합하면서 공식을 반영하기 위해, 참과 거짓 경우를 모두 처리하는 이진 곱셈 로직을 사용해 for 루프와 if 표현식을 [예제 6-13]처럼 한 줄로 압축할 수 있습니다.

```
log_likelihood = sum(log(likelihood)* p.y + log(1.0 - likelihood)*(1.0 - p.y) \
    for p in patient_data)
```

마지막으로 이 값을 사용해 R^2을 구합니다.

$$R^2 = \frac{(\text{훈련 전 로그 가능도}) - (\text{훈련 후 로그 가능도})}{(\text{훈련 전 로그 가능도})}$$

$$R^2 = \frac{-14.3411 - (-9.9461)}{-14.3411}$$

$$R^2 = 0.30646$$

[예제 6-14]는 R^2을 계산하는 완전한 코드입니다.

예제 **6-14** 로지스틱 회귀를 위한 R^2 계산하기

```
import pandas as pd
from math import log, exp

patient_data = list(pd.read_csv('https://bit.ly/33ebs2R', delimiter=",") \
                        .itertuples())

# 훈련한 로지스틱 회귀 모델의 계수
b0 = -3.17576395
b1 = 0.69267212

def logistic_function(x):
    p = 1.0 / (1.0 + exp(-(b0 + b1 * x)))
    return p

# 훈련 후 로그 가능도
log_likelihood_fit = sum(log(logistic_function(p.x)) * p.y +
                        log(1.0 - logistic_function(p.x)) * (1.0 - p.y)
                        for p in patient_data)

# 훈련 전 로그 가능도
likelihood = sum(p.y for p in patient_data) / len(patient_data)

log_likelihood = sum(log(likelihood) * p.y + log(1.0 - likelihood) * (1.0 - p.y) \
        for p in patient_data)
```

```
# R2 계산
r2 = (log_likelihood - log_likelihood_fit) / log_likelihood

print(r2)  # 0.306456105756576
```

$R^2 = 0.306456$이므로 화학 물질 노출 시간이 증상 발현 여부를 설명할 수 있을까요? 5장에서 선형 회귀에 대해 배웠듯이, 모델의 성능이 낮을수록 R^2이 0.0에 가까워지고 모델의 성능이 높을수록 1.0에 가까워집니다. R^2이 0.30645이므로 화학 물질 노출 시간은 증상을 예측하는 데 있어 보통이라고 결론을 내릴 수 있습니다. 노출 시간 이외의 다른 변수가 있어야 증상이 나타날지 더 잘 예측할 수 있습니다. 이는 [그림 6-12]에서 볼 수 있듯이 관찰된 대부분의 데이터에서 증상을 보이는 환자와 증상을 보이지 않는 환자가 많이 혼합되어 있기 때문입니다.

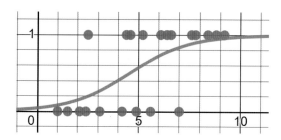

그림 6-12 그래프 중간에 데이터 분산이 크기 때문에 이 모델의 R^2은 0.30645로 평범합니다.

하지만 [그림 6-13]처럼 데이터에 1과 0 결과가 깔끔하게 구분된 경우에는 완벽한 R^2 1.0을 얻습니다.

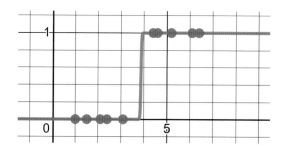

그림 6-13 노출 시간에 따라 결과를 명확하게 구분할 수 있으므로 이 로지스틱 회귀의 R^2은 1.0입니다.

6.6 p 값

선형 회귀와 마찬가지로, R^2을 구했다고 끝이 아닙니다. 실제 연관성 때문이 아니라 우연히 이 데이터를 볼 가능성이 얼마나 되는지 조사해야 합니다. 즉, p 값이 필요합니다.

이를 위해서는 새로운 확률 분포인 **카이제곱 분포**^{chi–square distribution} χ^2을 배워야 합니다. 이 분포는 연속적이며 이 경우를 포함해 여러 통계 영역에서도 사용됩니다.

표준 정규 분포(평균 0, 표준 편차 1)의 각 값을 제곱하면 자유도^{degree of freedom}(DOF)가 1인 χ^2이 됩니다. 이 예제의 자유도는 $n - 1$이며 로지스틱 회귀에 있는 파라미터의 개수 n에 따라 달라집니다. [그림 6-14]는 자유도의 다양한 예입니다.

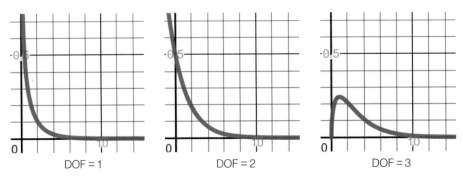

그림 6-14 자유도(DOF)가 다른 χ^2 분포

두 가지 파라미터(노출 시간 및 증상 발현 여부)가 있으므로 자유도는 $2 - 1 = 1$입니다.

이전 절에서 R^2을 위해 계산한 훈련 전과 훈련 후의 로그 가능도가 필요합니다. χ^2을 계산하는 공식은 다음과 같습니다.

$$\chi^2 = 2((\text{훈련 후 로그 가능도}) - (\text{훈련 전 로그 가능도}))$$

이를 사용해 χ^2 분포로부터 어떤 값에 대한 확률을 얻을 수 있습니다. p 값을 계산하는 공식을 다음과 같습니다.

$$\text{p 값} = chi(2((\text{훈련 후 로그 가능도}) - (\text{훈련 전 로그 가능도})))$$

[예제 6-15]는 훈련된 로지스틱 회귀 모델의 p 값을 계산합니다. 카이제곱 분포를 계산하기 위해 사이파이의 **chi2** 모듈을 사용합니다.

```python
import pandas as pd
from math import log, exp
from scipy.stats import chi2

patient_data = list(pd.read_csv('https://bit.ly/33ebs2R', delimiter=",").itertuples())

# 훈련된 로지스틱 회귀 모델의 계수
b0 = -3.17576395
b1 = 0.69267212

def logistic_function(x):
    p = 1.0 / (1.0 + exp(-(b0 + b1 * x)))
    return p

# 훈련 후 로그 가능도 계산하기
log_likelihood_fit = sum(log(logistic_function(p.x)) * p.y +
                        log(1.0 - logistic_function(p.x)) * (1.0 - p.y)
                        for p in patient_data)

# 훈련 전 로그 가능도 계산하기
likelihood = sum(p.y for p in patient_data) / len(patient_data)

log_likelihood = sum(log(likelihood) * p.y + log(1.0 - likelihood) * (1.0 - p.y) \
                    for p in patient_data)

# p 값 계산하기
chi2_input = 2 * (log_likelihood_fit - log_likelihood)
p_value = chi2.pdf(chi2_input, 1) # 자유도 n-1

print(p_value)  # 0.0016604875618753787
```

p 값 0.00166을 얻었습니다. 유의성 임곗값이 0.05이면 이 데이터는 통계적으로 유의미하며 무작위한 우연이 아니라고 평가합니다.

6.7 훈련/테스트 분할

5장 선형 회귀에서 설명했듯이 머신러닝 알고리즘을 검증할 때 훈련/테스트 분할을 사용했있 니다. 이는 로지스틱 회귀의 성능을 평가하는, 머신러닝에 적합한 방법입니다. R^2과 p 값 같은 전통적인 통계 지표를 사용하는 것이 좋지만, 변수를 여러 개 다룰 때는 이 방법이 실용적이지 않습니다. 이때 훈련/테스트 분할이 유용합니다. [그림 6-15]는 테스트 데이터셋을 번갈아가며 검증하는 3-폴드 교차 검증을 시각화한 것입니다.

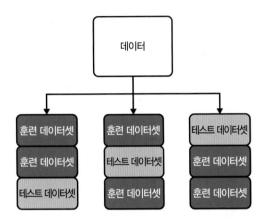

그림 6-15 데이터셋의 1/3을 테스트 데이터셋으로 번갈아 사용하는 3-폴드 교차 검증

[예제 6-16]은 고용 유지 데이터셋에서 3-폴드 교차 검증으로 로지스틱 회귀 모델을 훈련하는 코드입니다. 그런 다음 1/3씩 테스트 데이터로 번갈아 사용합니다. 마지막으로 세 개의 정확도에 대한 평균 및 표준 편차를 계산합니다.

예제 6-16 3-폴드 교차 검증을 사용한 로지스틱 회귀 분석 수행

```
import pandas as pd
from sklearn.linear_model import LogisticRegression
from sklearn.model_selection import KFold, cross_val_score

# 데이터를 로드합니다.
df = pd.read_csv("https://tinyurl.com/y6r7qjrp", delimiter=",")

X = df.values[:, :-1]
Y = df.values[:, -1]

# 랜덤 시드인 random_state를 7로 설정합니다.
kfold = KFold(n_splits=3, random_state=7, shuffle=True)
model = LogisticRegression(penalty=None)
results = cross_val_score(model, X, Y, cv=kfold)

print("정확도 평균: %.3f (표준 편차=%.3f)" % (results.mean(), results.std()))
```

5장에서 수행했던 랜덤 교차 검증, LOOCV와 다른 교차 검증 방법을 사용할 수도 있습니다. 다음으로 분류 문제에서 정확도가 좋지 않은 이유에 대해 알아봅시다.

6.8 오차 행렬

'마이클Michael'이라는 이름을 가진 사람들이 직장을 그만두는 것을 관찰한 모델이 있다고 가정합니다. 이름이 퇴사 여부에 영향을 미친다고 생각해 이름과 성을 입력 변수로 사용하는 게 맞는지 의심스럽습니다만, 예제를 단순화하기 위해 그대로 진행하겠습니다. 이 모델은 이름이 '마이클'인 사람이 직장을 그만둘 것이라고 예측합니다.

정확성이 문제가 되는 경우를 살펴보죠. 이름이 '마이클'인 직원 한 명과 '샘Sam'이라는 이름을 가진 직원 99명을 합해 총 100명의 직원이 있다고 가정합니다. 모델은 마이클이 그만둘 것이라 잘못 예측했고 실제로는 샘이 회사를 그만두었습니다. 모델의 정확도는 어느 정도인가요? [그림 6-16]처럼 100명의 직원 중 단 두 명만 잘못 예측했기 때문에 정확도는 98%입니다.[8]

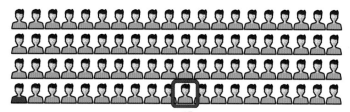

실제
이 직원이 그만둡니다. 예측은 틀렸지만 여전히 정확도는 98%입니다!

예측
'마이클'이라는 이름의 직원이 그만둘 것입니다.

그림 6-16 이름이 '마이클'인 직원이 퇴사할 것으로 예측했지만, 실제로 퇴사한 직원은 다른 직원 '샘'입니다. 따라서 정확도는 98%입니다.

특히 직원의 퇴사처럼 관심 있는 이벤트가 드물게 발생하는 불균형한 데이터의 경우, 정확도 지표는 분류 문제에 대해 큰 오해를 일으킬 수 있습니다. 벤더vendor, 컨설턴트 또는 데이터 과학자가 정확도를 내세워 분류 시스템을 판매하려고 한다면 **오차 행렬**confusion matrix[9]을 요구하세요.

---

8 옮긴이_ 모델이 이름으로 퇴사 여부를 판단하는 경우 마이클은 퇴사, 나머지 사람은 모두 퇴사 안 함으로 예측합니다. 따라서 실제로 퇴사하지 않은 마이클과 퇴사한 샘의 경우를 제외하면 나머지 98명에 대한 예측은 퇴사 안 함으로 예측과 맞습니다.

9 옮긴이_ 혼동 행렬이라고도 부릅니다. 이 책에서는 오차 행렬로 옮깁니다.

오차 행렬은 실제 결과에 대한 예측을 나누어 진짜 양성$^{\text{true positive}}$ (TP), 진짜 음성$^{\text{true negative}}$ (TN), 거짓 양성$^{\text{false positive}}$ (FP) (1종 오류$^{\text{type I error}}$) 및 거짓 음성$^{\text{false negative}}$ (FN) (2종 오류$^{\text{type II error}}$)을 나타내는 표입니다. [그림 6-17]은 퇴사 예측에 대한 오차 행렬입니다.

	퇴사로 예측(true)	퇴사 안 함으로 예측(false)
실제 퇴사함(true)	0	1
실제 퇴사 안 함(false)	1	98

그림 6-17 간단한 오차 행렬

일반적으로 (왼쪽 상단에서 오른쪽 하단의) 대각선 값이 높을수록 올바른 분류를 의미합니다. 퇴사할 것으로 예측된 직원 중 실제로 퇴사한 직원의 수(진짜 양성)와 반대로 퇴사하지 않을 것으로 예측된 직원 중 실제로 남은 직원의 수(진짜 음성)를 평가합니다.

[그림 6-17] 표의 다른 항목은 퇴사할 것으로 예측된 직원이 실제로 퇴사하지 않은 경우(거짓 양성)와 퇴사하지 않을 것으로 예측된 직원이 실제로 퇴사한 경우(거짓 음성)로 잘못된 예측을 반영합니다.

오차 행렬의 여러 부분을 활용하면 더 구체적인 정확도 지표로 세분화할 수 있습니다. [그림 6-18]에 몇 가지 유용한 측정 지표를 추가했습니다.

	퇴사로 예측	퇴사 안 함으로 예측	
실제 퇴사함	0(TP)	1(FN)	민감도^{sensitivity}/재현율^{recall} $\dfrac{TP}{TP+FN}=\dfrac{0}{0+1}=0$
실제 퇴사 안 함	1(FP)	98(TN)	특이도^{specificity} $\dfrac{TN}{TN+FP}=\dfrac{98}{98+1}=0.989$

정밀도^{precision}
$$\frac{TP}{TP+FP}=\frac{0}{0+1}=0$$

음성 예측도$^{\text{negative predicted value}}$
$$\frac{TN}{TN+FN}=\frac{98}{98+1}=0.989$$

정확도
$$\frac{TP+TN}{TP+TN+FP+FN}=\frac{98}{0+98+1+1}=0.98$$

F1 점수
$$\frac{2*\text{정밀도}*\text{재현율}}{\text{정밀도}+\text{재현율}}=\text{정의되지 않음}$$

그림 6-18 유용한 지표를 추가한 오차 행렬

오차 행렬을 통해 정확도 외에도 여러 가지 유용한 지표를 도출할 수 있습니다. 정밀도(양성 예측 중에 올바른 비율)와 민감도(식별된 양성의 비율)[10]가 0이라는 것은 이 머신러닝 모델이 양성 예측에 완전히 실패했다는 의미입니다.

[예제 6-17]은 훈련/테스트 분할을 사용한 로지스틱 회귀에서 사이킷런의 오차 행렬 함수를 사용하는 방법입니다. 오차 행렬은 테스트 데이터셋에만 적용된다는 점에 유의하세요.

예제 6-17 사이킷런에서 테스트 데이터셋에 대한 오차 행렬 만들기

```
import pandas as pd
from sklearn.linear_model import LogisticRegression
from sklearn.metrics import confusion_matrix
from sklearn.model_selection import train_test_split

# 데이터를 로드합니다.
df = pd.read_csv('https://bit.ly/3cManTi', delimiter=",")

# (마지막 열을 제외한 모든 열을) 입력 변수로 추출합니다.
X = df.values[:, :-1]

# 마지막 열을 출력으로 추출합니다.
Y = df.values[:, -1]

model = LogisticRegression(solver='liblinear')

X_train, X_test, Y_train, Y_test = train_test_split(X, Y, test_size=.33,
    random_state=10)
model.fit(X_train, Y_train)
prediction = model.predict(X_test)

"""
오차 행렬은 각 카테고리 내에서 정확도를 평가합니다.
[[진짜 음성(TN) 거짓 양성(FP)]
 [거짓 음성(FN) 진짜 양성(TP)]]

대각선 원소가 정확한 분류를 나타내므로 이 항목의 값이 높아야 합니다.
"""
matrix = confusion_matrix(y_true=Y_test, y_pred=prediction)
print(matrix)
```

---

10 옮긴이_ 민감도를 재현율(recall)이라고도 부릅니다.

```
"""
[[6 3]
 [4 5]]
"""
```

6.9 베이즈 정리와 분류

2장의 베이즈 정리를 기억하나요? 베이즈 정리를 사용해 외부 정보로부터 오차 행렬의 결과를 추가로 검증할 수 있습니다. [그림 6-19]는 질병 검사를 받은 환자 1,000명의 오차 행렬입니다.

	테스트 결과: 양성	테스트 결과: 음성
질병에 걸린 환자	198	2
질병에 걸리지 않은 환자	50	750

그림 6-19 질병 검사에 대한 오차 행렬

질병에 걸린 환자 중에서 99%를 성공적으로 식별합니다(민감도). 오차 행렬을 사용하면 이를 수학적으로 확인할 수 있습니다.

$$민감도 = \frac{198}{198 + 2} = 0.99$$

하지만 조건을 뒤집으면 어떨까요? 양성 판정을 받은 사람 중 몇 퍼센트가 질병을 갖고 있을까요(정밀도)? 조건 확률을 뒤집을 때 오차 행렬이 필요한 모든 숫자를 제공하기 때문에 여기서 베이즈 정리를 사용할 필요가 없습니다.

$$정밀도 = \frac{198}{198 + 50} = 0.798$$

79.8%는 나쁘지 않은 수치입니다. 이는 양성 판정을 받은 사람 중 실제로 질병에 걸린 사람의 비율입니다. 하지만 스스로에게 물어보세요. 데이터에 대해 무엇을 가정하고 있을까요? 이 데이터가 모집단을 대표할 수 있을까요?

일부 연구에 따르면 실제로 인구의 1%가 이 질병에 걸렸다고 합니다. 여기서 베이즈 정리를 사용할 수 있습니다. 실제로 질병을 앓고 있는 인구의 비율을 파악해 오차 행렬 결과에 반영합니다. 이렇게 하면 중요한 사실을 발견할 수 있습니다.

$$P(\text{환자} \mid \text{양성 예측}) = \frac{P(\text{양성 예측} \mid \text{환자}) \times P(\text{환자})}{P(\text{양성 예측})}$$

$$P(\text{환자} \mid \text{양성 예측}) = \frac{0.99 \times 0.01}{0.248}$$

$$P(\text{환자} \mid \text{양성 예측}) = 0.0339$$

전체 인구의 1%만이 질병에 걸리고 검사 환자의 20%가 질병에 걸렸다는 사실을 고려하면, 양성 판정을 받은 사람 중에서 병에 걸린 환자의 확률은 3.39%입니다! 어떻게 99%에서 이렇게 줄어든 걸까요? 이는 벤더에서 제공한 1,000명의 검사 결과처럼 특정 표본에서만 높은 확률에 얼마나 쉽게 속을 수 있는지를 보여줍니다. 따라서 진짜 양성을 성공적으로 식별할 확률이 3.39%에 불과하다면, 이 테스트는 사용하지 않는 것이 좋습니다.

6.10 ROC 곡선과 AUC

다양한 머신러닝 모델을 평가할 때 수십, 수백 또는 수천 개의 오차 행렬이 만들어질 수 있습니다.

이러한 행렬을 검토하는 일은 매우 지루하므로 [그림 6-20]과 같이 **ROC 곡선**^{receiver operator characteristic curve}으로 행렬을 요약할 수 있습니다. 이를 통해 검은 점으로 표시된 각 테스트 표본을 확인하고 진짜 양성과 거짓 양성 사이의 적절한 균형을 찾습니다.

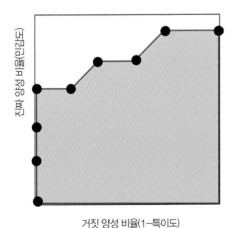

그림 6-20 ROC 곡선

또한 머신러닝 모델마다 별도의 ROC 곡선을 생성해 비교할 수도 있습니다. 예를 들어 [그림 6-21]에서 위쪽 곡선이 로지스틱 회귀를 나타내고 아래쪽 곡선이 결정 트리(이 책에서 다루지 않은 머신러닝 기법입니다)를 나타내는 경우, 두 모델의 성능을 나란히 비교할 수 있습니다. **AUC**area under the curve는 어떤 모델을 사용할지 선택하는 데 좋은 지표입니다. 그림에서 위쪽 곡선(로지스틱 회귀)의 면적이 더 크므로 더 우수한 모델임을 의미합니다.

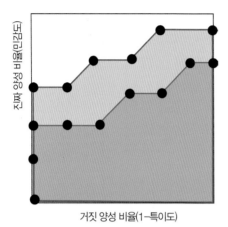

그림 6-21 AUC를 기준으로 두 모델의 ROC 곡선 비교

AUC를 평가 기준으로 사용하려면 [예제 6-18]의 교차 검증에서 **scoring** 매개변숫값을 **'roc_auc'**로 바꾸면 됩니다.

예제 6-18 교차 검증에 AUC 사용하기

```
results = cross_val_score(model, X, Y, cv=kfold, scoring='roc_auc')
print("AUC: %.3f (%.3f)" % (results.mean(), results.std()))
# AUC: 0.791 (0.051)
```

6.11 클래스 불균형

이 장을 마무리하기 전에 마지막으로 한 가지 더 다루어야 할 주제가 있습니다. 앞서 오차 행렬에 대해 이야기할 때 본 것처럼, 모든 출력 클래스에 걸쳐 데이터가 균등하게 표현되지 않을 때 발생하는 **클래스 불균형**class imbalance은 머신러닝의 한 문제입니다. 안타깝게도 우리가 주로 관심 있는 질병 예측, 보안 위험security breaches, 사기 탐지fraud detection 등과 같은 여러 문제에서 클래스 불균형이 발생합니다. 클래스 불균형은 여전히 해결되지 않은 미해결 문제입니다. 하지만 시도해볼 만한 몇 가지 기법이 있습니다.

더 많은 데이터를 수집하거나 다른 모델을 시도하고, 오차 행렬을 사용할 수 있습니다. 이 모든 것이 잘못된 예측을 추적하고 사전에 오류를 포착하는 데 도움이 됩니다.

널리 사용하는 또 다른 방법은 클래스의 비율이 동일하게 될 때까지 부족한 샘플을 복제하는 것입니다. [예제 6-19]는 훈련/테스트 분할 단계에서 수행할 수 있는 또 다른 기법을 보여줍니다. stratify 매개변수에 클래스 값이 포함된 열을 전달하면 클래스 비율이 동일하도록 훈련/테스트 분할을 만듭니다.

예제 6-19 stratify 매개변수를 사용하여 클래스 균형 맞추기

```
X, Y = ...
X_train, X_test, Y_train, Y_test =  \
    train_test_split(X, Y, test_size=.33, stratify=Y)
```

크기가 작은 클래스의 표본을 합성하는 SMOTE 알고리즘도 있습니다. 하지만 가장 이상적인 방법은 희소한 사건을 찾도록 설계된 이상치 탐지 모델을 사용하는 것입니다. 이러한 모델은 이상치를 찾으며, 비지도 알고리즘이기 때문에 분류 작업은 아닙니다. 이러한 모든 기법은 이 책의 범위를 벗어나지만 주어진 문제에 더 나은 해결책을 제공합니다.

6.12 마치며

로지스틱 회귀는 데이터의 확률을 예측하고 분류하는 데 가장 많이 사용되는 모델입니다. 로지스틱 회귀는 단순히 참/거짓으로 나뉘지 않는 둘 이상의 범주를 예측할 수 있습니다. 해당 범주에 속하는지 여부를 모델링하는 별도의 로지스틱 회귀를 구축하면 가장 높은 확률을 산출하는 모델의 예측이 선택됩니다. 대부분의 경우, 사이킷런이 이 작업을 대신 수행하며 데이터에 두 개 이상의 클래스가 있는 경우를 감지할 수 있습니다.

이 장에서는 경사 하강법과 사이킷런을 사용해 로지스틱 회귀를 훈련하는 방법뿐만 아니라 검

증에 대한 통계 및 머신러닝 접근 방식에 대해서도 다뤘습니다. 통계적 측면에서는 R^2과 p 값을 다뤘으며, 머신러닝에서는 훈련/테스트 분할, 오차 행렬 및 ROC 곡선과 AUC를 살펴봤습니다.

로지스틱 회귀에 대해 더 자세히 알고 싶다면, 로지스틱 회귀를 설명하는 조시 스타머의 StatQuest 동영상(*https://oreil.ly/tueJJ*)을 참고하세요. 이 장의 일부 내용, 특히 로지스틱 회귀에 대한 R^2과 p 값의 계산 방법을 설명할 때 조시 스타머의 작업을 참고했습니다.

항상 그렇듯이 여러분은 통계와 머신러닝의 두 세계 사이를 걷게 될 것입니다. 현재 많은 책과 자료가 머신러닝 관점에서 로지스틱 회귀를 다루지만, 통계 자료도 찾아보길 바랍니다. 양쪽 모두 장단점이 있으며, 두 가지 모두에 적응할 수 있어야만 성공할 수 있습니다!

## 7장

신경망

지난 10년간 르네상스를 누려온 회귀 및 분류 기법은 **신경망**^{neural network}입니다. 간단하게 정의하면, 신경망은 입력 변수와 출력 변수 사이에 가중치, 편향,[1] 비선형 함수로 이루어진 층을 쌓아 구성합니다. **딥러닝**^{deep learning}은 신경망의 한 종류이며 가중치와 편향을 가진 노드^{node}로 구성된 여러 개의 **은닉**^{hidden}(또는 중간) 층을 사용합니다.[2] 각 노드는 비선형 함수(활성화 함수^{activation function}라고 함)를 통과하기 전에는 선형 함수와 유사합니다. 5장에서 배운 선형 회귀와 마찬가지로 확률적 경사 하강법과 같은 최적화 기법을 사용해 잔차를 최소화하는 최적의 가중치와 편향을 찾습니다.

신경망은 이전에 컴퓨터로 해결하기 어려웠던 문제에 대해 흥미로운 해결책을 제공합니다. 이미지 속 사물을 식별하는 것부터 오디오에 담긴 단어를 처리하는 것까지, 신경망은 우리의 일상에 영향을 미치는 도구를 만들어냈습니다. 여기에는 가상 비서와 검색 엔진은 물론 아이폰의 사진 앱도 포함됩니다.

신경망에 대한 언론의 과대광고와 뉴스 헤드라인을 장식하는 기사를 살펴보면 신경망이 1950년대부터 사용되어 왔다는 사실에 놀랄 수도 있습니다. 2010년 이후 갑자기 인기를 끌게 된 이유는 가용한 데이터와 컴퓨팅 성능이 증가했기 때문입니다. 2011년부터 2015년까지 진행된

---

1 옮긴이_ 신경망에서는 기울기(slope) 대신 가중치(weight)라는 용어를 많이 사용합니다. 이와 어울리게 이 장에서는 절편 대신 편향으로 옮겼습니다. 용어는 다르지만 같은 뜻이므로 혼동하지 마세요.

2 옮긴이_ 신경망에서는 입력을 입력 층(input layer), 출력을 계산하기 위한 마지막 층을 출력 층(output layer), 그 사이에 놓인 층을 은닉 층(hidden layer)라고 부릅니다. 층에 있는 노드를 뉴런(neuron) 또는 유닛(unit)이라고도 부릅니다. 거의 대부분의 신경망은 한 개 이상의 은닉 층을 가지고 있기 때문에 종종 신경망과 딥러닝은 종종 동일한 의미로 사용됩니다.

이미지넷 대회ImageNet challenge는 신경망 르네상스의 가장 큰 원동력이었습니다. 이 대회는 140만 개의 이미지를 천 개의 범주로 분류하는 성능을 96.4% 정확도까지 끌어올렸습니다.

하지만 다른 머신러닝 기술과 마찬가지로 딥러닝은 좁게 정의된 문제에서만 작동합니다. 자율 주행 자동차를 만드는 프로젝트도 엔드-투-엔드end-to-end 딥러닝을 사용하지 않습니다. 주로 도로 위의 물체를 식별하기 위해 **레이블 메이커**label maker 역할을 하는 합성곱convolution 신경망과 함께 수작업으로 코딩된 규칙 기반 시스템을 사용합니다.[3] 이 장의 뒷부분에서 신경망을 실제로 어디에 사용해야 할지 논의해봅니다. 하지만 먼저 넘파이로 간단한 신경망을 구축한 다음 사이킷런 라이브러리를 사용하겠습니다.

7.1 언제 신경망과 딥러닝을 사용할까요?

신경망과 딥러닝은 분류와 회귀에 사용할 수 있습니다. 그렇다면 선형 회귀, 로지스틱 회귀 및 기타 다른 형태의 머신러닝과 어떻게 비교할 수 있을까요? '망치만 있으면 모든 것이 못처럼 보이기 시작한다'는 말을 들어봤을 것입니다. 알고리즘마다 상황에 따른 장단점이 있습니다. 선형 회귀와 로지스틱 회귀, 그리고 (이 책에서는 다루지 않는) 그레이디언트 부스티드 트리 gradient boosted tree[4]는 구조화된 데이터에 대한 예측을 매우 훌륭하게 수행합니다. 구조화된 데이터란 행과 열을 가진 테이블로 표현 가능한 데이터입니다. 하지만 이미지 분류와 같은 지각 문제는 훨씬 덜 구조적입니다. 테이블에 있는 데이터의 행이 아니라 픽셀 그룹 간의 모호한 상관관계를 찾아 모양과 패턴을 식별해야 하기 때문입니다. 입력 중인 문장에서 다음에 나올 4~5개의 단어를 예측하거나 오디오 클립에서 말하는 단어를 해독하는 것도 지각 문제이며 자연어 처리에 사용되는 신경망의 예에 해당합니다.

이 장에서는 주로 은닉 층이 하나뿐인 간단한 신경망에 초점을 맞춥니다.

---

3 옮긴이_ 최근 테슬라의 FSD v12에서는 엔드-투-엔드로 훈련한 신경망을 사용합니다.
4 옮긴이_ 그레이디언트 부스팅이라고도 부릅니다. 이에 대한 자세한 내용은 『핸즈온 머신러닝(3판)』(한빛미디어, 2023)을 참고하세요.

여러 종류의 신경망

신경망에는 여러 종류가 있습니다. 합성곱 신경망은 이미지 인식에 자주 사용됩니다. LSTM^long short-term memory 신경망은 시계열을 예측하는 데 사용됩니다. 순환 신경망^recurrent neural network은 텍스트-투-스피치^text-to-speech 애플리케이션에 자주 사용됩니다.[5]

> **⚠ CAUTION 신경망을 사용하는 건 너무 과한가요?**
>
> 다음에 살펴볼 예제는 로지스틱 회귀가 더 알맞을 수 있으므로 신경망을 사용하는 것은 과해 보입니다. 이 예제는 규칙 기반 방식(*https://oreil.ly/M4W8i*)을 사용할 수도 있습니다. 하지만 필자는 항상 복잡한 기법을 간단한 문제에 적용해 이해하는 것을 좋아합니다. 대규모 데이터셋에 압도되지 않고 이 기술의 강점과 한계를 배울 수 있기 때문이죠. 따라서 이를 염두하고 간단한 모델이 더 실용적인 경우라면 신경망을 사용하지 마세요. 이 장에서는 신경망 기법의 이해를 돕기 위해 이 규칙을 위반하겠습니다.

7.2 간단한 신경망

다음은 신경망을 이해하기 위한 간단한 예제입니다. 어떤 색상의 배경에서 글꼴이 밝아야 하는지(1) 아니면 어두워야 하는지(0)를 예측하고 싶습니다. [그림 7-1]은 다양한 배경색에 쓰인 몇 가지 글꼴 색의 예입니다. 첫 번째 줄은 밝은 글꼴이 잘 어울리고, 두 번째 줄은 어두운 글꼴이 잘 어울립니다.

그림 7-1 어두운 배경색에는 밝은 글꼴이 잘 어울리고, 밝은 배경색에는 어두운 글꼴이 잘 어울립니다.

---

5 옮긴이_ LSTM은 순환 신경망의 한 종류입니다. 요즘에는 텍스트와 음성 데이터 처리에 트랜스포머(transformer) 신경망을 주로 사용합니다. 트랜스포머에 대한 자세한 내용은 『트랜스포머를 활용한 자연어 처리』(한빛미디어, 2022)를 참고하세요.

컴퓨터 과학에서 색상을 표현하려면 RGB 값 또는 빨강, 초록, 파랑의 색상값을 사용합니다. 각 값은 0에서 255 사이이며 이 세 가지 색상을 혼합해 원하는 색상을 표현합니다. 예를 들어 RGB를 (빨강, 초록, 파랑)으로 표현하면 진한 주황색은 (255,140,0)이고 분홍색은 (255, 192,203)입니다. 검은색은 (0,0,0), 흰색은 (255,255,255)입니다.

머신러닝 관점으로 보면 배경색을 감지하기 위해 red, green, blue의 세 가지 수치 입력 변수가 있는 셈입니다. 이러한 입력 변수로 특정 함수를 훈련해 해당 배경색에 밝은(1) 글꼴을 사용할지 어두운(0) 글꼴을 사용할지 출력해야 합니다.

TIP RGB를 통한 색상 표현

온라인에는 RGB 값을 테스트하는 색상 선택 도구가 매우 많습니다. W3 Schools에도 하나 있습니다 (*https://oreil.ly/T57gu*).

신경망이 이미지를 인식하는 작동 방식과 이 예제가 크게 다르지 않습니다. 각각의 픽셀이 세 개의 RGB 값으로 모델링되기 때문입니다. 이 예제에서는 배경색으로 하나의 '픽셀'에만 초점을 맞춥니다.

구현 세부 사항은 잠시 미뤄두고 고수준 개념부터 알아보겠습니다. 양파를 벗기는 것처럼 접근해보죠. 먼저 여러분의 이해도를 높인 후에 세부 사항을 천천히 알아봅니다. 일단 지금은 입력을 받아 출력을 생성하는 과정을 단순히 '미스터리 수학'이라고 부르겠습니다. 세 개의 수치 입력 변수 R, G, B가 미스터리 수학에 의해 처리됩니다. 그런 다음 [그림 7-2]와 같이 0과 1 사이의 예측을 출력합니다.

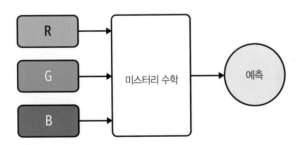

그림 7-2 세 개의 RGB 값으로 밝거나 어두운 글꼴을 예측합니다.

이 예측의 출력은 확률로 표현됩니다. 분류 문제에서 신경망은 일반적으로 확률을 출력합니다. [그림 7-3]처럼 RGB를 색상값으로 바꾸어보죠. 신경망의 출력이 0.5 이상이면 밝은 글꼴을, 0.5 미만이면 어두운 글꼴을 제안합니다.

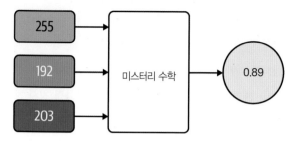

그림 7-3 배경색이 분홍색(255,192,203)이면 미스터리 수학은 확률 0.89를 출력하고 0.5보다 크므로 밝은 글꼴을 권장합니다.

그렇다면 이 미스터리한 수학 블랙박스 안에는 어떤 일이 벌어지고 있을까요? [그림 7-4]를 살펴봅시다.

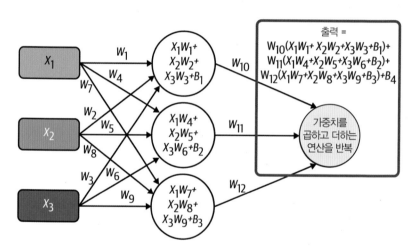

그림 7-4 신경망의 은닉 층은 입력 변수에 가중치와 편향을 적용하고, 출력 층은 은닉 층의 출력에 또 다른 가중치와 편향을 적용합니다.

신경망의 또 다른 요소인 활성화 함수가 누락되었지만 곧 설명하겠습니다. 먼저 여기서 무슨 일이 일어나고 있는지 이해해봅시다. 왼쪽의 첫 번째 층은 단순히 세 변수의 입력이며, 이 경우 빨강, 초록, 파랑의 색상값입니다. 은닉(가운데) 층에는 입력과 출력 사이에 가중치와 편향의 함수인 **노드** 세 개가 있습니다. 각 노드는 가중치 W_i와 편향 B_i을 가진 선형 함수이고 입력 변수 X_i와 곱한 후 더합니다. 입력 노드와 은닉 노드 사이에는 가중치가 있듯이, 은닉 노드와 출력 노드 사이에는 또 다른 가중치가 있습니다. 은닉 노드와 출력 노드에는 모두 편향 B_i가 있습니다.

출력 노드에서도 동일한 작업을 반복합니다. 은닉 층에서 가중치를 곱하고 더하여 얻은 결과를 가져와서 마지막 층에 입력하면 다른 가중치와 편향이 적용됩니다.

간단히 말해서 선형 회귀 또는 로지스틱 회귀와 같은 구조이지만, 풀어야 할 파라미터가 더 많습니다. 가중치와 편향은 선형 회귀의 m과 b, 또는 β_1 그리고 β_0과 비슷합니다. 확률적 경사 하강법을 사용하고 선형 회귀와 마찬가지로 손실을 최소화하지만, 가중치 W_i와 편향 B_i를 찾기 위해 역전파backpropagation라는 추가 도구가 필요합니다. 그리고 연쇄 법칙을 사용해 편도함수를 계산합니다. 이 장의 뒷부분에서 이에 대해 다루겠지만, 지금은 가중치와 편향값이 최적화되었다고 가정합니다. 먼저 활성화 함수에 대해 알아봅시다.

7.2.1 활성화 함수

활성화 함수는 노드에서 가중치를 곱해 더한 값을 변환하거나 압축하는 비선형 함수입니다. 신경망이 데이터를 효과적으로 분리해 분류 작업을 수행할 수 있도록 돕습니다. [그림 7-5]를 살펴보죠. 활성화 함수가 없다면 은닉 층의 성능이 떨어지고 하나의 선형 회귀보다 더 낮지 않습니다.

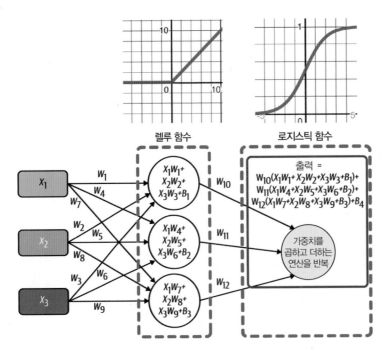

그림 7-5 활성화 함수 적용하기

렐루ReLU 활성화 함수는 은닉 노드에서 출력된 음숫값을 모두 0으로 만듭니다. 즉, 가중치와 입력을 곱하고 편향을 더한 값이 음수가 되면 렐루 함수가 0으로 바뀝니다. 만약 양수이면 양수 그대로 출력됩니다. [그림 7-6]은 심파이를 사용한 렐루 함수(예제 7-1)의 그래프입니다.

예제 7-1 렐루 함수 그리기

```python
from sympy import *

# 렐루 함수 그리기
x = symbols('x')
relu = Max(0, x)
plot(relu)
```

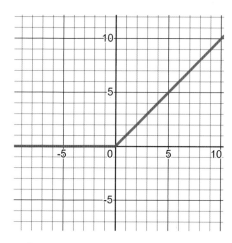

그림 7-6 렐루 함수의 그래프

렐루는 'rectified linear unit'의 줄임말이지만 이는 '음숫값을 0으로 변환하기'를 멋지게 표현한 것뿐입니다. 렐루는 훈련 속도와 그레이디언트 소실 문제vanishing gradient problem를 완화하기 때문에 신경망과 딥러닝의 은닉 층에 널리 사용됩니다. 그레이디언트 소실은 편도함수 기울기가 작아지면서 너무 일찍 0에 가까워져 학습이 중지되는 현상입니다.

출력 층은 은닉 층의 계산 결과를 가져와 분류 예측처럼 해석 가능한 결과로 변환하는 중요한 역할입니다. 이 신경망의 출력 층은 간단한 시그모이드 곡선인 로지스틱 활성화 함수를 사용합니다. 6장을 읽었다면 로지스틱(또는 시그모이드) 함수에 익숙할 것입니다. 이 함수는 로지스틱 회귀가 신경망에서 하나의 층으로 작용한다는 것을 보여줍니다. 출력 노드는 은닉 층에서 들어오는 각 값에 가중치를 부여한 다음 편향을 더합니다. 그다음 이 결괏값을 로지스틱 함수에 전달해 0과 1 사이의 수치를 출력합니다. 6장의 로지스틱 회귀와 비슷하게 이 값은 신경망에 입력된 색상에 밝은 글꼴을 추천할 확률입니다. 이 값이 0.5보다 크면 밝은 글꼴을 추천하며, 그보다 작으면 어두운 글꼴을 추천합니다.

[그림 7-7]은 심파이를 사용한 로지스틱 함수(예제 7-2)의 그래프입니다.

예제 7-2 심파이의 로지스틱 활성화 함수

```
from sympy import *

# 로지스틱 그래프 그리기
x = symbols('x')
logistic = 1 / (1 + exp(-x))
plot(logistic)
```

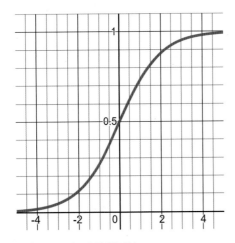

그림 7-7 로지스틱 활성화 함수

가중치를 곱하고 편향을 더한 노드의 출력이 활성화 함수를 통과하면 활성화 함수를 통해 필터링되었다는 의미로 활성화 출력activation output이라고 부릅니다. 은닉 층에서 활성화 출력이 만들어지면 다음 층으로 신호가 전달될 준비가 된 것입니다. 활성화 함수는 신호를 강화하거나 약화하거나 그대로 둘 수 있습니다. 신경망에 대한 뇌와 시냅스의 비유가 여기에서 유래되었습니다.

더 복잡한 구조를 생각하면 다른 활성화 함수가 있는지 궁금할 수 있습니다. [표 7-1]은 일반적으로 많이 사용되는 활성화 함수입니다.

표 7-1 일반적인 활성화 함수

이름	사용하는 일반적인 층	설명	참고
선형linear	출력 층	값을 그대로 둡니다.	자주 사용하지는 않습니다.[6]
로지스틱	출력 층	S자형 시그모이드 곡선입니다.	0과 1 사이로 값을 압축하며, 이진 분류에 주로 사용합니다.
하이퍼볼릭 탄젠트 hyperbolic tangent	은닉 층	tanh, −1에서 1 사이의 S자형 시그모이드 곡선입니다.	평균을 0에 가깝게 만들어 데이터를 중앙에 맞춥니다.
렐루	은닉 층	음숫값을 0으로 만듭니다.	시그모이드나 tanh보다 빠른 활성화 함수로 그레이디언트 소실 문제를 완화하고 계산 비용이 저렴해 널리 사용됩니다.
리키 렐루 Leaky ReLU	은닉 층	음숫값에 0.01을 곱합니다.	음숫값을 제거하지 않고 줄이는 렐루의 변형입니다.
소프트맥스	출력 층	모든 출력 노드를 더해 1.0이 되도록 만듭니다.	다중 분류에 유용하고 출력의 크기를 조정해 합을 1.0으로 만듭니다.

이게 활성화 함수의 전부는 아닙니다. 이론적으로는 모든 함수가 신경망의 활성화 함수가 될 수 있습니다.

이 신경망은 겉보기에는 두 가지 클래스(밝은 글꼴 또는 어두운 글꼴)를 구분하는 것처럼 보이지만 실제로는 하나의 클래스를 모델링합니다. 즉, 글꼴이 밝은지(1) 또는 아닌지(0)를 구분합니다. 여러 클래스를 지원하려면 각 클래스에 대한 출력 노드를 추가하면 됩니다. 예를 들어 손 글씨로 쓴 숫자 0에서 9까지를 인식하려면, 주어진 이미지가 각 숫자일 확률을 나타내는 출력 노드가 10개 있어야 합니다. 여러 클래스가 있는 경우 소프트맥스를 출력 활성화로 사용합니다. [그림 7-8]에서는 숫자 이미지의 각 픽셀을 신경망의 입력으로 사용하고 이어서 두 개의 중간 층을 통과시킵니다. 그다음 10개의 클래스(숫자 0~9)의 확률에 해당하는 10개의 노드가 있는 출력 층에 도달합니다.

---

6 옮긴이_ 회귀 문제일 경우 임의의 실수를 예측하므로 출력 층에 비선형 활성화 함수를 사용하지 않고 선형 활성화 함수를 사용합니다.

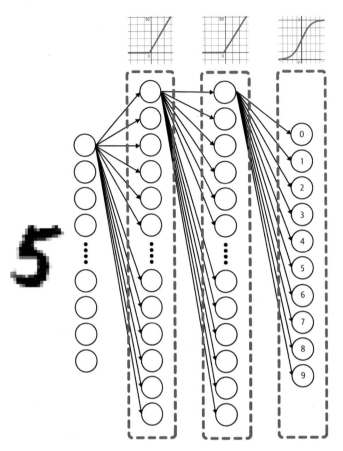

그림 7-8 각 픽셀을 입력으로 받아 이미지에 담긴 숫자를 예측하는 신경망

MNIST 데이터셋을 사용하는 신경망 예제는 부록 A.10절에서 확인하세요.

TIP **어떤 활성화 함수을 사용해야 할지 모르겠어요!**

어떤 활성화 함수를 사용해야 할지 잘 모르겠다면 모범 사례를 따르는 것이 좋습니다. 일반적으로 중간 층에는 렐루를, 출력 층에는 로지스틱(시그모이드)을 사용합니다. 다중 분류를 수행하는 경우에는 출력 층에 소프트맥스를 사용합니다.

7.2.2 정방향 계산

지금까지 배운 내용을 넘파이를 사용해 구현해봅시다. 아직 모델 파라미터(가중치 및 편향값)를 최적화하지 않았으므로 임의의 값으로 초기화합니다.

[예제 7-3]은 간단한 **피드 포워드 신경망**feed-forward neural network을 생성하는 파이썬 코드로 아직 최적화하지 않았습니다. 피드 포워드란 신경망에 각 픽셀의 색상값을 입력한 후 각 층의 결과를 신경망의 앞쪽으로 계속 전달해 출력 결과를 얻는 것입니다. 가중치와 편향은 무작위로 초기화되고 이 장의 뒷부분에서 최적화해봅니다. 따라서 아직 유용한 출력을 기대하지 마세요.

예제 7-3 무작위한 가중치와 편향값을 사용하는 간단한 정방향 계산forward propagation[7]

```python
import numpy as np
import pandas as pd
from sklearn.model_selection import train_test_split

all_data = pd.read_csv("https://tinyurl.com/y2qmhfsr")

# 입력값을 추출해 255로 나눕니다.
all_inputs = (all_data.iloc[:, 0:3].values / 255.0)
all_outputs = all_data.iloc[:, -1].values

# 훈련 데이터와 테스트 데이터로 분할합니다.
X_train, X_test, Y_train, Y_test = train_test_split(all_inputs, all_outputs,
    test_size=1/3)
n = X_train.shape[0] # 훈련 샘플 개수

# 신경망의 가중치와 편향을 랜덤하게 초기화합니다.
w_hidden = np.random.rand(3, 3)
w_output = np.random.rand(1, 3)

b_hidden = np.random.rand(3, 1)
b_output = np.random.rand(1, 1)

# 활성화 함수
relu = lambda x: np.maximum(x, 0)
logistic = lambda x: 1 / (1 + np.exp(-x))

# 입력을 신경망에 통과시키고 출력을 얻습니다.
def forward_prop(X):
    Z1 = w_hidden @ X + b_hidden
    A1 = relu(Z1)
    Z2 = w_output @ A1 + b_output
    A2 = logistic(Z2)
    return Z1, A1, Z2, A2
```

----

7 옮긴이_ 신경망의 가중치와 편향을 사용해 입력값으로부터 예측값을 얻기 위한 계산을 정방향 계산 또는 순전파라고 부릅니다. 이와 반대로 가중치와 편향을 업데이트하기 위해 예측값을 사용해 신경망의 끝부터 거꾸로 수행하는 계산을 역전파라고 부릅니다.

```
# 정확도를 계산합니다
test_predictions = forward_prop(X_test.transpose())[3] # 출력 층의 결과 A2만 사용합니다.
test_comparisons = np.equal((test_predictions >= .5).flatten().astype(int), Y_test)
accuracy = sum(test_comparisons.astype(int) / X_test.shape[0])
print("정확도: ", accuracy)
```

여기서 주목해야 할 몇 가지를 살펴봅시다. RGB 입력값과 출력값(밝으면 1, 어두우면 0)이 포함된 데이터셋은 CSV 파일(*https://oreil.ly/1TZIK*)에 있습니다. 입력 열 R, G, B의 값을 1/255로 나누어 0과 1 사이로 만듭니다. 이렇게 하면 숫자 공간이 압축되어 추후 훈련에 도움이 됩니다.

또한 5장에서 배운 사이킷런을 사용해 데이터의 2/3를 훈련용으로, 1/3을 테스트용으로 분리했습니다. n은 단순히 훈련 데이터의 샘플 수입니다.

[예제 7-4]의 코드를 살펴봅시다.

예제 7-4 넘파이로 만든 가중치 행렬과 편향 벡터

```
# 신경망의 가중치와 편향을 무작위로 초기화합니다.
w_hidden = np.random.rand(3, 3)
w_output = np.random.rand(1, 3)

b_hidden = np.random.rand(3, 1)
b_output = np.random.rand(1, 1)
```

이 코드는 신경망의 은닉 층과 출력 층의 가중치와 편향을 선언합니다. 아직 명확하게 이해되지 않을 수 있지만, 선형대수학과 넘파이를 사용하면 행렬 곱셈으로 코드를 크게 단순화할 수 있습니다.

가중치와 편향은 0과 1 사이의 임의의 값으로 초기화됩니다. 먼저 가중치 행렬을 살펴봅시다. 이 코드를 실행했을 때 다음과 같은 행렬을 얻습니다.

$$W_{hidden} = \begin{bmatrix} 0.034535 & 0.5185636 & 0.81485028 \\ 0.3329199 & 0.53873853 & 0.96359003 \\ 0.19808306 & 0.45422182 & 0.36618893 \end{bmatrix}$$

$$W_{output} = \begin{bmatrix} 0.82652072 & 0.30781539 & 0.93095565 \end{bmatrix}$$

W_{hidden}은 은닉 층의 가중치입니다. 첫 번째 행은 첫 번째 노드의 가중치 W_1, W_2, W_3을 나타냅니다. 두 번째 행은 두 번째 노드의 가중치 W_4, W_5, W_6을 나타냅니다. 세 번째 행은 세 번째 노드의 가중치 W_7, W_8, W_9를 나타냅니다.

출력 층에는 노드가 하나만 있으므로 행렬에 W_{10}, W_{11}, W_{12} 가중치로 이루어진 행 하나만 있습니다.

여기서 패턴이 보이나요? 각 노드는 행렬의 행으로 표시됩니다. 노드가 3개면 행이 3개가 되고, 노드가 하나면 행도 하나입니다. 행의 각 열에는 해당 노드의 가중칫값이 있습니다.

편향도 살펴봅시다. 은닉 층에 대한 편향 행이 3개, 출력 층에 대한 편향 행이 1개입니다. 노드당 편향은 하나이므로 열은 한 개입니다.

$$B_{hidden} = \begin{bmatrix} 0.41379442 \\ 0.81666079 \\ 0.07511252 \end{bmatrix}$$

$$B_{output} = \begin{bmatrix} 0.58018555 \end{bmatrix}$$

이제 [그림 7-9]와 같이 이러한 행렬의 값을 신경망 구조와 비교해보겠습니다.

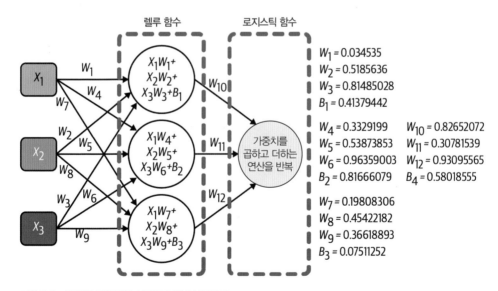

그림 7-9 가중치와 편향값을 신경망과 함께 나타내기

이런 행렬 형태로 가중치와 편향을 나타내면 매우 간결합니다. 또 어떤 이점이 있을까요? [예제 7-5] 코드를 살펴보죠.

예제 7-5 신경망의 활성화 함수와 정방향 계산 함수

```python
# 활성화 함수
relu = lambda x: np.maximum(x, 0)
logistic = lambda x: 1 / (1 + np.exp(-x))

# 입력을 신경망에 통과시키고 출력을 얻습니다.
def forward_prop(X):
    Z1 = w_hidden @ X + b_hidden
    A1 = relu(Z1)
    Z2 = w_output @ A1 + b_output
    A2 = logistic(Z2)
    return Z1, A1, Z2, A2
```

이 코드가 중요한 이유는 행렬 곱셈과 행렬–벡터 곱셈을 사용해 전체 신경망을 간결하게 실행하기 때문입니다. 4장에서 이러한 연산에 대해 배웠습니다. 이 코드는 단 몇 줄의 코드만으로 가중치, 편향, 활성화 함수를 통해 세 개의 RGB 입력값에 대한 계산을 수행합니다.

먼저 주어진 입력값을 받아 출력값을 반환하는 relu()와 logistic() 활성화 함수를 선언합니다. forward_prop() 함수는 R, G, B 값이 포함된 입력 X에 대해 전체 신경망을 실행합니다. 이 함수는 네 개의 행렬 Z1, A1, Z2, A2를 반환합니다. 1과 2는 각각 첫 번째 층과 두 번째 층에 속하는 연산을 나타냅니다. Z는 활성화 함수를 거치기 전의 출력을 나타내고 A는 활성화 함수를 통과한 출력입니다.

은닉 층의 출력은 Z1과 A1으로 표시됩니다. Z1은 X에 가중치와 편향을 적용한 결과입니다. 그런 다음 Z1을 렐루 활성화 함수에 통과시켜 A1을 얻습니다. Z2는 A1에 출력 층의 가중치와 편향를 적용한 결과입니다. 이 출력은 다시 활성화 함수인 로지스틱 함수를 통과해 A2가 됩니다. 마지막 단계의 출력인 A2는 출력 층의 예측 확률로, 0과 1 사이의 값을 가집니다. 두 번째 층의 활성화된 출력이기 때문에 A2입니다.

Z_1부터 조금 더 자세히 살펴보겠습니다.

$$Z_1 = W_{hidden}X + B_{hidden}$$

먼저 W_{hidden}과 X 사이의 행렬-벡터 곱셈을 수행합니다. W_{hidden}의 행(각 노드의 가중치)과 벡터 X(RGB 입력값)를 곱합니다. 그다음 [그림 7-10]과 같이 해당 결과에 편향을 더합니다.

$$Z_1 = W_{hidden}X + B_{hidden}$$

$$Z_1 = \begin{bmatrix} 0.034535 & 0.5185636 & 0.81485028 \\ 0.3329199 & 0.53873853 & 0.96359003 \\ 0.19808306 & 0.45422182 & 0.36618893 \end{bmatrix} \begin{bmatrix} 0.82652072 \\ 0.30781539 \\ 0.93095565 \end{bmatrix} + \begin{bmatrix} 0.41379442 \\ 0.81666079 \\ 0.07511252 \end{bmatrix}$$

$$Z_1 = \begin{bmatrix} 0.946755221909086 \\ 1.33805678888247 \\ 0.644441873391768 \end{bmatrix} + \begin{bmatrix} 0.41379442 \\ 0.81666079 \\ 0.07511252 \end{bmatrix}$$

$$Z_1 = \begin{bmatrix} 1.36054964190909 \\ 2.15471757888247 \\ 0.719554393391768 \end{bmatrix}$$

그림 7-10 행렬-벡터 곱셈과 벡터 덧셈을 사용해 은닉 층의 가중치와 편향을 입력 X에 적용하기

은닉 층의 원시 출력인 Z_1을 활성화 함수에 통과시켜 A_1으로 바꾸어야 합니다. 간단히 벡터의 각 값을 렐루 함수에 전달하면 A_1을 얻습니다. 모든 값이 양수이므로 아무런 변화가 없어야 합니다.

$$A_1 = ReLU(Z_1)$$
$$A_1 = \begin{bmatrix} ReLU(1.36054964190909) \\ ReLU(2.15471757888247) \\ ReLU(0.719554393391768) \end{bmatrix} = \begin{bmatrix} 1.36054964190909 \\ 2.15471757888247 \\ 0.719554393391768 \end{bmatrix}$$

이제 은닉 층의 출력 A_1을 최종 층에 전달해 Z_2를 계산한 다음 A_2를 얻습니다. 즉, A_1이 출력 층의 입력이 됩니다.

$$Z_2 = W_{output}A_1 + B_{output}$$

$$Z_2 = \begin{bmatrix} 0.82652072 & 0.3078159 & 0.93095565 \end{bmatrix} \begin{bmatrix} 1.36054964190909 \\ 2.15471757888247 \\ 0.719554393391768 \end{bmatrix} + \begin{bmatrix} 0.58018555 \end{bmatrix}$$

$$Z_2 = \begin{bmatrix} 2.45765202842636 \end{bmatrix} + \begin{bmatrix} 0.58018555 \end{bmatrix}$$

$$Z_2 = \begin{bmatrix} 3.03783757842636 \end{bmatrix}$$

마지막으로 Z_2 값을 활성화 함수에 전달해 A_2를 얻습니다. 이렇게 하면 약 0.95425의 예측값

이 만들어집니다.

$$A_2 = logistic(Z_2)$$
$$A_2 = logistic([3.0378364795204])$$
$$A_2 = 0.954254478103241$$

아직 신경망을 훈련하지 않았지만 전체 신경망을 실행할 수 있습니다. 여기에서 입력값, 가중치, 편향, 비선형 함수를 사용해 하나의 예측값을 만들었습니다.

다시 말하지만, A2는 주어진 배경색에 밝은(1) 또는 어두운(0) 글꼴이 필요한지 예측하는 최종 출력입니다. 가중치와 편향이 아직 최적화되지 않았지만 [예제 7-6]과 같이 정확도를 계산해봅시다. 테스트 데이터셋 X_test를 전치한 다음 forward_prop() 함수에 전달하되, 각 테스트 색상에 대한 예측이 포함된 A2 벡터만 저장합니다. 그런 다음 예측을 실제와 비교하고 올바른 예측의 비율을 계산합니다.

예제 7-6 정확도 계산

```
# 정확도를 계산합니다.
test_predictions = forward_prop(X_test.transpose())[3]  # A2만 사용합니다.
test_comparisons = np.equal((test_predictions >= .5).flatten().astype(int), Y_test)
accuracy = sum(test_comparisons.astype(int) / X_test.shape[0])
print("정확도: ", accuracy)
```

[예제 7-3]의 전체 코드를 실행하면 대략 55%에서 67%의 정확도를 얻습니다. 가중치와 편향은 무작위로 생성되므로 답변이 달라질 수 있다는 점을 기억하세요. 파라미터가 무작위로 생성되었기 때문에 정확도가 높아 보일 수 있지만, 출력 예측은 밝음 또는 어두움 두 가지라는 점도 기억하세요. 따라서 무작위로 예측해도 이 정도 결과가 나올 수 있으므로 그다지 놀라운 수치는 아닙니다.

> **! CAUTION** **불균형한 데이터인지 확인하세요!**
>
> 6장에서 설명한 대로 데이터를 분석하면서 불균형한 클래스가 있는지 확인하는 것을 잊지 마세요. 이 배경색 데이터셋은 약간 불균형합니다. 512개 색상의 출력은 0이며 833개 색상의 출력은 1입니다. 이로 인해 정확도가 왜곡될 수 있으며, 가중치와 편향을 무작위로 초기화해도 50% 이상의 정확도를 내는 이유입니다. 데이터가 극도로 불균형한 경우(데이터의 99%가 하나의 클래스인 경우) 오차 행렬을 사용해 거짓 양성과 거짓 음성을 추적하는 것을 잊지 마세요.

지금까지 모두 이해했나요? 계속 진행하기 전에 여기까지의 내용을 모두 되새겨보세요. 마지막으로 다룰 부분이 하나 남았습니다. 바로 가중치와 편향의 최적화입니다. 진한 커피 한잔 미리 준비하세요. 이 책에서 다룰 내용 중 가장 복잡한 수학을 다루기 때문입니다!

7.3 역전파

확률적 경사 하강법으로 신경망을 최적화하기 전에 직면한 과제는 가중치와 편향값을 변경하는 방법을 파악하는 것입니다. 가중치와 편향값이 서로 얽혀서 출력을 생성하고, 이를 사용해 잔차를 계산합니다. 그럼 가중치 W_1와 편향 B_1 변수의 도함수는 어떻게 구할까요? 1장에서 다룬 연쇄 법칙을 사용해보죠.

7.3.1 가중치와 편향에 대한 도함수 구하기

아직 신경망을 훈련하기 위해 확률적 경사 하강법을 적용할 준비가 되지 않았습니다. 왜냐하면 가중치 W_1와 편향 B_1에 대한 편도함수를 구해야 하기 때문입니다. 이를 위해 연쇄 법칙의 도움을 받아봅시다.

과정은 이전과 유사하지만, 신경망에 확률적 경사 하강법을 적용하려면 복잡합니다. 한 층의 노드는 가중치와 편향을 적용한 결과를 다음 층에 전달하고, 다음 층은 또 다른 가중치와 편향을 적용합니다. 이렇게 하면 출력 층부터 풀어야 하는 양파 껍질 같은 중첩이 생깁니다.

경사 하강법을 수행하는 동안 전체 비용 함수를 줄이기 위해 어떤 가중치와 편향을 얼마나 조정해야 하는지 파악해야 합니다. 예측에 대한 비용은 신경망의 출력 A_2와 실젯값 Y의 차이를 제곱한 값입니다.

$$C = (A_2 - Y)^2$$

하지만 한 층을 벗겨보겠습니다. 활성화 출력 A_2는 활성화 함수를 적용한 Z_2입니다.

$$A_2 = sigmoid(Z_2)$$

Z_2는 은닉 층에서 오는 활성화 출력 A_1에 출력 층의 가중치와 편향을 적용한 값입니다.

$$Z_2 = W_2 A_1 + B_2$$

A_1은 렐루 활성화 함수를 통과한 Z_1입니다.

$$A_1 = ReLU(Z_1)$$

마지막으로 Z_1은 입력 X 값에 은닉 층의 가중치와 편향을 적용한 결과입니다.

$$Z_1 = W_1 X + B_1$$

손실을 최소화하기 위해 W_1, B_1, W_2, B_2에 담길 가중치와 절편을 찾아야 합니다. 기울기를 조금 수정하면서 손실을 최소화하는 데 가장 큰 영향을 미치는 가중치와 편향을 변경할 수 있습니다. 하지만 가중치나 편향을 조금 수정하면 비용 함수까지 영향이 전파됩니다. 바로 연쇄 법칙이 이러한 영향을 파악하는 데 도움이 됩니다.

출력 층의 가중치 W_2와 비용 함수 C에 대한 관계를 찾아보죠. 가중치 W_2의 변화는 활성화되지 않은 출력 Z_2를 변경시킵니다. 이는 활성화된 출력 A_2를 바꾸어 비용 함수 C를 바꿉니다. 연쇄 법칙을 사용하면 W_2에 대한 C의 편도함수는 다음과 같이 정의됩니다.

$$\frac{dC}{dW_2} = \frac{dZ_2}{dW_2} \frac{dA_2}{dZ_2} \frac{dC}{dA_2}$$

세 개의 그레이디언트를 곱하면 W_2의 변화가 비용 함수 C를 얼마나 변화시키는지 측정할 수 있습니다.

이제 이 세 가지 도함수를 계산합니다. [예제 7-7]은 심파이를 사용해 A_2에 대한 비용 함수의 도함수를 계산합니다.

$$\frac{dC}{dA_2} = 2A_2 - 2y$$

예제 7-7 A_2에 대한 비용 함수의 도함수 계산하기

```
from sympy import *

A2, y = symbols('A2 Y')
C = (A2 - Y)**2
dC_dA2 = diff(C, A2)
print(dC_dA2) # 2*A2 - 2*Y
```

다음으로 Z_2에 대한 A_2의 도함수를 구해봅시다(예제 7-8). A_2는 활성화 함수(이 경우 로지스틱 함수)의 출력입니다. 따라서 실제로는 시그모이드 곡선의 도함수를 계산합니다.

$$\frac{dA_2}{dZ_2} = \frac{e^{-Z_2}}{(1+e^{-z_2})^2}$$

예제 7-8 Z_2에 대한 A_2의 도함수 구하기

```
from sympy import *

Z2 = symbols('Z2')

logistic = lambda x: 1 / (1 + exp(-x))

A2 = logistic(Z2)
dA2_dZ2 = diff(A2, Z2)
print(dA2_dZ2) # exp(-Z2)/(1 + exp(-Z2))**2
```

Z_2를 계산하는 함수는 선형 함수이고 미분하면 기울기를 반환하므로 W_2에 대한 Z_2의 도함수는 A_1이 됩니다(예제 7-9).

$$\frac{dZ_2}{dW_2} = A_1$$

예제 7-9 W_2에 대한 Z_2의 도함수

```
from sympy import *

A1, W2, B2 = symbols('A1, W2, B2')

Z2 = A1*W2 + B2
dZ2_dW2 = diff(Z2, W2)
print(dZ2_dW2) # A1
```

이 모든 것을 종합하면, 가중치 W_2의 변화가 비용 함수에 얼마나 영향을 미치는지 찾는 도함수는 다음과 같습니다.

$$\frac{dC}{dW_2} = \frac{dZ_2}{dW_2}\frac{dA_2}{dZ_2}\frac{dC}{dA_2} = (A_1)\left(\frac{e^{-Z_2}}{(1+e^{-z_2})^2}\right)(2A_2 - 2y)$$

세 개의 R, G, B 값으로 구성된 입력 X를 신경망에 통과시키면 A_1, A_2, Z_2, y를 얻습니다.

TIP **수학 때문에 길을 잃지 마세요!**

이 시점에서 수학 때문에 길을 잃기 쉽습니다. 애초에 달성하려고 했던 목표, 즉 가중치(W_2)에 대한 비용 함수의 도함수를 찾는 것임을 잊지 마세요. 숲속에서 무엇을 하려고 했는지 잊어버린 자신을 발견하면, 한 걸음 물러나서 산책을 하거나 커피를 마시며 무엇을 달성하려고 했는지 떠올려보세요. 그럴 수 없다면 처음부터 다시 시작해 길을 잃은 지점까지 되돌아 봐야 합니다.

하지만 W_2에 대한 편도함수는 역전파를 위한 도함수 중 하나일 뿐입니다. [예제 7-10]에서 필요한 나머지 편도함수를 심파이로 구하겠습니다.

예제 7-10 신경망에 필요한 모든 편도함수 계산하기

```
from sympy import *

W1, W2, B1, B2, A1, A2, Z1, Z2, X, Y = \
    symbols('W1 W2 B1 B2 A1 A2 Z1 Z2 X Y')

# A2에 대한 비용 함수의 도함수
C = (A2 - Y)**2
dC_dA2 = diff(C, A2)
print("dC_dA2 = ", dC_dA2) # 2*A2 - 2*Y

# Z2에 대한 A2의 도함수
logistic = lambda x: 1 / (1 + exp(-x))
_A2 = logistic(Z2)
dA2_dZ2 = diff(_A2, Z2)
print("dA2_dZ2 = ", dA2_dZ2) # exp(-Z2)/(1 + exp(-Z2))**2

# A1에 대한 Z2의 도함수
_Z2 = A1*W2 + B2
dZ2_dA1 = diff(_Z2, A1)
print("dZ2_dA1 = ", dZ2_dA1) # W2

# W2에 대한 Z2의 도함수
dZ2_dW2 = diff(_Z2, W2)
print("dZ2_dW2 = ", dZ2_dW2) # A1

# B2에 대한 Z2의 도함수
dZ2_dB2 = diff(_Z2, B2)
print("dZ2_dB2 = ", dZ2_dB2) # 1
```

```
# Z1에 대한 A1의 도함수
relu = lambda x: Max(x, 0)
_A1 = relu(Z1)

d_relu = lambda x: x > 0 # 양수이면 기울기가 1, 그렇지 않으면 0
dA1_dZ1 = d_relu(Z1)
print("dA1_dZ1 = ", dA1_dZ1) # Z1 > 0

# W1에 대한 Z1의 도함수
_Z1 = X*W1 + B1
dZ1_dW1 = diff(_Z1, W1)
print("dZ1_dW1 = ", dZ1_dW1) # X

# B1에 대한 Z1의 도함수
dZ1_dB1 = diff(_Z1, B1)
print("dZ1_dB1 = ", dZ1_dB1) # 1
```

심파이의 `diff()` 함수를 사용하지 않고 수동으로 렐루를 계산했다는 점에 주목하세요. 왜냐하면 미분은 들쭉날쭉한 모서리가 아닌 부드러운 곡선에서 작동하기 때문입니다. 하지만 양수인 경우 기울기를 1로, 음수인 경우 0으로 선언하는 것만으로도 쉽게 해결할 수 있습니다. 음수는 기울기가 0인 평평한 선이기 때문에 이해하기 쉽습니다. 양수는 있는 그대로 통과하므로 기울기가 1입니다.[8]

이러한 편도함수를 서로 연결해 가중치와 편향에 대한 새로운 편도함수를 만들 수 있습니다. W_1, W_2, B_1, B_2에 대한 비용 함수의 편도함수를 모두 구해봅시다. $\frac{dC}{dw_2}$는 앞서 이미 구했습니다. 다른 세 개의 도함수와 함께 나타내면 다음과 같습니다.

$$\frac{dC}{dW_2} = \frac{dZ_2}{dW_2}\frac{dA_2}{dZ_2}\frac{dC}{dA_2} = (A_1)\left(\frac{e^{-Z_2}}{(1+e^{-z_2})^2}\right)(2A_2-2y)$$

$$\frac{dC}{dB_2} = \frac{dZ_2}{dB_2}\frac{dA_2}{dZ_2}\frac{dC}{dA_2} = (1)\left(\frac{e^{-Z_2}}{(1+e^{-z_2})^2}\right)(2A_2-2y)$$

$$\frac{dC}{dW_1} = \frac{dC}{dA_2}\frac{dA_2}{dZ_2}\frac{dZ_2}{dA_1}\frac{dA_1}{dZ_1}\frac{dZ_1}{dW_1} = (2A_2-2y)\left(\frac{e^{-Z_2}}{(1+e^{-z_2})^2}\right)(W_2)(Z_1>0)(X)$$

$$\frac{dC}{dB_1} = \frac{dC}{dA_2}\frac{dA_2}{dZ_2}\frac{dZ_2}{dA_1}\frac{dA_1}{dZ_1}\frac{dZ_1}{dB_1} = (2A_2-2y)\left(\frac{e^{-Z_2}}{(1+e^{-z_2})^2}\right)(W_2)(Z_1>0)(1)$$

---

8 옮긴이_ 렐루 함수는 원점에서 도함수가 정의되지 않습니다. 하지만 원점의 그레이디언트를 0 또는 1로 간주해도 실제 역전파는 잘 작동합니다. 이를 서브그레이디언트(subgradient)라고 부릅니다.

이러한 그레이디언트를 사용해 W_1, W_2, B_1, B_2에 대한 비용 함수 C의 기울기를 계산합니다.

> **자동 미분**
>
> 연쇄 법칙과 심파이와 같은 기호 라이브러리를 사용해도 편도함수를 계산하는 일은 여전히 지루합니다. 그래서 구글에서 만든 JAX 라이브러리(*https://oreil.ly/N96Pk*)와 같은 차별화된 프로그래밍 라이브러리가 등장했습니다.[9] 행렬에 포함된 파라미터에 대한 도함수를 계산할 수 있다는 점을 제외하면 넘파이와 거의 동일합니다.
>
> 자동 미분에 대해 자세히 알아보려면 다음 유튜브 동영상(*https://youtu.be/wG_nF1awSSY*)을 참조하세요.

7.3.2 확률적 경사 하강법

이제 확률적 경사 하강법을 수행하기 위해 연쇄 법칙을 통합할 준비가 되었습니다. 간단하게 작업하기 위해 반복할 때마다 하나의 훈련 레코드만 사용합니다. 배치와 미니배치 경사 하강법은 신경망과 딥러닝에서 일반적으로 사용되지만, 선형대수학과 미적분으로 구현하는 입장에서는 반복당 하나의 샘플만 처리해도 충분합니다.

[예제 7-11]은 역전파와 확률적 경사 하강법을 사용하는 신경망의 전체 구현입니다.

예제 7-11 확률적 경사 하강법을 사용해 신경망 구현하기

```
import numpy as np
import pandas as pd
from sklearn.model_selection import train_test_split

all_data = pd.read_csv("https://tinyurl.com/y2qmhfsr")

# 학습률은 솔루션에 얼마나 느리게 도착할지 제어합니다.
# 너무 작으면 시간이 오래 걸립니다.
# 너무 크면 솔루션을 지나치거나 놓칩니다.
L = 0.05
```

---

9 옮긴이_ 대표적인 신경망 라이브러리인 구글의 텐서플로(TensorFlow)와 메타의 파이토치(PyTorch)는 모두 자동 미분을 기반으로 역전파를 수행합니다.

```python
# 입력 열을 추출해 255로 나눕니다.
all_inputs = (all_data.iloc[:, 0:3].values / 255.0)
all_outputs = all_data.iloc[:, -1].values

# 훈련 데이터셋과 테스트 데이터셋으로 나눕니다.
X_train, X_test, Y_train, Y_test = train_test_split(all_inputs, all_outputs,
    test_size=1 / 3)
n = X_train.shape[0]

# 무작위로 초기화한 가중치와 편향으로 신경망을 만듭니다.
w_hidden = np.random.rand(3, 3)
w_output = np.random.rand(1, 3)

b_hidden = np.random.rand(3, 1)
b_output = np.random.rand(1, 1)

# 활성화 함수
relu = lambda x: np.maximum(x, 0)
logistic = lambda x: 1 / (1 + np.exp(-x))

# 입력을 신경망에 통과시키고 예측 출력을 얻습니다.
def forward_prop(X):
    Z1 = w_hidden @ X + b_hidden
    A1 = relu(Z1)
    Z2 = w_output @ A1 + b_output
    A2 = logistic(Z2)
    return Z1, A1, Z2, A2

# 활성화 함수의 도함수
d_relu = lambda x: x > 0
d_logistic = lambda x: np.exp(-x) / (1 + np.exp(-x)) ** 2

# 연쇄 법칙을 사용해 가중치와 편향의 그레이디언트를 반환합니다.
def backward_prop(Z1, A1, Z2, A2, X, Y):
    dC_dA2 = 2 * A2 - 2 * Y
    dA2_dZ2 = d_logistic(Z2)
    dZ2_dA1 = w_output
    dZ2_dW2 = A1
    dZ2_dB2 = 1
    dA1_dZ1 = d_relu(Z1)
    dZ1_dW1 = X
    dZ1_dB1 = 1

    dC_dW2 = dC_dA2 @ dA2_dZ2 @ dZ2_dW2.T
```

```
        dC_dB2 = dC_dA2 @ dA2_dZ2 * dZ2_dB2

        dC_dA1 = dC_dA2 @ dA2_dZ2 @ dZ2_dA1

        dC_dW1 = dC_dA1 @ dA1_dZ1 @ dZ1_dW1.T

        dC_dB1 = dC_dA1 @ dA1_dZ1 * dZ1_dB1

        return dC_dW1, dC_dB1, dC_dW2, dC_dB2

# 경사 하강법을 실행합니다.
for i in range(100_000):
    # 훈련 데이터에서 하나의 샘플을 무작위로 선택합니다.
    idx = np.random.choice(n, 1, replace=False)
    X_sample = X_train[idx].transpose()
    Y_sample = Y_train[idx]

    # 선택한 샘플을 신경망에 통과시킵니다.
    Z1, A1, Z2, A2 = forward_prop(X_sample)

    # 역전파를 통해 오차를 전파하고 가중치와 편향에 대한 그레이디언트를 얻습니다.
    dW1, dB1, dW2, dB2 = backward_prop(Z1, A1, Z2, A2, X_sample, Y_sample)

    # 가중치와 편향을 업데이트합니다.
    w_hidden -= L * dW1
    b_hidden -= L * dB1
    w_output -= L * dW2
    b_output -= L * dB2

# 정확도를 계산합니다.
test_predictions = forward_prop(X_test.transpose())[3]  # A2만 저장합니다.
test_comparisons = np.equal((test_predictions >= .5).flatten().astype(int), Y_test)
accuracy = sum(test_comparisons.astype(int) / X_test.shape[0])
print("ACCURACY: ", accuracy)
```

이 코드에는 많은 내용이 있지만, 전부 이번 장에서 배운 내용을 기반으로 세워진 코드입니다. 확률적 경사 하강법을 100,000회 반복합니다. 훈련 데이터와 테스트 데이터를 각각 2/3와 1/3로 나누면 무작위성 때문에 달라질 수 있지만, 테스트 데이터셋에서 약 97~99%의 정확도를 얻습니다. 즉, 훈련된 신경망은 테스트 데이터의 97~99%를 올바르게 식별하고 밝고 어두운 글꼴을 예측합니다.

여기서 핵심은 backward_prop() 함수입니다. 이 함수는 연쇄 법칙을 구현해 출력 노드의 오차(제곱 잔차)를 출력과 은닉 층의 가중치/편향에 거꾸로 전파하고 나누어 각 가중치/편향에 대한 그레이디언트를 얻습니다. 그런 다음 이 그레이디언트를 가지고 5장과 6장에서 한 것처럼 학습률 L을 곱해 for 루프 안에서 가중치/편향을 반복하며 수정합니다. 그레이디언트를 기반으로 오차를 뒤로 전파하기 위해 행렬–벡터 곱셈을 수행하고, 행과 열 사이의 차원이 일치해야 할 때 행렬과 벡터를 전치합니다.

신경망을 조금 더 대화형으로 만들고 싶다면 [예제 7–12]의 코드를 사용해 다양한 배경색을 입력하고(R, G, B 값을 통해) 밝은 글꼴 또는 어두운 글꼴을 예측하는지 확인할 수 있습니다. [예제 7–11] 코드의 하단에 이 코드를 추가해보세요.

예제 7-12 신경망에 대화형 셀 추가하기

```python
# 새로운 색깔 테스트하기
def predict_probability(r, g, b):
    X = np.array([[r, g, b]]).transpose() / 255
    Z1, A1, Z2, A2 = forward_prop(X)
    return A2

def predict_font_shade(r, g, b):
    output_values = predict_probability(r, g, b)
    if output_values > .5:
        return "DARK"
    else:
        return "LIGHT"

while True:
    col_input = input("밝은 글꼴과 어두운 글꼴을 예측합니다. R, G, B를 입력하세요: ")
    (r, g, b) = col_input.split(",")
    print(predict_font_shade(int(r), int(g), int(b)))
```

신경망을 처음부터 직접 구축하는 것은 많은 작업과 수학이 필요하지만, 신경망의 본질에 대한 통찰력을 얻을 수 있습니다. 층, 미적분, 선형대수학을 통해 작업함으로써 파이토치와 텐서플로 같은 딥러닝 라이브러리가 이면에서 어떤 일을 하는지 더 잘 이해할 수 있습니다.

이 장을 읽으면서 알 수 있듯이, 신경망이 작동하려면 많은 요소가 필요합니다. 코드의 여러 부분에 중단점breakpoint을 두면 각 행렬 연산의 결과를 확인하는 데 유용합니다. 또한 코드를 주피터 노트북으로 포팅해 시각화하면 각 단계를 잘 이해할 수 있습니다.

TIP **3Blue1Brown의 역전파**

3Blue1Brown의 유튜브에는 역전파(*https://youtu.be/Ilg3gGewQ5U*)와 신경망의 미적분(*https://youtu.be/tIeHLnjs5U8*)을 설명하는 동영상이 있습니다.

7.4 사이킷런 사용하기

사이킷런에는 제한적인 신경망 기능이 있습니다. 딥러닝을 진지하게 공부하고 싶다면 파이토치나 텐서플로를 공부하고, 강력한 GPU를 갖춘 컴퓨터를 구입하는 것이 좋습니다(항상 갖고 싶었던 게임용 컴퓨터를 구입할 수 있는 좋은 핑계가 될 수 있습니다!). 요즘은 파이토치를 많이 사용하는 듯합니다. 하지만 사이킷런에서는 '다층 퍼셉트론 분류기'의 약자인 MLPClassifier를 비롯한 몇 가지 편리한 모델을 사용할 수 있습니다. MLPClassifier는 분류를 위해 설계된 신경망으로, 기본적으로 출력에 로지스틱 활성화 함수를 사용합니다.

[예제 7-13]은 앞서 만든 배경색 분류 애플리케이션의 사이킷런 버전입니다. activation 매개변수는 은닉 층의 활성화 함수를 지정합니다.

예제 7-13 사이킷런의 신경망 분류기 사용하기

```
import pandas as pd
# 데이터 로드하기
from sklearn.model_selection import train_test_split
from sklearn.neural_network import MLPClassifier

df = pd.read_csv('https://bit.ly/3GsNzGt', delimiter=",")

# 입력 변수(마지막 열을 제외한 모든 열)를 추출하고 255로 나눕니다.
X = (df.values[:, :-1] / 255.0)

# 출력 열(마지막 열)을 추출합니다.
Y = df.values[:, -1]

# 훈련 데이터와 테스트 데이터를 나눕니다.
X_train, X_test, Y_train, Y_test = train_test_split(X, Y, test_size=1/3)

nn = MLPClassifier(solver='sgd',
                   hidden_layer_sizes=(3, ),
```

```
                    activation='relu',
                    max_iter=100_000,
                    learning_rate_init=.05)

nn.fit(X_train, Y_train)

# 가중치와 편향을 출력합니다.
print(nn.coefs_ )
print(nn.intercepts_)

print("훈련 세트 점수: %f" % nn.score(X_train, Y_train))
print("테스트 세트 점수: %f" % nn.score(X_test, Y_test))
```

이 코드를 실행하면 테스트 데이터에서 약 99.3%의 정확도를 얻습니다.

> **NOTE** **사이킷런을 사용한 MNIST 예제**
>
> MNIST 데이터셋을 사용해 손 글씨로 쓴 숫자를 예측하는 사이킷런의 예제는 부록 A.10절을 참조하세요.

7.5 신경망과 딥러닝의 한계

신경망은 여러 가지 강점에도 불구하고 특정 유형의 작업에는 어려움을 겪습니다. 층, 노드, 활성화 함수의 유연성 덕분에 비선형적인 방식으로 데이터에 유연하게 맞출 수 있지만, 어쩌면 너무 유연할 수도 있습니다. 왜 그럴까요? 데이터에 과도하게 맞출 수 있기 때문입니다. 딥러닝 교육의 선구자이자 전 구글 브레인의 책임자였던 앤드류 응은 2021년 기자 회견에서 이 문제를 언급했습니다. 왜 아직까지 머신러닝이 방사선과 의사를 대체하지 못했느냐는 질문에 대한 그의 대답이 IEEE 스펙트럼 기사(*https://oreil.ly/ljXsz*)에 실렸습니다.

> 스탠퍼드 병원에서 데이터를 수집해 훈련하고 테스트한 결과, 알고리즘이 특정 상태를 발견하는 데 있어 방사선과 의사와 비슷하다는 논문을 발표할 수 있었습니다.

> 하지만 동일한 모델, 동일한 인공지능 시스템을 구형 기계를 사용하고, 기술자가 약간 다른 이미지 프로토콜을 사용하는 오래된 병원으로 가져가면 데이터가 달라져 인공지능 시스템의 성능이 크게 저하되는 것으로 나타났습니다. 반면에 방사선과 의사는 길 건너편에 있는 오래된 병원으로 가서 진료해도 아무런 문제가 없습니다.

따라서 특정 데이터셋의 특정 시점에 이 모델이 작동한다는 것을 보여줄 수는 있지만, 임상 현실에서는 이러한 모델이 제품 단계에 도달하려면 여전히 많은 작업이 필요합니다.

즉, 머신러닝이 스탠퍼드 병원의 훈련 및 테스트 데이터셋에 과도하게 맞춰진 것입니다. 다른 기계가 있는 다른 병원으로 옮겨지면 과대적합으로 인해 성능이 크게 저하됩니다.

자율 주행 자동차에서도 동일한 문제가 발생합니다. 하나의 정지 표지판에 대해 신경망을 훈련하는 것만으로는 충분하지 않습니다. 맑은 날씨, 비가 오는 날씨, 낮과 밤, 낙서가 있는 경우, 나무에 가려진 경우, 다른 지역에 있는 경우 등 정지 표지판 주변의 수많은 조건 조합에 대해 훈련해야 합니다. 교통 시나리오에서는 다양한 유형의 차량, 보행자, 파티 의상을 입은 보행자 등 무한하게 많은 특이한 경우가 발생할 수 있습니다. 신경망에 더 많은 가중치와 편향을 추가하는 것만으로는 도로에서 발생하는 모든 유형의 이벤트를 효과적으로 포착할 수 없습니다.

그렇기 때문에 자율 주행 자동차 자체에서는 신경망을 엔드-투-엔드 방식으로 사용하지 않습니다. 대신 여러 소프트웨어와 센서 모듈로 분할합니다. 한 모듈이 신경망을 사용해 물체 주위에 경계 상자를 그리고, 다른 모듈이 다른 신경망을 사용해 해당 경계 상자 안의 객체(⑩ 보행자)를 분류합니다. 여기에서 기존의 규칙 기반 로직은 보행자의 경로를 예측하고, 하드코딩된 로직은 다양한 조건을 반영해 반응을 선택합니다. 머신러닝은 차량의 역학과 조종이 아닌 레이블을 만드는 역할로 제한됩니다. 또한 레이더와 같은 기본 센서는 차량 전방에 알 수 없는 물체가 감지되면 단순히 정지하도록 합니다. 이는 머신러닝이나 딥러닝을 사용하지 않는 기술 스택의 또 다른 부분이죠.

체스나 바둑과 같은 게임에서 신경망과 딥러닝이 인간을 이기고(*https://oreil.ly/9zFxM*), 심지어 전투 비행 시뮬레이션에서 파일럿을 이겼다는(*https://oreil.ly/hbdYI*) 언론의 헤드라인을 보면 놀랄 수 있습니다. 이런 강화 학습 환경에서 시뮬레이션은 무한한 양의 레이블링된 데이터를 생성하고 유한한 가상 세계를 통해 학습하는 **닫힌 세계**closed world라는 점을 기억해야 합니다. 하지만 현실 세계는 데이터를 무제한으로 생성할 수 있는 시뮬레이션이 아닙니다. 이 책은 철학 책이 아니므로 우리가 시뮬레이션 속에 살고 있는지 여부에 대한 논의는 넘어가겠습니다. 현실 세계에서 데이터를 수집하기란 비용도 많이 들고 실질적으로 어려운 일입니다. 게다가 현실 세계는 무한한 예측 불가능성과 희귀한 사건으로 가득 차 있습니다. 이러한 모든 요인으로 인해 머신러닝 실무자는 차량 및 기타 사진에 레이블을 붙이는 데이터 입력자에게 의존하게 됩니다(*https://oreil.ly/mhjvz*). 훈련 데이터를 생성하기 위해 필요한 주행 거리와 특이한 시나리오는 너무 방대하기 때문에 단순히 수백만 마일을 주행해 수집하기에는 한계가 있습니다. 따라서 자율 주행 자동차를 연구하는 스타트업은 이러한 종류의 데이터 입력 작업과 시뮬레이션 데이터를 함께 사용해야 하는 경우가 많습니다.

이러한 이유로 인공지능 연구에서 보드게임과 비디오 게임을 선호하는 이유는 무제한의 레이블링된 데이터를 쉽고 깔끔하게 생성할 수 있기 때문입니다. 텐서플로에서 사용하는 케라스^{Keras} 라이브러리를 개발한(그리고 훌륭한 책인 『케라스 창시자에게 배우는 딥러닝』(길벗, 2022)을 저술한) 구글의 저명한 엔지니어인 프랑소와 숄레$^{Francis\ Chollet}$는 더 버지$^{The\ Verge}$ 기사(*https://oreil.ly/4PDLf*)에서 이에 대한 인사이트를 공유했습니다.

> 문제는 한 가지 측정 기준을 선택하면, 그 기준에 맞춰 게임을 플레이하는 데 사용할 수 있는 모든 지름길을 택하게 된다는 것입니다. 예를 들어 체스를 두는 것을 지능의 척도로 설정하면(1970년대부터 1990년대까지 사용되었습니다) 체스를 두는 시스템으로 끝날 것입니다. 다른 용도로 사용할 수 있을 거라고 생각할 근거가 없습니다. 결국 트리 검색$^{tree\ search}$과 최소 극대화^{minimax}로 끝나는데, 이는 인간의 지능에 대해 아무것도 가르쳐주지 않습니다. 오늘날 〈도타〉나 〈스타크래프트〉와 같은 비디오 게임의 기술을 일반적인 지능의 대리물로 추구하면 똑같은 지능의 함정에 빠집니다. (중략)
>
> 제가 딥러닝을 사용해 초인적인 수준으로 〈워크래프트 III〉를 해결하려고 한다면, 충분한 엔지니어링 재능과 컴퓨팅 파워(이런 작업에는 수천만 달러가 소요됩니다)만 있다면 충분히 해내리라 확신합니다. 하지만 이 일을 해내고 나면 지능이나 일반화에 대해 무엇을 배울 수 있을까요? 글쎄요, 아무것도요. 기껏해야 딥러닝 확장에 대한 엔지니어링 지식을 쌓았을 뿐입니다. 그래서 저는 이 연구를 과학적 연구라고 생각하지 않습니다. 왜냐하면 우리가 이미 알지 못했던 것을 가르쳐주지 않기 때문입니다. 어떤 열린 질문에도 답하지 못합니다. "X를 초인적인 수준으로 플레이할 수 있을까?"라고 질문한다면 그 대답은 다음과 같습니다. "충분히 밀도 높은 훈련 상황 표본을 생성하고 이를 충분히 표현력 있는 딥러닝 모델에 공급할 수 있다면 가능합니다." 우리는 이미 오래전부터 이 사실을 알고 있었습니다.

즉, 게임에서의 알고리즘 성능과 아직 해결되지 않은 범용적인 능력을 혼동하지 않도록 주의해야 합니다. 머신러닝, 신경망, 딥러닝은 모두 좁게 정의된 문제에서만 작동합니다. 이들은 폭넓게 추론하거나 스스로 작업을 선택하거나 이전에 본 적이 없는 사물을 숙고할 수 없습니다. 다른 코딩된 애플리케이션과 마찬가지로 프로그래밍된 작업만 수행합니다.

도구가 어떤 것이든 문제 해결이 중요합니다. 신경망이나 다른 도구에 편중되어서는 안 됩니다. 이를 염두에 두면 신경망을 사용하는 것이 눈앞의 작업에 가장 적합한 옵션이 아닐 수도 있습니다. 특정 도구를 목표로 삼지 않고 해결해야 하는 문제를 고려하는 것이 중요합니다. 딥러닝 사용은 전략적이고 타당성이 있어야 합니다. 분명 사용 사례는 있지만, 대부분의 일상 업무에서는 선형 회귀, 로지스틱 회귀 또는 기존의 규칙 기반 시스템과 같이 더 단순한 모델을 사용하는 것이 성공적일 가능성이 높습니다. 하지만 이미지에서 객체를 분류해야 하고, 해당 데이터셋을 구축할 예산과 인력이 있다면 딥러닝이 최선의 선택일 것입니다.

인공지능의 겨울이 올까요?

신경망과 딥러닝이 유용할까요? 물론입니다! 그리고 확실히 배울 가치도 있습니다. 하지만 미디어, 정치인, 기술 분야의 유명 인사들은 딥러닝이 인간의 지능을 능가하지는 못하더라도 인간의 지능에 필적할 수 있고 심지어 세상을 지배할 수도 있는 인공 일반 지능으로 칭송합니다. 저는 소프트웨어 개발 커뮤니티의 권위 있는 인사들이 머신러닝으로 인해 몇 년 안에 프로그래머가 일자리를 잃게 될 것이며, 인공지능이 코드 작성을 대신하게 될 것이라고 말하는 강연에 참석한 적이 있습니다.

거의 10년이 지난 2022년에도 이런 일은 일어나지 않고 있습니다. 이러한 예측은 사실이 아니기 때문입니다.[10] 인공지능은 획기적인 발전보다 훨씬 더 많은 난관을 겪어왔고, 저는 여전히 직접 차를 운전하고 코드를 작성해야 합니다. 신경망은 인간의 뇌에서 느슨하게 영감을 받았지만 결코 인간의 뇌를 복제한 것은 아닙니다. 신경망의 기능은 〈터미네이터〉, 〈웨스트월드〉, 〈위험한 게임〉과 같은 영화에서 묘사한 수준의 근처에도 가지 못했습니다. 대신 신경망과 딥러닝은 수천 장의 이미지에 최적화한 후 강아지와 고양이 사진을 인식하는 것과 같은 특정 문제에만 한정적으로 작동합니다. 앞서 언급했듯이 스스로 추론하거나 작업을 선택할 수 없으며, 불확실성이나 이전에 본 적이 없는 사물을 고려할 수 없습니다. 신경망과 딥러닝은 프로그래밍된 작업만 수행합니다.

이러한 단절은 투자와 기대를 부풀려 결국 거품이 터지는 결과를 초래할 수 있습니다. 이는 환멸과 실망으로 인해 인공지능 연구에 대한 자금이 고갈되는 또 다른 '인공지능 겨울'을 가져올 수 있습니다. 북미, 유럽, 일본에서는 1960년대 이후 인공지능 겨울이 여러 차례 발생했습니다.

---

10 옮긴이_ 최근에는 대규모 언어 모델이 개발자의 코드 작성을 도와주어 생산성을 높일 수 있습니다.

또 다른 인공지능 겨울이 다가올 가능성이 높지만, 그렇다고 신경망과 딥러닝의 유용성이 사라지는 것은 아닙니다. 신경망과 딥러닝이 잘하는 문제인 컴퓨터 비전, 오디오, 자연어 및 기타 몇 가지 영역에서는 계속 활용될 것이며 새로운 활용법을 발견할 수 있을지도 모릅니다! 선형 회귀, 로지스틱 회귀, 기존의 규칙 기반 시스템, 신경망 등 가장 적합한 것을 사용하세요. 적합한 도구와 적합한 문제를 연결하는 단순함에는 훨씬 더 많은 힘이 있습니다.

7.6 마치며

신경망과 딥러닝은 몇 가지 흥미로운 응용 분야를 제공하며, 이 장에서는 그 표면만 살짝 살펴봤습니다. 이미지 인식부터 자연어 처리까지, 신경망과 다양한 딥러닝을 적용하는 사용 사례는 계속 늘어나고 있습니다.

처음부터 하나의 은닉 층으로 간단한 신경망을 구성해 배경색에 맞춰 밝은 글꼴을 사용할지 어두운 글꼴을 사용할지 예측하는 방법을 배웠습니다. 또한 고급 미적분 개념을 적용해 중첩 함수의 편도함수를 계산하고 이를 확률적 경사 하강법에 적용해 신경망을 훈련했습니다. 또한 사이킷런과 같은 라이브러리도 활용했습니다. 이 책에서 텐서플로, 파이토치, 고급 애플리케이션을 설명하지는 않지만, 지식을 넓힐 수 있는 훌륭한 자료가 많습니다.

3Blue1Brown은 신경망과 역전파에 관한 훌륭한 동영상 재생 목록(*https://oreil.ly/VjwBr*)을 제공하며, 여러 번 시청할 만한 가치가 있습니다. 신경망에 관한 조시 스타머의 StatQuest 재생 목록(*https://oreil.ly/YWnF2*)은 신경망을 매니폴드 조작으로 시각화하는 데 도움이 됩니다. 매니폴드 이론과 신경망에 관한 또 다른 훌륭한 동영상은 Art of the Problem(*https://youtu.be/e5xKayCB0eU*)에서 찾을 수 있습니다. 더 깊이 배울 준비가 되었다면 오렐리앙 제롱의 『핸즈온 머신러닝(3판)』(한빛미디어, 2023)과 프랑소와 숄레의 『케라스 창시자에게 배우는 딥러닝』(길벗, 2022)을 읽어보세요.[11]

이 장의 마지막까지 읽고 모든 내용을 충분히 익혔다면 축하합니다! 여러분은 확률, 통계, 미적분, 선형대수학을 효과적으로 학습했을 뿐만 아니라 선형 회귀, 로지스틱 회귀, 신경망과 같은

---

11 옮긴이_ 처음 머신러닝과 딥러닝을 공부할 때는 『혼자 공부하는 머신러닝+딥러닝』(한빛미디어, 2020)을 추천합니다.

실제 응용에도 적용해봤습니다. 다음 장에서는 어떻게 하면 다음 단계로 넘어가서 전문가로서 성장할 수 있는지 알아보겠습니다.

8장

경력 조언과 앞으로의 진로

이 책을 마무리하면서 앞으로 어디로 나아가야 할지 생각해봅시다. 미적분, 확률, 통계, 선형 대수학 등 응용 수학의 광범위한 주제를 배웠습니다. 그런 다음 이 기술을 선형 회귀, 로지스틱 회귀, 신경망 등 실제 애플리케이션에 적용했습니다. 이번 장에서는 데이터 과학 경력이라는 낯설고 흥미진진하며 기이할 정도로 다양한 환경을 탐색하면서 이 지식을 활용하는 방법을 설명합니다. 실제 문제를 고려하지 않고 도구와 기법을 암기하는 것이 아니라, 방향과 구체적인 목표를 세우는 것이 매우 중요합니다.

이 장에서는 기본 개념과 응용 방법에서 벗어나기 때문에 책의 나머지 부분과는 다른 톤으로 진행합니다. 여러분은 이 장을 통해 수학적 모델링 기술을 경력에 적용하는 방법을 확실히 배울 것입니다. 하지만 데이터 과학 경력에서 성공하려면 SQL 및 프로그래밍과 같은 몇 가지 하드 스킬hard skill과 전문적 감각을 개발하기 위한 소프트 스킬soft skill을 배워야 합니다. 특히 후자는 데이터 과학이라는 변화무쌍한 직업 분야에서 길을 잃지 않고 보이지 않는 시장의 힘에 휘둘리지 않기 위해 매우 중요합니다.

필자는 여러분의 경력 목표나 이 정보를 통해 달성하고자 하는 바를 모른다고 가정합니다. 하지만 이 책을 읽고 있으므로 최소한 다음과 같은 가정을 해볼 수 있겠네요. 여러분은 데이터 과학 경력에 관심이 있거나 데이터 분석 분야에서 일한 경험이 있고 분석 지식을 구체화하고 싶을 수 있습니다. 또는 소프트웨어 엔지니어링 배경을 가진 사람으로서 인공지능과 머신러닝을 이해하고 싶을 수도 있고요. 아니면 프로젝트 관리자로서 적절한 범위를 정하기 위해 데이터 과학 또는 인공지능 팀의 역량을 이해해야만 할 수도 있습니다. 수학이 학문적 차원이 아닌 실용적인 차원에서 어떻게 유용하게 사용할지 궁금해하는 호기심 많은 전문가일 수도 있습니다.

필자는 이 모든 그룹의 관심에 부응하기 위해 최선을 다해보겠습니다. 대부분의 독자에게 유용한 진로 조언이 되기를 바랍니다. 데이터 과학을 재정의하는 것부터 시작합니다. 데이터 과학을 객관적으로 공부했으므로 이제 경력 개발과 이 분야의 미래 측면에서 살펴봅니다.

> **✏️ NOTE 입증된 이야기인가요?**
>
> 3장에서 언급한 대규모의 통제된 설문 조사나 연구가 아닌, 필자의 경험(또는 다른 사람들의 경험)을 공유하는 진로 조언은 입증되지 않은 이야기처럼 들리기 쉽습니다. 하지만 필자는 포춘 500대 기업에서 10년 넘게 일하면서 데이터 과학이 조직에 가져온 변화를 목격했습니다. 전 세계의 많은 기술 콘퍼런스에서 연설하면서 수많은 동료들이 "우리에게도 이런 일이 일어났습니다!"라고 반응하는 것을 들었습니다. 〈월스트리트 저널〉부터 〈포브스〉에 이르기까지 많은 블로그와 권위 있는 출판물을 읽으며 대중의 기대와 현실 사이의 괴리를 인식하는 법을 배웠습니다. 특히 다양한 산업 분야의 킹메이커, 리더, 팔로워가 데이터 과학과 인공지능으로 시장을 만들거나 따라가는 방식에 주목하고 있습니다. 현재 저는 서던 캘리포니아 대학교University of Southern California의 항공 안전 및 보안 프로그램에서 안전이 매우 중요한 인공지능 애플리케이션을 담당하는 사람들을 가르치고 조언하고 있습니다.
>
> 공식적인 조사나 연구를 수행한 것은 아니며 개인적인 일화를 정리한 것일 수도 있지만, 이러한 모든 정보의 출처에서 꾸준히 발견한 이야기가 있습니다. 텀블러Tumblr의 유능한 머신러닝 엔지니어인 비키 보이키스Vicki Boykis가 필자와 비슷한 의견을 담은 블로그(https://oreil.ly/vm8Vp)를 작성했는데 꼭 읽어보길 권합니다. 필자의 이야기를 그대로 받아들여도 좋지만, 자신의 업무 환경에서 어떤 일이 일어나고 있는지 세심한 주의를 기울이고 경영진과 동료들이 받아들이고 있는 가정을 확인하세요.

8.1 데이터 과학의 재정의

데이터 과학은 실행 가능한 통찰을 얻기 위해 데이터를 분석하는 것입니다. 실제로는 통계, 데이터 분석, 데이터 시각화, 머신러닝, 운영 연구, 소프트웨어 엔지니어링 등 다양한 데이터 관련 학문이 데이터 과학 하나로 통합되었습니다. 데이터를 다루는 거의 모든 학문이 데이터 과학으로 분류될 수 있습니다. 하지만 데이터 과학에 대한 명확한 정의가 없다는 것은 이 분야에서 지속적으로 문제가 되었습니다. 결국, 정의가 부족한 모든 것은 추상 예술 작품처럼 해석의 여지가 넓기 때문입니다. 인사 부서가 여기저기서 올라오는 데이터 과학자 채용 공고로 어려움을 겪는 이유입니다(https://oreil.ly/NHnbu). [그림 8-1]은 다양한 분야와 도구를 포괄하는 데이터 과학 우산입니다.

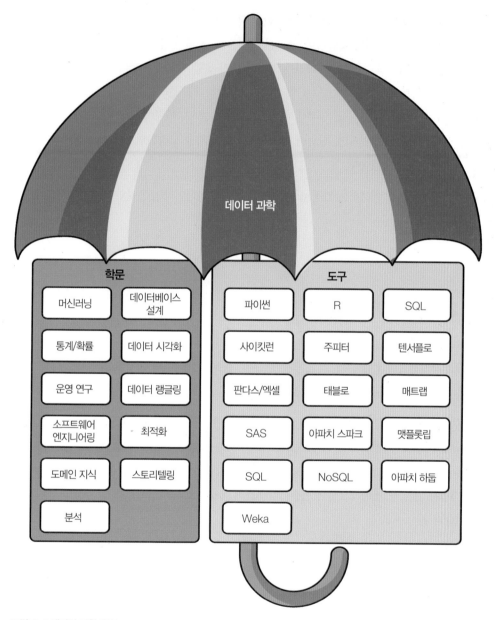

데이터 과학

학문

머신러닝	데이터베이스 설계
통계/확률	데이터 시각화
운영 연구	데이터 랭글링
소프트웨어 엔지니어링	최적화
도메인 지식	스토리텔링
분석	

도구

파이썬	R	SQL
사이킷런	주피터	텐서플로
판다스/엑셀	태블로	매트랩
SAS	아파치 스파크	맷플롯립
SQL	NoSQL	아파치 하둡
Weka		

그림 8-1 데이터 과학 우산

데이터 과학이 어떻게 여기까지 왔을까요? 그리고 이처럼 정의가 부족한 데이터 과학이 어떻게 기업 세계의 강력한 힘이 된 걸까요? 가장 중요한 것은, 데이터 과학의 정의(또는 정의의 부재)가 경력에 어떤 영향을 미칠까요? 이 장에서는 이 모든 중요한 질문에 대해 이야기합니다.

따라서 필자는 고객들에게 데이터 과학에 대한 더 나은 정의는 통계, 머신러닝, 최적화에 능숙한 소프트웨어 공학이라고 말합니다. 소프트웨어 공학, 통계, 머신러닝, 최적화, 이 네 가지 분야 중 하나라도 빠지면 데이터 과학자는 성과를 내지 못할 위험에 처합니다. 대부분의 조직은 데이터 과학자를 효과적으로 만드는 기술 집합을 명확하게 구분하는 데 어려움을 겪습니다. 하지만 정의는 명확해야 합니다. 일부에서는 소프트웨어 엔지니어링이 논란의 여지가 있는 요구사항이라고 생각할 수 있지만, 산업이 나아가고 있는 방향을 고려하면 매우 필요합니다. 이 점은 나중에 다시 살펴봅니다.

먼저 데이터 과학을 이해하는 가장 좋은 방법은 데이터 과학이라는 용어의 역사를 추적하는 것입니다.

8.2 데이터 과학의 간략한 역사

데이터 과학의 기원은 17세기 또는 심지어 8세기까지 거슬러 올라갑니다. 간략하게 1990년대부터 시작하겠습니다. 분석가, 통계학자, 연구원, 퀀트^{quant}, 데이터 엔지니어는 서로 다른 역할을 수행했습니다. 도구 스택은 종종 스프레드시트, R, 매트랩, SAS, SQL로 구성되었습니다.

물론 2000년 이후 상황은 급변했습니다. 인터넷과 연결된 기기가 엄청난 양의 데이터를 생성하기 시작했죠. 하둡^{Hadoop}의 시작과 함께 구글은 분석 및 데이터 수집을 상상할 수 없는 수준으로 끌어올렸습니다. 2010년이 다가오자 구글의 경영진은 통계학자가 향후 10년 내에 매력적인 직업을 갖게 될 것이라고 주장했습니다(https://oreil.ly/AZgfM). 이는 일종의 선견지명이었습니다.

2012년, 하버드 비즈니스 리뷰는 데이터 과학이라는 개념을 주류화하며 데이터 과학을 '21세기의 가장 매력적인 직업'이라고 선언했습니다(https://oreil.ly/XYbrf). 하버드 비즈니스 리뷰의 기사 이후, 많은 기업과 직원들이 데이터 과학의 공백을 메우기 위해 경쟁적으로 뛰어들었습니다. 경영 컨설턴트들은 포춘 500대 기업의 리더들에게 데이터 과학을 조직에 도입하는 방법을 교육했습니다. SQL 개발자, 분석가, 연구원, 퀀트, 통계학자, 엔지니어, 물리학자를 포함한 기타 수많은 전문가가 스스로를 '데이터 과학자'로 브랜드화했습니다. '분석가', '통계학자', '연구원'과 같은 전통적인 직책이 시대에 뒤떨어진다고 느낀 기술 기업들은 '데이터 과학자'

로 직책의 이름을 바꿨습니다.

당연히 포춘 500대 기업의 관리 부서는 최고 경영진으로부터 데이터 과학을 도입하라는 압력을 받았습니다. 수많은 데이터를 수집하고 있기 때문에 빅 데이터가 트렌드가 되었으며, 데이터에서 인사이트를 얻기 위해 데이터 과학자가 필요하다는 것이 초기 추론의 근거였습니다. 이 무렵 **데이터 주도**^{data-driven}라는 단어는 산업 전반에 걸쳐 격언이 되었습니다. 기업 세계에서는 데이터는 사람과 달리 객관적이고 편견이 없다고 믿었습니다.

> **TIP** **기억하세요. 데이터는 객관적이지 않고 편향이 있습니다!**
> 오늘날까지도 많은 전문가와 관리자는 데이터가 객관적이고 편향이 없다고 생각하는 오류에 빠져 있습니다. 이 책을 읽고 나면 이것이 사실이 아니라는 것을 알 수 있기를 바라며, 그 이유에 대해서는 3장을 참조하세요.

전문 딥러닝 박사 학위자를 놓고 FAANG(페이스북(현 메타), 아마존, 애플, 넷플릭스, 구글)과 경쟁할 수 없지만, 여전히 데이터 과학 상자를 채워야 한다는 압박을 받는 기업의 경영진과 HR은 흥미로운 움직임을 보였습니다. 기존 분석가, SQL 개발자, 엑셀 전문가로 구성된 팀을 '데이터 과학자'로 이름을 바꿨습니다. 구글의 최고 의사 결정 과학자인 캐시 코지르코프^{Cassie Kozyrkov}는 2018년 해커눈^{Hackernoon}의 블로그 기사(*https://oreil.ly/qNl53*)에서 이 비밀을 공개했습니다.

> 인사부에서 직원 데이터베이스를 약간 변경하면서 직책을 '데이터 과학자'로 바꾸기 전에, 저는 실제로 다른 이름으로 그 일을 하고 있었습니다. 제 업무는 조금도 달라지지 않았습니다. 저뿐만이 아닙니다. 전직 통계학자, 의사 결정 지원 엔지니어, 정량적 분석가, 수학과 교수, 빅 데이터 전문가, 비즈니스 인텔리전스 전문가, 분석 책임자, 연구 과학자, 소프트웨어 엔지니어, 엑셀 전문가, 여러 박사 학위 취득자 등 제 주변에 있는 모두가 오늘날 자랑스러운 데이터 과학자들입니다.

데이터 과학은 기술적으로 이러한 전문가를 배제하지 않습니다. 왜냐하면 이들은 모두 데이터를 사용해 통찰을 끌어내기 때문입니다. 물론 데이터 과학을 실제 과학으로 인정하는 것을 꺼려하는 과학계의 반발도 있었습니다. 하지만 데이터를 사용하지 않는 과학을 생각할 수 있을까요? 2011년에 (현재 구글에서 텐서플로 팀의 리더로 일하고 있는) 피터 워든^{Pete Warden}은 오라일리 기사(*https://oreil.ly/HXgvI*)에서 데이터 과학 운동을 흥미롭게 변호했습니다. 그는 또한 정의의 부재에 대한 반대자들의 주장도 명쾌하게 정리했습니다.

> 데이터 과학에 대한 정의가 부족하다는 점은 아마도 가장 심도 있는 반대 의견이자 가장 첨예한 문

제일 것입니다. 데이터 과학의 범위 안과 밖에 무엇이 포함되는지 널리 인정되는 경계는 없습니다. 데이터 과학은 단지 유행에 따라 통계를 리브랜딩한 것일까요? 그렇게 생각하지 않지만, 저도 완전한 정의를 내리지 못했습니다. 최근에 데이터가 풍부해지면서 세상에 새로운 무언가가 촉발되었다고 생각합니다. 주변을 둘러보면 전통적인 범주에 속하지 않는 공통된 특성을 가진 사람들을 볼 수 있습니다. 이러한 사람들은 기업 및 기관에 만연한 좁게 정의된 전문 분야를 넘어 데이터를 찾고, 대규모로 처리하고, 시각화하고, 이야기를 작성하는 등 모든 일을 처리합니다. 또한 이들은 문제를 먼저 선택한 다음 이를 밝힐 데이터를 찾는 전통적인 과학자의 접근 방식이 아니라, 데이터를 통해 무엇을 알 수 있는지 살펴본 다음 흥미로운 실마리를 찾는 것 같습니다.

아이러니하게도 피트도 데이터 과학에 대한 정의를 내리지 못했습니다. 하지만 데이터 과학의 정의에는 결함이 있지만, 유용한 이유에 대해서는 분명하게 설명했습니다. 또한 3장에서 이야기한 과학적 방법 대신 한때 무시했던 데이터 마이닝과 같은 기법이 활발해지는 연구 경향을 지적했습니다.

데이터 과학은 하버드 비즈니스 리뷰 기사 이후 불과 몇 년 만에 흥미로운 전환점을 맞이했습니다. 어쩌면 전환이라기보다는 인공지능 및 머신러닝과의 합병에 가까웠을지도 모릅니다. 어쨌든 2014년경 머신러닝과 딥러닝이 헤드라인을 장식했을 때 데이터는 인공지능을 만드는 '연료'로 홍보되었습니다. 이는 자연스럽게 데이터 과학의 범위를 확장하고 인공지능/머신러닝 운동과 융합하는 계기를 만들었습니다. 특히 이미지넷 대회는 인공지능에 대한 관심을 다시 불러일으키고 머신러닝과 딥러닝의 르네상스를 가져왔습니다. 웨이모^{Waymo}와 테슬라^{Tesla} 같은 기업은 딥러닝의 발전 덕분에 몇 년 안에 자율 주행 자동차를 출시할 수 있을 것이라고 약속했고, 언론의 대대적인 홍보 덕분에 부트캠프 가입을 더욱 촉진시켰습니다.

신경망과 딥러닝에 대한 갑작스러운 관심은 흥미로운 부수 효과를 만들었습니다. 결정 트리 decision tree, 서포트 벡터 머신support vector machine, 로지스틱 회귀와 같은 머신러닝 기법은 수십 년 동안 학계와 통계 전문가들의 전유물이었지만 딥러닝의 바람을 타고 대중의 주목을 받게 되었습니다. 동시에 사이킷런과 같은 라이브러리는 이 분야에 대한 진입 장벽을 낮췄습니다. 이로 인해 이러한 라이브러리나 모델이 어떻게 작동하는지 이해하지 못하지만, 어쨌든 이를 사용하는 데이터 과학 전문가가 양성되는 일이 발생했습니다.

데이터 과학 분야는 데이터 과학을 정의해야 할 필요성보다 더 빠르게 발전해왔기 때문에, 데이터 과학자라는 직책이 완전히 와일드카드가 되는 경우도 드물지 않습니다. 저는 포춘 500대

기업에서 데이터 과학자 직함을 가진 여러 사람을 만났습니다. 그중에는 코딩에 능숙하고 소프트웨어 엔지니어링 배경을 가지고 있지만, 통계적 유의성이 무엇인지 전혀 모르는 사람도 있었습니다. 또 다른 사람은 엑셀에 갇혀서 SQL을 거의 알지 못했습니다. 파이썬이나 R은 말할 것도 없습니다. 사이킷런으로 몇 가지 기능을 스스로 배웠지만, 그것이 자신이 아는 전부여서 금방 허둥대는 데이터 과학자들도 만났습니다.

그렇다면 이 현상이 여러분에게 어떤 걸 의미할까요? 이렇게 유행이 난무하고 혼란스러운 환경에서 어떻게 성공할 수 있을까요? 그 답은 어떤 유형의 문제나 산업에 관심이 있는지, 그리고 고용주가 정의한 역할에 성급하게 의존하지 않는지에 달려 있습니다. 데이터 과학을 하기 위해 데이터 과학자가 될 필요는 없습니다. 지금 가지고 있는 지식을 바탕으로 여러분이 유리하게 일할 수 있는 분야는 매우 다양합니다. 분석가, 연구원, 머신러닝 엔지니어, 어드바이저(고문), 컨설턴트 등 반드시 데이터 과학자라고 부르지 않아도 무수히 많은 역할을 할 수 있습니다.

하지만 먼저, 데이터 과학 구직 시장에서 계속해서 배우고 우위를 점할 수 있는 몇 가지 방법을 알아보겠습니다.

8.3 나만의 강점 찾기

실질적인 데이터 과학 전문가로 성공하려면 통계와 머신러닝에 대한 이해 이상이 필요합니다. 대부분의 경우, 머신러닝과 기타 프로젝트에서 데이터를 쉽게 사용할 수 있기를 기대하는 것은 무리입니다. 대신 데이터 원본, 엔지니어링 스크립트와 소프트웨어를 쫓아다니고, 문서를 스크랩하고, 엑셀 통합 문서를 스크랩하고, 심지어 자체 데이터베이스를 만들어야 합니다. 코딩 작업의 95% 이상은 머신러닝이나 통계 모델링과 전혀 관련이 없으며, 오히려 데이터를 생성, 이동, 변환해 사용할 수 있도록 하는 작업입니다.

또한 조직의 큰 그림과 역학 관계에 대해서도 알고 있어야 합니다. 관리자는 여러분의 역할을 가정하고, 이러한 가정을 파악해 자신에게 어떤 영향을 미치는지 인식하는 것이 중요합니다. 업계의 전문 지식은 고객과 경영진에게 의존하되, 여러분은 기술 지식을 제공하고 실현 가능한 것을 명확히 설명하는 역할을 해야 합니다. 여러분에게 필요한 몇 가지 하드 스킬과 소프트 스킬을 살펴봅시다.

8.3.1 SQL 숙련도

SQL은 테이블 데이터를 검색, 변환 및 작성하기 위한 쿼리^{query} 언어입니다. 관계형 데이터베이스는 데이터를 구성하는 가장 일반적인 방법으로, 엑셀의 VLOOKUP과 같이 서로 연결된 테이블에 데이터를 저장합니다. MySQL, 마이크로소프트 SQL 서버, 오라클, SQLite, PostgreSQL과 같은 관계형 데이터베이스 플랫폼은 SQL을 지원합니다. SQL과 관계형 데이터베이스는 매우 밀접하게 연결되며 'MySQL', '마이크로소프트 SQL 서버'와 같이 관계형 데이터베이스의 이름에 'SQL'을 자주 사용합니다.

[예제 8-1]은 CUSTOMER 테이블에서 STATE가 'TX'인 레코드의 CUSTOMER_ID와 NAME 필드를 검색하는 간단한 SQL 쿼리입니다.

예제 8-1 간단한 SQL 쿼리

```
SELECT CUSTOMER_ID, NAME
FROM CUSTOMER
WHERE STATE = 'TX'
```

간단히 말해 SQL에 능숙하지 않으면 데이터 과학 전문가로서 성공하기 어렵습니다. 기업은 데이터 웨어하우스^{data warehouse}를 사용하며, 거의 항상 데이터를 검색하는 수단으로 SQL을 사용합니다. SELECT, WHERE, GROUP BY, ORDER BY, CASE, INNER JOIN, LEFT JOIN은 모두 익숙한 SQL 키워드입니다. 데이터를 최대한 활용하려면 서브쿼리^{subquery}, 파생 테이블^{derived table}, 일반적인 테이블 표현식과 윈도 함수^{window function}를 알고 있으면 더욱 좋습니다.

> **TIP 필자가 SQL 책을 출간했습니다!**
> 필자는 오라일리에서 초급자용 SQL 책인 『Getting Started with SQL』(오라일리, 2016)(*https://oreil.ly/K2Na9*)을 집필했습니다. 131페이지라 하루 만에 읽을 수 있는 분량입니다. 이 책에서는 조인^{join} 및 집계^{aggregation}는 물론 자신만의 데이터베이스 만들기 등 필수적인 내용을 다룹니다. 또한 1분 이내에 실습을 시작할 수 있는 SQLite를 사용합니다.
> 오라일리의 다른 훌륭한 SQL 책으로는 앨런 볼리외^{Alan Beaulieu}가 집필한 『러닝 SQL』(한빛미디어, 2021)과 앨리스 자오^{Alice Zhao}가 집필한 『SQL Pocket Guide』(오라일리, 2021)가 있습니다. 필자의 131페이지 분량 입문서를 빠르게 읽은 후에는 이 두 권의 책도 확인해보세요.

SQL은 파이썬이나 다른 프로그래밍 언어가 데이터베이스와 쉽게 대화하는 데에도 매우 중요합니다. 파이썬에서 SQL 쿼리를 데이터베이스로 보내면 판다스 데이터프레임, 파이썬 컬렉션 또는 기타 구조로 데이터를 가져올 수 있습니다.

[예제 8-2]는 SQLAlchemy 라이브러리를 사용해 파이썬에서 실행되는 간단한 SQL 쿼리입니다. 이 쿼리는 레코드를 네임드 튜플$^{named\ tuple}$로 반환합니다. 이 코드를 테스트하려면 SQLite 데이터베이스 파일(*https://bit.ly/3F8heTS*)을 다운로드해 파이썬 프로젝트에 배치하고 `pip install sqlalchemy`를 실행하면 됩니다.

예제 8-2 SQLAlchemy를 사용해 파이썬 내에서 SQL 쿼리 실행하기

```
from sqlalchemy import create_engine, text

engine = create_engine('sqlite:///thunderbird_manufacturing.db')
conn = engine.connect()

stmt = text("SELECT * FROM CUSTOMER")
results = conn.execute(stmt)

for customer in results:
    print(customer)
```

판다스와 NoSQL은 어떤가요?

NoSQL이나 판다스와 같은 SQL의 대안에 관한 질문을 자주 받습니다. 이들은 실제로 대안이 아니며 데이터 과학 툴체인^{toolchain}의 다른 도구입니다. 판다스를 예로 들어보겠습니다. [예제 8-3]에서는 **CUSTOMER** 테이블에서 모든 레코드를 가져오는 SQL 쿼리를 사용해 판다스 데이터프레임에 데이터를 넣습니다.

예제 8-3 SQL 쿼리를 판다스 데이터프레임으로 가져오기

```
from sqlalchemy import create_engine, text
import pandas as pd

engine = create_engine('sqlite:///thunderbird_manufacturing.db')
conn = engine.connect()

df = pd.read_sql("SELECT * FROM CUSTOMER", conn)
print(df) # SQL 결과를 데이터프레임으로 출력합니다.
```

여기서 SQL을 사용해 관계형 데이터베이스와 파이썬 환경 사이의 간극을 메우고 데이터를 판다스 데이터프레임에 로드했습니다. SQL이 처리할 수 있는 계산이 있다면, 판다스를 사용해 로컬 컴퓨터에서 수행하는 것보다 SQL을 사용해 데이터베이스 서버에서 수행하는 것이 더 효율적입니다. 간단히 말해, 판다스와 SQL은 함께 작동할 수 있으며 경쟁하는 기술이 아닙니다.

카우치베이스^{Couchbase}나 몽고DB^{MongoDB}와 같은 NoSQL도 마찬가지입니다. 일부 독자는 제 의견에 동의하지 않고 타당한 다른 주장을 할 수도 있지만, 필자는 NoSQL과 SQL을 비교하는 것은 사과와 오렌지를 비교하는 것과 같다고 생각합니다. 둘 다 데이터를 저장하고 쿼리 기능을 제공하지만 그렇다고 해서 경쟁 관계에 있다고 생각하지 않습니다. 사용 사례에 따라 서로 다른 특성을 가지고 있습니다. NoSQL은 'SQL뿐만 아니라'라는 뜻으로, 사진이나 자유 형식의 텍스트 문서와 같은 비정형 데이터를 저장하는 데 적합합니다. SQL은 정형 데이터를 저장하는 데 적합합니다. SQL은 NoSQL보다 더 적극적으로 데이터 무결성을 유지하지만, 컴퓨팅 오버헤드와 확장성이 떨어지는 단점이 있습니다.

데이터의 공용어, SQL

2015년에는 많은 사람이 NoSQL과 아파치 스파크 같은 분산 데이터 처리 기술이 SQL과 관계형 데이터베이스를 대체할 것이라고 예상했습니다. 아이러니하게도 SQL은 데이터를 사용하는 사람들에게 매우 중요한 것으로 입증되었고, 그 수요로 인해 이런 플랫폼에도 SQL 계층이 추가되었습니다. 이러한 계층화 기술에는 프레스토^{Presto}(『Learning and Operating Presto』 (오라일리, 2023)), 빅쿼리^{BigQuery}(『구글 빅쿼리 완벽 가이드』(책만, 2020)), 아파치 스파크 SQL(『러닝 스파크』(제이펍, 2022)) 등이 있습니다. 대부분의 데이터 문제는 빅 데이터에 관련된 문제가 아닙니다. 또한 데이터를 쿼리하는 데 있어 SQL만큼 효과적인 것도 없습니다. 따라서 SQL은 계속해서 번창했고, 데이터 세계의 공용어로서 그 자리를 유지해왔습니다.

NoSQL과 빅 데이터 플랫폼의 홍보는 은총알 신드롬에 대한 교훈이 될 수 있습니다. 2015년, 젯브레인^{JetBrains}의 하디 하리리^{Hadi Hariri}가 이 주제에 대해 했던 강연(*https://oreil.ly/hPEIF*) 은 시청할 만한 가치가 있습니다.

8.3.2 프로그래밍 숙련도

일반적으로 많은 데이터 과학자는 코딩에 능숙하지 않습니다. 적어도 소프트웨어 엔지니어 수준은 아닙니다. 하지만 코딩의 중요성은 점점 더 커지고 있으며 우위를 점할 수 있는 기회를 제공합니다. 객체 지향 프로그래밍, 함수형 프로그래밍, 단위 테스트, 버전 관리(🔟 깃^{Git}, 깃허브), 빅 오$^{Big-O}$ 알고리즘 분석, 암호화 및 기타 관련 컴퓨터 과학 개념과 프로그래밍 언어 기능을 배워보세요.

그 이유는 다음과 같습니다. 주어진 표본 데이터를 기반으로 로지스틱 회귀 또는 신경망과 같은 머신러닝 모델을 만들었다고 가정해봅시다. 그다음 IT 부서의 사내 프로그래머에게 기존 소프트웨어에 추가해 달라고 요청합니다.

그들은 여러분의 프로그램을 조심스럽게 바라보며 "파이썬이 아니라 자바로 다시 작성해야 합니다"라고 말합니다. "단위 테스트는 어디 있죠?" 다른 사람이 묻습니다. "클래스 정의나 타입이 하나도 없나요? 이 코드를 객체 지향으로 리엔지니어링^{reengineering}해야 합니다." 게다가 그들은 모델의 수학을 이해하지 못하기 때문에 이전에 본 적 없는 데이터에서 모델이 잘못 작동할까 걱정할 수밖에 없습니다. 머신러닝에서는 종종 단위 테스트를 정의하지 않기 때문에 모델의 품질을 검증하는 방법에 의문을 가집니다. 또한 두 가지 버전의 코드(파이썬과 자바)를 어떻게 관리할 것인지 묻습니다.

여러분은 능력 밖의 질문이라 느끼며 "왜 파이썬 스크립트를 그냥 추가하면 안 되는지 모르겠어요"라고 말합니다. 그들 중 한 명이 잠시 생각에 잠기더니 다음과 같이 대답합니다. "플라스크^{Flask}로 웹 서비스를 만들면 자바로 다시 작성할 필요가 없습니다. 하지만 여전히 우려해야 할 부분은 존재합니다. 확장성과 웹 서비스로 인한 높은 트래픽을 걱정해야 합니다. 잠깐만요... 가상 머신으로 마이크로소프트 애저$^{Microsoft\ Azure}$ 클라우드에 배포할 수는 있지만 여전히 백엔드를 설계해야 합니다. 어떤 방식으로 접근하든 리엔지니어링해야 합니다."

이것이 바로 많은 데이터 과학자의 작업이 노트북을 떠나지 못하는 이유입니다. 사실, 머신러닝을 제품 환경에 적용하는 것은 매우 어려운 일이며 최근 몇 년 동안 크게 화제가 되었습니다. 데이터 과학자와 소프트웨어 엔지니어 사이에는 엄청난 격차가 존재하기 때문에, 자연스럽게 데이터 과학 전문가가 소프트웨어 엔지니어가 되어야 한다는 압박이 있습니다.

데이터 과학은 이미 많은 분야와 요구 사항으로 인해 그 범위가 과부하 상태이므로 부담스럽게 들릴 수 있습니다. 하지만 그렇다고 해서 자바를 배워야 한다는 뜻은 아닙니다. 파이썬(또는 선호하는 다른 언어)으로도 효과적인 소프트웨어 엔지니어가 될 수 있지만, 능숙하게 다룰 수 있어야 합니다. 객체 지향 프로그래밍, 데이터 구조, 함수형 프로그래밍, 동시성과 기타 디자인 패턴을 배우세요. 파이썬에 대한 이러한 주제를 다루는 좋은 책으로는 루시아누 하말류[Luciano Ramalho]의 『전문가를 위한 파이썬』(한빛미디어, 2016)과 알 스웨이가트[Al Sweigart]의 『클린 코드 이제는 파이썬이다』(책만, 2022)를 추천합니다.

데이터 과학 고퍼스

2016년, 대니얼 화이트낵[Daniel Whitenack]은 오라일리의 기사 '데이터 과학 고퍼스[Gophers] (*https://oreil.ly/j4z4F*)'를 통해 데이터 과학을 위한 고[Go] 프로그래밍 언어의 장점을 홍보했습니다. 주목할 만한 점은 데이터 과학 모델을 제품 환경에 적용하는 문제가 주류가 되기 훨씬 전에 이를 강조했다는 것입니다.

그런 다음 데이터베이스 API, 웹 서비스(『플라스크 웹 개발』(비제이퍼블릭, 2016)), JSON 파싱[parsing](『Introduction to JavaScript Object Notation』(오라일리, 2015)), 정규식(『An Introduction to Regular Expressions』(오라일리, 2019)), 웹 스크래핑(『파이썬으로 웹 크롤러 만들기』(한빛미디어, 2019)), 보안 및 암호화(『암호 해킹으로 배우는 파이썬의 기초』(에이콘출판, 2019)), 클라우드 컴퓨팅(아마존 웹 서비스[Amazon Web Services], 마이크로소프트 애저) 등 실전 문제를 해결하고 시스템 구축의 생산성을 높이는 데 도움이 되는 기술을 배우세요.

앞서 언급했듯이 마스터하는 프로그래밍 언어가 반드시 파이썬일 필요는 없습니다. 다른 언어일 수도 있지만, 보편적으로 사용하고 취업이 가능한 언어를 권장합니다. 이 글을 쓰는 시점에 취업 가능성이 높은 언어로는 파이썬, R, 자바, C#, C++ 등이 있습니다. 스위프트[Swift]와 코틀린[Kotlin]은 애플과 안드로이드 기기에서 지배적인 위치를 차지하고 있으며, 두 언어 모두 훌륭하고 잘 지원되는 언어입니다. 이러한 언어 중 다수가 데이터 과학을 위한 주류는 아니지만, 더 많은 것을 접하기 위해 파이썬 외에 다른 언어를 하나 이상 배우는 것이 도움됩니다.

주피터 노트북은 어떤가요?

데이터 과학자들은 종종 잘못된 코드 작성으로 인해 나쁜 평판을 받곤 합니다. 그 이유에는 여러 가지가 있겠지만, 한 가지 가능한 원인은 주피터 노트북[Jupyter Notebook]에서 권장하는 워크플로 때문일 수 있습니다.

이 책 전체에서 왜 주피터 노트북을 사용하지 않았는지(또는 권장하지 않았는지) 궁금할 것입니다. 주피터 노트북은 데이터 과학 코드를 작성하는 데 널리 사용되는 플랫폼입니다. 노트, 실행 가능한 코드 조각, 콘솔/차트 출력을 한 곳에 배치할 수 있는 방식입니다. 데이터로 이야기를 전달하는 편리한 방법을 제공하는 유용한 도구입니다.

고용주가 주피터 노트북을 요구하지 않는 한, 데이터 과학 작업을 수행하는 데 주피터 노트북이 필수 요건은 아닙니다. 이 책에서 다룬 모든 작업은 주피터 노트북 없이 일반 파이썬으로 수행했습니다. 독자에게 추가 도구 설정에 대한 부담을 주고 싶지 않았기 때문에 일부러 이렇게 했습니다. 관습에 어긋날 수도 있지만, 주피터 노트북을 사용하지 않고도 좋은 경력을 쌓을 수 있습니다.

주피터 노트북은 나쁜 프로그래밍 습관을 조장합니다. 주피터 노트북은 모듈성보다는 선형성을 강조하는 워크플로를 장려하므로 재사용 가능한 코드를 작성하는 데 도움이 되지 않습니다. 재사용성은 소프트웨어 프로그래밍의 가장 기본적인 목표입니다. 게다가 코드 조각이 포함된 주피터 노트북 셀은 임의의 순서로 실행하거나 여러 번 재실행할 수 있습니다. 조심하지 않으면 혼란스러운 상태와 버그가 발생합니다. 눈에 띄는 오류가 발생하면 다행입니다. 최악의 경우 눈에 띄지 않게 잘못 계산될 수 있습니다. 특히 초보자라면 이러한 기술적 함정이 분명하지 않기 때문에 파이썬을 배우는 데 좋지 않습니다. 또한 어떤 결과를 발견하고 발표했는데, 그 결과가 버그로 인한 결과여서 사실이 아닌 경우도 있습니다.

필자가 주피터 노트북을 사용하지 말라고 주장하는 것이 아닙니다. 주피터 노트북이 여러분과 여러분의 직장을 행복하게 해준다면 꼭 사용하세요! 하지만 주피터 노트북에 의존하지 않길 바랍니다. 『밑바닥부터 시작하는 데이터 과학』(인사이트, 2020)의 저자 조엘 그루스[Joel Grus]가 바로 이 주제에 대해 JupyterCon에서 강연한 내용을 여기(*https://oreil.ly/V00bQ*)에서 볼 수 있습니다.

> **⚠ CAUTION**   **앵커링 편향과 첫 번째 프로그래밍 언어**
>
> 기술 전문가가 기술과 플랫폼, 특히 프로그래밍 언어에 편향되어 감정적으로 몰입하는 상황은 꽤 흔하게 일어납니다. 제발 이러지 마세요! 이런 종류의 부족주의는 생산적이지 않으며 모든 프로그래밍 언어가 서로 다른 특성과 사용 사례에 부합한다는 현실을 무시합니다. 또 언어 설계의 장점과는 무관한 이유로 어떤 프로그래밍 언어가 인기를 끄는 반면 어떤 프로그래밍 언어는 그렇지 않습니다. 대기업이 지원하지 않는다면 이런 언어는 생존 가능성이 희박합니다.

3장에서 다양한 유형의 인지 편향에 대해 이야기했습니다. 또 다른 인지 편향은 프로그래밍 언어와 같이 처음 배우는 것에 편향될 수 있는 **앵커링 편향**anchoring bias입니다. 새로운 언어를 배워야 한다는 의무감이 든다면 열린 마음으로 한번 시도해보세요! 어떤 언어도 완벽할 수는 없으며, 중요한 것은 해낼 수 있다는 것입니다.

하지만 프로그래밍 언어의 수명 주기가 다되었거나 업데이트를 수용하지 않거나 기업 유지 관리자가 없어 지원 여부가 의심스러운 언어라면 주의하세요. 이러한 언어의 예로는 마이크로소프트의 VBA, 레드햇Red Hat의 실론Ceylon, 하스켈Haskell 등이 있습니다.

자바 데이터 과학 라이브러리

파이썬 데이터 과학 라이브러리만큼 널리 사용되지는 않지만, 자바에는 강력한 지원을 받는 몇 가지 라이브러리가 있습니다. ND4J(*https://github.com/deeplearning4j/deeplearning4j*)는 자바 가상 머신용 넘파이이고, Smile(*https://haifengl.github.io*)은 사이킷런에 해당합니다. TableSaw(*https://github.com/jtablesaw/tablesaw*)는 판다스에 해당하는 자바 라이브러리입니다.

아파치 스파크(*https://spark.apache.org*)는 실제로 자바 플랫폼, 특히 스칼라Scala로 작성됐습니다. 흥미롭게도 아파치 스파크는 한동안 스칼라를 데이터 과학의 주류 언어로 만들기 위해 노력했지만, 스칼라 커뮤니티의 기대만큼 인기를 끌지 못했습니다. 그렇기 때문에 자바와 스칼라뿐만 아니라 파이썬, SQL, R 호환성을 추가하기 위해 많은 노력을 기울였습니다.

8.3.3 데이터 시각화

어느 정도 능숙해야 하는 또 다른 기술은 데이터 시각화입니다. 경영진에게 이야기를 전달할 뿐만 아니라 자신의 데이터 탐색 작업에도 도움이 되는 차트, 그래프, 도표를 만드는 데 익숙해야 합니다. SQL 명령으로 데이터를 요약할 수도 있지만, 때로는 막대그래프나 산점도를 사용하면 데이터를 빠르게 더 잘 이해할 수 있습니다.

데이터 시각화에 어떤 도구를 사용해야 효율적인지에 관해서는 선택의 폭이 넓기 때문에 대답하기가 어렵습니다. 전통적인 사무실 환경은 시각화 도구로 엑셀과 파워포인트를 선호합니다. 괜찮습니다! 필자가 이 두 도구를 사용하지는 않지만, 두 도구는 대부분의 작업을 수행하는 데 문제가 없습니다. 중소 규모 데이터셋에서 산점도를 그려야 하나요? 아니면 히스토그램이 필요한가요? 문제없습니다! 엑셀 통합 문서에 데이터를 복사/붙여넣기만 하면 몇 분 안에 만들수 있습니다. 이 기능은 일회성 그래프 시각화에 유용하며, 엑셀을 사용하는 것이 나쁘지 않습니다.

하지만 스크립트로 그래프 생성 코드를 작성해 반복 및 재사용 가능하도록 하거나 파이썬 코드와 통합하고 싶을 수 있습니다. 맷플롯립(https://matplotlib.org)은 한동안 많이 사용되었고, 파이썬을 사용하는 경우 피하기 어렵습니다. seaborn(https://seaborn.pydata.org)은 일반적인 그래프 유형을 쉽게 사용할 수 있도록 맷플롯립을 감싼 래퍼wrapper를 제공합니다. 이 책에서 많이 사용한 심파이는 맷플롯립을 백엔드로 사용합니다. 하지만 일부에서는 맷플롯립이 너무 성숙돼 레거시 상태에 가까워졌다고 생각합니다. 최근에는 플롯틀리(https://plotly.com/python)와 같은 라이브러리가 떠오르고 있으며 사용하기에 좋습니다. 이 라이브러리는 자바스크립트 D3.js 라이브러리(https://d3js.org)를 기반으로 합니다. 개인적으로는 매님(https://www.manim.community)을 잘 사용합니다. 3Blue1Brown 스타일의 시각화는 매우 훌륭해서 고객들로부터 감탄사를 자아내게 합니다. 애니메이션 기능을 생각하면 의외로 사용하기 쉬운 API를 제공합니다. 하지만 아직 성숙한 단계에 이르지 못한 신생 라이브러리라서 릴리스가 나올 때마다 코드가 변경될 수 있습니다.

이러한 해결책을 모두 살펴보고 고용주/고객이 선호하는 해결책이 없는 경우 자신에게 가장 적합한 도구를 찾아보세요.

태블로(https://www.tableau.com/products/desktop)와 같은 상용 라이선스 플랫폼이 있는데, 어느 정도 사용하기에는 괜찮습니다. 시각화에 특화된 독점 소프트웨어이며 비전문가인 사용자도 사용할 수 있도록 드래그 앤드 드롭 인터페이스를 제공합니다. 태블로에는 'Make Everyone in Your Organization A Data Scientist(조직의 모든 사람을 데이터 과학자로 만들기)'라는 제목의 백서(https://oreil.ly/kncmP)까지 있지만, 앞서 언급한 데이터 과학자정의 문제에는 도움이 되지 않습니다. 필자가 발견한 태블로의 문제점은 시각화는 잘하지만 라이선스 비용이 높다는 점입니다. 파이썬과 TabPy(https://tableau.github.io/TabPy/docs/about.html)를 어느 정도 통합할 수는 있지만, 고용주가 태블로 사용을 원하지 않는다면 앞서 언급한 훌륭한 오픈 소스 라이브러리를 사용하는 것이 좋습니다.

> **⚠ CAUTION** 소프트웨어 라이선스는 정치적일 수 있습니다

몇 가지 사용자 입력을 요청하고, 다양한 데이터 소스를 검색 및 랭글링 ^{wrangling}하고, 고도로 커스터마이징된 알고리즘을 실행한 다음, 시각화와 결과 테이블을 표시하는 파이썬 또는 자바 애플리케이션을 만들었다고 상상해보세요. 몇 달간의 노력 끝에 회의에서 발표했는데, 관리자 중 한 명이 손을 들고 "그냥 태블로에서 하면 안 되나요?"라고 묻습니다.

일부 관리자는 기업용 소프트웨어 라이선스에 수천 달러를 지출했는데, 라이선스 비용이 들지 않는 (사용하기는 더 복잡하지만) 더 유능한 오픈 소스 솔루션을 사용해야 한다는 것을 이해하기 어려워합니다. 태블로는 커스터마이징 알고리즘이나 통합된 워크플로를 지원하지 않습니다. 태블로는 시각화 소프트웨어일 뿐입니다. 고도로 커스터마이징된 솔루션을 만들기 위한 밑바닥부터 코딩하는 플랫폼이 아닙니다.

경영진은 종종 태블로, 알터릭스 ^{Alteryx} 또는 다른 상용 도구로 모든 것을 할 수 있다고 생각합니다. 그들은 많은 비용을 지출했고 공급업체로부터 좋은 홍보 프레젠테이션을 받았을 것입니다. 당연히 비용을 정당화하고 가능한 한 많은 사람이 라이선스를 사용하도록 독려합니다. 직원들에게 소프트웨어를 사용하도록 교육하는 데 더 많은 예산을 지출하고 다른 사람이 여러분의 업무를 관리하기를 원할 것입니다.

이런 상황에 민감하게 반응하세요. 경영진이 비용을 지불한 도구를 사용하라고 요청하는 경우, 해당 도구를 사용할 수 있는지 살펴보세요. 하지만 특정 업무에 제한이 있거나 사용성이 급격히 저하되는 경우에는 정중하게 그들에게 알려주세요.

8.3.4 업계 이해하기

영화 스트리밍(예 넷플릭스)과 항공 우주 방위 산업(예 록히드 마틴 $^{Lockheed\ Martin}$)이라는 두 가지 산업을 비교해봅시다. 두 산업에 공통점이 있을까요? 거의 없습니다! 둘 다 기술 중심 기업이지만 한 곳은 소비자를 위해 영화를 스트리밍하고 다른 한 곳은 전투용 비행기를 만듭니다.

인공지능과 시스템 안전에 대해 조언할 때 가장 먼저 지적하는 것은 산업별로 위험에 대한 허용 범위가 매우 다르다는 점입니다. 영화 스트리밍 회사가 소비자에게 어떤 영화를 추천할지 학습하는 인공지능 시스템을 갖추고 있다고 홍보할 수 있지만, 잘못된 추천을 할 경우 얼마나 치명적일까요? 최악의 경우, 마음에 들지 않는 영화를 2시간 동안 시청한 소비자가 짜증을 낼 수 있습니다.

하지만 항공 우주 방위 산업에 속한 회사는 어떨까요? 전투기에 자동으로 타깃을 공격하는 인공지능이 탑재되어 있다고 가정해보죠. 잘못되면 얼마나 큰 재앙이 될까요? 지금 우리는 영화 추천이 아니라 사람의 목숨에 대해 이야기하고 있습니다!

이 두 산업 간의 위험 허용 범위는 매우 큽니다. 당연히 항공 우주 방위 산업체는 실험적인 시스템을 구현하는 데 훨씬 더 보수적으로 임할 것입니다. 즉, 위험성이 용납할 수 없을 정도로 높다고 판단되는 모든 프로젝트를 평가하고 중단하는 규제와 안전을 위한 실무 그룹이 존재합니다. 하지만 흥미로운 점은 영화 추천과 같은 저위험 애플리케이션을 중심으로 한 실리콘밸리 스타트업의 인공지능 성공이 방위 산업체 경영진에게 FOMO^{fearing of missing out}(고립에 대한 공포)를 불러일으켰다는 점입니다. 이는 두 영역 간의 위험 허용 범위의 차이가 충분히 부각되지 않았기 때문입니다.

물론 이 두 산업 사이, 즉 '짜증난 사용자'와 '인명 손실' 사이의 위험 심각도에는 큰 스펙트럼이 있습니다. 은행은 인공지능을 사용해 대출 자격이 있는 사람을 결정할 수 있지만 특정 인구 통계를 차별할 수 있는 위험이 있습니다. 형사 사법 시스템에서는 가석방과 감시 시스템에 인공지능을 적용하는 실험을 했지만 동일한 차별 문제에 부딪혔습니다. 소셜 미디어는 인공지능을 사용해(*https://oreil.ly/VoK95*) 어떤 사용자 게시물을 허용할지 결정할 수 있지만, 무해한 콘텐츠를 제한할 경우(거짓 양성) 사용자를 분노하게 하고, 유해한 콘텐츠를 제한하지 않을 경우(거짓 음성) 국회의원을 분노하게 할 수 있습니다.

즉, 업계를 파악하는 작업이 필요합니다. 머신러닝을 많이 적용하고 싶다면 거짓 양성과 거짓 음성이 사람을 위험에 빠뜨리거나 화나게 하지 않는 저위험 산업에서 일하고 싶을 것입니다. 하지만 이러한 분야에 관심이 없고 자율 주행 자동차(*https://oreil.ly/sOYs6*), 항공, 의료와 같은 더 대담한 산업에서 일하고 싶다면 머신러닝 모델이 많이 거부되는 상황을 예상해야 합니다.

고위험 산업에서 특정 박사 학위나 기타 공식 자격 증명을 요구하더라도 놀라지 마세요. 전문 박사 학위가 있어도 거짓 양성과 거짓 음성이 마술처럼 사라지지는 않습니다. 이러한 전문 자격을 좇고 싶지 않다면 소프트웨어 엔지니어링, 최적화, 통계, 비즈니스 규칙 시스템/휴리스틱 등 머신러닝 외에 다른 도구를 배우는 것이 더 나을 수 있습니다.

8.3.5 생산적인 학습

2008년 스탠드업^{stand-up} 스페셜에서 코미디언 브라이언 리건^{Brian Regan}은 자신의 호기심 부족을 신문을 읽는 사람들과 대조했습니다. 그는 1면 기사는 결코 결론이 나지 않는다고 지적하면서, 어떻게 끝나는지 알기 위해 지정된 페이지로 넘기고 싶지 않다고 말했습니다. "9년에 걸친 재판 끝에 배심원단은 마침내 평결을 내렸습니다. 22페이지 C란에 계속... 저는 결코 알 수 없을 것 같습니다"라고 그는 무시하듯 말했습니다. 신문 페이지를 넘기며 "알고 싶고 배우고 싶어요!"라고 외치는 사람들과 대비됩니다.

브라이언 리건이 자기 비하를 의도했을 수도 있지만, 그의 말이 맞을 수도 있습니다. 단순히 어떤 주제를 배운다는 것만으로는 동기를 부여하기 어렵고, 무관심이 항상 나쁜 것은 아닙니다. 미적분 교과서를 집어 들었는데 학습할 목적이 없다면 낙담하고 좌절할 것입니다. 프로젝트나 목표를 염두에 두어야 하며, 흥미가 없는 주제라면 굳이 배울 이유가 없겠죠. 개인적으로 필자와 관련이 없는 주제에 대한 관심을 접었을 때 매우 큰 해방감을 느꼈습니다. 더욱 놀라운 사실은 그 후 생산성이 급상승했다는 것입니다.

그렇다고 호기심이 없어야 한다는 뜻은 아닙니다. 하지만 세상에는 정보가 너무 많기 때문에 배우는 것의 우선순위를 정하는 것은 매우 귀중한 기술입니다. 어떤 것이 유용한 이유에 대해 질문하고, 정답을 얻을 수 없다면 그냥 넘어가도 좋습니다. 모두가 자연어 처리에 대해 이야기하고 있나요? 하지만 여러분도 그래야 한다는 뜻은 아닙니다. 어차피 대부분의 비즈니스에는 자연어 처리가 필요하지 않으므로 이 주제에 노력이나 시간을 들일 가치가 없다고 말해도 괜찮습니다.

업무와 관련된 프로젝트가 있든, 독학을 위해 스스로 프로젝트를 만들든, 확실한 목표가 있어야 합니다. 학습할 가치가 있는 것은 오직 본인만이 결정할 수 있으며, 흥미롭고 관련된다고 생각되는 것을 추구하면서 FOMO를 떨쳐내세요.

8.3.6 실무자 대 어드바이저

일반화일 수 있지만 지식 전문가에는 실무자와 어드바이저라는 두 가지 유형이 있습니다. 자신이 어떤 전문가가 되고 싶은지 파악하고 그에 따라 전문성 개발을 조정하세요.

데이터 과학과 분석 세계에서 실무자는 코드를 작성하고, 모델을 만들고, 데이터를 샅샅이 뒤지고, 직접 가치를 창출하려고 노력하는 사람입니다. 어드바이저는 컨설턴트와 같아서 경영진에게 목표가 올바른지 여부를 알려주고, 전략을 지원하며, 방향을 제시합니다. 때때로 실무자가 어드바이저가 될 수 있습니다. 혹은 어드바이저가 실무자가 아니었던 경우도 있습니다. 각 역할에는 장단점이 있습니다.

실무자는 코딩, 데이터 분석, 직접적으로 가치를 창출하는 가시적인 작업 과정을 즐길 수 있습니다. 실무자에게는 실제로 어려운 기술을 개발하고 보유할 수 있다는 이점이 있습니다. 하지만 코드, 수학, 데이터에 파묻히다 보면 큰 그림을 보지 못하고 조직이나 업계의 다른 부분과 연락이 끊어지기 쉽습니다. 제가 관리자들로부터 들은 일반적인 불만은 데이터 과학자가 흥미롭기는 하지만 조직의 가치와 관련 없는 문제를 가지고 일한다는 것입니다. 또한 자신을 알아봐 주고 상향 이동을 원하지만, 조직에 숨겨져 있다고 느끼는 실무자의 불만도 들었습니다.

어드바이저는 어떤 면에서는 더 편한 직업일 수 있습니다. 어드바이저는 관리자에게 조언과 정보를 제공하고 비즈니스에 전략적 방향을 제시하는 데 도움을 줍니다. 일반적으로 코드를 작성하거나 데이터를 샅샅이 뒤지는 일은 하지 않지만, 경영진이 그런 사람을 고용할 수 있도록 도움을 줍니다. 이들은 실무자처럼 스프린트sprint 기한을 맞추거나 코드의 버그를 처리하거나 모델이 잘못 작동하는 것에 대해 걱정하지 않기 때문에 경력 리스크가 실무자와 다릅니다. 하지만 지식과 신뢰성, 관련성을 유지하는 것에 대해 걱정해야 하죠.

효과적인 어드바이저가 되려면 다른 사람들이 알지 못하는 것을 잘 알고 있어야 합니다. 고객의 요구에 맞게 세밀하게 조정된 중요하고 관련성 높은 정보여야 합니다. 관련성을 유지하려면 매일 더 많이 읽고 또 읽어야 하며, 다른 사람들이 간과하고 있는 정보를 찾고 종합해야 합니다. 머신러닝, 통계, 딥러닝에 익숙해지는 것만으로는 충분하지 않습니다. 고객의 산업뿐만 아니라 다른 산업에도 관심을 기울이고 누가 성공하고 누가 실패하는지 추적해야 합니다. 또한 많은 사람들이 특효약을 찾고 있는 비즈니스 환경에서 올바른 문제에 적합한 해결책을 조합하는 방법을 배워야 합니다. 그리고 이 모든 것을 수행하려면 효과적인 커뮤니케이터가 되어 자신이 알고 있는 것을 보여주기만 하는 것이 아니라 고객에게 도움이 되는 방식으로 정보를 공유해야 합니다.

컨설턴트에게 가장 큰 위험은 결국 잘못된 정보를 제공하는 것입니다. 일부 컨설턴트는 '업계에서 아무도 이런 일이 일어날 줄 몰랐다' 또는 '이것이 6 시그마에 해당되는 사건입니다!'와 같이 책임을 외부 요인으로 돌리는 데 매우 능숙합니다. 즉, 바람직하지 않은 사건이 발생할 확률이 5억 분의 1이지만 어쨌든 발생했다는 거죠. 또 다른 위험은 실무자에 해당하는 하드 스킬이 부족해 비즈니스의 기술 부분과 단절되는 것입니다. 그렇기 때문에 집에서 정기적으로 코딩과 모델링을 연습하거나 최소한 기술 서적을 독서의 일부로 삼는 것이 좋습니다.

결국 훌륭한 어드바이저는 고객과 최종 목표 사이의 가교 역할을 하며, 종종 존재하는 거대한 지식 격차를 메우는 역할을 합니다. 없는 일을 만들어내고 최대 시간을 청구하는 것이 아니라 진정으로 고객의 문제를 파악하고 고객이 밤에 잠을 잘 수 있도록 도와주는 것입니다.

성공이 항상 수익성을 의미하지 않습니다

고객이 '성공'을 어떻게 정의하고 있는지 파악하세요. 기업들은 성공을 위해 인공지능, 머신러닝, 데이터 과학을 추구합니다. 하지만 여기서 성공이란 무엇인가요?

수익성이 중요할까요? 항상 그런 것은 아닙니다. 투기성이 높은 오늘날의 경제에서 성공은 고객 증가나 매출 성장, 또는 회사가 수백만 달러 또는 수십억 달러의 손실을 보더라도 높은 가치 평가를 받아 벤처 캐피털로부터 자금을 조달하는 것일 수 있습니다. 이러한 지표 중 어느 것도 수익성과는 관련이 없습니다.

왜 이런 일이 일어나고 있을까요? 벤처 캐피털의 장기 투자에 대한 관용 때문에 수익성이 배제됩니다. 수익성이 훨씬 더 먼 미래에 달성될 것이라고 믿기 때문입니다. 하지만 이는 2000년 닷컴 버블 때와 마찬가지로 거품을 만들고 있을 가능성이 있습니다.

결국 기업이 장기적으로 성공하려면 수익성을 달성해야 하지만 모든 기업이 이러한 목표를 가지고 있는 것은 아닙니다. 많은 창업자와 투자자는 단순히 성장세를 타고 거품이 꺼지기 전에 현금화하기를 원하며, 이는 종종 IPO(기업 공개)를 통해 회사를 대중에게 매각할 때 이루어집니다.

이것이 여러분에게 어떤 의미일까요? 실무자든 어드바이저든, 스타트업에서 일하든 포춘 500대 기업에서 일하든, 고객이나 고용주에게 동기를 부여하는 것이 무엇인지 파악하세요. 그들은 더 높은 가치를 추구하고 있나요? 실제 수익성? 내재적 가치 또는 인지된 가치? 이는 여러분이 하는 일과 고객이 듣고 싶어 하는 말에 직접적인 영향을 미치며, 여러분이 그들을 도울 수 있는 위치에 있는지 여부를 판단할 수 있습니다.

벤처 캐피털, 투기적 가치 평가, 스타트업 문화의 영향에 대해 더 자세히 알고 싶다면 〈월스트리트 저널〉의 작가 엘리엇 브라운Eliot Brown과 모린 패럴Maureen Farrell이 쓴 『The Cult of We』(https://www.cultofwe.com)를 읽어보세요.

문제가 아닌 도구를 중심으로 프로젝트를 계획하면 성공하지 못할 가능성이 높습니다. 즉, 어드바이저는 다른 사람의 말을 잘 듣는 기술을 연마하고 고객이 어려움을 겪고 있는 질문이 무

엇인지, 답을 찾기 어려운 질문이 무엇인지 파악해야 합니다. 대형 패스트푸드 체인점에서 인공지능 전략을 지원하기 위해 여러분을 고용했습니다. 인사 팀이 딥러닝 인재를 서둘러 채용하는 것을 본다면, "딥러닝으로 해결하려는 문제가 무엇인가요?"라고 질문하는 것이 여러분이 해야 할 일입니다. 명확한 답을 얻을 수 없다면, 경영진이 한발 물러서서 업계가 실제로 직면하고 있는 실제 문제가 무엇인지 평가하도록 유도해야 합니다. 직원 스케줄링이 비효율적인가요? 그렇다면 딥러닝이 필요하지 않습니다. 선형 계획법이 필요합니다! 이것은 일부 독자에게는 기본적인 것처럼 보일 수 있지만, 오늘날 많은 경영진은 이러한 작업을 구분을 하는 데 어려움을 겪습니다. 필자는 선형 계획법을 딥러닝과 혼동할 수 있는 인공지능으로 브랜드화한 공급업체와 컨설턴트를 여러 번 만났습니다.

8.4 데이터 과학 직무에서 주의해야 할 사항

데이터 과학 취업 시장을 이해해보기 위해 미국 TV 시리즈 중 한 편을 살펴보겠습니다.

2010년 미국에서 방영한 〈Better Off Ted〉 시리즈의 시즌 1, 12번째 에피소드 '재버워키 Jabberwocky'는 기업 유행어(전문 용어)에 대한 심오한 내용을 담고 있습니다. 이 드라마에서 주인공 테드는 회사에서 자금을 숨기기 위해 가상의 재버워키 프로젝트를 만들어냅니다. 유머러스한 결과와 함께 그의 매니저, CEO, 그리고 궁극적으로 회사 전체가 재버워키 프로젝트가 무엇인지도 모른 채 일을 하기 시작합니다. 이 프로젝트는 계속 확대되어 수천 명의 직원이 재버워키에서 일하는 척하고 있지만 아무도 실제로 무슨 일을 하고 있는지 묻지 않습니다. 그 이유는 아무도 자신이 중요한 일에 대해 잘 모르고 있다는 사실을 인정하고 싶지 않기 때문입니다.

재버워키 효과 Jabberwocky effect는 업계나 조직에서 유행어/프로젝트에 대해 만족스럽게 정의한 사람이 아무도 없는데도 이를 지속시킬 수 있다는 이론입니다. 조직은 주기적으로 이러한 행동의 희생양이 될 수 있으며, 정의 없이 용어가 유포되고 집단 행동으로 모호함을 감출 수 있습니다. 일반적인 예로는 블록체인, 인공지능, 데이터 과학, 빅 데이터, 비트코인, 사물 인터넷, 양자 컴퓨팅, 대체 불가능한 토큰, 데이터 주도, 클라우드 컴퓨팅, 디지털 파괴 등이 있습니다. 눈에 띄고 주목받는 특정 프로젝트도 이해하는 사람은 소수이지만 많은 사람들에게 회자되는 신비한 유행어가 될 수 있습니다.

재버워키 효과를 막으려면 여러분이 생산적인 대화의 촉매제가 되어야 합니다. 프로젝트나 이

니셔티브^{initiative1}의 품질이나 결과뿐만 아니라 그 방법과 수단에 대해 호기심을 가져야 합니다. 역할과 관련해 생각해보죠. 회사에서 재버워키를 위해 여러분을 고용하는 건가요? 아니면 실용적이고 구체적인 프로젝트를 위해 고용하는 건가요? 유행어에 현혹되어 FOMO 때문에 채용한 건 아닌가요? 아니면 실제로 구체적이고 기능적인 요구 사항이 있어서 채용하는 것일까요? 이러한 분별력을 갖춰야만 순조롭게 순항할 수 있게 하는 좋은 기회를 인지하거나 경력에 좋지 않은 장애물을 구분할 수 있습니다.

이를 바탕으로 데이터 과학자의 역할 정의부터 데이터 과학 업무에서 주의해야 할 몇 가지 사항을 설명하겠습니다.

8.4.1 역할 정의

여러분이 데이터 과학자로 채용되었다고 가정해보겠습니다. 면접은 훌륭하게 진행되었습니다. 역할에 대해 질문하고 명확한 답변을 얻었습니다. 채용 제안을 받았고, 가장 중요한 것은 어떤 프로젝트에서 일하게 될지 알아야 합니다.

여러분은 항상 명확하게 정의되고 확실한 목표가 있는 역할에 들어가기를 원합니다. 어떤 일을 해야 하는지 짐작할 수 있어야 합니다. 또한 비즈니스에 필요한 것이 무엇인지 이해하는 명확한 비전을 가진 리더십이 있어야 합니다. 즉, 명확하게 정의된 목표의 실행자가 되어 고객을 파악해야 합니다.

반대로 '데이터 주도' 부서가 되기를 원하거나 데이터 과학에서 경쟁 우위를 확보하기 위해 채용되었다면 이는 위험 신호입니다. 해결해야 할 문제를 찾아내야 하는 부담을 안게 될 가능성이 높습니다. 전략적 지침을 요청하면 비즈니스에 머신러닝을 적용하라는 말을 듣게 됩니다. 물론 망치만 있으면 모든 것이 못처럼 보이기 시작합니다. 데이터 과학 팀은 해결해야 할 목표나 문제를 찾기도 전에 해결 방법(예 머신러닝)을 찾아야 한다는 압박감을 느낍니다. 일단 문제가 발견되면 이해관계자의 동의를 얻고 자원을 조정하는 것이 어렵다는 것을 알게 되고, 초점이 흐트러지기 시작합니다.

여기서 문제는 직무가 아닌 유행어에 기반한 역할에 채용되었다는 것입니다. 잘못된 역할 정의는 다음에 설명할 다른 문제로 확산되는 경향이 있습니다. 이제 조직으로 초점을 옮겨보겠습니다.

---

1 옮긴이_ 특정 문제를 해결하기 위한 자발적이고 주도적인 계획을 뜻합니다.

8.4.2 조직의 집중과 동의

주의해야 할 또 다른 요소는 조직이 특정 목표에 얼마나 부합하는지, 그리고 모든 당사자가 찬성했는지 여부입니다.

데이터 과학 붐 이후 많은 조직이 중앙에 데이터 과학 팀을 두도록 조직을 재구성했습니다. 경영진의 비전은 다른 부서가 데이터 주도적이 되고 머신러닝과 같은 혁신적인 기술을 채택하도록 데이터 과학 팀이 지원하고, 조언하고, 돕는 것입니다. 또한 부서 간의 데이터 사일로^{data silo}를 허무는 임무도 맡게 될 수 있습니다. 이는 서류상으로는 좋은 아이디어처럼 들리지만, 실질적으로 이 작업을 어려워하는 조직이 많습니다.

그 이유는 경영진이 데이터 과학 팀을 만들었지만 명확한 목표가 없기 때문입니다. 따라서 데이터 과학 팀은 알려진 문제를 해결하기 위한 권한보다 해결해야 할 문제를 찾는 일을 맡게 됩니다. 앞서 언급했듯이, 데이터 과학 팀이 목표를 정하기 전에 해결책(예 머신러닝)을 먼저 찾는 것으로 악명이 높은 이유도 바로 이 때문입니다. 특히 데이터 사일로 해소를 위한 역량을 갖고 있지 않습니다. 왜냐하면 데이터 과학 팀의 전문 분야를 완전히 벗어난 일이기 때문입니다.

> **⚠ CAUTION** **데이터 사일로 해체는 IT 업무입니다!**
>
> 데이터 과학 팀을 조직 내 데이터 사일로 해체에 사용하는 것은 잘못된 생각입니다. 데이터 사일로는 데이터 웨어하우징 인프라의 부족으로 인해 발생하는 경우가 많습니다. 그래서 부서에서는 중앙에서 지원하는 데이터베이스가 아닌 스프레드시트와 비밀 데이터베이스에 데이터를 보관합니다.
>
> 데이터 사일로가 문제라고 판단하면 서버, 클라우드 인스턴스, 공인된 데이터베이스 관리자, 보안 규칙, 그리고 이 모든 것을 통합하는 IT 태스크 포스(TF)가 필요합니다. 데이터 과학 팀은 아주 작은 회사를 제외하고는 이런 작업을 수행할 준비가 되어 있지 않습니다. 이런 작업에 필요한 전문 지식, 예산, 조직 권한이 없을 가능성이 높기 때문입니다.

일단 문제가 발견되면 이해관계자의 동의를 얻고 자원을 조정하는 것이 어렵습니다. 기회가 있다면 다음 작업을 수행하기 위한 강력한 리더십이 필요합니다.

- 명확하게 정의된 목표와 로드맵 보유
- 데이터 수집 및 인프라 지원을 위한 예산 확보
- 데이터 액세스 권한 확보 및 데이터 소유권 협상

- 이해관계자 동의 및 도메인 지식 확보
- 이해관계자의 시간 및 회의를 위한 자원

이러한 요구 사항은 데이터 과학 팀을 고용한 이전보다 이후에 훨씬 더 어렵습니다. 데이터 과학 팀의 역할 범위가 정해지고 그에 따라 예산이 책정되기 때문입니다. 고위 경영진이 자원을 조정하고 필요한 모든 당사자의 동의를 얻지 못하면 데이터 과학 프로젝트는 성공할 수 없습니다. 하버드 비즈니스 리뷰(*https://oreil.ly/IlicW*)에서 MIT 슬론^{Sloan} 리뷰(*https://oreil.ly/U9C9F*)에 이르기까지 데이터 과학에 대한 준비가 되어 있지 않은 조직을 비난하는 기사가 끊이지 않는 것도 바로 이 때문입니다.

조직적으로 데이터 과학 팀이 고객과 동일한 부서에 있는 것이 더 좋습니다. 정보, 예산, 커뮤니케이션이 더 자유롭고 응집력 있게 정보가 공유됩니다. 이렇게 하면 부서 간 정치적인 경쟁이 아니라 모두가 같은 팀에 속해 있기 때문에 긴장감이 줄어듭니다.

> **⚠ CAUTION** **데이터 액세스는 정치적인 문제입니다**
>
> 조직이 데이터를 보호하는 것은 비밀이 아니지만, 이는 보안이나 불신에 대한 우려 때문만은 아닙니다. 데이터 자체는 매우 정치적인 자산이며, 많은 사람이 자신의 동료에게도 데이터에 대한 액세스 권한을 제공하는 것을 꺼려합니다. 같은 조직 내 부서 간에도 데이터를 서로 공유하지 않는 이유는 다른 사람이 자신의 업무를 잘못 처리하는 것을 원하지 않기 때문입니다. 데이터를 해석하려면 해당 부서의 전문가가 필요할 수 있으며, 도메인 지식이 필요합니다. 결국 그들의 데이터는 그들의 비즈니스입니다! 그리고 데이터에 대한 액세스를 요청하는 것은 비즈니스에 뛰어들기를 요청하는 것입니다.
>
> 게다가 데이터 과학자는 외부 데이터셋을 해석하는 능력과 이를 사용하는 데 필요한 도메인 전문 지식을 과대평가할 수 있습니다. 이 장애물을 극복하려면 전문성을 갖춘 각 파트너와 신뢰와 동의를 쌓고, 지식 이전을 협상하고, 필요한 경우 프로젝트에서 중요한 역할을 맡겨야 합니다.

8.4.3 적절한 자원

주의해야 할 또 다른 위험은 업무를 수행하기 위한 적절한 자원을 확보하지 못하는 것입니다. 어떤 역할에 투입되었는데 필요한 것을 갖추지 못하면 곤란합니다. 물론 기민하고 수완이 뛰어나다는 것은 매우 귀중한 특성입니다. 하지만 아무리 뛰어난 소프트웨어 엔지니어/데이터 과학자라 할지라도 금세 감당하기 어려운 상황에 처할 수 있습니다. 때로는 돈이 필요한데 고용주가 예산을 책정할 수 없는 경우도 있습니다.

예측 작업을 수행하기 위해 데이터베이스가 필요하다고 가정해봅시다. 서드 파티 데이터베이스의 연결 상태가 좋지 않아 다운타임[2]과 끊김이 자주 발생합니다. '작동하게만 해달라'는 말이 가장 듣고 싶지 않지만, 현재 그런 상황이 되어버렸습니다. 데이터베이스를 로컬로 복제하는 것을 고려하지만 그렇게 하려면 하루에 40GB를 저장해야 하므로 서버 또는 클라우드 인스턴스가 필요합니다. 이제 IT 예산이 없는 IT 부서가 되어 버렸네요.

이러한 상황에서는 프로젝트를 손상하지 않고 비용을 절감하는 방법을 고민해야 합니다. 최신 데이터만 보관하고 나머지는 삭제할 수 있을까요? 연결이 끊어지면 다시 연결하는 동시에 데이터를 일괄적으로 분리해 마지막으로 성공한 배치부터 가져오도록 오류 처리 파이썬 스크립트를 만들 수 있을까요?

이번 문제와 해결책이 상당히 구체적이지 않나요? 네, 필자가 이렇게 해야만 했고, 효과가 있었습니다! 더 많은 비용을 들이지 않고도 해결책을 찾아내 프로세스를 간소화할 수 있다면 만족스러운 일입니다. 하지만 많은 데이터 프로젝트에는 데스크톱 컴퓨터로는 제공할 수 없는 데이터 파이프라인, 서버, 클러스터, GPU 기반 워크스테이션 및 기타 컴퓨팅 자원이 필요할 수 있습니다. 다시 말해, 이러한 해결책은 비용이 들며 조직에서 이에 대한 예산을 책정하지 못할 수도 있습니다.

> 📝 **NOTE** **수학적 모델링은 어디에 있나요?**
>
> 예시에서 여러분은 회귀, 통계, 머신러닝 및 기타 응용 수학을 수행하기 위해 고용되었지만 어떻게 IT 업무를 수행하게 되었는지 궁금할 수 있습니다. 하지만 이는 현재 기업 환경에서 흔한 일입니다.
>
> 데이터를 다루기 때문에 암묵적으로 IT와 유사한 업무로 이어질 수 있습니다. 중요한 것은 자신의 기술이 여전히 업무와 결과물에 부합하는지 확인하는 것입니다. 이 장의 나머지 부분에서 이 문제를 다룹니다.

8.4.4 합리적인 목표

과대광고와 장밋빛 약속으로 가득 찬 환경에서는 불합리한 목표에 부딪히기 쉽습니다. 우리가 주의해야 할 매우 큰 문제죠.

관리자가 데이터 과학자를 고용하고 그들이 환경에 잘 적응해 조직에 기하급수적인 가치를 더

2　옮긴이_ 시스템을 이용할 수 없는 시간을 일컫습니다.

해주기를 기대하는 경우가 있습니다. 조직이 여전히 수작업을 하고 있고 자동화할 기회가 도처에 있는 경우 관리자의 기대가 더욱 커지죠. 예를 들어 조직이 스프레드시트로 모든 작업을 수행하고 예측이 순수한 추측에 의해 이루어진다면, 데이터 과학 전문가가 프로세스를 데이터베이스로 간소화하고 간단한 회귀 모델로도 진전을 이룰 수 있는 좋은 기회입니다.

반면에 조직이 데이터 과학자를 고용해 이미지의 객체를 인식하는 소프트웨어에 머신러닝을 구현하는 경우, 이 작업은 훨씬 더 어렵습니다. 과정을 잘 알고 있는 데이터 과학자는 경영진에게 이 작업이 최소 수십만 달러의 비용이 드는 작업임을 설명해야 합니다! 사진을 수집해야 할 뿐만 아니라 이미지에 있는 사물에 레이블을 붙이기 위해 수작업을 할 인력을 고용해야 합니다 (*https://oreil.ly/ov7S5*). 그리고 그것은 단지 데이터를 수집하는 것뿐입니다!

데이터 과학자는 처음 18개월 동안 경영진에게 성과를 내지 못한 이유를 설명하는 경우가 일반적입니다. 초반에는 머신러닝 작업의 95%에 해당하는 데이터를 수집하고 정리하는 데 노력하기 때문입니다. 경영진은 머신러닝과 인공지능이 수작업 프로세스를 없애줄 것이라는 대중적인 이야기의 희생양이 되었기 때문에 이에 환멸을 느낄 수 있습니다. 이는 한 벌의 수작업 프로세스를 레이블링된 데이터 조달이라는 다른 프로세스와 교환했기 때문입니다.

따라서 무리한 목표를 설정하는 환경을 경계하고, 특히 다른 사람들이 장밋빛 청사진을 제시했을 때 경영진과 기대치를 관리할 수 있는 외교적인 방법을 찾아야 합니다. 공신력 있는 비즈니스 저널과 고액의 경영 컨설팅 회사에서 초지능 인공지능이 곧 등장할 것이라는 주장이 많이 나오고 있습니다. 기술 전문 지식이 부족한 관리자는 이러한 과장된 이야기의 희생양이 될 수 있습니다.

> **TIP** **쿠이 보노?**
>
> 라틴어 표현인 쿠이 보노^{cui bono}는 '누구에게 이익이 되는가?'라는 뜻입니다. 재버워키 효과가 가득할 때 행동을 이해하기 위해 물어볼 수 있는 좋은 질문입니다. 미디어에서 인공지능에 대한 이야기를 홍보할 때 누가 이득을 볼까요? 여러분의 대답이 무엇이든, 미디어 역시 클릭 수와 광고 수익으로 이익을 얻습니다. 고액의 경영 컨설팅 업체는 '인공지능 전략'을 주제로 더 많은 청구 시간을 창출합니다. 칩 제조업체는 딥러닝을 홍보해 더 많은 그래픽 카드를 판매할 수 있고, 클라우드 플랫폼은 머신러닝 프로젝트를 위해 더 많은 데이터 스토리지와 CPU 시간을 판매할 수 있습니다.
>
> 이 모든 기업의 공통점은 무엇일까요? 이들은 인공지능을 제품 판매 수단으로 활용하고 있지만, 고객의 성공에 대한 장기적인 이해관계가 없습니다. 즉, 골드러시 시대에 삽을 파는 것처럼 프로젝트의 결과물이 아닌 도구를 판매하고 있습니다.
>
> 하지만 이러한 미디어와 벤더의 동기가 비윤리적이라고 말하는 것은 아닙니다. 회사를 위해 돈을 벌고 가족을

부양하는 것은 직원들의 일입니다. 제품을 홍보하는 광고 문구는 합법적이고 달성 가능한 것일 수도 있습니다. 하지만 한 번 홍보된 광고 문구는 달성할 수 없는 것으로 밝혀지더라도 되돌리기 어렵다는 사실을 간과해서는 안 됩니다. 많은 기업이 달성되지 않은 광고 문구를 인정하기보다는 다른 방향으로 노력을 전환합니다. 따라서 이러한 역학 관계를 인지하고 항상 "쿠이 보노?"라고 물어보세요.

8.4.5 기존 시스템과의 경쟁

이번에 살펴볼 주의 사항은 앞서 언급한 합리적인 목표에 해당할 수도 있습니다. 하지만 흔히 발생하는 일이라서 별도의 범주로 분류할 필요가 있습니다. 미묘하지만 문제가 되는 역할 유형은 실제로 잘 운영되는 기존 시스템과 경쟁하는 역할입니다. 이러한 상황은 할 일이 부족하지만 바빠 보여야 하는 업무 환경에서 발생할 수 있습니다.

여러분의 고용주는 몇 년 전에 판매 예측 시스템을 도입하기 위해 공급업체와 계약을 맺었습니다. 이제 관리자가 예측 시스템의 정확도를 1% 높여 달라고 요청합니다.

여기서 통계적 문제가 보이나요? 3장을 읽었다면, 1%는 통계적으로 유의미하지 않아 보일 겁니다. 무작위성을 통해 별다른 노력 없이도 1%를 쉽게 얻을 수 있습니다. 하지만 반대로 무작위성은 반대 방향으로 움직일 수 있으며, 제어 불가능한 시장의 힘은 여러분의 노력을 무력화할 수 있습니다. 매출이 부진한 분기와 통제할 수 없는 요인(**예** 경쟁업체의 시장 진출)으로 인해 p 해킹으로 얻은 1%가 아닌 매출이 −3% 감소할 수 있습니다.

여기서 가장 중요한 문제는 업무의 중복성 외에도 결과가 사용자의 영향력에 속하지 않는다는 것입니다. 이는 최적의 상황이 아닐 수 있습니다. 경쟁하는 기존 시스템이 고장 나서 초보적이거나 자동화 없이 완전히 수동으로 처리되는 경우라면 얘기가 달라집니다. 하지만 고장 나지 않은 시스템과 경쟁하는 것은 스스로 나쁜 시간 속으로 뛰어드는 것입니다. 가능하면 이런 종류의 프로젝트를 발견하면 도망치세요.

"여기서 무슨 일을 하나요?"

데이터 과학자가 좋은 업무와 성실한 노력에도 불구하고 가치를 창출하지 못하는 역할에 고용될 수 있나요? 그렇습니다. 데이터 과학자가 통제할 수 없는 요인으로 인해 최고의 성과도 무효화될 수 있으며, 이를 예리하게 주시하는 것이 중요합니다.

1999년 마이크 저지[Mike Judge]의 코미디 영화 〈오피스 스페이스[Office Space]〉는 미국의 많은 기업 근로자들에게 컬트적인 고전[3]이 되었습니다. 이 영화에서 IT 직원이자 주인공인 피터 기븐스[Peter Gibbons]는 8명의 다른 관리자에게 보고하는 코딩 업무에서 벗어나려고 합니다. 다운사이징 컨설턴트가 피터에게 하루 동안 무엇을 하느냐고 묻자 그는 "15분 정도 실제 업무를 한다"고 솔직하게 대답합니다. 영화를 처음 보는 독자를 위해 결말을 스포일러하지는 않겠지만, 다른 훌륭한 코미디와 마찬가지로 예상과 다른 결과가 펼쳐집니다.

앞의 예를 조금 더 자세히 설명하자면, 고장 나지 않은 시스템을 대체하는 일은 고인이 된 인류학자 데이비드 그레이버[David Graeber]가 말한 엉터리 일자리[bullshit job]입니다. 그레이버에 따르면 엉터리 일자리는 완전히 무의미하거나, 불필요하거나, 해롭기 때문에 직원조차도 그 존재를 정당화할 수 없지만 그렇지 않은 척해야 하는 일자리입니다. 그레이버의 저서 『Bullshit Jobs』(Penguin, 2018)와 2013년 기사(*https://strikemag.org/bullshit-jobs*)에서 그는 이러한 일자리가 너무 흔해져서 노동력과 경제에 심리적 타격을 주고 있다고 이론화했습니다.

그레이버의 연구가 자기 선택 편향과 일화적인 연구 결과로 가득 차 있고 경험적 증거가 부족하다는 점은 비판의 대상이 될 수 있습니다. 하지만 이러한 엉터리 일자리가 존재하지 않는다고 주장하기는 어렵습니다. 그레이버의 주장에 따르면, 경험적으로 측정하기 어렵고 자신의 경력을 위태롭게 할까 봐 설문 조사에 정직하게 응답하는 근로자가 거의 없다고 합니다.

데이터 과학 경력은 이러한 문제로부터 안전할까요? 구글의 최고 의사 결정 과학자인 캐시 코지크로프[Cassie Kozykrov]가 이 질문의 답을 구하는 데 도움이 되는 이상한 일화(*https://oreil.ly/fwPKn*)를 공유했습니다.

> 몇 년 전, 기술 분야에서 일하는 엔지니어링 책임자 친구가 쓸모없는 데이터 과학자들에 대해 한탄하고 있었습니다. 저는 그에게 이렇게 말했습니다. "당신은 마약왕이 본인의 뒷마당에 호랑이를 키우기 위해 호랑이를 사는 것처럼 데이터 과학자를 고용하고 있는 것 같아요. 호랑이로 무엇을 원하는지 모르지만 다른 마약왕들이 모두 호랑이를 키우고 있으니까요."

놀랍군요. 경영진이 조직의 신뢰도와 기업 위상을 높이기 위해 데이터 과학자를 고용할 수 있을까요? 가치를 창출하도록 설계되지 않은 직무에 종사하고 있다면, 어떻게 하면 긍정적인 변

---

3   옮긴이_ 비교적 소수의 열광적인 팬이 있는 영화를 가리킵니다. 컬트 영화는 보통 영화와 다르 게 특정한 장르에 속한 게 아니라, '열광적 현상' 유무에 따라 정해집니다.

화를 만들 수 있을지 전략적으로 생각해보세요. 다른 사람이 기회를 제공하기를 기다리지 않고 스스로 기회를 창출할 수 있나요? 자신이 발굴한 이니셔티브에 대해 의미 있는 주인의식을 갖고 경력을 성장시킬 수 있나요? 이것이 불가능하다면 더 나은 기회를 좇으세요.

8.4.6 기대했던 것과 다른 역할

어떤 역할을 시작했는데 예상과 다른 일을 하게 되면 어떻게 해야 할까요? 예를 들어 통계와 머신러닝을 담당할 것이라고 들었지만, 조직의 데이터 기반이 머신러닝을 수행할 만큼 충분히 개발되지 않아 IT와 유사한 업무를 수행하게 되는 경우입니다.

이를 기회로 삼을 수도 있습니다. 데이터 과학자 역할이 IT 역할로 바뀌는 것을 받아들일 수 있으며, 그 과정에서 데이터베이스와 프로그래밍 기술을 습득할 수도 있습니다. 심지어는 상주 SQL 전문가나 기술 구루^{guru}로서 없어서는 안 될 존재가 될 수도 있으며, 직업적으로도 편안할 수 있습니다. 비즈니스의 데이터 운영과 워크플로를 간소화하면 향후 더 정교한 애플리케이션에 잘 대비할 수 있는 환경을 구축할 수 있습니다. 원활하게 운영되면 관심 있는 분야를 전문적으로 배우고 성장하는 데 시간을 할애할 수 있습니다.

반면에 통계 분석과 머신러닝을 기대했는데 깨진 스프레드시트, 마이크로소프트 액세스^{Microsoft} ^{Access}, VBA 매크로를 디버깅하고 있다면 실망감을 느낄 것입니다. 이런 상황에서는 적어도 변화를 지지하는 사람이 되세요. 도구의 현대화를 추진해 파이썬과 MySQL 또는 SQLite와 같은 최신 데이터베이스 플랫폼을 사용하도록 독려하세요. 그렇게 할 수 있다면 적어도 더 많은 혁신이 가능한 플랫폼을 사용하게 되고, 이 책의 개념을 적용하는 데 훨씬 가까워질 것입니다. 또한 도구에 대한 지원과 유연성이 향상되고 마이크로소프트 액세스나 VBA와 같은 오래된 기술보다 파이썬 인재를 더 쉽게 구할 수 있으므로 조직에도 도움이 될 것입니다.

섀도 IT란 무엇인가요?

섀도 IT$^{shadow IT}$는 IT 부서 외부에서 시스템을 만드는 사무직 직원을 일컫는 용어입니다. 이러한 시스템에는 데이터베이스, 스크립트, 프로세스뿐만 아니라 IT 부서의 개입 없이 공급업체나 직원이 만든 소프트웨어가 포함됩니다.

섀도 IT는 규제를 받지 않고 IT 부서의 통제 범위 밖에서 운영되기 때문에 조직에서 눈살을 찌푸리게 하는 존재였습니다. 재무, 마케팅이나 기타 비IT 부서에서 자체적인 IT를 운영하기로 결정하면 효율성과 보안 문제로 인해 조직에 숨겨진 비용이 발생할 수 있습니다. IT 부서와 비IT 부서가 충돌할 경우, 서로가 자신의 영역에 속하지 않는다고 비난하거나 단순히 고용 안정을 위해 역할을 독점하는 등 불쾌한 정치가 이어질 수 있습니다.

하지만 데이터 과학 운동 덕분에 섀도 IT가 혁신의 필수 요소로 많이 받아들여졌습니다. IT 부서가 아닌 사람들도 데이터셋, 파이썬 스크립트, 회귀 도구의 프로토타입을 만들고 실험해볼 수 있습니다. 그런 다음 IT 부서는 이러한 혁신이 성숙해지면 이를 공식적으로 지원할 수 있습니다. 이를 통해 비즈니스는 더욱 민첩해질 수 있습니다. 비즈니스 규칙을 변경하기 위해 IT 헬프 데스크에 티켓을 제출하는 대신, 파이썬 스크립트나 사내 데이터베이스를 빠르게 편집할 수 있습니다. 이러한 변경이 엄격한 테스트와 관료적 절차를 거쳐야 하는지 여부는 분명 응답성과 비용의 절충점입니다.

전반적으로 섀도 IT 역할을 맡게 된다면(그럴 가능성이 높습니다), 위험을 이해하고 IT 부서와 잘 협력해야 합니다. 이러한 방식으로 비즈니스를 지원하는 데 성공한다면 큰 힘을 얻고 보람을 느낄 수 있습니다. IT 부서와 갈등이 발생할 가능성이 있다고 생각되면 경영진에게 솔직하게 알리세요. 자신의 업무가 '프로토타이핑'과 '탐색'이라고 솔직하게 말한다면 경영진은 해당 업무가 IT 부서의 권한 밖이라고 주장할 수 있습니다. 하지만 경영진의 지원 없이는 절대 독단적으로 행동하지 말고, 경영진이 부서 간 정책을 처리하도록 하세요.

8.5 꿈의 직업이 존재하지 않나요?

여러분은 언제든 역할을 그만둘 수 있지만, 기대하는 바가 얼마나 현실적인지 항상 평가해야 합니다. 추구하고 있는 최첨단 기술이 너무 최첨단인가요?

자연어 처리를 예로 들어보겠습니다. 딥러닝을 사용해 챗봇을 구축하고 싶다고 가정해보죠. 하지만 실제로 대부분의 회사에는 챗봇이 필요하지 않기 때문에 이를 수행하는 직무는 매우 드뭅니다. 왜 그럴까요? 챗봇은 만들기 어렵기 때문입니다. 오픈AI 같은 회사에서 GPT-3(*https://openai.com/blog/gpt-3-apps*)와 같은 흥미로운 연구를 진행하고 있지만, 이는 대부분 연구에 그치고 있습니다.[4] GPT-3는 결국 단어를 서로 연결하는 확률 기반 패턴 인식기이기 때문에 상식이 없습니다. 이를 입증하는 연구들이 있는데, 그중에는 뉴욕 대학교의 게리 마커스^{Gary Marcus} (*https://oreil.ly/fxakC*)가 수행한 연구도 있습니다.

즉, 광범위하게 적용할 수 있는 챗봇을 만드는 것은 아직 어려운 문제이며 대다수의 비즈니스에서 챗봇은 아직 가치 있는 제안이 아닙니다. 자연어 처리가 정말 하고 싶은 일인데 경력 기회와 연결되지 않는다면 학계로 들어가 연구를 하는 것이 가장 좋은 방법일 수 있습니다. 알파벳^{Alphabet}과 같은 회사에서 학술적인 연구를 하는 회사도 있지만, 그 직원들 중 상당수가 학계 출신입니다.

다시 한번 강조하지만, 취업 시장을 탐색할 때 기대치를 현실적으로 유지하세요. 기대치가 취업 시장이 제공하는 수준을 넘어선다면 학계 진로를 적극 고려하세요. 원하는 직종에 박사 학위나 특정 학력이 필요한 경우가 많아 꿈에 그리던 일을 하는 데 장애가 된다면 필요한 학위를 준비하는 경로도 고려해야 합니다.

8.6 이제 어디로 가야 하나요?

지금까지 데이터 과학의 환경을 살펴봤으니 이제 어디로 가야 할까요? 그리고 데이터 과학의 미래는 어떻게 될까요?

먼저, 데이터 과학자라는 직책이 주는 부담을 생각해봅시다. 데이터 과학자라는 직책에는 경계가 없는 지식을 보유해야 한다는 암묵적인 요구가 내포되어 있습니다. 이는 대부분 제한된 범위에서 표준화된 정의가 없기 때문입니다. 지난 10년간 데이터 과학의 움직임을 지켜보면서 배운 것이 있다면, 정의가 중요하다는 것입니다. 데이터 과학자는 통계, 최적화, 머신러닝에 능숙한 소프트웨어 엔지니어로 진화하고 있습니다. 데이터 과학자는 더 이상 '데이터 과학자'라는 직함을 갖지 않을 수도 있습니다. 데이터 과학자가 '21세기의 가장 매력적인 직업'으로 선언되었을 때보다 요구 사항이 훨씬 더 광범위해졌고, 점점 이러한 기술을 갖추는 것이 필요해지고 있습니다.

여러분이 선택할 수 있는 다른 옵션은 더 집중적인 직무를 수행하는 전문화된 직업을 선택하는

---

4 옮긴이_ 오픈AI는 2022년 말 범용 챗봇인 챗GPT를 공개했습니다.

것입니다. 지난 몇 년 동안 역할의 전문화가 점점 더 많이 발생하고 있습니다. 컴퓨터 비전 엔지니어, 데이터 엔지니어, 데이터 분석가, 연구원, 운영 연구 분석가, 어드바이저/컨설턴트와 같은 역할이 다시 부상하고 있습니다. 데이터 과학자 역할은 점점 줄어들고 있으며, 이러한 추세는 주로 역할 전문화로 인해 향후 10년 동안 계속될 것으로 보입니다. 이러한 추세를 따르는 것은 확실히 선택 사항입니다.

노동 시장이 급격하게 변화했다는 점에 주목해야 하며, 이 장에 나열된 경쟁 우위가 필요한 이유도 바로 여기에 있습니다. 2014년에는 데이터 과학자가 6자리 숫자의 연봉[5]을 받는 유니콘으로 여겨졌지만, 오늘날에는 어떤 회사에서든 데이터 과학자 일자리에 수백, 수천 명의 지원자가 몰려도 5자리 숫자의 연봉만 제시합니다. 데이터 과학 학위와 부트캠프는 데이터 과학 전문가 공급에 엄청난 붐을 일으켰습니다. 따라서 데이터 과학자 또는 데이터 과학으로 홍보한 일자리의 경쟁이 치열합니다. 그렇기 때문에 분석가, 운영 연구, 소프트웨어 개발자와 같은 직무를 찾는 것이 반드시 나쁜 생각은 아닙니다. 텀블러의 머신러닝 엔지니어인 비키 보이키스는 그의 블로그 글 'Data Science is Different Now(*https://oreil.ly/vm8Vp*)'에 데이터 과학자로서 해야 할 일을 잘 설명해놓았습니다.

> 궁극적인 목표는 데이터 과학 학위, 부트캠프, 튜토리얼로 공부하는 무리를 앞지르는 것임을 기억하세요.
>
> 기술 산업 전반에 대해 최대한 많이 알아가면서 데이터와 관련된 직책을 맡아 꿈에 그리던 직업을 향해 나아가고 싶을 것입니다.
>
> 분석으로 마비되지 마세요. 작은 것부터 하나씩 골라서 시작하세요. 작은 것을 배우고, 작은 것을 만들어보세요. 다른 사람에게 적극적으로 알리세요. 데이터 과학 분야의 첫 직업이 데이터 과학자가 아닐 수도 있다는 사실을 기억하세요.

8.7 마치며

이 장은 수학을 다뤘던 이 책의 나머지와 다른 내용을 살펴봤지만, 데이터 과학 직업 환경을 탐색하고 이 책의 지식을 효과적으로 적용하려면 중요합니다. 통계 도구와 머신러닝을 배워야만

---

5 옮긴이_ 미화 10만 달러를 넘는 액수로 보통 억대 연봉을 뜻합니다.

다른 업무로 전환할 수 있는 기회가 많다는 사실을 알게 되면 당황스러울 수 있습니다. 이럴 때는 계속 학습하고 기술을 습득할 기회를 잡으세요. 필수 수학 지식과 프로그래밍, 소프트웨어 엔지니어링 능력을 통합해 IT와 데이터 과학의 격차를 이해하는 것만으로도 여러분의 가치는 10배 이상 높아질 것입니다.

실용적인 해결책을 위해서는 과대광고를 피하고, 기술적인 부분에 너무 얽매여 시장의 힘에 눈이 멀어서는 안 된다는 사실을 잊지 마세요. 경영진과 리더십의 동기뿐만 아니라 일반적인 사람들의 동기를 이해하세요. 어떻게 작동하는지뿐만 아니라 왜 작동하는지 이해하세요. 기술이나 도구가 기술적으로 어떻게 작동하는지가 아니라 왜 문제를 해결하는지에 대해 호기심을 가져야 합니다.

학습을 위한 학습이 아니라 올바른 도구와 올바른 문제를 연결하는 방법과 능력을 배우세요. 가장 효과적인 학습 방법은 흥미를 느끼는 문제(도구가 아니라!)를 선택하는 것입니다. 그 실을 당기면 또 다른 호기심을 불러일으키고, 또 다른 호기심을 불러일으키고, 또 다른 호기심을 불러일으킵니다. 여러분은 목표가 정해져 있으니 올바른 토끼 굴로 계속 내려가다가 언제 빠져나와야 하는지 알 수 있습니다. 이러한 접근 방식은 매우 가치가 있으며, 단기간에 얼마나 많은 전문 지식을 얻을 수 있는지 깨닫게 되면 놀랄 겁니다.

부록 A

보충 학습

A.1 심파이로 수학식 표현하기

수학식이 익숙해지면 심파이 표현식을 수학식으로 표시하는 것이 도움이 됩니다.

가장 빠른 방법은 심파이의 **latex()** 함수를 식에 적용한 다음 그 결과를 레이텍^{LaTeX} 뷰어에 복사하는 것입니다.

[예제 A-1]은 간단한 식을 가져와서 레이텍 문자열로 변환하는 예제입니다. 물론 미분, 적분 및 기타 심파이 연산의 결과를 가져와서 레이텍으로 렌더링할 수도 있습니다. 하지만 이번에는 간단한 예제를 만들어보죠.

예제 A-1 심파이를 사용해 표현식을 레이텍으로 변환하기

```
from sympy import *

x, y = symbols('x y')

z = x**2 / sqrt(2*y**3 - 1)

print(latex(z))

# 출력
# \frac{x^{2}}{\sqrt{2 y^{3} - 1}}
```

출력된 \frac{x^{2}}{\sqrt{2 y^{3} - 1}} 문자열은 레이텍 형식이며, 이를 지원하는 다양한 도구와 문서 형식이 있습니다. 단순히 레이텍 텍스트를 렌더링하려면 레이텍 방정식 편집기를 사용하면 됩니다. 필자가 온라인에서 사용하는 두 방정식 편집기를 소개합니다.

- Lagrida 방정식 편집기(*https://latexeditor.lagrida.com*)
- CodeCogs 방정식 편집기(*https://latex.codecogs.com*)

[그림 A-1]은 Lagrida의 편집기를 사용해 수학식을 렌더링하는 화면입니다.

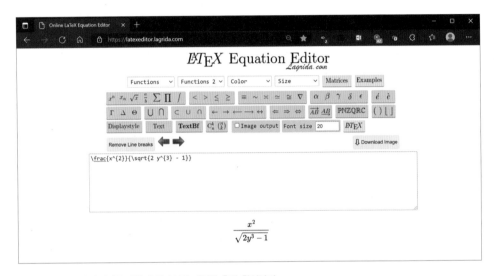

그림 A-1 방정식 편집기를 사용해 심파이의 레이텍 출력 확인하기

복사/붙여넣기 단계를 절약하려면 [예제 A-2]에 표시된 것처럼 CodeCogs 편집기 URL에 직접 레이텍 문자열을 매개변수로 추가하면 브라우저에 렌더링된 수학식이 표시됩니다.

예제 A-2 CodeCogs를 사용해 레이텍 렌더링하기

```
import webbrowser
from sympy import *

x,y = symbols('x y')

z = x**2 / sqrt(2*y**3 - 1)

webbrowser.open("https://latex.codecogs.com/png.image?\dpi{200}" + latex(z))
```

주피터를 사용하는 경우, 플러그인(*https://oreil.ly/mWYf7*)을 사용해 레이텍을 렌더링할 수도 있습니다.

A.2 밑바닥부터 이항 분포 구현하기

[예제 A-3]은 이항 분포를 밑바닥부터 구현하는 코드입니다.

예제 A-3 밑바닥부터 이항 분포 구축하기

```
# 팩토리얼은 정수를 1씩 감소하면서 곱합니다.
# 예: 5! = 5 * 4 * 3 * 2 * 1
def factorial(n: int):
    f = 1
    for i in range(n):
        f *= (i + 1)
    return f

# 이항 분포에 필요한 계수를 생성합니다.
def binomial_coefficient(n: int, k: int):
    return factorial(n) / (factorial(k) * factorial(n - k))

# 이항 분포는 k가 발생할 확률 p가 주어졌을 때
# n번의 시도 중 k번의 사건이 발생할 확률을 계산합니다.
def binomial_distribution(k: int, n: int, p: float):
    return binomial_coefficient(n, k) * (p ** k) * (1.0 - p) ** (n - k)

# 각 성공 확률이 90%인 10번의 시도
n = 10
p = 0.9

for k in range(n + 1):
    probability = binomial_distribution(k, n, p)
    print("{0} - {1}".format(k, probability))
```

factorial()과 binomial_coefficient()를 사용해 이항 분포 함수를 밑바닥부터 작성합니다. 팩토리얼 함수는 1에서 n까지의 연속적인 정수를 곱합니다. 예를 들어 5!인 팩토리얼 함수는 1*2*3*4*5 = 120과 같습니다.

이항 계수 함수는 순서에 관계없이 n개 중에서 k개를 선택하는 가짓수를 계산합니다. k = 2이고 n = 3이면 (1, 2, 3)에서 2개를 고르는 가짓수를 세야 합니다. 이 집합에서 가능한 고유한 조합은 (1, 3), (1, 2), (2, 3)이 되므로 이항 계수는 3입니다. 물론 binomial_coefficient() 함수를 사용하면 팩토리얼과 곱셈을 사용해 이런 순열 계산을 피할 수 있습니다.

binomial_distribution()을 구현할 때 이항 계수에 성공 확률 p가 k번 발생할 확률을 (따라서 지수를) 곱하는 방법에 주목하세요. 그런 다음 반대인 경우, 즉 실패 확률 1.0 - p가 n - k번 발생할 확률을 곱합니다. 이를 통해 여러 번의 시도에서 사건이 발생할 확률 p와 발생하지 않을 확률 p를 고려할 수 있습니다.

A.3 밑바닥부터 베타 분포 구현하기

베타 분포를 밑바닥부터 구현하기 위해 이항 분포에 사용한 factorial() 함수와 1장에서 구축한 approximate_integral() 함수를 재사용합니다.

1장에서와 마찬가지로 [그림 A-2]와 같이 관심 있는 범위의 곡선 아래 영역에 직사각형을 채웁니다.

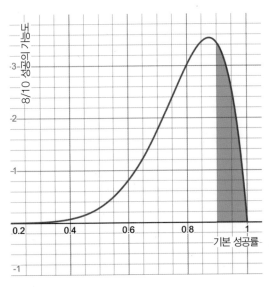

그림 A-2 곡선 아래에 직사각형을 채워서 면적(확률) 구하기

직사각형을 더 많이 사용하면 정확도가 더 좋아집니다. [예제 A–4]와 같이 beta_distribution()을 구현하고 0.9에서 1.0 사이에 직사각형 1,000개를 넣어보겠습니다.

예제 A-4 밑바닥부터 베타 배포 구현하기

```python
# 팩토리얼은 정수를 1씩 감소하면서 곱합니다.
# 예: 5! = 5 * 4 * 3 * 2 * 1
def factorial(n: int):
    f = 1
    for i in range(n):
        f *= (i + 1)
    return f

def approximate_integral(a, b, n, f):
    delta_x = (b - a) / n
    total_sum = 0

    for i in range(1, n + 1):
        midpoint = 0.5 * (2 * a + delta_x * (2 * i - 1))
        total_sum += f(midpoint)

    return total_sum * delta_x

def beta_distribution(x: float, alpha: float, beta: float) -> float:
    if x < 0.0 or x > 1.0:
        raise ValueError("x는 0.0과 1.0 사이여야 합니다.")

    numerator = x ** (alpha - 1.0) * (1.0 - x) ** (beta - 1.0)
    denominator = (1.0 * factorial(alpha - 1) * factorial(beta - 1)) / \
                  (1.0 * factorial(alpha + beta - 1))

    return numerator / denominator

greater_than_90 = approximate_integral(a=.90, b=1.0, n=1000,
    f=lambda x: beta_distribution(x, 8, 2))
less_than_90 = 1.0 - greater_than_90

print("90%보다 클 확률: {}, 90%보다 작을 확률: {}".format(greater_than_90,
    less_than_90))
```

beta_distribution() 함수를 사용하려면 주어진 확률 x, 성공을 정량화하는 alpha 값, 실패를 정량화하는 beta 값을 제공해야 합니다. 이 함수는 주어진 확률 x를 관찰할 가능도를 반환합니다. 하지만 확률 x를 관찰할 확률을 구하려면 x 값의 범위 안에 있는 면적을 계산해야 합니다.

다행히도 1장에서 정의한 `approximate_integral()` 함수를 사용할 수 있습니다. 마지막 몇 줄에 표시된 것처럼 성공률이 90%보다 클 확률과 90%보다 작을 확률을 계산할 수 있습니다.

A.4 베이즈 정리 유도하기

베이즈 정리의 작동 원리를 이해하기 위해 사고 실험을 해보겠습니다. 인구가 10만 명이라고 가정합니다. 여기에 주어진 확률을 곱해 커피를 마시는 사람의 수와 암에 걸린 사람의 수를 다음과 같이 구합니다.

$$N = 100,000$$
$$P(커피) = 0.65$$
$$P(암) = 0.005$$
$$커피 마시는 사람 = 65,000$$
$$암 환자 = 500$$

커피를 마시는 사람은 65,000명이고 암 환자는 500명입니다. 그렇다면 500명의 암 환자 중 커피를 마시는 사람은 몇 명일까요? 조건부 확률 $P(커피|암)$에 500명을 곱하면 암 환자 중 커피를 마시는 사람은 425명입니다.

$$P(커피|암) = 0.85$$
$$암 환자 중 커피를 마시는 사람 = 500 \times 0.85 = 425$$

그렇다면 커피를 마시는 사람 중 암에 걸린 사람의 비율은 얼마나 될까요? 두 숫자를 어떻게 나눌까요? 우리는 이미 커피를 마시고 암에 걸린 사람의 수를 알고 있습니다. 따라서 전체 커피를 마시는 사람 수에 대한 비율을 다음과 같이 구할 수 있습니다.

$$P(암|커피) = \frac{암 환자 중 커피를 마시는 사람}{커피를 마시는 사람}$$
$$P(암|커피) = \frac{425}{65,000}$$
$$P(암|커피) = 0.006538$$

잠깐만요, 방금 조건부 확률을 뒤집은 건가요? 네, 맞습니다! $P(커피|암)$으로 시작해 $P(암|커피)$로 끝났습니다. 인구의 두 하위 집합(커피를 마시는 사람 65,000명과 암 환자 500명)을 취한 다음 조건부 확률을 사용해 결합 확률을 적용하면 전체 인구에서 커피를 마시면서 암에 걸린 사람이 425명이 됩니다. 그런 다음 이를 커피를 마시는 사람의 수로 나눠 커피를 마시는 사람이 암에 걸릴 확률을 구합니다.

그렇다면 베이즈 정리는 어디에 있을까요? 이전에 계산한 식을 사용해 $P(암|커피)$를 확장하면 다음과 같습니다.

$$P(암|커피) = \frac{100{,}000 \times P(암) \times P(커피|암)}{100{,}000 \times P(커피)}$$

모집단 N에 해당하는 100,000이 분자와 분모에 모두 존재하므로 상쇄됩니다. 이제 익숙한 수식이 보이나요?

$$P(암|커피) = \frac{P(암) \times P(커피|암)}{P(커피)}$$

당연히 베이즈 정리와 일치해야 합니다.

$$P(A|B) = \frac{P(B|A) \times P(A)}{P(B)}$$

$$P(암|커피) = \frac{P(커피|암) \times P(암)}{P(커피)}$$

베이즈 정리가 헷갈리거나 직관적으로 이해하기 어렵다면 주어진 확률에 따라 모집단의 부분집합을 구해보세요. 그런 다음 조건부 확률을 뒤집을 수 있습니다.

A.5 밑바닥부터 CDF와 역CDF 구현하기

1장에서 정규 분포의 면적을 계산하기 위해 직사각형을 채우는 방법을 배웠고, 부록 A.3절의 베타 분포에도 적용했습니다. 따라서 누적 분포 함수(CDF)가 필요하지 않고 확률 밀도 함수(PDF)에 따라 직사각형을 채우기만 하면 됩니다. 이 방법을 사용하면 [예제 A-5]처럼 1,000개의 직사각형을 정규 PDF에 채워서 골든 리트리버의 무게가 61~62파운드일 확률을 구할 수 있습니다.

```python
import math

def normal_pdf(x: float, mean: float, std_dev: float) -> float:
    return (1.0 / (2.0 * math.pi * std_dev ** 2) ** 0.5) *
        math.exp(-1.0 * ((x - mean) ** 2 / (2.0 * std_dev ** 2)))

def approximate_integral(a, b, n, f):
    delta_x = (b - a) / n
    total_sum = 0

    for i in range(1, n + 1):
        midpoint = 0.5 * (2 * a + delta_x * (2 * i - 1))
        total_sum += f(midpoint)

    return total_sum * delta_x

p_between_61_and_62 = approximate_integral(a=61, b=62, n=7,
    f= lambda x: normal_pdf(x,64.43,2.99))

print(p_between_61_and_62) # 0.0825344984983386
```

골든 리트리버의 무게가 61~62파운드일 확률은 약 8.25%입니다. 직사각형 채우기를 사용하지 않는 CDF가 필요하면 [예제 A-6]처럼 직접 선언하면 됩니다.

```python
import math

def normal_cdf(x: float, mean: float, std_dev: float) -> float:
    return (1 + math.erf((x - mean) / math.sqrt(2) / std_dev)) / 2

mean = 64.43
std_dev = 2.99

x = normal_cdf(66, mean, std_dev) - normal_cdf(62, mean, std_dev)

print(x)  # 0.49204501470628936
```

`math.erf()`는 오차 함수로 알려져 있으며 누적 분포를 계산하는 데 자주 사용됩니다. 마지막으로 역CDF를 밑바닥부터 구현하려면 `erf()`의 역함수인 `erfinv()`를 사용합니다. [예제 A-7]은 직접 만든 역CDF를 사용해 무작위로 생성된 1,000개의 골든 리트리버 가중치를 계산합니다.

예제 A-7 무작위 골든 리트리버 가중치 생성하기

```python
import random
from scipy.special import erfinv

def inv_normal_cdf(p: float, mean: float, std_dev: float):
    return mean + (std_dev * (2.0 ** 0.5) * erfinv((2.0 * p) - 1.0))

mean = 64.43
std_dev = 2.99

for i in range(0, 1000):
    random_p = random.uniform(0.0, 1.0)
    print(inv_normal_cdf(random_p, mean, std_dev))
```

A.6 e를 사용해 시간 경과에 따른 사건 확률 예측하기

e에 대한 사용 사례를 하나 더 살펴보겠습니다. 프로판가스 탱크 제조업체에서 근무한다고 가정해봅시다. 당연히 가스가 새거나 특히 화염과 스파크 주변에서 위험을 초래할 수 있는 탱크는 원치 않습니다. 새 탱크 설계를 테스트하는 엔지니어가 특정 연도의 탱크가 누출될 확률이 5%라고 보고합니다.

이 수치가 이미 용납할 수 없을 정도로 높은 수치라는 것을 알고 있지만, 시간이 지남에 따라 이 확률이 어떻게 변할지 알고 싶습니다. 2년 이내에 유출이 발생할 확률은 얼마나 될까요? 5년, 10년 후에는 얼마나 될까요? 노출된 시간이 길어질수록 가스 누출이 발생할 확률은 더 높아질 수밖에 없지 않을까요? 이때 오일러 수가 다시 도움을 줄 수 있습니다!

$$P_{leak} = 1.0 - e^{-\lambda T}$$

이 함수는 시간 경과에 따른 사건 발생 확률, 즉 이 경우 T시간 이후에 가스가 누출될 확률을 모델링합니다. e는 오일러 수, 람다 λ는 각 단위 시간(매년)에 대한 고장률이며, T는 경과한

시간(연도)입니다.

이 함수를 그래프로 표시할 때 T를 x축, 누출 확률을 y축, $\lambda = 0.05$로 설정하면 [그림 A-3]과 같은 결과가 나옵니다.

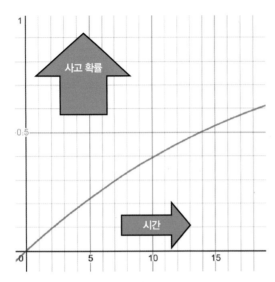

그림 A-3 시간 경과에 따른 누출 확률 예측

$\lambda = 0.05$이고 $T = 5$일 때 파이썬에서 이 함수를 모델링하는 방법은 [예제 A-8]과 같습니다.

예제 A-8 시간 경과에 따른 누출 확률을 예측하는 코드

```
from math import exp

# 1년 안에 누출될 확률
p_leak = 0.05

# 연수
t = 5

# 5년 안에 누출될 확률
# 0.22119921692859512
p_leak_5_years = 1.0 - exp(-p_leak * t)

print("5년 안에 누출될 확률: {}".format(p_leak_5_years))
```

2년 후 탱크가 고장 날 확률은 약 9.5%, 5년 후는 약 22.1%, 10년 후는 39.3%입니다. 시간이 지날수록 탱크가 누출될 가능성이 높아집니다. 이 공식을 일반화하면 주어진 기간에 어떤 사건이 발생할 확률을 예측하고, 그 확률이 기간에 따라 어떻게 변하는지 확인할 수 있습니다.

A.7 언덕 오르기와 선형 회귀

머신러닝을 밑바닥부터 구축하는 데 미적분이 부담스럽다면 조금 더 무차별적인 방법을 시도해볼 수 있습니다. 여러 번 반복하며 임의의 값으로 m과 b를 무작위하게 조정하는 **언덕 오르기** hill climbing 알고리즘을 시도해봅시다. 이러한 임의의 값은 양수 또는 음수(덧셈 연산을 뺄셈으로 만듦)가 될 수 있으며 제곱의 합을 개선하는 값만 유지하겠습니다.

하지만 무작위로 임의의 숫자를 생성해 조정할 수 있을까요? 조금씩 이동하는 것이 좋은데 때로는 크게 움직일 수도 있습니다. 따라서 대부분 미세하게 조정이 이루어지지만 필요한 경우 큰 폭으로 조정될 수도 있습니다. 이를 위한 가장 좋은 도구는 평균이 0이고 표준 편차가 1인 표준 정규 분포입니다. 3장에서 보았듯이 표준 정규 분포는 0에 가까운 값의 밀도가 높고, 음수와 양수 방향 모두에서 값이 0에서 멀어질수록 [그림 A-4]와 같이 가능성이 낮아집니다.

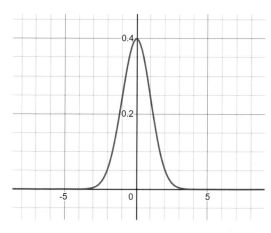

그림 A-4 표준 정규 분포의 대부분의 값은 작고 0에 가까운 반면, 값이 클수록 꼬리 부분의 빈도가 낮습니다.

선형 회귀로 돌아가보죠. m과 b를 0 또는 다른 시작값에서 시작합니다. 그런 다음 **for** 루프에서 150,000회 반복하는 동안 표준 정규 분포에서 샘플링한 값을 추가해 m과 b를 무작위로 조정합니다. 무작위 조정으로 제곱의 합이 향상/감소하면 이를 유지합니다. 그러나 제곱의 합이 증가하면 무작위 조정을 취소합니다. 즉, 제곱의 합을 개선하는 조정만 유지합니다. [예제 A-9]를 살펴봅시다.

예제 A-9 선형 회귀에 언덕 오르기 사용하기

```python
from numpy.random import normal
import pandas as pd

# CSV에서 데이터를 읽습니다.
points = [p for p in pd.read_csv("https://bit.ly/2KF29Bd").itertuples()]

# 모델 계수
m = 0.0
b = 0.0

# 반복 횟수
iterations = 150000

# 데이터 개수
n = float(len(points))

# 아주 큰 값으로 손실을 초기화합니다.
best_loss = 10000000000000.0

for i in range(iterations):

    # m과 b를 무작위로 조정합니다.
    m_adjust = normal(0, 1)
    b_adjust = normal(0, 1)

    m += m_adjust
    b += b_adjust

    # 손실(제곱 오차 합)을 계산합니다.
    new_loss = 0.0
    for p in points:
        new_loss += (p.y - (m * p.x + b)) ** 2
```

```
    # 손실이 개선되면 새로운 값을 유지하고 그렇지 않으면 원복합니다.
    if new_loss < best_loss:
        print("y = {0}x + {1}".format(m, b))
        best_loss = new_loss
    else:
        m -= m_adjust
        b -= b_adjust

print("y = {0}x + {1}".format(m, b))
```

알고리즘의 진행 상황을 확인해보세요. 대략 y = 1.9395722046562853x + 4.7318340512 45578인 함수를 얻습니다. 이 답을 검증해봅시다. 엑셀 또는 데스모스를 사용해 선형 회귀를 수행했을 때 데스모스는 y = 1.93939x + 4.73333을 출력했습니다. 나쁘지 않네요! 꽤 유사합니다.

왜 백만 번을 반복했을까요? 실험을 통해 해결책이 더 이상 크게 개선되지 않고 *m*과 *b*를 최적 값에 가깝게 수렴시켜 제곱 합을 최소화시키는 방법이 충분한 반복이라는 것을 발견했기 때문입니다. 많은 머신러닝 라이브러리와 알고리즘에는 수행할 반복 횟수에 대한 매개변수가 있습니다. 정확히 이와 동일한 작업을 수행합니다. 정답에 수렴할 수 있을 정도로 충분해야 하지만, 이미 허용 가능한 해를 찾았다면 계산 시간을 낭비할 정도로 오래 반복하면 안 됩니다.

또 한 가지 궁금한 점이 있을 수 있는데, 왜 best_loss는 매우 큰 수치로 시작했을까요? 이는 검색이 시작되면 반복마다 새로운 손실과 비교해 덮어 쓰게 될 값이며 최상의 손실을 초기화하고 결과가 개선되었는지 비교하기 위해서입니다. 또한 매우 큰 숫자 대신 양수 무한대 float('inf')를 사용할 수도 있습니다.

A.8 언덕 오르기와 로지스틱 회귀

선형 회귀 예에서와 마찬가지로 로지스틱 회귀에도 언덕 오르기 기법을 적용할 수 있습니다. 다시 말하지만, 미적분과 편미분이 너무 복잡하다고 생각되면 이 기법을 사용하세요.

언덕 오르기 방법은 이전과 동일합니다. 정규 분포에서 샘플링한 무작위한 값으로 *m*과 *b*를 조정합니다. 그러나 6장에서 설명한 것처럼 목적 함수가 최대 가능도 추정입니다. 따라서 가능도 추정이 증가되는 무작위한 조정만 수행하고, 충분히 반복해 로지스틱 회귀의 최적 해결책에 수렴해야 합니다.

이 모든 내용은 [예제 A-10]에 설명되어 있습니다.

예제 A-10 간단한 로지스틱 회귀에 언덕 오르기 사용하기

```python
import math
import random

import numpy as np
import pandas as pd

# 데스모스 그래프: https://www.desmos.com/calculator/6cb10atg3l

points = [p for p in pd.read_csv("https://tinyurl.com/y2cocoo7").itertuples()]

best_likelihood = -10_000_000
b0 = .01
b1 = .01

# 최대 가능도 계산하기
def predict_probability(x):
    p = 1.0 / (1.0001 + math.exp(-(b0 + b1 * x)))
    return p

for i in range(1_000_000):

    # b0 또는 b1을 무작위로 샘플링해 조정합니다.
    random_b = random.choice(range(2))

    random_adjust = np.random.normal()

    if random_b == 0:
        b0 += random_adjust
    elif random_b == 1:
        b1 += random_adjust

    # 최대 가능도를 계산합니다.
    true_estimates = sum(math.log(predict_probability(p.x)) \
        for p in points if p.y == 1.0)
    false_estimates = sum(math.log(1.0 - predict_probability(p.x)) \
        for p in points if p.y == 0.0)
```

```
    total_likelihood = true_estimates + false_estimates

    # 가능도가 향상되면 현재 조정을 유지하고 그렇지 않으면 원복합니다.
    if best_likelihood < total_likelihood:
        best_likelihood = total_likelihood
    elif random_b == 0:
        b0 -= random_adjust
    elif random_b == 1:
        b1 -= random_adjust

print("1.0 / (1 + exp(-({0} + {1}*x))".format(b0, b1))
print("최상의 가능도: {0}".format(math.exp(best_likelihood)))
```

최대 가능도 추정, 로지스틱 함수 및 log() 함수를 사용하는 이유는 6장을 참고하세요.

A.9 선형 계획법에 대한 간략한 소개

모든 데이터 과학 전문가가 숙지해야 할 기술은 **선형 계획법**linear programming입니다. 선형 계획법이란 연립 부등식을 **슬랙 변수**slack variable가 있는 연립 방정식으로 변형해 해결하는 방법입니다. 이산 정수 또는 이진수(0 또는 1)인 변수가 있는 선형 계획법을 **정수 계획법**integer programming이라고 합니다. 선형 연속형 변수와 정수 변수가 사용되는 경우 이를 **혼합 정수 계획법**mixed integer programming이라고 합니다.

이 방법은 데이터 중심보다는 알고리즘 중심이지만, 선형 계획법과 그 변형은 다양한 고전적인 인공지능 문제를 해결하는 데 사용됩니다. 선형 계획법을 인공지능으로 치장하는 것이 의심스러울 수도 있지만, 많은 벤더와 기업에서는 가치를 높이기 위해 관행적으로 사용하곤 합니다.

실제로는 다양한 솔버solver 라이브러리를 사용해 선형 계획법을 수행하는 것이 가장 좋습니다. 하지만 밑바닥부터 선형 계획법을 구현하는 방법을 알고 싶다면 이 절의 마지막 부분에 소개하는 관련 자료를 살펴보세요. 이 예제에서는 PuLP(*https://pypi.org/project/PuLP*)를 사용하지만 Pyomo(*https://www.pyomo.org*)를 사용할 수도 있습니다. 또한 여기서는 그래프를 활용하지만 3차원 이상을 다루는 문제에서는 쉽게 시각화할 수 없습니다.

예를 들어보죠. 아이팩^{iPac}과 아이팩 울트라$^{iPac\ Ultra}$라는 두 가지 제품 라인이 있습니다. 아이팩의 수익은 200달러이고 아이팩 울트라의 수익은 300달러입니다.

그러나 조립 라인은 20시간 동안만 작동되며, 아이팩을 생산하는 데 1시간, 아이팩 울트라를 생산하는 데 3시간이 걸립니다. 하루에 조립을 하는 데 필요한 키트가 45개만 제공되며, 아이팩은 6개의 키트가 필요하고 아이팩 울트라는 2개의 키트가 필요합니다. 모든 물량이 판매된다고 가정할 때, 수익을 극대화하려면 몇 대의 아이팩과 아이팩 울트라를 판매해야 할까요?

먼저 첫 번째 제약 조건에 주목하고 이를 세분화해보겠습니다.

> 조립 라인은 20시간 동안만 작동되며, 아이팩을 생산하는 데 1시간, 아이팩 울트라를 생산하는 데 3시간이 걸립니다.

이를 부등식으로 표현할 수 있는데, 여기서 x는 아이팩 수이고 y는 아이팩 울트라 수입니다. 둘 다 양수여야 하며 [그림 A-5]는 첫 번째 제약 조건의 그래프입니다.

$$x + 3y \le 20\,(x \ge 0,\ y \ge 0)$$

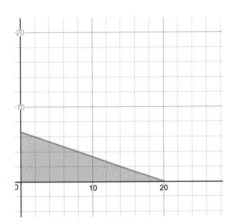

그림 A-5 첫 번째 제약 조건의 그래프

이제 두 번째 제약 조건을 살펴봅시다.

> 하루에 조립을 하는 데 필요한 키트가 45개만 제공되며, 아이팩은 6개의 키트가 필요하고 아이팩 울트라는 2개의 키트가 필요합니다.

두 번째 제약 조건을 부등식으로 표현하면 다음과 같고, 이를 그래프로 표현하면 [그림 A-6]과 같습니다.

$$6x + 2y \leq 45 \, (x \geq 0, y \geq 0)$$

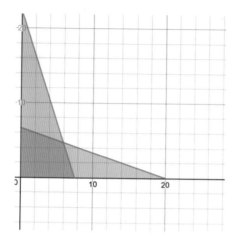

그림 A-6 두 번째 제약 조건의 그래프

[그림 A-6]에서 두 제약 조건이 겹치는 것을 알 수 있습니다. 해결책은 이 겹치는 부분의 어딘가에 있으며, 이를 **실현 가능 영역**feasible region이라고 부릅니다. 마지막으로 아이팩과 아이팩 울트라의 수익 금액이 각각 주어졌을 때 다음처럼 수익 Z를 최대화합니다.

$$Z = 200x + 300y$$

이 함수를 선으로 표현하고 선이 더 이상 실현 가능 영역에 속하지 않을 때까지 Z를 최대한 늘립니다(그림 A-7). 그런 다음 x 값과 y 값을 기록합니다.

TIP 데스모스로 그래프 확인하기

데스모스 그래프(https://oreil.ly/RQMBT)를 통해 애니메이션 스타일로 시각화된 인터랙티브한 그래프를 확인해보세요.

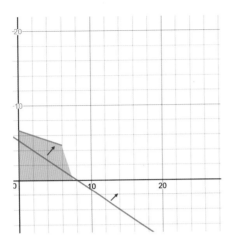

그림 A-7 실현 가능 영역에 있지 않을 때까지 Z 늘리기

실현 가능 영역 안에서 가능한 한 수익 Z가 증가하도록 이 선을 이동시키면 실현 가능 영역의 꼭짓점 또는 모서리에 도달합니다. [그림 A-8]처럼 이 꼭짓점은 최대 수익을 내는 x 값과 y 값을 제공합니다.

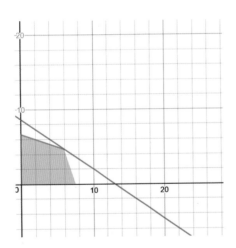

그림 A-8 선형 계획법의 최대화 지점

이를 수치적으로 풀기 위해 넘파이와 행렬 연산을 사용할 수도 있지만, [예제 A-11]처럼 PuLP를 사용하는 것이 더 쉽습니다. `LpVariable`은 풀어야 할 변수를 정의합니다. `LpProblem`

은 파이썬 연산자로 제약 조건과 목적 함수를 추가하는 선형 계획법 시스템입니다. 그런 다음 LpProblem에서 solve()를 호출해 변수를 풉니다.

예제 A-11 PuLP를 사용해 선형 계획법 풀기

```
# 데스모스 그래프: https://www.desmos.com/calculator/iildqi2vt7

from pulp import *

# 변수 정의
x = LpVariable("x", 0) # 0<=x
y = LpVariable("y", 0) # 0<=y

# 문제 정의
prob = LpProblem("factory_problem", LpMaximize)

# 제약 조건 정의
prob += x + 3*y <= 20
prob += 6*x +2*y <= 45

# 최대화할 목적 함수 정의
prob += 200*x + 300*y

# 문제 풀기
status = prob.solve()
print(LpStatus[status])

# 결과: x = 5.9375, y = 4.6875
print(value(x))
print(value(y))
```

정수가 아닌 5.9375와 4.6875 단위로 제품을 만들 수 있는지 궁금할 수 있습니다. 변수가 연속적인 값을 가지고 나중에 반올림할 수 있다면 선형 계획법이 훨씬 더 효율적입니다. 그러나 특정 유형의 문제에서는 정수와 이진 변수를 다뤄야 합니다.

x와 y 변수를 정수로 처리하려면 [예제 A–12]처럼 범주 매개변수 cat=LpInteger를 지정합니다.

```
# 변수 정의
x = LpVariable("x", 0, cat=LpInteger) # 0<=x
y = LpVariable("y", 0, cat=LpInteger) # 0<=y
```

이를 시각적으로 생각하면 실현 가능 영역을 연속적인 영역이 아닌 불연속적인 점으로 채우는 것입니다. [그림 A-9]처럼 해결책은 꼭짓점에 도달하지 않고 꼭짓점에 가장 가까운 점에 놓입니다.

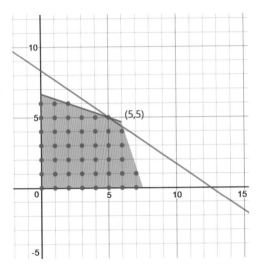

그림 A-9 이산적인 선형 계획법 시스템

[그림 A-10]에서 설명하는 것처럼 선형 계획법에는 몇 가지 특수한 경우가 있습니다. 때로는 해결책이 많거나 전혀 없을 수도 있습니다.

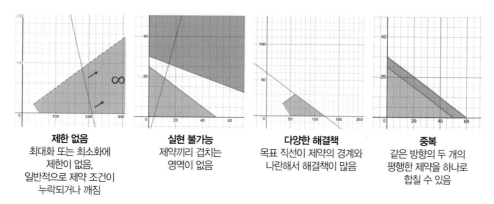

| 제한 없음 | 실현 불가능 | 다양한 해결책 | 중복 |
| 최대화 또는 최소화에 제한이 없음. 일반적으로 제약 조건이 누락되거나 깨짐 | 제약끼리 겹치는 영역이 없음 | 목표 직선이 제약의 경계와 나란해서 해결책이 많음 | 같은 방향의 두 개의 평행한 제약을 하나로 합칠 수 있음 |

그림 A-10 선형 계획법의 특수한 경우

이 절은 선형 계획법에 대해 간단하게 소개하기 위한 예제일 뿐이며, 안타깝게도 이 주제를 충분히 다루기에는 지면이 부족합니다. 선형 계획법은 제한된 자원(⑩ 작업자, 서버 작업, 숙소 등) 예약, 스도쿠 풀이, 재무 포트폴리오 최적화 등 다양한 문제에 사용할 수 있습니다.

선형 계획법에 대해 더 자세히 알고 싶다면 PatrickJMT의 유튜브 재생 목록(*https://oreil. ly/lqeeR*)과 Josh Emmanuel의 재생 목록(*https://oreil.ly/jAHWc*)을 참고하세요. 이산 최적화에 대해 자세히 알아보고 싶다면, 파스칼 반 헨텐릭[Pascal Van Hentenryck] 교수의 훌륭한 코세라[Coursera] 강좌(*https://oreil.ly/aVGxY*)를 들어보세요.

A.10 사이킷런을 사용한 MNIST 분류기

[예제 A-13]은 손 글씨로 쓴 숫자를 분류하기 위해 사이킷런의 신경망을 사용하는 코드입니다.

예제 A-13 사이킷런의 신경망으로 손으로 쓴 숫자 분류하기

```
import numpy as np
import pandas as pd
# 데이터 로드
from sklearn.model_selection import train_test_split
from sklearn.neural_network import MLPClassifier

df = pd.read_csv('https://bit.ly/3ilJc2C', compression='zip', delimiter=",")
```

```python
# 입력 변수(마지막 열을 제외한 모든 열)를 추출하고 255로 나눕니다.
X = (df.values[:, :-1] / 255.0)

# 출력 열(마지막 열)을 추출합니다.
Y = df.values[:, -1]

# 각 클래스의 샘플 개수를 카운트해 균형 잡힌 데이터인지 확인합니다.
print(df.groupby(["class"]).agg({"class" : [np.size]}))

# 훈련 데이터와 테스트 데이터로 나눕니다.
# 두 데이터에 각 클래스가 균등한 비율로 나뉘도록 'stratify' 매개변수를 지정합니다.
X_train, X_test, Y_train, Y_test = train_test_split(X, Y,
    test_size=.33, random_state=10, stratify=Y)

nn = MLPClassifier(solver='sgd',
                   hidden_layer_sizes=(100, ),
                   activation='logistic',
                   max_iter=480,
                   learning_rate_init=.1)

nn.fit(X_train, Y_train)

print("훈련 세트 점수: %f" % nn.score(X_train, Y_train))
print("테스트 세트 점수: %f" % nn.score(X_test, Y_test))

# 히트 맵 출력
import matplotlib.pyplot as plt
fig, axes = plt.subplots(4, 4)

# 최소/최댓값을 구해 모든 가중치를 동일한 스케일로 그립니다.
vmin, vmax = nn.coefs_[0].min(), nn.coefs_[0].max()
for coef, ax in zip(nn.coefs_[0].T, axes.ravel()):
    ax.matshow(coef.reshape(28, 28), cmap=plt.cm.gray, vmin=.5 * vmin, vmax=.5 * vmax)
    ax.set_xticks(())
    ax.set_yticks(())

plt.show()
```